汉代遗址美术

HANDAI YIZHI MEISHU

高明 郭川 著

商務印書館国际有限公司

图书在版编目（CIP）数据

汉代遗址美术 / 高明，郭川著 .-- 北京 ：商务印书馆国际有限公司 , 2025.6. -- ISBN 978-7-5176-1166-0

Ⅰ. K878

中国国家版本馆 CIP 数据核字第 2025K0T747 号

HANDAI YIZHI MEISHU

汉代遗址美术

著　　者	高　明　　郭　川
出版发行	商务印书馆国际有限公司
地　　址	北京市朝阳区吉庆里 14 号楼 佳汇国际中心 A 座 12 层
邮　　编	100020
电　　话	010-65592876（编校部） 010-65598498（市场营销部）
网　　址	www.cpi1993.com
印　　刷	北京建宏印刷有限公司
开　　本	710mm × 1000mm　1/16
字　　数	480 千字
印　　张	30
版　　次	2025 年 6 月第 1 版第 1 次印刷
书　　号	ISBN 978-7-5176-1166-0
定　　价	168.00 元

序

李　凇

1928年，著名历史学家傅斯年提出"近代的历史学只是史料学"（《历史语言研究所工作之旨趣》），将史料看作是历史学研究的核心和主体。这个看似有点夸张的观点，后来得到许多人的赞同，同样也有不少人批评。20世纪以来中国美术史的写作，从傅斯年的立场看，可以说就是美术史料不断增加和校正的过程：由书画单一主线，发展到雕塑、工艺器物、石窟造像、民间美术、日常用品、综合材料等等，所论对象由精英艺术品发展到几乎所有物质性的视觉材料。当然，史料不会自动生成历史，史学不是史料集成，史料只是撰写历史的"原料"。如何取舍挑选，如何辨伪与使用，则由史学观念与艺术观念所决定。近些年，有学者提出艺术史就是观念史，似乎也有另一种偏颇之嫌。材料是基础，至今没有改变。还有许多没有被发现的新材料，随着调查与考古发掘层出不穷，新的观念又导向新的材料现身；即使是老材料，也还有许多信息没有整合和挖掘，某些原来熟视无睹的东西也可以变成有价值的史料。

中国目前的艺术史学科，我觉得有两个大的短板亟待补齐：基础数据库和图像检索系统。国外的同行已有先行的案例，但我们还没有跟上，遑论超越。高明和郭川做的《汉代遗址美术》一书的编撰工作，就是一种适时的补缺。美术史料不只是收集资料，除了努力和细心外，还要有眼力，有删繁就简、组织材料的能力。我们务必重视这些看起来枯燥无趣的积累性工作，这些成果得到系列化的完善，就会扩展艺术史研究者的视野与记忆力、思考力和创造力，就会成为研究者的案头必备书，也将为中国艺术史建立数据库奠定扎实的基础，为图像研究的AI导入打下牢固的地基。我相信，如果条件更充裕，还会有更加丰富翔实的内容，还会有更进一步的扩展与深化，成为将来艺术史写作高峰的底色。他们的工作值得点赞与期待！

是为序。

目　录

代城市、关卡等建筑的结构、规模、建设过程和历史变迁进行了阐述；第三节是对其余各章节收录的遗址残留文物的概述，目的是阐述文物作为一种具有典型性的材料对研究同地区、同时期、同类型的遗址时的辅证价值。

除第一章外的其余七章的每节对应第一章“概述”的墓葬、古城和其他遗址美术，分别为墓葬遗址美术、古城遗址美术和介绍其他重要遗迹、文物的遗址美术。全书共介绍了百余处（件）具有代表性的汉代遗址、遗迹和文物。这些内容所依据的考古资料大部分来源于正式的考古报告和相关的学术成果，全书的信息在追求精准的基础上凝练内容，力图使读者获得较为顺畅的阅读体验。墓葬遗址和古城遗址两节的写作方法相似，旨在强调遗址的地理方位、历史因素、建筑布局、空间尺度，并在厘清这些时空线索的基础上，对遗址出土的重要文物进行介绍、分析，从而结合遗址的“大环境”归纳出其艺术特征和成就。对那些几乎湮灭的遗址留存下来的代表性遗迹或文物，本书同样进行了收录，目的是反映遗址曾达到的艺术高度，或展现某种文物所代表的艺术类型在历史上曾形成的影响。也收录了一些较为特殊的遗址，如汉代唯一的一处宗教遗址——孔望山摩崖石刻、遥遥对望而标记出西汉昆明池尺度的牛郎织女石人像。

二、汉代遗址的艺术高度与美术价值

（一）汉代美术的社会文化背景

两汉是中国历史上时间跨度很长的王朝（公元前 202 年—公元 8 年为西汉，公元 25 年—公元 220 年为东汉），历时 406 年，如果再加上中间王莽的新朝和刘玄的玄汉这两个短暂政权（共 16 年），则长达 422 年。400 多年的时间里，汉王朝保持了相对的稳定繁荣，文化和艺术得到很大程度的发展，加上丝绸之路的开通，国外的艺术更快、更频繁地输入中国，交流融合使汉代美术产生了诸多变化，形成既统一又丰富的面貌。[①]

① 关于汉代艺术与社会的基本情况可参看（美）杜朴、（美）文以诚，中国艺术与文化[M]，长沙：湖南美术出版社，2019 年，第 131 页；亦可见王伯敏，中国绘画通史（上下册）[M]，北京：生活・读书・新知三联书店，2018 年，第 57 页。

（二）汉代遗址的美术价值

汉代美术的创作特征是集体性而非个人化的，就遗址美术的研究视角而论，汉代遗址美术强调的是艺术的整体性价值，其研究不仅针对某件器物如雕塑、壁画或工艺品的个体分析，更在于对器物与器物、器物与所属建筑等的多重联系的分析研究。

这种研究视角的依据在于：在中国古代美术的发展进程中，汉代是集体创作和整体艺术的高峰期。汉代墓葬和宫殿中的绘画、雕刻等都是围绕着建筑物的功能展开的创作，由个人创作的美术作品大都是附属于更大的整体，而非作为一件孤立的艺术品存在，它所传达的内容也绝非仅限于器物本身，而更关乎遗址的精神。

因此，笔者认为，在考证分析某件汉代的美术作品时，最重要的是解读其作为整体艺术组件时所具有的功能和意义，对其进行解读的目的是使研究者和观众回到遗址的“原境”——虽然传统美术史研究中类型学研究成果仍有其价值，但类型学研究却并不适合重构以遗址为单元的美术史。本书关于汉代遗址的美术价值论述都将围绕着“整体艺术”这一概念展开。

从汉代遗址美术的形式内容来看，其特征是高度丰富又极具系统性。以墓葬艺术为例，两汉伊始，事死如事生的“厚葬”习俗就强烈地影响着当时的丧葬礼仪美术，并且从西汉前期到东汉末期的墓葬考古可以反映出厚葬习俗的愈演愈烈。总体上来看，两汉墓葬出土的器物无论数量还是种类都颇为惊人，长沙马王堆一号汉墓，也就是轪侯夫人辛追的墓葬出土各类器物达到1000多件，并且其中有很多是极为精美的艺术品，绝不亚于生人所使用的器物；又如江西南昌海昏侯墓出土器物也超过了10000件（套），其中仅金器就有400多件。这些大型墓葬中的器物不仅数量多，更重要的是分为多个类别，功能上覆盖“地下生活”的方方面面。出行用的车马（有时还会用真车马，例如中山王刘胜的墓葬）、起居的生活用具、仆从俑、宴会用品等一应俱全。这些器物如果做类型学上的划分，可以覆盖汉代文物的所有常见类别，而如果做使用和象征功能上的划分，则可以非常全面地反映汉代人的生活面貌。可以说，汉代墓葬美术的形式内容之丰，就在于汉人希望将“生”的艺术带入

"死"的世界。最值得注意的是，即使中小型墓葬的陪葬品也蔚为可观，这主要体现在出土器物的类型丰富性和精美程度上，例如营城子汉墓群。该墓群以中小型墓葬居多，其中一座小型墓葬（M76）出土有20多件器物，其中有一件精美的青铜器即使在当时的辽东地区也是颇为奢侈的贵重之物，而这座墓葬中的全部陪葬品显示出建设者为死者准备这些葬具时所做出的全方位努力，20多件器物形成的几大功能区涉及了"地下生活"的方方面面。以上种种，反映了汉人对墓葬中器物内容和种类全面性的重视程度，也就说明了汉代墓葬遗址美术在形式和内容上的丰富性和系统性。

从汉代遗址美术的空间布局来看，其特征是空前强调空间的功能、方位和组织关系，汉代遗址的空间属性在传达建设者的观念时具有普遍的意义。这种意义不仅表现在建筑物的空间属性上，而且还细微到一件微小器物在建筑物中的位置、次序和摆放的方向等，例如马王堆一号汉墓的T形帛画的方位和其在多层棺木中所处的层级就具有非常重要的墓葬空间属性；又如各种壁画墓中墙上人物的朝向和方位，也象征了空间内正在上演的情景的具体意义；再如满城汉墓男主人墓前室内的大量器物（主要是各种食器、酒具）和座席、帷帐部件的摆放显示出这里正在举行一场盛大而秩序井然的宴饮活动。从大的空间属性来说，从西汉至东汉，汉代的墓葬是从土坑墓为主向土坑墓、石室墓、砖室墓等多种墓葬形式并存的状态过渡，这本身就是一次美术史上的空间革命。土坑墓的内部结构相对固定，即使是高级别的木椁土坑墓也仍是由相对固定的几个边厢和棺木构成，椁室内的各个空间相互联系，形成一个抽象的、象征性的"第宅"。但当大型的石室墓、砖室墓出现后，汉代墓葬的空间属性变得非常复杂，原本在木椁墓中象征厨房、车马库、宴会厅的几个边厢变成了一个个独立的石室或砖室，两室之间设有门扉，室内出现了屋顶，墙上有专门的壁画，室内的地面上按一定的布局摆放着象征该墓室功能的陪葬品，甚至地面的高度也因室内空间的功能差异而不同，棺木所在的棺室也从木椁中常见的正中转移到了后方，变为后室，并且墓室的中心区域还出现了象征庭院的前室，和后室形成"前堂后寝"的结构。前室的顶上还画上了象征天空和天界的壁画，这里是举行宴会、观察宇宙的空间，这意味着墓葬内的空间不再是平面化的左右前后关系，而变成立体的包括了"高度"这一属性的三维空间。多室墓的出现同时还意味着墓中埋葬的不再仅仅是墓主人，还包括墓主人的其他家族成员。最终，所有这一切意味着汉代的墓葬空间变得高度立体和写实，西汉前中期流行的木椁墓所代表的空间抽象性和象征性在东汉时期已普遍不受欢迎，即使最简单的砖室墓也至少要包括屋顶这一结构，以通过“天”的在场来表达死后升仙的概念，而对于东汉中后期的大部分人来说，建造一座和真实的宅院相似的墓室才是安葬死者、表达子孙尽孝的最佳办法。

再来看汉代城、关建设中的空间美术价值。两汉的都城长安、洛阳的建设经历了风风雨雨，仅从考古现场残存的砖瓦、基址和考古报告中的平面图、史料的记录就可看出这些当时规模最为宏大的城市在空间设计上的系统性和复杂程度，其中充满了时空中叠加的城市形象。以长安为例，从汉高祖建都时只有宫墙的长乐、未央二宫，到惠帝筑起长安皇城的城墙，再到武帝在长安宫城的南面和西面建起上林苑和建章宫，把长安修建成一座空前巨大的帝国纪念碑，这座城市的各个建筑在不断地变换着自身在城市空间中的功能和地位，新的都城也因历史所保留下来的空间结构而一次次地与自身的往昔交集，最终形成一座在建筑内容、方位、体量、外沿空间的变化下不断更新其城市功能和意义的巨型艺术品；而在都城的几百甚至上千里之外，还有不断修补、加建着的长城、关隘，形成一座时空属性上蔚为壮观的大遗址。这种空间属性的迅速发展，与两汉的文化传统、儒道思想、谶纬、方术、宇宙观念等息息相关。

汉代遗址美术整体上具有较为鲜明的写实倾向。汉代的墓室壁画中出现了大量拥有具体场景的图像，这些图像不同于商周青铜器上抽象、晦涩的纹饰图案，是对某些“真实”场景的表达，其间的人物、动物、场景乃至透视空间都远较先秦生动、自然。汉代的雕塑、工艺品也都具有这种美术特征，武威雷台汉墓的铜奔马、茂陵陪葬墓出土的错金银铜犀牛，个中例子不胜枚举。从形式分析的视角来看，这是构图、造型、透视学上的进步，但这种巨大的图像变革显然不是风格史研究中美术形式的自然演变造成的。墓葬之外，诸多汉代人的生活空间今日虽不得见，但结合史料和推断，我们也可以想到，在汉代人的其他生活场景中，必然同样甚至更加需要用图像来传达文字所不能传达的“真实性”。因此，由于当时观念、环境等种种外因，汉代人对图像应用的准确性有了空前的需要，从而使当时的美术在对“真实性”的再现方面取得了重要的进展，最终，这种“真实性”又使汉代的遗址普遍具有强大的观念表达能力，成为一件件宏大的观念载体。

（三）汉代遗址的艺术高度

汉代遗址的艺术高度不仅体现在自身的美术价值层面，还体现在其对当时社会思想、制度、发展状况、文化交流等情况的表现和概括上。

汉代是儒道并存趋势极为彰显的时代，此一时期的哲学在儒学和道家两方面继续发展。[①] 提倡“孝”是汉代儒家思想中的重点，这在诸多的汉代墓葬遗址美术中可以看到，从汉墓的考古发现来看，汉代人相较于前人乃至后来诸多朝代都更重“厚葬”，这和西汉自建立不久即提倡的“孝”有着很大的关系，“孝治”是从西汉一直延续到东汉的政策，是汉王朝稳定社会的重要手段，皇帝的谥号中皆用“孝”字，“孝”在汉代有着近乎神性的地位[②]，而且汉代儒家高度重视的经典《孝经》中提出了一系列“行孝”的标准，并且这本典籍被用来作为官办学校的教材，用来教育人们应该如何“尽孝”，一个被公认为尽孝的人还有可能获得免除赋税的待遇，甚至可能被举荐为官，在仕途上得到发展，即所谓的“举孝廉”。国家的政策和倡导使得汉人极其重视自身“孝”的名誉，这导致各种通过可见的方式来表现“孝”的活动愈演愈烈，其中，为已故的父母、尊长置办奢华的墓地是最为直接的方式。至东汉时，这种人们通过墓地的建设“尽孝”之风愈演愈烈，甚至到了夸张的地步，山东嘉祥出土的汉代祠堂石刻《安国墓祠题记》就反映了一位叫安国的兄长在一场战争后染病去世，他的三个弟弟为他修建墓地花光了所有积蓄的事迹。全国出土的大量汉墓也都反映出这种厚葬之风，即使是等级不高的官吏，也往往拥有较为豪华的墓室。[③] 此外，汉代的墓葬遗址还是反映汉代儒家思想中世界观、历史观的载体，这一点可以通过著名的武梁祠体现。[④] 这座内部布

---

① 详见劳思光，新编中国哲学史（增订本）卷二[M]，北京：生活・读书・新知三联书店，2019年，第15—19页。

② （美）巫鸿，中国古代艺术与建筑中的“纪念碑性”[M]，上海：上海人民出版社，2017年，第255页。

③ 同上，第323—326页。

④ （美）巫鸿，武梁祠：中国古代画像艺术的思想性[M]，北京：生活・读书・新知三联书店，2015年。

满画像石的石祠从上到下表现了位于屋顶的各类天界祥瑞、位于两侧山墙的西王母和东王公、位于墙壁上的古代君王、历史人物和故事，反映了这座墓室建设者作为一位儒家学者对宇宙和时政的观念态度。换言之，汉代石祠、石阙等墓葬地面建筑常常是墓主人或其家庭含蓄地表达其社会立场和身份的“代言者”。

汉代的道家思想和先秦的老庄哲学有着很大的差别，秦皇汉武都是好仙求道、希望追求长生不死的帝王，道家哲学中养生的一部分和古代巫术、神仙思想结合，形成了后世所谓的“方术”，这是道家思想在汉代表现出的强烈世俗化的体现，具体而言，考古发现，汉代墓葬美术中始终贯穿礼仪美术观念的是汉代人的“升仙”“升天”观念，并且此一时期的丧葬礼仪美术图像从西汉至东汉逐渐形成了完整而系统的空间布局、图式结构和表现内容，世俗化的道家思想中的“导引”“尸解”等理念通过图像得到表达，与死后世界有关的神仙系统也逐步具体而清晰，西王母作为不死仙界的主导从汉初陌生的西方神逐步成为汉人生活和丧葬中最为重要的神祇，并在西汉末至东汉初出现了另一位与之对位的东王公。从马王堆汉墓中以发端很早的土坑木椁墓为空间基础的多元一体的“升天”“升仙”理念到东汉多室砖墓中对死后世界的详细描述，汉代人的墓葬艺术是对当时普遍流行的世俗化的道家思想的侧面解读。

汉承秦制，汉代古城的遗址美术从图像、空间等角度反映了当时社会制度的格局和特征。联系两汉文献典籍记载的地域空间发展史，汉代的古城遗址在空间上形成了一个宏大而具体的整体艺术，并在时间上形成了一个动态空间。小到城、关遗址的砖瓦、雕塑，大到遗址坐落的地域、方位，我们在地面遗址的分析和总结中能看到庞大王朝对地域空间管理的具体规划，发现汉王朝在秦朝建立的统一基础之上，如何架构其帝国的空间。西汉长安、东汉洛阳的古城遗址都反映出汉帝国继秦帝国之后对君权的进一步强化，尤其长安城的建设对西汉初期到盛期的历史是很好的侧面展示，从更大的空间布局来讲，长安城及其周围的地域空间如咸阳原上的帝陵茔域、长安东南的礼制建筑群、与秦岭紧密相接的上林苑、皇城附近的各处宫殿区，都在空间、方位、时间上反映了汉王朝对君权下的都城作为“纪念碑”所应发挥的作用的解读。而在更大的地域范围内，皇城之外是各处地方城市、关卡和防御工事、诸侯国都城等汉王朝运行的“组件”，这些建筑遗址反映出汉王朝在山河地貌结构之上对地域空间功能进行的强调、划分和改造，玉门关、阳关标识出了西域和中原的空间界线，戈壁滩上绵延的汉长城则反映出汉匈关系在当时的地理空间态势。坐落在不同地域中的建筑遗址布局、方位和内容，还从另一个角度反映了汉人在建筑美学中重视实用、强调简洁、气势庄重雄浑的风格。汉代的城、关、墓葬遗址美术还反映了各地区的文化差异和华夏民族作为一个统一整体共通的价值理念。西域的开通，草原诸民族和西南夷、南越等民族与中原越来越频繁的往来使得汉代美术呈现出多姿多彩又高度统一的美术特征。从考古发现中，我们可以看到位于汉代中原之外的各地区代表当地文化艺术风格的图像，这些图像中不乏当时中原尚不得见的美术形式，例如汉代西域尼雅人特有的实用木器和其上的花纹，尼雅墓葬发现的中原未见的船形木棺、双人合葬一棺的葬仪，老河深墓地草原民族特有的大量葬马和殉马的习俗，云南古滇国墓地出土的大量贮贝器和滇人形象的铜塑，南越王墓特有的竖穴开凿加横穴挖墓的墓室类型，但同时这些遗址中又出现了大量赋有汉字的文物，以及大量器物出现与中原文化相同的器型、美术形式，乃至墓葬的空间布局模式都与中原墓葬紧密相关。不仅是这些著名遗迹，还有大量的考古发现在整体上反映汉代各地文化进一步沟通，融合为一个文化整体的历史现象。

丝绸之路的建立是我国古代社会发展中的一项壮举，汉代的遗址美术也是反映陆上和海上丝绸之路建设的重要依据。小到器物大到遗址，有大量的考古发现可以证明汉代丝绸之路建设的具体发展情况，中华民族在这一时期与世界更紧密地联系在了一起，既引进来，也走出去。从器物而言，李零早在2001年就论述过中国的有翼神兽和外来文化的关系，并认为汉代的辟邪、天禄就是中国有翼神兽中的典型，和“外来艺术有不解之缘”。[①] 辟邪和天禄在中国墓葬中的流行盛于东汉，此时也是陆上丝绸之路开通的盛期，二者充分反映了当时的中国借助丝绸之路与世界沟通，文化上广泛吸收融合的特征，辟邪

① 李零，入山与出塞[M]，北京：文物出版社，2004年，第200页。

的形象还深刻地影响了后来中国狮子形象的形成，并作为一种典型的中国艺术形式传播至世界各地。此外，南越王墓出土的象牙、金花泡、银器都反映出汉代的中国与波斯地区乃至非洲的联系。在其他文明的考古中也发现了大量汉文化遗迹，柬埔寨发现的铜斧是按照中国斧的样式制作的，距离古滇国不远的今越南河内地区发现了王莽新朝的货币，可见当时汉文化借助海上丝绸之路与东南亚各文明有着频繁的交流。① 从遗址而言，这些丝路遗址体现了丝绸之路开通后，汉代的艺术广泛与外界交流，并融合其他艺术形式的特征。

综上，汉代遗址美术的成就主要反映在多个层次：其一是对中华民族思想情怀、人文价值的表现；其二是对我国古代美术表现重心由抽象向具象转变的巨大推动作用；其三，回到艺术，汉代遗址美术的艺术高度还反映在对新的美术形式的不断激发和对空间这一维度在美术中的作用的极大推动。这一时期社会的相对繁荣稳定促成了美术观念进一步成熟，这包括了观念的深邃性和多样化，典型例子就是整个汉代艺术的发展都伴随着整体艺术观念的不断强化。整体艺术的表现要求创作的分工、复杂的美术构成和多样的形式内容作为表现基础，能证实汉代美术这一变化的相应的考古例证可以说不胜枚举，例如，大部分的汉代墓葬都具有鲜明的整体艺术属性，而且从西汉至东汉，墓葬美术的内容越来越具体，结构越来越系统，墓葬设计者和建造者的理念表述越来越清晰、深邃。在这个过程中，原有的美术形式被不断创新，惯用的艺术媒介被新的表现形式不断打破，并时常伴随着新的艺术门类和方法出现，最终在一系列的变革下促成了汉代遗址美术强调整体价值的风格特征，这一特征使汉代艺术在中国古代美术史上一度达到整体性创作的顶峰，其后的古代美术逐渐转向以个人创作为重心的时代。②

---

① 关于汉代文物在东南亚的发现和相关的讨论，可见（法）谢和耐，中国社会史[M]，南京：江苏人民出版社，2010 年，第 96—106 页。

② （美）巫鸿，中国古代艺术与建筑中的“纪念碑性”[M]，上海：上海人民出版社，2017 年，第 326 页。

第一章

汉代遗址美术概述

墓葬和古城是现存汉代遗址中的大类，这两类建筑在功能上迥然不同。前者（墓葬遗址）是古人安葬祖先和亲友的空间，是反映汉代礼仪制度、丧葬理念的重要载体，考古发掘中大量的墓葬出土文物更是观察研究汉人思想和生活的具体依据，而墓葬本身也是观察研究遗址整体艺术空间性的有效载体。后者（古城遗址）曾是古人生活的场域，它们往往因历代的反复修葺或在历史长河中居民的迁离而难觅踪迹，所存大多为建筑基址，这些遗迹成为现代人了解古人生活的直接依据。但值得注意的是，古城遗址的叠加文化层是发现古代建筑中空间沿革状况的重要线索，是反映整体艺术的时间性特征的载体，也是观察者可以切实发现和研究古城遗址内涵的依据。此外，一些大型墓葬和古城内部往往又包含了零散的、具有独立性的小型遗址，这些遗址有时因原属遗址已荡然无存而孤立于世，它们此时的功能和原属遗址中的一些重要文物相类似，是对原属遗址艺术成就和历史价值的反映，是分析其原属遗址整体艺术内涵、还原遗址原境的佐证或辅助。综上，在开始各章节关于各地区的汉代遗址的论述前，本章将从墓葬遗址、古城遗址、其他遗址三个方面阐释汉代遗址的基本内容，使读者在展开阅读之前对汉代遗址的结构有一框架性的认识，从而有利于读者对后文中各具体内容详加分析。

第一节　墓葬遗址

中国古代重视丧葬，历代葬俗均较隆重，尤其始皇帝修建秦皇陵以后，中国古代的丧葬规模和制度进一步发展，确立了一种较春秋战国更加宏大并具体的丧葬模式。而汉承秦制，在秦文化的基础上进一步强调儒家思想，尤其重视“孝”的概念，至东汉时期，这种举国对“孝”的强调甚至到了使置办丧事者耗尽家财的地步。再加上两汉帝王及各贵族阶层乃至民众普遍对“求仙”和在死后世界中“升仙”的系统化解释，汉文化形成了颇为强烈的“厚葬”理念，人们认为人在死后的世界应如同生前一样受到精心的照料，因此修筑死者的墓葬如同为其置办完美的地下家园，“事死如事生”的厚葬理念成为两汉文化艺术中体现出的重要特征，也成为汉代墓葬遗址的内涵之所以蔚为大观的重要原因。

因此，不妨可以说，要理解汉代美术，就需要熟悉汉代的丧葬礼仪美术；要了解汉代遗址美术的系统性和宏大性，也应熟悉汉代丧葬礼仪美术的内部逻辑。而对汉代丧葬礼仪美术的内部逻辑的熟识，除去考察文献中的记载，还应关注立体的墓葬遗址及其文物。故而，本节将就汉代墓葬遗址中陵墓的等级、建筑形式、规制以及具体的内容特征进行阐述，并就这些客观的内容进行小结，为读者呈现考古证据背后所蕴藏的文化理念，即客观事物体现出的时代性文化特征和遗址整体美术的设计宗旨，从而使读者可以较为系统地掌握汉代墓葬遗址美术考古的内容。

本节还将对汉代墓葬中各部分的相互关系进行阐述，强调其作为一个整体结构的连贯关系。为了说明这些内容的连贯关系，书中将以墓葬遗址的建筑结构为线索，对各个等级下一个个墓葬建筑的结构内容进行介绍，还要对促成这些结构的原理进行解读，以帮助读者形成立体的观察方式。

（一）墓室

西汉的墓室多用竖穴式的土圹墓，也称土坑墓，它沿袭了战国时期的丧葬规制，是西汉初期最为普遍的墓室结构，是从地面垂直向下开掘出方形的土坑，用以下葬死者，所以也称为竖穴式土坑墓。较高级的墓葬中，墓室中还会设有木椁、墓道等。

木椁是棺外部的葬具，一般把棺和椁合称为“棺椁”，但实际上，椁是在墓室中直接搭建而成的，属于墓室的一部分，而棺一般是在墓室外建造的。椁的主要作用就是保护内部放置的棺，加固墓室结构的同时容纳陪葬品，但小型的木椁墓仅能在木椁内放置棺，而大型的木椁墓则可以分为多个空间，这些空间合称为椁室，包括了棺室、头厢、足厢、边厢，除棺室外，四周的“厢”均可以用来安放陪葬品，所以一般又把这种含有木椁的圹室墓室称为木椁墓。马王堆汉墓、海昏侯墓都是具有代表性的汉代木椁墓。

除了设置木椁，更高规格的墓室内还会设有所谓的“题凑”，最为著名的即是汉墓中存在的“黄肠题凑”，“题”有“头”的意思，“凑”为“向也”，而“黄肠”则专指柏木的黄心，因此“黄肠题凑”专指将黄心柏木一头朝向墓室紧密垒叠成墙的葬制①，即在木椁外部，建造一层以柏木枋筑成的墙壁。这种葬制并非创于汉代，根据考古发现，它至晚出现于春秋时期，兴盛于汉代，进一步反映出汉人厚葬的习俗。由于对材料选用和加工的极高要求，“黄肠题凑”极耗人工，所以成为汉代高规格墓葬中颇受重视的一种葬制。从已知的汉墓遗址来看，北京大葆台一号墓用15880根黄心柏木来形成“黄肠题凑”，是目前考古发现中使用黄肠题凑的数量之最。而江苏高邮天山一号墓的“题凑”结构最为复杂，黄心柏木直接使用榫卯结构来加固。此外，也有不使用黄心柏木来搭建题凑而改用其他木材的汉代墓室，如《史记·滑稽列传》就有“楩枫豫章为题凑”之语。也有同一墓室使用不同木材来搭建“黄肠题凑”的例子②，还有用石材进行“题凑”的例子，如河北定县北庄中山简王墓发现的“黄肠石”结构，就是以黄色的石材搭建而成的题凑。目前认为这种以石材代替木材的现象应主要是东汉多室砖墓流行前人们普遍喜用石材时的产物。

“便房”也是汉代墓室中重要的概念，包括棺室和内椁（即整个椁的内部）的全部空间。《后汉书·礼仪》载：“合葬：羡道开通，皇帝谒便房。太常寻至羡道，去杖，中常侍受。至柩前，竭伏哭止如仪。辞太常导出，升车归宫。”这是一段关于解释便房所涉及的墓室空间的具体定义的文献，即从“皇帝谒便房”至“柩前”均属于便房，“便”为“楩”的同义字，“便房”原指楩木制成的椁室的内部，事实上包括了棺木和内椁，也包括了前、后墓室。

“外藏椁”是指墓室之外的椁室，“藏”是汉人用以指代墓室的简称，所以外藏即是墓室之外、椁室之内的空间，这一空间的主要特质是它拥有“椁”，所以一些大型墓葬中的陪葬坑中设有木椁的，也属于外藏椁。此外，之所以说“便房”是椁室的内部空间，是因为在一些墓葬中，椁室的外部并非土坑墓

---

① 孙机，汉代物质文化资料图说（修定本）[M]，北京：中华书局，2020年，第502页。关于“黄肠”“题”“凑”的解释历代文献多有提及，其意大致相似。

② 同上。

的墓壁，而是一个位于“题凑”之外，和墓圹壁仍有一段距离的新空间，这个空间就称为“外藏椁”，一般用以放置较为重要的陪葬品。

土坑墓是汉代前期主要的墓室结构，它是木构建筑，墓室内的主要空间结构都是由木质材料搭建、分隔的。但根据考古发现，在整个两汉历史上，更为常见的是砖石材料修筑的砖墓，这种墓室应最早在洛阳地区普及开来，后来几乎遍及整个汉朝疆域。砖墓的砖材主要采用空心砖和条砖，西汉中前期的砖墓主要用空心砖，晚期出现空心砖、条砖并用的砖墓，全用条砖的砖墓则在东汉成为主流。从结构上讲，木椁在砖墓中已经消失，西汉早期砖墓的墓室略大于棺，有代替木椁的作用。至西汉中期，砖墓的顶部已经改为屋顶状，也就出现了相应的山墙，山墙上方一般用三角楣砖，下方则常做成门。此时还出现了券顶的砖室墓，这种券顶墓室使得砖室墓的坚固程度大为增加，并且进一步扩大了墓室的内部空间。券顶砖在券顶砖室墓出现的初期是并列相互抵靠在一起的，但这种砌筑手法使砖室墓的牢固程度尚显不足，还需要楔形砖等特殊制造的砖来辅助砌筑才能达到相对坚固的程度，直到西汉晚期出现了纵连券、横联券，券顶处的砖也错缝砌筑，才大幅度加强了砖室墓的坚固程度。这种券顶砖室墓出现以后很快得到普及，西汉晚期的砖室墓多用此法砌筑。砖室墓的成熟使得汉代丧葬对空间的利用和表现进一步加强，墓室各空间的丰富也催生了更为复杂的墓室结构，由于结构的变化，主墓室、耳室的内容和所代表的丧葬礼仪功能都在此时发生了重大的演变，墓室出现了在内部区分出前后室的现象，但前后室均为券顶，造型一致。到西汉末年，砖室墓的结构呈现出前室穹窿顶、后室券顶的构造，典型的例子就是洛阳烧沟1014号墓。这一变化进一步体现出了汉人“事死如事生”的丧葬理念，即前后墓室造型区分反映出的不同丧葬礼仪功能——前室代表了“堂”，是墓主人在死后世界宴饮集会的场所；而后室则代表了“寝”，是墓主人的“私人空间”，墓主人的棺就位于此室内；在墓室两侧还有耳室，用于放置陪葬品，并根据陪葬品的内容象征不同功能空间。到东汉时期，砖室墓已经颇为普及，武威雷台汉墓就是典型的具有前后室（还有耳室）的砖室墓。至东汉中期，墓葬的结构向更为复杂庞大的方向发展，出现了家族式的墓葬。为了安葬比西汉时期的夫妻合葬墓更多的家族成员，此时的墓室出现了侧室，侧室不同于耳室，不仅放置陪葬品，还放置家族成员的棺，这种新的墓室结构使东汉中期的墓室发展得如同一座大宅院般繁复，并出现了将前室（即堂）建造为横长结构而非之前的纵长结构的墓葬形制，其目的是方便供奉谱系复杂的家族成员和进行大型的家族祭祀活动，四川麻浩东汉崖墓群中不乏这种形制的家族墓。此外，东汉中期的墓葬还扩展了墓室的层级，形成了前、中、后三室，分别象征“庭”“堂”“寝”的空间关系。由于家族墓往往需要和家族成员的关系结构、人员寡众等因素相联系，所以东汉的多室砖室墓的形制颇为丰富，往往反映出墓葬建造者家族特有的情况。综上，两汉的墓室从土圹墓到多室砖、崖墓，整体发展态势是从简到繁，从结构的单调向丰富发展的。

壁画也是墓室内非常重要的布置。西汉晚期时壁画墓已经出现，但主要出现在大型的墓葬中，及至东汉，墓葬内的壁画变得蔚为大观，这主要是由于东汉时期厚葬风俗愈盛，墓葬是反映家族地位和经济实力的标志，所以各地豪族都争相修建精美的壁画墓，因此墓室壁画所覆盖的范围、表现的内容、技艺的精湛程度都得到很大发展。为了表现墓主人生前和死后的生活，墓室的穹顶上还会绘制天文图像、四神等与升仙思想有关的内容，而墓室四壁上还会绘制各种生活场景，如表现墓主人和近侍、宾客的宴会场景，在武士队伍的陪同下狩猎、郊游的出行场景等。最终，纵观整个墓室壁画，墓顶的天文、神话场景和四面墙壁上的宴会、出游等生活场景共同组成一个完整的“地下家园”，形成一个整体性强烈的视觉空间。同样大量表现绘画形象的是画像石墓，不同的是画像石墓是以凿刻的画像石为装饰的石构墓或砖石合构墓。画像石墓在东汉发展至高峰，其特征是墓室墙壁上是由画像石为单元构成的多幅组合绘画，每幅绘画由一件画像石或多件构成，形成恢宏的绘画序列，这些序列往往由一个个的历史典故、神话故事、人物肖像、生活场景绘画组成，如孔子见老子、荆轲刺秦王、西王母、东王公、四神、后羿射日、狩猎、农耕、渔猎等内容。这种由一个个具有指代意义的图像组成的墓室绘画使得汉代的墓葬艺术更加具有系统性和内容的可置换性，不同的组合序列构成了每个墓葬独有的整体设计理念。虽然单个画像石表达的相同主题的内容大同小异，但一座墓葬可通过对一幅作品的取舍，如这件作品在墓葬中的位置以及它和其他作品的重新排序来组构墓葬的空间美术主题。画像石墓还普遍有其地域性特征，在目前发现的汉画像石墓遗址中，山东、四川是其大宗，许多代表性的画像石墓遗址位于此二省境内，而陕北、晋西北、河南、苏北也有大量的画像石墓被发现。在汉画像石艺术中，杰出者如山东嘉祥武氏墓群石刻、山东沂南县北寨村画像石墓、山东安丘董家庄汉画像石墓，它们均以精美的凿刻工艺、丰富的内容和恢宏的故事组成了一个宏大的叙事，是汉代晚期厚葬之风发展至顶端时的产物，也是汉人借绘画表达其思想的典型代表。尤其后面章节还要提及的山东嘉祥武氏墓群石刻，其内容是以镌刻于武梁祠内壁及屋顶上从神话题材到历史故事、人物肖像，再到生活场景的画像形成的叙事空间，三壁画像石内容由上至下从上古到三代、春秋战国的历史典故，再到车马出行等生活场景逐步推进，涉及汉代文化中的多个重要人物形象，包括忠臣义士、孝子慈母、烈女贞妇等。东西壁山墙上又凿刻东王公、西王母等神仙图像和祥瑞图像，根据学界的研究，这个图像系列中各个内容的选择很可能蕴含了建造者对当时社会和历史的见解，是一件内容系统丰富、空间性强、观念鲜明的宏大整体艺术。

（二）封土

封土是筑于墓室上方的高于地平面的突起建筑，也就是“坟墓”一词中所指的“坟”。帝王坟墓的封土被特称为“陵”，“陵”指土山，所以帝王坟墓的封土称陵有言其高大宏伟之意。这种建筑和战国及秦汉所流行的高台建筑有异曲同工的视觉效果，都在于彰显其主人的身份和权威，是典型的纪念碑式建筑。汉代陵墓的封土一般为夯筑，常见的造型有覆斗形、山形、圆丘形。封土以造型类方为高级，又被称为“方上”，即类方的陵，所以覆斗形封土多为帝王或皇后的陵墓所有。也有一些覆斗形封土采用阶梯式的夯筑办法，如汉宣帝陵王皇后墓的封土即是这样的形制。相应地，帝陵的墓圹被称为“方中”，即方形的土坑，根据已有的考古勘探，西汉帝陵的墓室往往设有四条墓道，每条墓道均设有“羡门”（即墓门）。“方上”和“方中”形成了汉代最高规格的墓葬——帝陵。这种墓室结构称为“亚”字形墓。比“亚”字形墓规格稍低的是设有两条墓道的“中”字形墓，而规格最低的“甲”字形墓只有一条墓道。

汉代帝陵的封土高度一般在30米左右，但最高的茂陵封土达到46.5米，最低的渭陵也有24.85米；宽度多在百米之上，可见其体量之巨大。作为陵墓中地上最高的建筑，封土如山一般的外貌使谒拜者在很远的地方就能看到陵墓的所在，从而彰显出墓主人的权威。汉代墓葬封土的体量基本按照墓主的级别逐级下降，帝王墓的封土最为高大，皇后墓的封土较帝王墓的封土稍矮小，而诸侯王和一些重臣的墓葬封土则明显矮小，如湖南长沙马王堆轪侯墓的封土高度在20米，江苏徐州西汉楚王墓群历代楚王墓的封土高度也多在13米至20米不等，而陕西兴平霍去病墓的封土高约19米，其高度明显低于帝陵，体量也相应比帝陵矮小。

（三）陵园

西汉的帝陵，大多采用"同茔异穴"的合葬制度，即帝、后的坟墓位于同一陵区内，但分别起坟，各自安葬，墓穴之间不相联系，只是两座陵墓拥有共同的陵园。一般帝、后陵墓相互的位置为"帝西后东"，即帝陵位于陵园内西侧，后陵位于陵园内东侧，在帝、后陵墓的外围有一环绕四周而建的大型陵园，大陵园的垣墙长度可达几公里，垣墙为夯土筑成，夯土层厚度可超10厘米。在此大陵园内，又会在帝陵和后陵外围分别筑起陵园，这些陵园是专属于帝陵和后陵的，虽小于大陵园，其垣墙也有几百米之长，陵园内往往有一些礼制建筑，并设有外藏坑，用于放置帝、后的陪葬品。在西汉的十一座帝陵中，只有汉高祖刘邦的长陵是采用"同茔异穴"的葬制而又未设帝、后各自陵园的。在西汉，除帝王陵墓外，一般只有高等级的墓葬才能设有陵园，但葬在帝陵园区的陪葬墓有时级别虽高也无陵园，所以帝陵以下的墓葬配有陵园与否并非固定的规制。位于帝、后各自的陵园之外，大陵园之内的，是帝、后陵区中主要的外藏坑，有些陵园中还设有附葬墓，外藏坑主要放置陪葬品，而附葬墓则是其他重要的皇族成员的墓葬。一些属于帝、后共用的礼制建筑也位于此。在大陵园的四面垣墙上会开辟四门，称为司马门，司马门的两侧为门阙，西汉的帝陵应用三出阙，如汉阳陵遗址的门阙台基反映其门阙应为三出阙，也有双出阙的，但为少数。司马门连接至帝陵园的主道称为神道，是陵区的主干道；而环绕陵园垣墙和用以通往各处礼制建筑的次要道路则称为徼道。

（四）礼制建筑

陵园中还建有礼制建筑，目前考古发现帝陵中的建筑基址颇多，多为礼制建筑。不同的礼制建筑具有不同的礼仪功能，本节就几种重要的礼制建筑进行介绍，使读者了解汉代丧葬礼仪制度中帝陵治丧之详细。

1. 寝殿和寝园

寝殿在《汉书·武帝纪》中被解释为“正寝以象平生正殿”，《后汉书·祭祀志下》则记载：“秦始出寝，起于墓侧，汉因而弗改，故陵上称寝殿，起居衣服象生人之具，古寝之意也。”可见寝殿的建立始于秦，而汉因袭了这种制度。寝殿是陵区礼制建筑中象征帝王宫殿的正殿，收藏着帝王的“衣冠”，所谓“衣冠”是指帝王正式的服装，所以寝殿对于陵园来说具有关键的礼仪作用，汉代很多以帝王为中心的祭祀活动可能都要从这里展开。但寝殿并不一定位于陵园的中轴线上，如宣帝杜陵的寝殿就位于帝陵园外部的东南侧，该处有一单独的园区遗址，这一园区内有一座大型的建筑基址，应即寝殿。寝殿的园区就是寝园，它以寝殿为核心建立起来。以汉宣帝杜陵寝殿遗址为例，其寝园是一东西长南北窄的长方形院落，内部分为东西二院，西院为寝殿，东院为便殿。和寝殿相比，便殿是稍次要的陵区礼制建筑。

2. 便殿

便殿意为正殿以外的别殿，一般是处理非正式事务、休息闲晏的地方，但并不能将便殿和墓室中的便房一致化，二者在功能上实则有所区别：便房实指椁内的全部空间，它包裹着棺，是墓室内的核心区域；便殿则一般位于寝殿的旁侧，位于地上，具有休闲场所的功能。从杜陵遗址中帝陵东南侧的礼制建筑遗址来看，位于寝殿东侧，也就是寝园内的东院很可能就是便殿的所在，因为在这里的考古发现了多间房屋、庭院和窖。但是寝殿和便殿的功能在汉代的历史中还发生过一些重要的变化，比如原本放置于寝殿中的帝王衣冠后来就被放入了便殿中，如杜陵的宣帝衣冠就藏于便殿中，《汉书·王莽传》载宣帝杜陵便殿藏“乘舆虎文衣”，很可能就是帝王乘车出行时所穿之服。至于具体各陵园礼制建筑的功能何以变换，则与当时的历史背景和具体的仪式及仪式内涵变化有关，本节不再赘述。

3. 原庙

原庙是与汉代丧葬礼仪中所谓“衣冠游”（也称为游衣冠）的活动紧密相关的建筑，它也是西汉帝陵中重要的礼制建筑。

“衣冠游”最初的目的是将“高帝寝，衣冠月出游高庙”，高帝即汉高祖刘邦，高庙就是汉人供奉刘邦之庙，是西汉之祖庙，位于“长安西北故城中”①。西汉时期，皇帝即位时需要拜谒高庙，以示其正统。将汉高祖的衣冠每月从其长陵寝殿巡游至高庙是西汉中前期非常重要的礼仪活动，但是这项活动却要求将长陵寝殿中的汉高祖衣冠长途巡游至长安城内，并穿过长乐宫和未央宫之间的安门大街。至汉惠帝居于未央宫时，皇帝为了方便去与未央宫相邻的长乐宫朝见吕后，在两宫之上修建了复道（即架于两宫墙上的桥梁道路），但是这项工程却难以处理每月的“衣冠游”引发的“冲突”，因为穿过两宫的队伍正好会凌驾于地面道路上的衣冠游巡游仪仗队，这使得大臣叔孙通向惠帝进言修建原庙，叔孙通言：“陛下何自筑复道高帝寝，衣冠月出游高庙？子孙奈何乘宗庙道以行哉！”显然凌驾于衣冠游必经的宗庙道之上是不合礼制的，所以叔孙通建议惠帝“为原庙渭北，衣冠月出游之，益广宗庙”，因为“原”有重复的意思，所以原庙的含义是“重复修建的宗庙”，即是在已有宗庙的基础上于别处另建与之功能相似的宗庙，以方便礼仪活动的执行。西汉帝王的宗庙大部分距离帝陵颇为遥远，如汉宣帝的乐游庙距离帝陵有 6 公里之远，而汉文帝的顾成庙距离帝陵则长达 10 多公里。原庙在帝陵旁修建解决了帝王宗庙距离帝陵路途太过遥远的问题，省去了举行“衣冠游”等礼仪活动时需大费周折的不便。目前的考古发现中，已有部分帝陵园区附近的遗址被推测为就是当时的原庙。

4. 立石

汉代墓葬前多有立石，贵族或高级官吏的墓葬前普遍有立石碑、石柱、石阙或石像。

墓前立石碑在西汉时期尚不多见，到了东汉才渐渐流行开来。墓碑的前

---

① 何清谷，三辅黄图校释[M]，北京：中华书局，2005 年，第 305 页。该书具体论述了高庙的位置，并推崇刘庆柱的推论，即高庙的具体位置在“安门大街以东，长乐宫西南。约在今西安市未央区未央乡西叶寨村东南”。

身很可能是挽棺下葬所用的石碑，先秦时期立在墓葬土圹前后用以系绳降下棺木的石碑发展至汉代才逐渐变成了其上题写墓志的墓碑。

西汉时期的墓碑结构较为简易，一般没有碑座，碑体直插入地。考古发现有西汉时期的墓碑下方很长一段没有文字，且质地粗糙，反映了当时墓碑没有碑座的现象。[①] 东汉的墓碑普遍设有方形的碑座，也有覆斗形的碑座。设有龟趺（就是所谓霸下、赑屃形象）的碑座属罕见，只有山东平度出土的王舍人碑如此。碑座刻成龟的形象很可能与古代神话传说中龟可托起极重之物的概念有关，如所谓"巨灵之鳌，背负蓬莱之山"，鳌即神龟，而龟背上的蓬莱之山也可能是象征了墓碑所预示的仙界。山东平度王舍人碑还设有螭首，这种上方螭首、下方龟趺的结构在汉碑的遗迹中极少见，其形制发展至六朝时期才流行，该碑反映的是东汉末一种新碑型发展的端倪。最早刻有花纹的汉代碑刻是东汉著名的乙瑛碑，该碑以其书法而著称，这种在碑体镌刻花纹的形式是汉代的个例，在当时可能并未大范围流行，却是后世碑刻流行的制式之一。

东汉时期墓碑的顶部一般设计为圭首或圜首，圭是古代社会一种重要的礼器，上方成尖首平端；圜首如其字义，碑顶为圆顶。东汉墓碑大部分会有圆形穿孔，而这种碑首为圭首或圜首。碑身上方有一圆形穿孔的墓碑的原型很可能是周代宗庙中所用的牌位，这种牌位为木质，称为"木主"，其特征是"方其下而锐其上，而中穿之"。同时这种碑身穿孔的现象仍然反映出汉代的碑与棺木的系绳下葬有关。

墓前除去碑刻外，还有石柱。《后汉书·光武十王列传·中山简王焉》章怀太子李贤注曰："墓前开道，建石柱以为标，谓之神道。"可见汉代高级墓葬的神道会立石柱，目的是起到标示的作用，所以称之为标，也可称为墓表，其作用是标记神道所属的墓葬。目前汉代墓葬石柱遗存只有两处，一为山东历城汉琅邪相刘君石柱一根，一为北京石景山"秦君墓表"石柱一对，秦君石柱上的刻文印证了石柱作为"标"的功能，其上刻有"汉故幽州书佐秦君之神道"十一字隶书。该碑文字镌刻于石柱上方的方形石榜，石榜下方石柱分出一段，刻有两只螭虎，再下方的石柱则为凹楞纹，柱础为方形，顶部四面为坡

① 孙机，汉代物质文化资料图说（修定本）[M]，北京：中华书局，2020 年，第 508 页。该碑为西汉麃孝禹碑。

状，刻有围绕石柱盘旋的两只螭虎。这种石柱在魏晋南北朝时期仍然流行，南梁时期的帝王陵神道前也发现了类似形制的石柱。

关于阙的内容将在本书宫城遗址章节进行介绍，此处仅对汉墓石阙进行介绍。石阙由于其所用材料为石材，按巫鸿在《中国古代艺术与建筑中的“纪念碑性”》一书中的解释，石材的使用是汉人对墓葬艺术选材与其礼仪功能关联性重视程度的一种反映，所以目前我们看到的汉代石阙均是陵墓遗址的附属建筑。著名的有四川雅安高颐阙和山东费县南武阳阙之西阙，尤其高颐阙以造型的精美、保存程度的完好而代表了东汉石阙的艺术成就。

墓前石阙分为单阙和双出阙，虽然阙也有三出的形制，但是目前尚未发现相应规格的墓前石阙遗迹，因此三出阙应为大型墓葬陵园园门所用之土木构建之陵园门阙。按文献载，三出阙应属于最高等级的帝王所用之阙，《汉书・霍光传》就记有“太夫人显改光时所自造茔制而侈大之。起三出阙”，显示西汉重臣霍光死后，其夫人霍显改动了霍光生前即已开始为自己修建的墓地门阙，建造了三出阙，对于这一改动，史书的评价是“侈大之”，即言霍显突破了霍光墓原有的规格，建造的三出阙有“僭越”之嫌。史书认为，霍光这样的四朝元老［历武帝、昭帝、废帝刘贺（即海昏侯）、宣帝］在墓前建三出阙仍嫌“侈大”，由此可知，三出阙应为仅属于皇帝陵墓的最高规格的礼制建筑。

单阙是汉代一般官吏或贵族可用的规格，而双出阙则是诸侯或两千石以上官吏可用的规格。[①] 大部分石阙的阙身如石碑但是比石碑更厚，阙铭就镌刻在阙身处。阙顶覆石檐，石檐被仿制成覆瓦的形象。石阙通体的石构件多仿木构件而制，石檐下方有仿木斗拱、木枋额的造型，也有不做仿木斗拱而只用上大下小的石材呈现阙的基本造型特征的，但为少数。阙身上还刻有画像，画像多采用减地平钑的方法来塑造，和画像石祠的装饰手法相似。目前尚存的单出石阙有重庆忠县无铭阙、四川渠县沈府君阙、渠县冯焕阙等，其中忠县无铭阙设有两层檐，下方一层檐称为腰檐。该阙也是目前尚存石阙中高度最高的，通高约 5.7 米。双出阙的结构更为复杂，分为主阙和子阙，主阙和子阙的结构关系又分为两种：一种是各自分离，单独建造，其代表如四川雅安

① 孙机，汉代物质文化资料图说（修定本）[M]，北京：中华书局，2020 年，第 222 页。

高颐阙、山东嘉祥武氏阙等；一种是一体建造的。以上所列举的石阙均是东汉时期的产物，因此石阙的风靡也应发生在东汉。

在墓前立石像也是东汉时才大为流行的葬制，汉代遗址中首见此种葬制的是作为茂陵陪葬墓的霍去病墓前石像群，这些石像内容主要为各类神兽，其中最著名的一件当数“马踏匈奴”，这是一件外观方正、造型硬挺有力的石像，应与歌颂霍去病在汉匈战争中的厥功至伟有关。除“马踏匈奴”外，霍去病墓前还有 13 件石像，如“野人抱熊”“卧马”“蟾蜍”等。总体而言，这些石像均依循石造型之法，不对石像做过多细部修饰，具有气势雄强之风。但对霍去病墓前石像的具体礼仪功能学界尚有多种解释，有象征祁连山之说、象征天界之说等，不再赘述。总体而言，于墓前立石像在西汉时期应尚属特例，东汉时期才成为一种流行。《水经注》中就记载了多处立有石像的墓葬，并且石像的内容也基本确定了下来，常见有石虎、天禄、辟邪，其礼仪功能均为驱赶可能骚扰墓室的妖邪。据文献记载，墓葬常会受到一种叫“罔象”的怪兽的侵扰。《周礼》载：“方相氏葬日入圹驱罔象，罔象好食亡者肝脑。人家不能常令方相立于侧，而罔象畏虎与柏，故墓前立虎与柏。”罔象见于《国语》，《国语·鲁语下》言：“水之怪曰龙、罔象。”《周礼》认为这种怪物“好食亡者肝脑”，而方相氏是古代驱鬼之神，面貌狰狞，《周礼》谓“人家不能常令方相立于侧”，故而以虎和柏替代之，于是东汉时期墓葬前多种柏树，立卧虎。但卧虎又不具备方相氏狰狞怪异的形象特征，所以东汉时期的墓葬神道两侧也常见名为天禄和辟邪的石兽，《后汉书·灵帝纪》章怀太子李贤注曰：“邓州南阳县北有宗资碑，旁有两石兽，镌其膊，一曰天禄，一曰辟邪。”目前存留的汉代天禄和辟邪现藏于中国国家博物馆和洛阳博物馆，皆较为完好。根据历代的墓前石像来观察，自汉代始，天禄和辟邪的造型就已确立，其身形呈横卧的“S”形曲线，四肢做前跨之姿，瞪目龇牙，形象具有震慑之感。天禄和辟邪的区别在于它们头上的“S”形尖角，目前学界有人认为独角者为辟邪、双角者为天禄，也有人认为独角者为天禄、双角者为辟邪，事实上，这可能和汉代墓前石首的形象特征在各地流传时本身发生了变化有关。[①]

① 孙机，汉代物质文化资料图说（修定本）[M]，北京：中华书局，2020 年，第 510 页。关于天禄和辟邪的定义，有多种不同的解释，该书称“即便在其流行的当时，也存在着一定程度的不规范性”。

5. 道路

由于汉代重视厚葬，茔域的道路种类也颇多，不同的道路有不同的规格和功能，尤其大型的墓葬，其道路更显种类繁多而系统。根据考古发现与研究，学界目前普遍认为墓葬区的道路主要可分为神道、徼道、司马门道①、宗庙道、游道、衣冠道②、羡道、甬道、墓道，但是其中部分道路由于缺乏考古依据，具体的定义仍难给出，本节只对学界研究结论已较为清晰的陵墓道路进行简述。

神道是陵墓中的主干道，本为帝陵专有的道路。帝陵神道设四个方向，其方位一般具有正东、正西、正北、正南的特征，位于陵墓中帝、后大陵园的内部，直通陵园的四个正门——司马门。③神道处常建有立石（如石柱）以为标示，即所谓“建石柱以为标”。《史记・李将军列传》所记“广死明年”句下，《索隐》引《黄图》云“茂陵神道广四十三丈”，可见帝陵神道之宽。神道与陵墓中的羡道相连，直抵墓室。西汉时期神道是帝王陵墓的专属，诸侯王的墓葬虽也可能僭越，但应不多；东汉晚期诸侯权势渐大，其墓葬也常有僭越，如北京石景山“秦君墓表”石柱上的刻文就有“汉故幽州书佐秦君之神道”的内容。

徼道也称交道，应是秦时设立的道路类型。④这种道路本非陵墓所独有，东汉张衡的《西京赋》中有“徼道绮错”之语，以形容西汉京城长安道路交错复杂之状，所以徼道很可能是一种环绕建筑物方便通行而四通八达的错综复杂之路。西汉帝陵设有徼道的记载在《汉书》中可见，《汉书・佞幸传》记载哀帝“又令将作为贤起冢茔义陵旁，内为便房，刚柏题凑，外为徼道，周垣数里”，可见徼道位于陵墓外围，而“周垣数里”的“周”应为围绕之意，“垣”则是陵园之墙，所以徼道在陵区应是一种环绕陵墓而建的道路，它可以补充神道只能通四方带来的交通不便。汉代帝陵遗址中多有自然遗留下来的环绕封土四周、陵园墙体而设的道路，其原型即有可能是陵园的徼道。

---

① 焦南峰、杨武站、曹龙，神道、徼道、司马门道——西汉帝陵道路初探[J]，文物，2008（12）：52-56+70。

② 焦南峰，宗庙道、游道、衣冠道——西汉帝陵道路再探[J]，文物，2010（01）：73-77+96。该文详细论述了宗庙道、游道、衣冠道的相关文献和考古发现，并认为三种道路应为异名同谓，皆是汉代丧葬礼仪活动中“游衣冠”中所用的道路。

③ 孙机，汉代物质文化资料图说（修定本）[M]，北京：中华书局，2020年，第510页。

④ 同①。

司马门道是帝陵中帝、后陵园四个正门之外通向四方的主要道路，它们向陵园内部穿过司马门后与神道相连[①]，向外的道路则可通往陵邑。根据学界研究，以帝陵坐西面东之原理，汉代四条神道以及与之相连的司马门道中，应以东侧道路为主道，这也反映在西汉帝陵多于东司马门外的司马门道的南北两侧设陪葬墓，如长陵的萧何墓、曹参墓，茂陵的卫青墓、霍去病墓，均坐落于陵园东司马门外的司马门道两侧。

宗庙道、游道、衣冠道的定义在学界仍未有明确的结论，但目前焦南峰的论述最为完备，即认为这三种道路都是指同一种道路，是为了汉代重要的丧葬礼仪活动“月游衣冠”而设置，故而有“衣冠道”之称。西汉初期这一道路应是指从长陵寝殿开始，穿过城市直达高庙（即汉高祖之庙）的道路，其主要一段即是长安城安门大街，因此称为“宗庙道”。[②] 武帝以后，这一道路改称为“衣冠道”或偶尔称为“游道”。[③]

羡道、甬道、墓道与以上所谈及的陵墓区道路不同，它们是位于陵墓地下的道路，但定义明确。羡道是进入墓穴的道路，上不盖土，在土圹墓结构的墓葬中羡道成坡状。这条道路是宾客谒拜墓主人时必经的道路，直通便房。因此羡道也被认为是墓主人灵魂出入墓室的道路。甬道则是地下道路中两侧筑有墙壁的砖石道路，《史记·秦始皇本纪》云“自极庙道通郦山，作甘泉前殿。筑甬道，自咸阳属之”，可见甬道是一种类似专用通道的道路，因此在墓葬中指四周被砖石围筑起来的道路。东汉的砖室墓中即多有甬道。墓道一则为墓室道路的统称，一则专指墓室内置丧时运输物料的道路，建成后会用土填实。这些功能各异的道路反映出汉代墓葬结构的复杂和作为整体性建筑的系统性和全面性，也在一定程度上反映了汉人“事死如事生”的厚葬理念。

6. 陵邑

陵邑制度是汉代丧葬制度中非常重要的一项，是专为帝王而设立的葬制，即在帝王的陵区之侧设立“邑”。“邑”是汉代对小型城市的称呼，陵邑即

① 焦南峰、杨武站、曹龙，神道、徼道、司马门道——西汉帝陵道路初探[J]，文物，2008（12）：52-56+70。

② 刘庆柱、李毓芳，西汉十一陵[M]，西安：陕西人民出版社，1987年，第201页。

③ 焦南峰，宗庙道、游道、衣冠道——西汉帝陵道路再探[J]，文物，2010（01）：73-77+96。

陵区专属的小型城市。西汉大部分帝陵之旁均发现有陵邑遗址，且均规模庞大，当时陵邑内所居人口众多，其中多的可达万户以上，少的也有几千户。汉初刘敬曾向高祖刘邦进言：“今陛下虽都关中，实少人。北近胡寇，东有六国之族，宗强，一日有变，陛下亦未得高枕而卧也。臣愿陛下徙齐诸田，楚昭、屈、景，燕、赵、韩、魏后，及豪杰名家居关中。无事，可以备胡；诸侯有变，亦足率以东伐。”可见，陵邑制度是一种强化汉王朝中央集权并拱卫京畿的手段，从汉高祖至汉武帝，陵邑制度被一步步强化，全国各地的富户、豪强、旧贵族多迁徙至京畿附近的陵邑居住，甚至出现了朝廷将整个城市居民迁徙至陵邑中的现象，并且一些陵邑的居住权还会受到各地贵族的争相追捧。这种长期迁民至邑的政策使得汉代首都的周围逐渐建立起一个个的卫星国。这些陵邑人口多，并且由于所迁徙者多为当时社会的精英阶层，故而陵邑中多住朝廷重臣，乃至陵邑逐渐发展成比京畿人口还要密集、贸易往来还要繁茂的区域，许多商业和娱乐区域均位于陵邑之内。在汉时的渭北平原上，共有五座陵邑，即长陵、安陵、阳陵、茂陵、平陵，古语中所谓的“五陵少年”即指生活在帝陵陵邑中的贵族子弟。从目前的陵邑遗址考古发现情况来看，西汉的陵邑一般以建筑为主体，分为多个区域，其中大部分为院落式的居住区，这些遗址的基址反映出院落功能的全面和体量的庞大。同时陵邑内还有多种类的功能性建筑设施，发掘出的基址和文物反映出当时的陵邑设有邮局、烧造陶瓦器物的窑厂等。茂陵的陵邑还有颇为宽深的壕沟，用以隔绝外界，可见武帝时期的茂陵邑规模之大，内部功能之完备。

第二节　古城遗址

汉代城市从层级来讲，大概可以分为三级：第一为国家的都城，如西汉长安和东汉洛阳。第二为地方城市，这类城市又分为封国的国都和一般地方城市，如济南东平陵城即是典型的汉代封国国都（文帝时封济南国的国都），而1954年在洛阳发现的汉河南县城即是一座靠近洛阳城的地方城市。地方城市中还有较为特殊的一类，即陵邑，这类城市是西汉陵邑制度的产物，它们是帝陵的附属城市，其规模类似于县城，但结构却更为松散。第三为作为防御性建筑而存在的关城、要塞，如两汉的玉门关、阳关、函谷关等，这些建筑往往具有堡垒的功能，同时还兼具城市的结构。总体来说，汉代的城市体现出明显的规划性。

此外，在观察古代遗址美术的空间结构和美术表现形式时，还需注意到建筑的时间性，尤其在考察城市这样的地上建筑时，由于其内部的建筑是在数量不断地修建、拆解过程中发展的，且不同时空下一个城市的空间范围甚至都有所差异，所以当我们把不同时期的建筑看作同一时空下的内容时，就难免会难以解释这个时空下的历史现象及其内涵。例如就西汉长安城的建设而言，其建筑即是在数量从少到多、范围由小至大的建设过程中形成的，并且不同时期的长安城很可能拥有不同的视觉性，如汉初刘邦定都于长安城时，这里并没有九经九纬的道路和包围住长乐、未央二宫的城墙，也没有 12 座宏伟的城门，而武帝时期的长安城内的宫殿已经不再是汉帝国唯一拥有的最高规格建筑了，武帝在都城西南建起的建章宫和上林苑成为当时最为辉煌的建筑群。至东汉末年董卓烧毁洛阳城，将皇帝挟往旧都长安时，历经战乱后的旧都长安已经残破不堪，不似一座前汉都城了。这些存在于时空中的不同建筑物组成的城市风景需要在时间线索的引导下才能更清晰地还原建筑的意义及其艺术价值，因此，当我们考察遗址的美术内涵，将遗址作为一件整体性艺术看待时，关注其在时空中的流变是厘清其内部结构所必须具备的视角。

（一）都城

两汉有两座都城：西汉的都城为长安，城址在今陕西省西安市未央区；东汉的都城为洛阳，城址在今河南省洛阳市偃师区西部。这两座都城遗址整体结构相似，皆有 12 道城门，城墙四围类方，但也有颇多布局细节差异，它们是考察两汉都城建设的统一性和差异性的重要遗址。

两汉都城的统一特征，主要表现在都城的基本结构方面。都城的结构包括城门、城墙，其内的宫殿、宗庙、官署、府库建筑，以及市（市场）、里（闾里，住宅区）等建筑，城外则是帝陵和陵邑（西汉）、礼制建筑、苑囿，以及更多的市场和住宅区。但这种结构并非在西汉建立之初即成形的，汉高祖刘邦以长安为都城时，皇城的建设主要由萧何主持，其建设内容一是改建了渭河南岸的秦离宫长兴宫作为刘邦定都长安的宫殿，并将长兴宫改名为长乐宫，刘邦在这里举行了西汉第一次重大的朝会。萧何主持的第二项长安城重大建设工程是在长乐宫西，龙首山之上修建未央宫，这座宫殿修筑得蔚为雄伟，刘邦之后的西汉皇帝都居于此宫。萧何还在长乐和未央二宫的外围各自修起宫墙，并建设了一些基础的官署、府库，但其主持的皇城建设尚未涉及宫殿外的长安城墙。因此，汉初的长安城结构并不符合《周礼・考工记》对都城的结构要求，真正将长安城修筑得接近《周礼》所要求的是西汉的第二位皇帝汉惠帝。惠帝在其即位的当年（惠帝元年，公元前 194 年），就开始了建筑长安城墙的巨大工程，其规划的依据应很大程度上参考了《周礼・考工记》所谓"匠人营国，方九里，旁三门。国中九经九纬，经涂九轨。左祖右社，面朝后市"的国都建设要求，反映在三个方面，其一为未央宫东侧的高庙（为汉高祖刘邦所立之庙），高庙是汉王朝的宗庙，由于皇帝面南，所以其左即为东，这符合"左祖"的规范。其二为未央宫北面的"市"，即汉长安城中的西市，这是皇帝"面朝后市"的体现。其三为长安城墙、城门、道路的布局，《周礼》要求的"方九里"显然已不能满足汉代都城的占地需要，汉长安城的占地面积远超古制所说的九里，但保留了国都为"方"的平面结构，建好的城墙除了北面因为紧临渭河而颇曲折外，其他三面相对笔直，城墙四围长度也相近。而四面城墙每面开三道城门，城门内各有三条道路，从而形成都城九经九纬（经、纬分指竖向与横向，言都城内竖向和横向各有九条道路）的道路布局。通过这些工程，西汉都城长安变得和理想中的国都颇为接近，惠帝时期的皇城成为一座名副其实的、可以代表天子权威的都城。

但我们也不难看出，西汉长安城并未完全遵循《周礼》的要求，这种结构上与"理想国都"的差异可以通过分析两汉都城各自的布局得到体现。按照《周礼》描绘的"国都"，宫殿位于城池内的正中央，西汉长安城并未遵循这一点，而是将宫殿区放置在城市的南侧；东汉洛阳城的宫殿位置虽接近城池中央，却因为南、北宫纵贯都城南北，而无法在城的北侧再设置"后市"。未央宫的东侧即高庙，西侧紧靠长安城的西城墙，显然没有空间再建设社稷坛。巫鸿认为《周礼》描绘的理想都城可能从未被建成过，历代的皇都都只是在一定程度上向它的结构靠拢。

既然都城的结构无须完全和《周礼》的要求相同，那么两汉都城的结构也不必受到理想国都蓝本的局限。《周礼》并未提及国都城墙之外应该有的建筑及其方位，而事实上要观察汉代都城的全部结构还应注意到都城城墙之外的建筑和区域。在这些城外的建筑、区域和城墙、城内建筑乃至周围地理环境的合作之下，才形成了一个实际运行着的汉代国都。城外建筑主要可以分为三大部分，其一为汉王朝颇为重视的帝陵区，这里不仅有皇帝的陵墓，还有如同卫星般护卫京城的各个陵邑，它们是帝都重要的附属区域。其二为城外的宫殿、御苑和礼制建筑，西汉长安城最为代表的城外宫殿是汉武帝的建章宫和上林苑，建章宫的修筑规模甚至超越了未央宫的豪华程度，而上林苑则成为武帝时期规模最为宏大的御苑，武帝甚至命水军在苑囿中的一座人工湖——昆明池中进行操练。而两汉都城的南郊都修建有明堂、太学等礼制建筑，它们是“独尊儒术”的汉帝国最重要的学术区域和祭祀场所，哪怕是军阀割据的东汉末年洛阳太学的学生都能达到 3 万余人。其三为城外的“里”和“市”，事实上两汉都城内“里”和“市”的数量都很有限，一是因为城墙内宫殿官署的建筑已占去了大部分面积，二是因为城市的规划需要考虑皇城内的安全性。因此大部分的“里”和“市”都位于城外的各个区域，这些城外的住宅区和市场形成了以都城为中心的分散式空间，并且各个区域的市场往往因地利而各具特色，据载长安的里最多时有 160 处，而城市的各个方位也都有市场，如著名的“孝里市”就位于长安通往咸阳陵邑区的大道旁，“槐市”则位于长安南郊太学附近，是一处以太学外列植的槐树为市场结构布局的、类似自由集市的市场。

（二）地方城市

两汉地方城市的结构一般是由统治者统一规划建造，城市四周是黄土版筑的城墙，城区由纵横的道路区分为多个区域，内部主要由行政官署、礼制建筑、市和里构成。①

根据实际发掘的情况可知汉代地方城市的结构相较长安或洛阳这样的

① 谷健辉，曲阜古城营建形态演变研究[D]，济南：山东大学博士学位论文，2013 年，第 64 页。

都城更为复杂，一些城市在规划中往往需要考虑都城建设所无须考虑的因素，如一些重要的城市往往是多个朝代修成，其改建难度颇大。又如一些城市作为国家某行业的重要实体，其内部结构会显得和其他城市颇有差异。例如汉代的大城市都拥有城墙，并且四面开城门，济南的东平陵城（西汉济南国国都）有 12 道城门，应在很大程度上参考了《周礼》对国都结构的要求，但城市的东区是大面积的冶铁铸造区，显然和城市的经济结构有关。曲阜的故城是西周初年鲁国的都城，这座古城从周至汉经过多次营建，已探明有 11 座城门，其城内中心区域是东西延展达 1000 米的夯筑基址群，当地人将这里称为周公庙，可能曾是曲阜古城的宫殿或礼制建筑①；城的南部偏西有汉代兴建的灵光殿，灵光殿西侧有孔庙等礼制建筑。曲阜古城是一座以南北中轴线为核心区域的城池。

（三）关城

汉代作为疆域辽阔的王朝，为了确保同样广袤的边塞的安宁，在帝国的西北边疆修筑了绵延的长城，这一庞大的工程是由关卡、要塞、烽燧、城墙共同组成的复合结构。关城建筑应该被看作一个巨大的整体建筑中的一部分，不同区域的关城虽负担着各自的区域功能，但同时也是帝国边墙②的一分子，一座关城是长城这件整体艺术品式的遗址中的一道“门”。因此，关城建筑一方面反映着其区域的地域性特征，另一方面强调着汉帝国这样一个跨地域的建立在无数连续空间上的抽象而宏大的整体。

汉代的关城以玉门关遗址为典型。现存的玉门关遗址也称为小方盘城，是一座体量不大的方形土坯城池，城池内有马道，上有女墙，为具有防御功能的嶂城。在玉门关的周围是边长约 30 丈的外围坞墙，坞墙是可以防御马匹自由穿越的矮墙，对于戈壁滩上的军事防御具有重要的作用。同时在处于同一地域空间下的墩墩山上是阳关的烽燧遗址，这样的烽燧遗址是长城建筑中的哨站和报警系统，它们和玉门关以及坞墙等不同功能的建筑形成了甘肃一带的汉长城遗址。

---

① 谷健辉，曲阜古城营建形态演变研究 [D]，济南：山东大学博士学位论文，2013 年，第 64—68 页。

② “边墙”一词为明朝对长城的称呼，此处为隐喻。

函谷关则是汉代的一座小型关城，担负着对中原空间的保卫工作，在当时具有重要的军事价值。它位于南北两山夹出的峡谷通道处，坐落于东西向的道路险要之处，由小城和大城两座相连的城池构成，小城位于空间的北侧，其北墙和南墙紧临生土断崖。大城位于小城南侧，其东墙在遗址的东南侧，北端和小城的南墙紧密相连，南墙依绕过城南的皂涧河河岸而建，形成对周围地面东西向通路的阻断。大城内部西侧应为居民生活区，是一座集合了军事驻扎和民众居住的堡垒型城市。从其遗址的考察可知，这座关城曾是两汉一座重要的军事堡垒，已经存在军民定居于此的现象。

值得注意的是，函谷关、玉门关、阳关都是汉代丝绸之路上的重要关卡，汉代往来于中原和西域的商队需要连续穿越这些关卡才能完成他们的使命，所以当我们考察汉王朝中的大规模建筑时，往往需要将更大空间内的遗址并入同一视角下，从而观察那些位于宏大的整体艺术之上的设计理念。

（四）宫城、官署、礼制建筑、民居

汉代的宫城结构大致包括宫墙、宫殿、城门以及台、池等建筑，可以西汉未央宫为例来解读。未央宫宫城四周皆有围墙，墙厚达 8—10 米，四面墙都开城门，城门外有门阙，但实际情况是位于长安城西南角的未央宫由于西门和南门紧临长安城墙，所以只有东门和北门外有门阙，称为东阙和北阙。宫殿群以线性排布坐落于宫内中轴线主干道上，这些道路直通宫城大门。城内主殿名为“前殿”，“前殿”是汉代宫殿主殿统一的名称，是用于开展国家重大事务的场所，如百官的朝会。殿前往往有宽阔的广场，殿宇建于高台之上，其宫殿往往是宫城中体量最大、最为豪华的建筑。未央宫的前殿就是建于三级台面之上由三座建筑构成的殿宇群，其台面基址巨大，南北长约 350 米，东西宽约 200 米，其上最大的一座殿宇东西 130 米、南北 70 米，足见其宏伟。位于前殿后方的是一系列的宫殿，如未央宫前殿后方是皇后的宫殿椒房殿，在其后还有一系列建筑，据载未央宫尚有“宣室、玉堂、麒麟、含章、白虎、凤凰、朱雀、鹓鸾、昭阳诸殿，天禄、石渠、麒麟三阁”，武帝时又在未央宫修建了“高门”和“武台殿”。西汉的宫城基本按照这一结构布局，但各宫殿又因实际地理情况和时代背景而有各自的建设特点，可见本书后续有关各宫殿的内容。

汉代最重要的礼制建筑应属辟雍、明堂、灵台、太学，其功能主要是进行礼制活动，包括祭祀、观天象、讲授经学等，是维持汉王朝统治秩序的重要单元。两汉都城的礼制建筑都建于都城的南郊，以东汉洛阳城的礼制建筑为例，其中辟雍四面有围墙，墙外四面都设有沟堑，上皆有桥；院内匀称地分布有四组建筑，每组由三间房屋组成，是汉代尊儒学、行典礼的地方。明堂遗址平面图呈正方形，四面亦有围墙，方形院墙内有圆形台基，其上原应有一栋结构复杂的华丽建筑，是汉代最高的礼仪建筑，祭天的活动就在此进行。灵台同样为四面围墙，院墙内有一呈正方形的高台，但灵台上平而无屋，下方四周筑有房屋，是礼制建筑中专用于研究天文、气象的建筑。太学则是汉代官办讲授儒家经典的最高学府，以存放石经的房屋为主体建筑，并由一系列附属的房屋构成，它是以实用功能为主的建筑物。这些礼制建筑构成了汉代城市的学术、礼制空间，值得注意的是它们都位于都城的郊外，属于相对开放的区域。

官署府库是汉代行政的主要单元，其基本的结构即是常规的汉代实用建筑结构，一般包括房屋、院墙、庭院等。官署建筑的房屋周围一般皆有廊道，有的还有散水，建筑物互相组合成类方的院落。以西汉长安城武库遗址为例①，武库是朝廷贮备武器的仓库，对于都城的安定有重要的作用，也是皇城的禁地。西汉长安城的武库遗址位于西安市郊区大刘寨村东面高地上，是由两组建筑组成的。两组建筑以隔墙分隔，隔墙东有四处遗址为一组建筑，其中第一遗址位于该组建筑北侧，其南面有廊道；第二遗址位于该组建筑东南角；第三遗址位于该组建筑南面，门向北，北面有廊道；第四遗址门向东，东面有廊道，是这一组建筑中最西部的遗址。在这组建筑的东围墙中部有一门通往长安城的安门大街，隔墙另一侧的建筑结构与此类似。可见这是一个四合院式的建筑组合，并有大房（兵器库）作为主体建筑，每个大房的西南门都设有小夯土垛，应是守卫兵的岗位所处空间。通过武库可知汉代的官署建筑多为院落式建筑，但不同建筑又依其功能而有不同结构。

汉代城市中的民居从汉河南县城的民居结构可知其一二。汉河南县城的

① 关于西汉长安城武库的平面图、布局等可参看中国社会科学院考古研究所汉城工作队，汉长安城武库遗址发掘的初步收获[J]，考古，1978（04）：261-269+297-299。

东区发现有不少民居遗址，这些民居的住宅规模均不大，大部分房屋为一间或二间，为长约6米、宽约4米的长方形建筑。房屋之间没有明显的排列次序，组织较为松散。建筑分为两种，一种是在地下修建起来的半地下的土屋，一种是在地上修建的房屋，有些房屋使用了条砖砌墙。与住宅配套的设施有水井和粮仓，其中粮仓占地较大，有圆囷和方仓两种，可见汉代的民居已具备良好的贮粮和给水设施，形成了较为安稳的居住环境。

第三节　其他遗址

在本书后七章的第三节，集中介绍汉代遗址美术中重要的遗迹或文物，这些遗迹或文物原属于某一遗址的一部分，但因遗址或已湮没，或未被全面发掘而只得见其中部分遗迹或文物（后简称遗物），因此第三节称为“其他遗址美术”，其内容将从文物的基本情况及美术内涵、成就进行阐述。这些遗物虽为整体艺术的“残件”，却因能反映其所属遗址的价值或其自身所代表的汉代艺术的成就而为学界、大众所熟知。因此介绍这些遗物，有利于读者更为完善地观察汉代遗址美术。

由于这些作为遗址“残件”的遗物是一些小型建筑、单件或成组的文物，所以它们在一定程度上可以用类型学分类的方法来阐述。因此，本章节将对这些零散的遗物进行分类概述。此时它们短暂地脱离了与原属遗址的紧密联系，反映的不再是其所属遗址的意志，而是某种视角下汉代艺术在某个地区、某个领域的成就。通过零散遗物的集合，反映汉代遗址美术的成就，是本书想要为读者呈现的内容的一部分，但更重要的是，在分类介绍中，本书会提及这些遗物对其所属遗址、所属地区的遗址美术的意义，从而希望将读者的视野带回其原先所属的遗址中去。

（一）建筑

汉代的地上建筑能保存至今的非常稀少，除长城、城市建筑遗迹外，大多为汉墓的地上附属建筑，这些建筑难以全面反映其所属遗址的原境，因此观察这些遗迹更多的是对其所属遗址的管中窥豹。石祠、石阙、神道碑（或称墓表）是东汉流行的墓前建筑，它们本是墓葬的一部分，但由于原属墓葬的其他建筑已不存（或遭严重破坏）而孤立于世。例如四川汉阙中除雅安高颐墓阙尚存有墓前石兽、墓葬（未发掘）、后代立石等遗迹，墓葬整体结构保存状况稍好外，其余如渠县冯焕阙、沈府君阙等皆仅存石阙，甚至只存留着双阙中的一座。这些孤立的墓阙不能代表原墓葬的空间和内容，但可以从其建造水准和表现内容看到汉代四川地区的艺术内涵和水平，尤其像渠县汉阙这样数量较多、保存较完整、地域较集中的遗迹，还从整体上反映出汉代“宕渠”（渠县的古称）的地域文化特征。又如北京石景山的秦君墓表在发现时尚较为完整，但墓葬所属其余地上建筑几乎毁损殆尽，发掘墓葬所见的文物亦甚少，但这座孤立的石柱却成为东汉时期北方墓前立石的佐证，其形制与南梁帝陵表柱颇为相似，证实了汉代墓表的造型对魏晋时期的墓葬建筑仍有强烈的影响。该墓表独特的柱式结构还反映出丝绸之路东西文化交流的影响，能看到希腊化时期至东、西罗马帝国时期从欧洲流行开来的科林斯柱式以及印度的佛教石柱的形制特征。再如古栈道是反映古代交通网络，研究古代军事、经济发展状况的重要遗址，作为道路网，这类遗址范围辽阔，各段保存情况复杂，加上历代的损毁和修葺，汉代的栈道遗址几乎不存，剑阁、石门等历史上有名的关卡及其栈道皆为后代建筑物，但栈道的附属遗迹却有汉代遗物留存，如石门古栈道即留有汉代摩崖石刻——曹操所题“衮雪”二字，是汉代石门栈道遗址的重要遗迹。

（二）雕塑

现存的石雕、陶塑几乎皆是某遗址（如园林、墓葬）的附属品，它们虽是雕塑，原本却不作为独立的艺术品存在，本质上都是大型建筑的组件，甚至一些墓葬中出土的雕塑原也不是明器，而是墓主人生前所用的物件，如咸阳成任村出土的金铜佛像就可能是墓主人生前摆设供奉的偶像。四川成都天回山汉墓出土的击鼓说唱陶俑是典型的明器，却无从考证其所属墓葬的情形。这样的汉代雕塑存留下来的很多，它们更多的是作为地域文化的象征，可以反映该地区墓葬雕塑的水平或所属时代的艺术成就。西安斗门镇的牛郎织女石人像是汉武帝上林苑内昆明池两岸的石雕，这两件雕像在后代成为人们单独膜拜的对象，但在汉代的皇家园林中，它们是组成“银河”的组件之一。它们的情况和兴平霍去病墓的马踏匈奴石雕不同，后者可以配合茂陵的其他遗物反映这座帝陵的整体设计，而牛郎织女石人像更多地反映了昆明池所处的地域和武帝求仙思想中的“象天”观念，在缺乏其他文物支撑的情况下，它们无法组构出昆明池的整体空间，更无涉原貌。最为特殊的是江苏连云港孔望山的群雕，这些刻于山壁上的摩崖石刻原可能属于该地区的“东海庙”，信仰的主神是东王公。在该遗址未发现地面建筑遗迹，摩崖石刻很可能即是庙宇的主体，但其特殊性在于再无其他汉代遗址与其具有同样的功能，孔望山是唯一一处以宗教功能为主体的汉代遗址，因此，其遗址的整体布局在无从对比的情况下也难以考证。

（三）壁画

壁画是汉代建筑中重要的组件，随着地面建筑物的湮没，宫殿、官署、住宅等建筑中的壁画已不得见，只有墓葬中的壁画整体保存较好，部分墓葬在遭到严重盗掘或破坏后仍保存着精美且较完整的壁画。陕西西安、陕北的墓葬中发现的星象图就是研究汉代天文学和星象学的重要材料；而洛阳卜千秋墓顶的升仙图则是典型的求仙思想的产物，其在汉代墓葬美术的研究中具有颇高的价值。甚至一些墓葬被发现的随葬品很少，且壁画遭到了一定程度的破坏，却留下了一部分精美的壁画局部，洛阳烧沟汉墓的壁画即属此类，“二桃杀三士”只是墓葬壁画中的一个局部，原应属于一组或系列的历史绘画，但其高超的艺术表现力却使这幅壁画成为观察汉代墓葬美术乃至汉代绘画的重要文物。石刻画像更是如此，由于明清时期金石学的兴起，石刻拓片受到广泛的追捧，很多原本位于墓室中、石祠内的画像石皆被挪移至他处，并经过反复拓印，表面磨损严重，难以再准确地反映所属墓葬的原始空间，南阳地区发现的大量零散画像石即属此类。当这些来自多个墓葬的画像石“散件”被重新集合在一座博物馆中时，其原始的空间属性几乎荡然无存，人们无从得知某件画像石在其墓葬中的原位，更无法估计它和其他画像石的互动构成的整体艺术。诚然，这些画像石仍具有很高的研究价值，但其对于汉代文化中以建筑空间组合多种美术形式而形成空间艺术的研究却不再直接有效。

这些画像石成为一种扎根于类型学视角下的对汉代美术的观察。

（四）青铜器、玉器、漆器等器物

各类出土器物在缺乏所属遗址信息的情况下的研究价值和墓葬中出土的零散画像石面临的问题类似，且更为凸显，由于这些器物并非“不可移动文物”，所以当其离开原属的空间后，即成为一种“独立”的艺术品，成为类型学下的“古物”，而难当整体艺术的“组件”。它们的主要价值是反映某时期、某地区文化艺术成就的高度，而不再为分析某处遗址提供依据。唯有一些结构较简单的墓葬中出土的精美器物，在详细的考古报告支撑下，成为一器代表一墓之精神的文物，例如内蒙古准格尔西沟畔汉墓出土的组石佩，因其所属的墓葬结构较为简单，墓葬形制和大多数当时北方游牧民族的墓葬结构相似，因此，这件器物是反映墓葬建造者对中原文化吸收的典型。不同的是华南、西南地区出土的青铜鼓、贮贝器这样的器物，尤其是青铜鼓，其形制、纹饰表现了汉代岭南地区地域文化的系统性和复杂性，只有当这些器物以类型学的姿态呈现时，这种地域文化的规律性才能更直接地得以体现。贮贝器也有类似的功能，由于古滇国的文献遗存甚少，而滇国在汉代又没有自己的文字，因此贮贝器上的群雕就成为一种图像化的滇国史。

（五）简牍、碑刻

木简、木牍、碑刻等文物是类型学研究中的重要分支，其重要性在于大量的文字内容为历史、文化等领域的研究提供了丰富的材料，这些文字载体同时也是书法研究的载体。但文字也是所属遗址最重要的材料之一，一些重要文字信息的脱离（如盗掘、损毁）对遗址是重大的损失。反之，如敦煌汉简中小方盘城汉简的出土，就对玉门关的具体布局提供了佐证，这些汉简反映出小方盘城很可能是玉门都尉府的官署所在，而非玉门关关卡。

（六）从类型学到整体艺术

巫鸿在对三盘山的青铜伞挺的研究中总结了类型学研究和整体艺术的关系：“研究者通常把艺术品按照其构成材料进行分类，一部艺术史因此被视为青铜器艺术、绘画艺术、画像砖艺术、石窟艺术等许多专门分支的集合，而专业研究多集中于某一特定分支上。但……不仅不同艺术分支的发展是相互联系的，而且在特定环境下，一个分支富有特色的风格还可以转移到另一分支中。因而，只有重构各种艺术品类之间的关系，以及这种关系与不同时代思想观念的联系，我们才能充分理解某种特定艺术形式的发展过程。”① 因此，本书“其他遗址美术”的内容在为读者提供其所属类型学研究的价值的同时，更希望其成为关于墓葬、城市等具有强烈空间性、跨媒介性的整体艺术的论述的辅助性材料，作为一种额外的视野或线索来帮助读者更好地观察汉代遗址美术中的整体性。

① （美）巫鸿，礼仪中的美术：巫鸿中国古代美术史文编[M]，北京：生活·读书·新知三联书店，2016年，第166页。

第二章

西北地区遗址美术

第一节 从长安到尼雅:西北地区墓葬遗址美术

西北地区的汉代墓葬遗址以陕西、甘肃和新疆最为丰富,它们因地域文化差异而各具美术特征,但又表现出强烈的图像关联性。从墓葬的美术考古来看,中原和西域在文化上的交流是一个逐渐融合的过程,玉门关、阳关内外的汉代墓葬遗址美术特征有着千丝万缕的联系,又有不同的艺术风格和形式,是形成汉代艺术统一和丰富的重要因素。

关于各地域的艺术文化特征,陕西的关中地区以位于古长安城周边的西汉帝陵群为代表,其中 9 座帝陵位于汉长安城北侧的咸阳原上,另有霸陵和杜陵分别位于西安市区内的白鹿原和少陵原(古鸿固原)。这 11 座帝陵在反映汉代政治、经济、文化等层面具有极为重要的意义,其中的长陵、霸陵、阳陵、茂陵、杜陵最具代表性,5 座陵墓反映了西汉前期至盛期随国力增强而逐步强化的丧葬理念,帝陵的空间布局模式、随葬器物类型和形式等都是观察汉代丧葬礼仪美术的重要依据。关中的中小型墓葬还表现出一种三秦地区特有的丧葬礼仪美术观念,就是在墓葬中流行的对星象图的表现。西安和陕北的多座墓葬都出土了星象图壁画,这些壁画质量上乘,且数量显著多于其他地区,表现出一种地域化倾向。

在陕西北部的榆林地区发现了大量的西汉晚期至东汉的小型画像石墓和壁画墓,这些墓葬的美术形式一方面反映了长安和洛阳地区墓葬艺术对陕北汉墓的影响,例如绘有星象图的壁画墓表现了中原画像石墓图像理念的墓葬内容和布局;一方面反映了陕北地区当时农耕与游牧结合的生产方式下特有的文化艺术审美追求,陕北的汉墓中普遍有表现畜牧、狩猎和耕种的图像。

长安以西,丝绸之路东段的中途,也就是河西走廊东端的武威地区,发现了大量汉代墓葬，这些墓葬整体反映出强烈的地域文化特征和与中原文化的紧密联系。马的形象在武威汉墓中非常普遍，且精彩异常。在其他地区墓葬中随葬马俑的造型仍保持着西汉初期的立马姿态，或已少用马俑随葬时，武威雷台汉墓中却出现了大型的青铜马匹仪仗队和铜奔马，是反映汉代青铜工艺和雕塑艺术高度成熟的实物。磨嘴子汉墓则出土了大量的木马俑。马是汉帝国的重要战略资源，也是汉王朝重要的文化符号，武帝时期，汉人对马的喜爱达到顶峰。“天马”既是西域神秘的出产也是汉文化中的祥瑞，在茂陵的陪葬墓中，出土有奢华精致的鎏金铜马，而其中最著名的陪葬墓霍去病墓的墓前石雕大量以“马”为主题。马的形象在茂陵是代表汉王朝辉煌的符号，在河西走廊的丧葬礼仪美术中也是体现当地文化审美追求的重要角色。武威地区作为丝绸之路东段主干道的必经之地，也是汉王朝控制河西走廊和西域的军事战略要地，马在这里发挥的重要作用直接体现在这里的墓葬艺术中。

河西走廊的东南方向，青海西宁发现的上孙家寨汉墓遗址反映了该地区汉匈融合的情况，该墓群中既有汉代墓葬也有匈奴墓葬，出土的器物中既有汉简也有驼纽造型的归义亲汉长的印章，反映了这里作为多民族聚居地的历史。

再向西，新疆地区的尼雅遗址集中体现了当时西域文明的文化艺术特征，墓葬遗址呈现的葬仪和葬具与中原文化有着显著差异，又保持了联系：出土的器物中有带把手的木杯和地方文化特有的纹样，采用的棺木被造成了舟形，但同时又出土有织有汉字和祥瑞的织锦。这反映了西域文化的艺术特征，也体现了汉中原与西域的紧密联系。

（一）长陵

1. 长陵遗址的基本情况

长陵遗址位于陕西省咸阳市秦都区的窑店乡三义村北，其主体是汉高祖刘邦与皇后吕雉的陵墓。陵墓坐北朝南，遥望长安城，整体结构可分为两大部分：其一为主体，是帝陵和后陵墓葬群；其二是位于帝、后陵园以东的陪

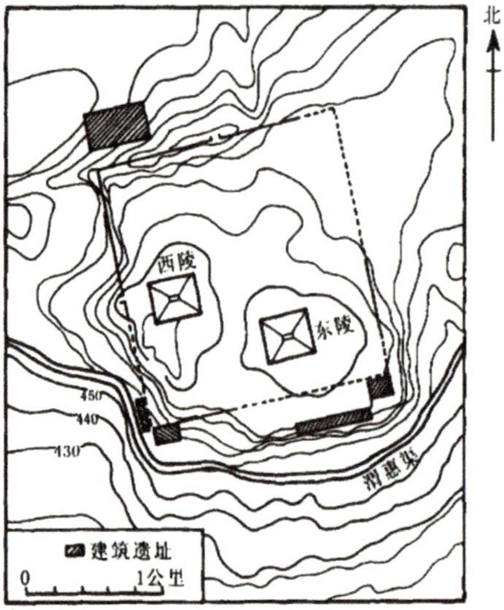

图 2-1 长陵遗址平面图

葬墓群。长陵遗址（图 2-1）经过考古人员的测量，平面呈一方形，每边长 780 米，周长为 3120 米，陵园的墙壁遗址尚存，其中帝陵附近一处高达 3 米、长 600 米的墙壁保存较为完好。陵园内偏西处为高祖刘邦的陵墓（图 2-2），其封土为覆斗形，夯土筑成，高 33 米，底部东西 153 米、南北 135 米，顶部东西 55 米、南北 35 米。位于高祖陵东南方 280 米处，是吕后的陵墓，其封土形状与高祖陵一致，底部东西 150 米、南北 130 米，顶部东西 50 米、南北 30 米。从现代考古数据来看，吕后陵的体量比高祖陵略小，在视觉上几乎难以察觉。陵园东部的陪葬墓群在西汉帝陵墓葬中属于极为罕见的，其数目和规整程度皆可在西汉帝陵中称最，西汉初期的开国重

图 2-2 刘邦墓

臣多有在此下葬者，如萧何、曹参、周勃、周亚夫等名臣皆在其列。作为陪葬墓，这些墓葬的封土皆较帝、后陵小，形状相对丰富，互相之间的间隔距离基本相等，分布规整而绵延 7 公里之广。

作为西汉第一座帝陵，长陵的名字已经体现出了它在西汉帝陵中的身份："长" 一方面有 "长久" 之意，另一方面也有 "长（zhǎng）" 的意思。与汉代第一座帝陵命名相同的例子可见于明十三陵中的第一座帝陵明成祖朱棣的明长陵。《汉书 · 地理志上》载 "长陵，高帝置"，可见长陵是高祖刘邦在位时即开始修建的，但与之后的汉代帝陵不同的是，长陵的帝、后二陵封土在方位上具有并列的地位，且后陵的封土建造得和帝陵一般高大，这是在西汉其他帝陵中所未见的，反映了吕后在汉初政治中的影响力和贡献。此外，由于长陵的帝陵和后陵采用 "同茔异穴" 的丧葬制度，所以帝、后虽葬在同一茔域内，却各自有单独的陵墓，这也是西汉帝陵葬制的典型特征，刘邦之后的汉代皇帝均沿用此制。

2. 遗址的代表性文物

（1）"皇后之玺" 螭虎纽白玉印

"皇后之玺" 螭虎纽白玉印（图 2-3）由新疆和田玉雕刻而成，高 2 厘米，宽 2.8 厘米，印面刻阴文篆书 "皇后之玺" 四字，现藏于陕西历史博物馆。该文物于 1968 年被咸阳市韩家湾村居民孔忠良发现于长陵遗址附近的水渠中，该水渠附近也经常发现与长陵遗址有关的陶器等文物，经过考古分析，这件玉印被认为很可能是吕后的玺印，因此它也是长陵遗址所彰显的权威的象征。

图 2-3　皇后之玺

（2）"长陵西当" 文字纹瓦当

长陵出土文物众多，其中最能代表长陵身份的文物是著名的带有长陵字样的文字纹瓦当，如 "长陵西

图 2-4 “长陵东当”瓦当

当”、“长陵东当”（图 2-4）。这类瓦当是长陵专用之物，它们的存在一方面可以佐证长陵的身份，反映了汉人利用瓦当这一建筑部件来传达建筑身份的习惯；另一方面，瓦当文字中对东方和西方的位置标示也反映了汉代丧葬礼仪制度中对方位的重视，这种观念或与汉代五行、四神等元素构成的哲学体系有着内在的联系。

3. 陪葬墓杨家湾汉墓陶俑

1965 年，在位于陕西咸阳杨家湾长陵陪葬墓的陪葬坑中出土了大批彩绘陶步兵俑和骑兵俑，其中步兵俑 1800 余件，骑兵俑 580 余件，同时发现的还有大量的陶制盾牌、兵器、车马等，全部陶俑总计近 3000 件，这就是著名的三千彩绘兵马俑[①]（图 2-5）。与秦兵马俑模仿真人体量大小的规矩不同的是，汉代兵马俑体量均较小，这种成规模的象征军队的陪葬品可能是西汉时期帝王或帝王陪葬墓中高级武职人员的墓葬所特有的，根据考古报告，这组

图 2-5 三千彩绘兵马俑

① 刘晓东，咸阳杨家湾兵马俑及相关问题初探[J]，文博，2009（02）：25-29。

图 2-6　三千彩绘兵马俑——骑兵俑

规模宏大的兵马俑很可能是汉初功臣周勃之墓的陪葬品。

长陵陪葬墓出土的近 3000 个兵马俑，除了步兵、骑兵的大分类之外，还可细分为多个小类别，包括指挥官、装甲步兵、持盾装甲步兵、轻骑兵、重骑兵、鼓乐手、仪仗队等各类军队中的士卒，它们各执其事，形成一个相互联系的整体，守卫其所陪葬的“地下世界”。队伍各成员的衣袍设色亦有区别，其颜色大抵可分为黑、白、黄、红、粉红、绿，从而使队伍的视觉效果更加真实丰富。

杨家湾汉墓兵马俑代表了汉代丧葬礼仪美术的最高水准，它们以圆雕彩绘的手法表现了汉代士兵的形貌，造型多样，表现手法娴熟而洗练。以其中的骑兵俑为例，人物和马匹的比例和谐，整体上造型写实，尤其是表现一些细节动作的时候，能生动逼真地还原骑士和马匹的体态特征，图 2-6 中的骑兵俑表现的是骑兵勒马的动作，手部动作和战马头部后仰嘶鸣的形象抓住了勒马瞬间的动作细节，在一定程度上反映了汉代作为中国古典艺术整体上从抽象向写实转化的枢纽地位。

4. 陪葬墓"齐园""齐园宫当"文字纹瓦当

陪葬墓区中还出土了"齐园"、"齐园宫当"（图 2–7）、"齐一宫当"文字纹瓦当，说明这里曾经有齐王刘肥母亲曹夫人的陵园——齐园。刘肥是刘邦庶长子，颇得刘邦宠爱，因此其母曹夫人死后得葬于长陵东侧，进入陪葬墓区，这些有"齐"字纹样的瓦当正是这段历史的实证。

图 2–7 "齐园宫当"瓦当

（二）霸陵

1. 霸陵遗址的基本情况

霸陵是汉文帝的陵墓，位于西安市灞桥区任家坡村，也就是白鹿原的东北方。霸陵的形制显得较为特殊——该墓是西汉帝陵中唯一没有夯筑封土的帝王陵墓。

关于霸陵的特殊性，还来源于历史上长期对其具体位置的鉴定。据记载，汉文帝一生节俭，倡行"欲为省，毋烦民"的治国之策，因此其对自身陵墓的建造要求是尽量防止劳民伤财，并下遗诏曰"霸陵山川因其故，毋有所改"。也就是要求修建工程不要"大动干戈"以致山川形貌都为之改动，目的是尽量减少人力在建造帝王陵墓时的消耗。《史记》载其陵墓"因其山，不起坟"，随后的史书和其他文献也都称这座陵墓"不起山坟"、"不起山陵"、"因山为藏"①，学者们便逐渐认为霸陵是一座依山而建的崖墓，并认为其墓室位置就在西安东郊、白鹿原北侧的"凤凰嘴"（图 2–8）山中，那里至今仍树立着几座明清时期为陵墓所刻的石碑。但也有近代学者认为霸陵的实际位置并非在"凤凰嘴"，而应另有他处。② 这两种不同的观点使得学术界关于霸陵位置的讨论悬而未决。究其原因，主要的问题在于文献记载的模糊性，因为

① 何清谷，三辅黄图校释[M]，北京：中华书局，2005 年，第 366 页。

② 杨武站、曹龙，汉霸陵帝陵的墓葬形制探讨[J]，考古，2015（08）：113-120。

“因其山，不起坟”既可以理解为将坟墓修建在山中，也可以理解为因为有山的存在，所以不再夯筑封土；最能支撑霸陵为崖墓的文献《三辅黄图》所载的“因山为藏”一语撰写于东汉时期，距离霸陵修建时期最近的《史记》和稍晚的《汉书》均只言“因其山，不起坟”，并无霸陵具体葬制的介绍，而按照西汉帝陵的整体布局，将帝陵建于真实的山中，对于陵园的建设会有诸多不便，一般西汉的帝陵除帝、后陵园的位置相对偏高之外，其余的从葬坑、陪葬墓均处于地势较为平坦的台地上，而“凤凰嘴”显然不符合帝陵的建造要求。此外，依据西汉帝、后“同茔异穴”的合葬制度，帝陵和后陵应位于一个共同的大陵园之中，而“凤凰嘴”距离窦太后陵太远，二者相距2100米之多，若在这样大的范围内修筑帝、后共同的陵园，显然不符合文帝“欲为省，毋烦民”的治国理念，所以，认为“凤凰嘴”并非文帝霸陵真实所在地的观点一直存在。

图2-8 凤凰嘴

图2-9 江村大墓遗址

文帝墓真实位置的确认依据的是近几十年的考古发现。1966年，任家坡村发现多处从葬坑。经过考古勘探，共发掘从葬坑47个，并发现了大量的彩绘陶俑、陶罐，家畜、家禽的骨骼以及谷物。当时的考古报告认为这些从葬坑属于距考古现场约1000米的窦太后墓。窦太后为汉文帝的皇后，即汉武帝的祖母，考古报告将这些从葬坑中的葬器看作是武帝为窦太后所置的陪葬品。但2001年的考古发现颠覆了这一观点，是年在窦太后墓西侧又发现了一座被多次盗掘过的古墓，这座墓葬为竖穴土坑墓，其墓室长、宽均达到40米，深达30米，墓圹砌有一圈砖墙，并且椁的规格颇高，是一座高等级的大墓，发现时，由于墓主人一时不能确定，而称此墓为“江村大墓”（图2-9）。此后，经过多年的考古发掘和研究，这座大墓的主人最终被确定为汉文帝刘恒，主要依据是在持续的考古发掘工作中终于发现了围于窦太后陵墓和江村大墓外的共同的围墙。而 2011—2013 年对“凤凰嘴”以考古为目的的地质勘探也显示这里并无任何人为开凿或大规模翻土的痕迹，这是一座没有陵墓的山峰。

至此，霸陵的具体位置和陵园布局之谜被解开了。随之而来的是诸多汉代帝陵制度的考古学知识的清晰，如帝、后陵墓的位置关系，文帝的丧葬规模等均得以逐步展现在世人面前。

2. 遗址的代表性文物

（1）铜漏壶

漏壶是汉代常用的计时器，也称滴漏，是一种利用水的运动来计算时间的工具。这种计时工具的优势在于不需要像圭表、日晷那样借助太阳的照射来观察时间，所以可在阴天和夜晚使用。漏壶的结构分为两种，一种为利用水的流失来计算时间的沉箭漏壶，一种为利用水的浮力来计算时间的浮箭漏壶。文帝霸陵出土的滴漏为沉箭漏壶（图 2-10）。这种滴漏下有一出水管，壶内灌水后，出水管会慢慢滴出水珠，壶内有一木质浮水器（一般设计成木舟的形象），上有箭形器物，箭头上刻有时间标记。木舟浮于水面，随着壶水流出，水位下降，木舟上的箭头随着木舟不断下沉，称为“沉箭”。沉箭的位置不断下降，探出壶盖方孔外的箭头也不断缩短，从而使观者可以观察时间的变化。浮箭滴漏的工作原理则相反，它通过壶底部无孔容器不断承接上方有孔容器的滴水，通过水位的上升使得底部容器上的木舟不断上浮，木舟上的“浮箭”不断探出水面，壶盖方孔上的箭头也就不断抬高，从而使观者得以观察时间。漏壶在汉代帝陵中多有出土，阳陵、茂陵均已发现了漏壶，其中阳陵漏壶为陶制，茂陵漏壶与霸陵

图 2-10 霸陵铜漏壶

漏壶颇为相似，均为铜质。汉代帝陵往往要陪葬各种器皿，其中包括大量官署机构的用器，这种将整套"管理系统"陪葬的模式，说明了汉代帝陵陪葬制度所反映的对君权的象征性。此外，霸陵还出土了多件印章，均为象征官署机构的印信。这种印章在汉代的帝王陵墓外藏坑常有出土，而铜漏壶则集中出土于文、景至武帝三位帝王的墓葬中，从侧面反映出文、景至武帝时期帝王的"勤政"。

图 2-11　霸陵半塑衣式刑徒俑

（2）半塑陶俑

霸陵的文物目前已有部分展出，但相关的研究尚未深入，在目前已知的文物中，有几件已经对汉代历史的逐步清晰提供了重要的考证价值。如出土于霸陵从葬坑的陶俑中有一种半塑陶俑，这种陶俑都塑有衣物，小腿赤裸，双臂为木质，与长陵的全塑陶俑（衣物通过陶土来塑造，不再额外着衣，不单独塑造陶俑的身体）、阳陵的全裸着衣陶俑形成了衔接关系，反映出汉前期陪葬俑制作方式的演变过程。此外，这种半塑陶俑大部分戴着"刑具"样式的道具，说明它们反映的是修墓的刑徒，这种刑徒俑（图 2-11）的发现进一步印证了汉代帝陵修建时使用刑徒作为劳动力的史实。

3. 汉文帝的"薄葬"之谜

根据文献记载，汉文帝一生节俭，其治国力求"为省"，不伤民力，其子汉景帝即位后亦延续文帝的治国方略。这两位君主治下的汉朝达到了太平昌盛的局面，为汉朝积攒了国力，史称"文景之治"。景帝在位的末期，汉王朝国力已相当强盛，为武帝即位时施行反击匈奴、开通西域、进一步削藩的政策打下了基础。

综上，现实中的文帝应是一位在各方面都追求俭省的帝王。《史记》记载，文帝在遗诏中要求对自己的葬仪一切从简，采取薄葬的措施，"其令天下吏民，令到出临三日，皆释服。毋禁取妇嫁女祠祀饮酒食肉者。自当给丧事服临者，皆无践。绖带无过三寸，毋布车及兵器，毋发民男女哭临宫殿。宫殿中当临者，皆以旦夕各十五举声，礼毕罢。非旦夕临时，禁毋得擅哭。已下，服大红十五日，小红十四日，纤七日，释服。佗不在令中者，皆以此令比率从事。布告天下，使明知朕意。霸陵山川因其故，毋有所改。归夫人以下至少使"。从这段遗诏中可以看到，文帝对葬仪的方方面面都做出了规定，力图将葬仪简化。而对于陪葬品，则要求"治霸陵，皆瓦器，不得以金银铜锡为饰"，这条史料反映出了霸陵陪葬品的内容，"不得以金银铜锡为饰"就要求陪葬品只能是材料成本较低的物品，这也是一种对国力的俭省。但值得注意的是，汉以后的史料却反映出与此相反的记载，尤其是对文帝陵墓被盗掘的记载，使得学者们一度怀疑文帝陵陪葬品是否真如《史记》记载般属于"薄葬"。关于文帝陵被盗的最早史料来源于《汉书·张汤传》，被盗之物为帝陵的陪葬用钱币，即所谓"会有人盗发孝文园瘗钱"，瘗钱即治丧所用的随葬钱币，这反映出文帝陵应随葬有大量钱币，这次盗掘发生于文帝入葬后40年左右。另一次盗掘的记录在西晋末年，《晋书·索綝传》载："时三秦人尹桓、解武等数千家，盗发汉霸、杜二陵，多获珍宝。"故而有学者认为霸陵实际应非薄葬。但也有学者提出异议，认为有可能西晋时期被盗的是霸陵中晚于文帝20余年下葬的窦皇后的陵墓，因为依据西汉葬制，窦皇后也葬入了霸陵的陵区。因此，关于文帝墓是否为"薄葬"之争尚没有定论。而依据现代的考古新发现，文帝陵外藏坑出土的陪葬品确无奢华程度如阳陵或茂陵的文物，大部分都是陶器和铜器，其中的铜器还以象征实用功能的器物居多，如铜升（图2-12）、铜漏壶、印章以及给家畜用的烙印，更多地反映出这位帝王对"管理机构"随葬的要求。霸陵的修陵工程共动员了3万余人，较其他几位西汉前期君主陵墓所动员的人数少了很多，随葬品中虽有少量贵金属出土，并未与《史记》所记载的"治霸陵，皆瓦器，不得以金银铜锡为饰"相匹配，但与其他几位西汉前期君主的随葬品相较仍较为简易。汉陵考古队队长马永嬴在对霸陵进行发掘时表示，霸陵的外藏坑数量庞大，进行全部发掘并无太大意义，发掘几个了解内涵即可，考古队不会对霸陵进行大规模的持续发掘，可见目前的考古文物已经能反映霸陵的陪葬程度，如果这些文物能发挥管中窥豹的作用，那么文

图 2-12　汉代铜升

帝一生节俭的作风就应与历史记载无大出入。[①]

（三）阳陵

1. 阳陵遗址的基本情况

阳陵（图 2-13）是汉景帝刘启的陵墓，位于咸阳市渭城区正阳镇张家湾北，是咸阳原上最东侧的帝陵，地处泾水和渭水的交叉口。

阳陵由帝、后陵园，陪葬墓，刑徒墓地，礼制建筑遗址等部分组成，东西绵延近 6 千米，南北宽 1—3 千米不等，地上遗址现存除帝、后陵墓封土外，还有不少建筑遗存，如帝陵的西、南、东阙，后陵的西、北、东阙，还有著名的“罗经石”及其所属的建筑遗址和六座陪葬墓的封土（图 2-14）。

在这些地上遗址中，仅帝、后陵园坐西朝东，占地近 350 亩。陵园中帝、后陵墓封土的基本结构虽与长陵一致，属于“同茔异穴”的帝后合葬墓，但不同的是阳陵的后陵封土已比帝陵封土体量略小，并且帝、后各自有单独的一围垣墙，形成各自的陵园，这是汉代帝陵的常规葬制，西汉帝陵中只有长陵的帝、后陵墓是无单独陵园而共享一围垣墙的。陵园内封土的四周皆有

① 王子今，霸陵薄葬辩疑 [J]，考古与文物，2002（02）：72-75+94。

图 2-13 阳陵

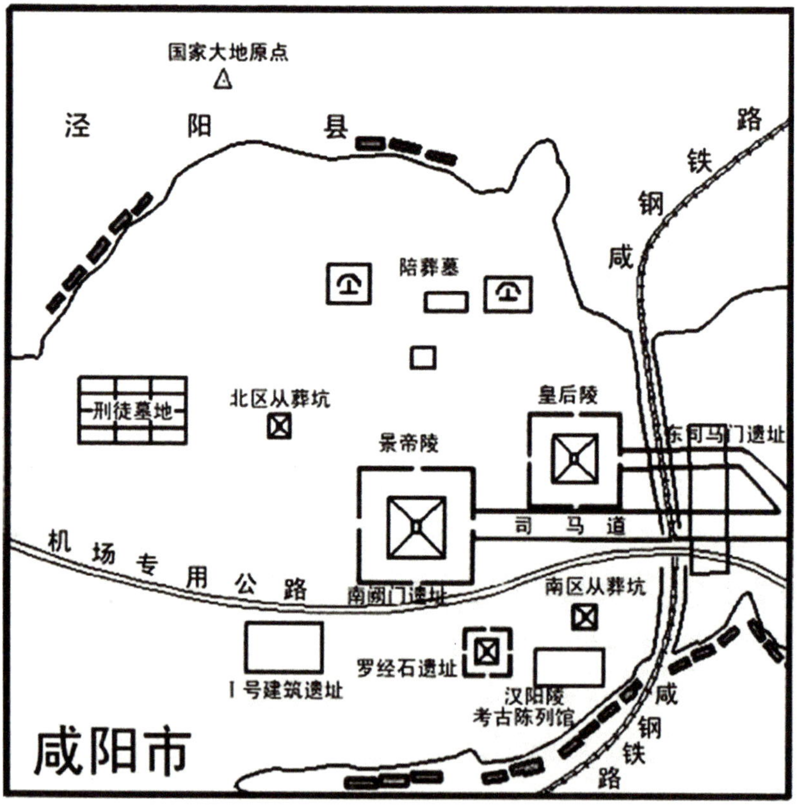

图 2-14 阳陵陵区遗址平面图

外藏坑（图 2-15），这些外藏坑内出土了大量的陪葬品，各坑道的陪葬品不尽相同。这些陪葬品的内容和布局代表了其所属外藏坑的具体功能，象征着帝王在地下的生活继续享有齐备的配置。

图 2-15　帝陵 16 号外藏坑俯瞰图

阳陵帝、后陵墓封土均呈覆斗状，经测量，帝陵的底部边长均近 160 米，顶部边长均近 60 米，高 31 米；后陵封土底部边长均近 156 米，顶部边长均近 55 米，与帝陵封土长度接近，但高度为 25 米，比帝陵低了 6 米。帝陵的垣墙每边长约 410 米，四面垣墙中央各开一门，封土位于墙园内正中，四门的遗址俱存，其中除北门阙基址已被毁外，其他三门遗址保存较为完好。后陵的垣墙每边长约 320 米，陵园的四门遗址保存均较为完好。

在帝陵东南方向约 400 米处，有一处建筑遗址，该遗址东西长 120 米，南北宽约 80 米。在遗址的正中央处发现一件圆形的石盘，即著名的“罗经石”。该石直径 1.35 米，上圆下方，上面凸起的一层呈圆形，内有十字形刻槽，下面基座呈方形。关于这件神秘石盘的具体作用，目前有多种猜想[①]，有人认为它是目前发现的我国最早的测量标石，用于测量阳陵建筑群方位的基点；也有人根据它在建筑遗址中所处的中心位置将其解释为受祭祀的对象，认为罗经石所处遗址即是古代的太庙；还有人认为它可能是汉景帝庙“德阳宫”的一部分，德阳宫即阳陵的陵庙，是专为祭祀皇帝而设的礼制建筑；还有人将它解读为综合性的礼制建筑的中心柱础。在罗经石所在的建筑遗址处还出土了青龙纹和玄武纹的瓦当，青龙和玄武在汉代盛行的“四神”概念中分别执掌

---

① 晏新志、刘宇生、闫华军，汉景帝阳陵研究的回顾与展望[J]，文博，2009（01）：25-33。

东方和北方，而方位的概念在汉代的礼制中也不断被涉及，因此种种解释和迹象都反映出罗经石与方位的关系，罗经石的存在进一步反映了汉人思想中对方位的重视。总之，据学界的多方研究，罗经石在其他遗址的加持下，似乎构成了一套复杂的汉代方位观念和与之匹配的宇宙观，而罗经石和其所属的整个建筑遗址在阳陵遗址中所占的规模也只是很小的一部分，由此可以管窥到汉代陵园整体设计之周密与复杂。可以说，汉代陵园属于当时建筑门类中最为重要的部分，它的整体布局是反映汉人思想的重要载体。

阳陵的陪葬墓主要分布在陵园东侧，现已发掘的有 200 余座。这些墓葬整齐地排列在陵园东向的司马道上，这条道路是陵园的主道，直通 5 公里外的阳陵邑。200 多座陵区内的陪葬墓出土的文物中包含了大量的武士、侍女、动物俑，造型活灵活现，其他器皿、铜器数不胜数，这些丰富的陪葬品反映了汉代厚葬的风俗和“事死如事生”的丧葬观念。

2. 遗址的代表性文物

（1）汉阳陵陶俑

阳陵陪葬坑中出土的众多陶俑是西汉陶塑圆雕的代表作品。不同于长陵出土的三千彩绘兵马俑，阳陵陶俑除兵马俑外还出土了大量的侍女俑、宦官俑、动物俑。

人物俑的塑造分两大类，一种是着衣式陶俑，另一种是塑衣式陶俑（图 2-16）。考古发现表明，着衣式陶俑原应装有可以活动的木质手臂，身穿丝质或麻质的服饰，但由于其深埋地下，年代久远，致使木质手臂和衣物均已腐朽，出土时呈现裸体缺臂的状态，但这些残俑仍然能在一定程度上传达汉人的美术理念，经过文物复制和复原后，我们能看到他们当时的样子（图 2-17）。

陶俑虽统一施有橙红色彩绘，头发、眉毛、瞳仁呈黑色，但又有着明确的类型特征。根据这些类型特征，陶俑主要可以分为五个大类，分别为武士俑、铠甲武士俑（图 2-18）、侍女俑、女骑兵俑（图 2-19）、宦官俑。其中铠甲武士俑的铠甲是塑形式而非着衣式，从而更加形象地表现了铠甲的硬朗特质；宦官俑是现存最早的宦官形象；女骑兵俑所骑坐骑均为木雕，已腐朽，但其面部塑造仍能展现出骑兵的骁勇剽悍之风，具有眉脊如山、颧骨突出、目光果

图 2-16　塑衣式陶俑

图 2-17　着衣式陶俑复原

图 2-18　铠甲武士俑

图 2-19　成组的女骑兵俑和铠甲武士俑

敢的特征，这种类型的骑兵俑在汉代陶俑中亦属少见，似乎反映了汉代对骑兵建设的重视。塑衣式陶俑是在陶俑素坯上进行彩绘以表现衣饰、神情等细节，这些陶俑制作较为精美，整体保存较为完好。

在造型方面，可以将它们分为直立俑、跽坐俑、舞蹈俑三个大类。在服饰方面，塑衣俑的衣着整体为汉代陶俑典型的一体式深衣，特征大同小异，从领口可知其衣物往往有 3—4 层，但其衣物细节又各不相同，结合陶俑的姿态、神情，阳陵塑衣陶俑展现出整体统一、细节丰富的构造特征。例如塑衣式拱手跽坐俑（图 2-20），表现的是一位身穿白色右衽交领曲裾深衣，拱手跽坐的女侍，其上身微倾，双手拱于袖中，并以袖微微遮面，面容清秀，神情含蓄而微露笑容，表现出一种恭谨而端庄的状态，举手投足间尽显中国古代女性之典雅美。这些陶俑中还包括文吏俑（图 2-21）和伎乐俑等，可以看出它们形成了宫中各司其职的侍从队伍。

阳陵还出土了大量的动物俑（图 2-22），这些动物俑造型朴素而又能抓

图 2-20　塑衣彩绘拱手跽坐女俑

图 2-21　文吏俑

图 2-22　动物俑

住动物的形象特征，可谓活灵活现。其中包括陶马、陶山羊、陶绵羊、陶鸡、陶猪、陶家犬、陶狼犬、陶牛，可见其类别之丰、种类之详。这些动物陶俑的出土，往往是成批的，具有鲜明的象征“六畜兴旺”的含义，它们象征了帝王地下世界的丰饶富足，也深刻地反映出汉人“事死如事生”的丧葬观念。

（2）“阳陵泾置”瓦当

“阳陵泾置”瓦当（图 2-23）系阳陵邑遗址出土。该遗址位于阳陵陵园的东侧，陵邑制度是西汉特有的一种制度，即汉王朝为守护帝陵而置的邑地。阳陵邑，顾名思义，就是阳陵的陵邑，这种邑其实是汉王朝一种管理贵族人口的制度载体。西汉的皇帝多次采用这种陵邑制度进行贵族人口的迁徙，如刘邦就曾将关东地区的富户迁至长陵邑以守护他的陵墓，从而起到削弱地方贵族、强化中央政权的“强本弱枝”作用。据考古资料可知，阳陵邑东西长 4500 米，南北宽 1000 米，面积 4.5 平方千米。已探明的东西向街道 11 条，南北向街道 31 条，并发现有一条宽 62 米的主街道将阳陵邑分为南北两区，南区为宫署区，北区为民居区。经局部试掘，这里出土了大量的砖瓦建材、生活用具以及封泥、货币等文物，可见阳陵邑是一个非常富庶且体量庞大的邑城。事实上，西汉的陵邑都具有这样的特征，它们是在京城附近的消费性城市，有诸多贵族居住于其中。

“置”的释义为“驿站”，“泾置”是阳陵邑驿站的名称，“置”也称为“邮置”或“置邮”，是汉代传递邮件之所，同时还担负着接待过往使者、官吏的

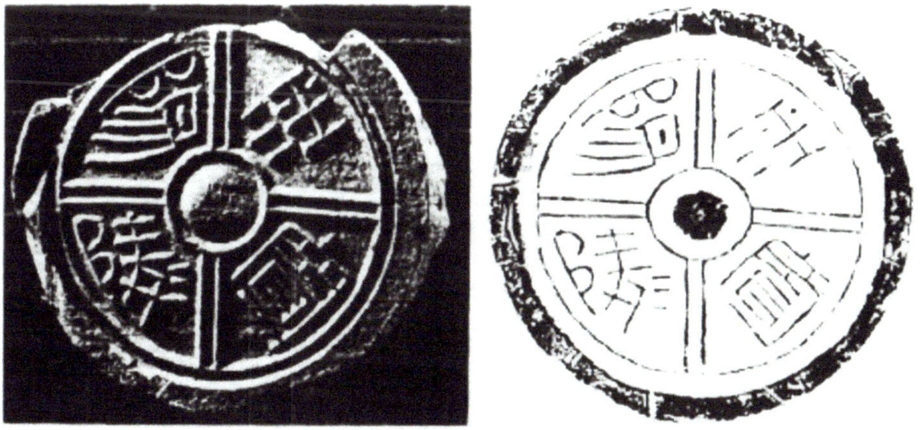

图 2-23　“阳陵泾置”瓦当及拓片

任务，一般都设置在交通的要冲之处，因此，“阳陵泾置”瓦当的发现不仅证实了阳陵邑的存在，还反映了阳陵邑作为一个邑城担负的功能内涵——这里曾经是帝王的陵邑，也是汉帝国都城内外交流的重要一环。

（四）茂陵

1. 茂陵遗址的基本情况

茂陵（图 2-24）是汉武帝刘彻的陵墓，位于兴平市南位镇策村南的咸阳原上，是咸阳原上西汉帝陵群最西端的陵墓。茂陵陵区东西长约 9.5 千米，南北长约 7 千米，总占地面积约 66 平方千米，可分为帝、后陵园，陵邑，陪葬墓三个区域。由于茂陵占地面积大、遗址丰富，我国先后在茂陵进行了五次考古发掘，确定了其各部分遗址的位置和范围。

茂陵的帝、后陵园位于陵区的中心位置偏东（图 2-25），陵园的围墙目前尚存基址，经测量，东西墙长约 2080 米，南北墙长 1390 米，墙壁为夯土墙，墙体厚度 2.5—3.5 米，夯土层厚 6—12 厘米。陵园为一长方形建筑，围

图 2-24 茂陵

墙外部尚有围沟，围沟宽3—4米，深2.8—3.5米，距离墙体3—4米，整个陵园可谓深沟厚墙。陵园四面围墙上各开有四门，目前东门遗址保存较好，尚有半部基址。其余三门除西门还有残存不清的遗址外，南北门难寻其迹，但陵区的四条司马道[①]尚存遗迹。帝陵陵园位于帝、后陵园中心偏东南的位置，四面围墙，墙壁厚4.3—6.3米不等，东西长约433米，南北长约435米，围墙为夯筑，墙体厚度0.6—1米，夯层厚6—10厘米，目前保存下来的围墙只留有墙基，地面部分已不存。整个陵园为类方形建筑，四面围墙上各开一门，与帝、后陵园的司马道相连，四门基址保存较为完好，其中北门基址保存最为完整，这堵门东西长近127米，门道宽6—9米，进深近18米，从门的尺寸即可看出武帝陵墓规模之大。帝陵陵园围墙的四角还有曲尺状夯土基址，应为角阙或角楼类的高耸建筑。此外，围墙的四个角落还有宽0.7—1米的陶制水管铺成的排水系统，这种陶制的宽大排水管道对确保帝陵陵园内部地层的干燥具有很大的作用。帝陵封土在陵园正中，为覆斗状，高48.5米，底部边长为240—243.2米，顶部边长为36—41.7米。此外，封土南侧

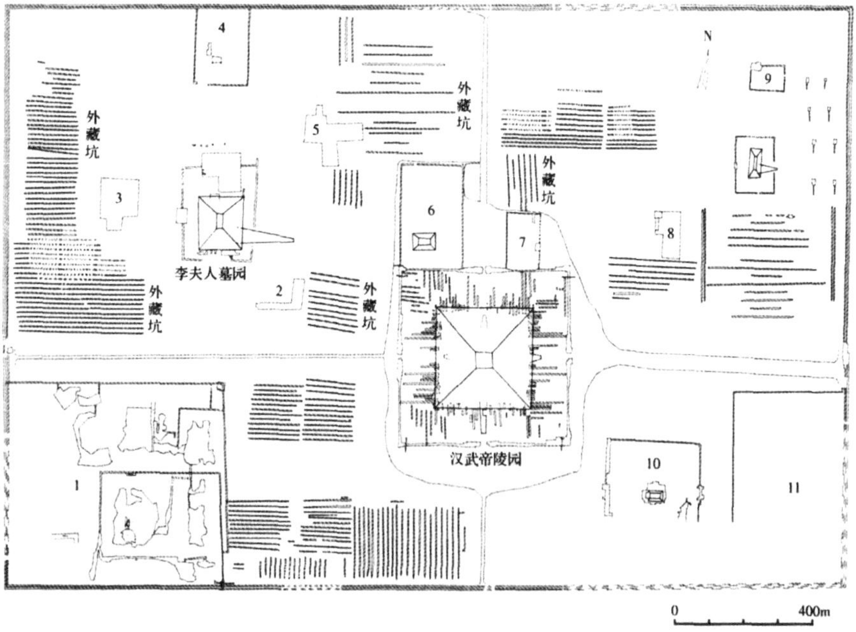

图 2-25 茂陵陵园平面布局图

---

① 司马道是古代陵墓的神道，也是陵园的主干道。

还立有一块清代石碑，上书“汉孝武帝茂陵”。武帝的墓葬由墓室和四条位于封土四侧正中的斜坡墓道构成，为“亚”字形墓。在封土四周，呈放射状分布着 150 座外藏坑，这些外藏坑长的近百米，短的只有 3 米，其中出土的文物主要是各类陶器和铜器。

后陵陵园即李夫人陵墓，位于帝陵陵园西北方，陵园围墙东西长 218—228 米，南北宽 170—180 米，为一座类方形建筑，墙体厚 3.5—6 米，封土为覆斗状，有二层台，高 28 米，底边长 105.6—126.8 米，顶部边长 14.7—33.5 米。考古发掘只发现一条位于封土东侧的墓道，因此墓葬为“甲”字形墓。陵园西墙中部有一建筑遗址，应为门址，陵墓北侧有一建筑遗址，占地约 6700 平方米，该遗址地面尚存地砖、柱础、夯土（即鹅卵石筑成的散水），应为墓园的礼制建筑。封土四周有 6 座外藏坑，陵园外部北侧另有 7 座祭祀坑，出土有玉璧、玉圭等玉礼器。

在帝、后陵园中，除了帝陵陵园和后陵陵园内的外藏坑外，还有共计 244 座分布在陵园各处的外藏坑，这些外藏坑排列有序，分布有致，大部分具有坑道方向一致的特征。在这些外藏坑中同样发现了大量的陶俑和锈蚀了的铜铁器，以及大量的木炭、板灰等。

值得一提的是，帝、后陵园中除了帝陵和后陵两座陵墓外，还另外发现了 9 座墓葬，被定义为“次冢”，这些次冢的墓主人身份尚未证实。其中一座体量较大的陵墓，曾被认为可能是董仲舒的陵墓，然而这种猜测被学者否定，这主要是因为汉代地位较高的官员即使位极人臣也只能葬于帝、后陵园外，如卫青墓、霍去病墓即位于帝、后陵园东司马门外。陵园内只能葬帝、后或嫔妃，故而有学者认为那座大墓很可能是设计用于李夫人逝后的下一任皇后下葬之用，然而由于李夫人后武帝的两位皇后陈阿娇和卫子夫均未以皇后终，所以这座陵墓应为空墓，而其他 8 座次冢则可能是武帝的嫔妃中几位地位较高者的陵墓。

在帝、后陵园中还发现了 11 座建筑遗址，这 11 座建筑遗址中除去礼制建筑外，很可能还有其他功能性建筑，这主要反映在位于帝、后陵园西南角的一座建筑遗址上。该建筑西、南两侧与园墙相连，东、西两侧则有水道环绕，占地面积达 26000 多平方米，内部有多处由水道相连的池沼。

帝、后陵园内除四条主干道（神道）外，还发现有环绕陵园的徼道[①]，主要反映为帝、后陵园围墙内外的踩踏路面，这些路面窄至3米，宽则可达百米，尤以帝陵陵园东门处的路面最宽，而西门最窄，这种宽度颇不规则的踩踏路面是佐证汉代帝陵朝向的有力证据。[②]

帝、后陵园之外的东侧，是茂陵邑，其具体位置在东司马道的北侧距离帝、后陵园东墙370—390米处，总占地面积近2.9平方千米，是一东西长1813.8—1844.5米、南北长1534—1542.7米的类长方形建筑群。茂陵邑未发掘出围墙遗址，却有环绕陵邑的围沟，围沟颇为深大，宽2—5米，深2.5—3.2米。陵邑内有3条东西向、7条南北向的道路遗址，将陵邑分为多个方形或类方形的空间，一些空间中筑有夯土墙，并发掘出大量建筑材料，应为居住设施，一些空间中发掘出陶窑遗址，应为供给陵园和陵邑建筑部件、器具的工坊。整个陵邑遗址有大约30个较为独立的空间，可以想见，在几千年前，这里高楼林立、院墙鳞次栉比的繁荣景象。

茂陵还有大量的陪葬墓，它们均位于帝、后陵园之外，没有十分明显的布局规律，总体而言，靠近帝、后陵园东门的陵墓等级较高，反之则相对较低。茂陵的陪葬墓是西汉帝陵中数量最为惊人的，根据考古报告，已知的陪葬墓遗址数量已高达113座，且很可能非茂陵陪葬墓群的全貌，可见武帝陵墓之规模。在这些陪葬墓中，最为著名的当数霍去病墓，其墓园中的汉代石像闻名中外，而卫青墓则位于霍去病墓西侧，是所有陪葬墓中位置最为靠近帝、后陵园东司马门的一座，作为武帝最重要的将领，卫、霍二人的墓园紧挨彼此，守卫着武帝陵园的入口。除卫青、霍去病墓外，其他重臣的墓尚存的有霍光墓（图2-26）、上官桀墓、金日磾墓，皆保有封土，封土形制有山形、覆斗形和圆冢形，其中卫、霍、上官三人的墓葬还有墓园，上官桀的墓园外还有围沟。这些规模大、数量多，范围广布于帝、后陵园东、南、北侧的陪葬墓深刻反映出茂陵陵区的广袤（图2-27）。

---

① 指陵园中用于巡视的道路。

② 焦南峰、杨武站、曹龙，神道、徼道、司马门道——西汉帝陵道路初探[J]，文物，2008（12）：52-56+70。文中显露出一种较为普遍的观点，即西汉帝陵的朝向是坐西朝东，所以东神道和东司马门是陵园的主神道和主门，但这一观点目前仍未形成定论。

图 2-26　霍光墓

图 2-27　从霍去病墓向西南望去的茂陵遗址

除去陪葬墓，在陵区的西侧，距离帝、后陵园近 4000 米的位置，还保留有 16 座土坑墓，它们是修陵人的墓葬，根据考古发现，墓地原占地面积约为 40 平方千米，专家推算这里原来埋葬的修陵人遗骸很可能达 20000 多具。修陵人墓出土的文物中没有陪葬品，但发现了大量的刑具，可见当时贵族厚葬之风背后对下层人奴役之残酷程度。

2. 遗址的代表性文物

（1）鎏金银竹节熏炉

鎏金银竹节熏炉（图 2-28）出土于茂陵一无名墓附近，应为该墓陪葬品，但墓主人的信息尚缺。这件熏炉通身鎏金，根据器身的文字，可知这件器物原应属于未央宫，在熏炉盖口沿处共有 35 字，内容为："内者未央尚卧，金黄涂竹节熏炉一具，并重十斤十二两，四年内宫造，五年十月输，第初三。"金黄涂竹节熏炉为该器物最初的名称，汉代的"金黄涂"即现代所说的鎏金工艺，"竹节"为熏炉的特征，该炉柄为竹节状，"内者未央尚卧"六字反映了这件器物的所属和具体功能——该器物是未央宫内宫专用于贵族卧具的熏香器。此外，铭文还反映了这件器物的重量（十斤十二两，汉代一斤有 16 两，一两约等于现在的 16 克）、督造机构（内宫，西汉负责器物督造的部门之一）、制作年代（汉武帝建元四年，即公元前 137 年）和制作者（第初三是器物制造者的官方序号）。这种署名、记年、说明重量和作用的详细信息出现在器物的铭文上，反映了汉代严格的督造制度，这种制度在秦代已施行并延续至汉代。

鎏金银竹节香炉通高 58 厘米，分为香炉、炉柄和底座三部分，造型高挑，

图 2-28　鎏金银竹节熏炉

工艺精湛，色泽经修复后通体金黄，颇为富丽。香炉为博山炉，顶部被铸造成汉时流行的仙山形象，汉人认为神仙多居住在仙山之上，如西王母就居住于昆仑山上，因此山的形象在汉代往往具有仙道色彩。武帝时，由于皇帝对求仙问道的迷恋，神仙、仙岛、仙山的形象变得颇为流行。上有所好，下必甚之，这种香炉成为贵族所喜爱的常见用器，仙山图案出现在大量的器物中，从礼器、生活用品到明器，均可见到仙山图案。这种博山炉在使用时颇为美观，当炉内放置好燃香后，青烟如同山中云气般从仙山造型的炉盖上的孔眼中飘出，与仙山的符号形象紧密结合，反映出古人的巧思。一般的博山炉均为矮柄，至高不超过 30 厘米，这件香炉却为高柄，实属罕见。考虑到其是作为卧具的熏香器，可知当时卧具的高度，并且这样的香具很可能出于功能的考虑，在卧具边应设置有不止一件这样的香炉。香炉的炉柄设计亦颇具美感，竹节状的造型强调了竹子向上挺立的力量和方向，增加了香炉的高挑垂立感，同时，纤细而笔直的炉柄和上方香炉、下方底座形成强烈的视觉反差，垂立的香炉造型既端正又不乏奇异之美感。古人在器物造型结构的“差异”和“稳定”两种视觉效果中找到了理想的平衡，使两千年前的香炉至今仍极具“现代”美感。

（2）鎏金马

鎏金马（图 2-29）和鎏金银竹节熏炉为同一地点出土的文物，和熏炉一样，这件圆雕铜器同样反映了茂陵墓葬群陪葬品的豪华，也说明了武帝时期

图 2-29　鎏金马

汉王朝的鼎盛。“马”是汉代文化中极为重要的符号，尤其武帝时期，汉军战胜了匈奴，张骞“凿空”，汉王朝在丝路与西域的交通得以稳固，这些功绩离不开汉人对“马”的饲养和使用。由于马对汉王朝发展的巨大作用，其形象广泛存在于两汉的各类美术中。但两汉不同时期的马的造型又有不同，如茂陵出土的这件鎏金马高 63 厘米，长 76 厘米，呈端立状，四肢较长，脖颈较短，马鬃短而齐，马头结实而瘦削，两耳小而尖，通体肌肉较为滚圆，但又稍具肌肉感，马尾翘起成弯曲状，具有一种有力而华贵庄重之姿。对比东汉墓葬中出土的铜马，如武威雷台汉墓的铜马雕塑群，我们可以发现，东汉对马的塑造更倾向于动态特征的描述。茂陵出土的这种鎏金马的造型或与汉朝所谓“天马”（即西域大宛国盛产的大宛马）有关，《史记》载武帝曾以“金马”一匹和千金换取大宛国出产的宝马，史料中提及的“金马”很可能就是这种鎏金铜马，由其作为国礼的典故可知其规格之高。这件出土于茂陵的鎏金马正是汉代文化中对马的热爱的见证。

（3）错金银云纹铜犀尊

这是 1963 年于兴平县（今兴平市）茂陵遗址出土的青铜器，其通身错金银，全称为错金银云纹铜犀尊（图 2-30）。错金银是汉代美术中颇为流行的一种技艺，也是传统工艺美术中一种具有代表性的技艺，其原材料一般为金银等贵金属，包括镶嵌和错两大技艺，镶嵌是将贵金属制成的金属丝镶入器物的纹理中，之后将器物表面加以打磨，这种打磨的工序称为“错”，最后使器物呈现金银色泽闪烁、表面光滑亮丽的华美效果。诸多汉代重要墓葬出土的文物都使用了错金银的技艺，并且具有图像丰富、花纹繁密的特征，证明了汉时应用这项技艺的高度成熟。

图 2-30　错金银云纹铜犀尊

图 2-31　错金银云纹铜犀尊（局部）

武帝时期，由于一系列强化皇权的政策得以实行，皇帝的权威得到极大的巩固与提高，大量彰显皇家气派的建筑拔地而起，武帝的御苑上林苑被大幅度建设，大量的珍禽异兽被饲养在这座御苑中。而饲养犀牛这些珍稀的南方动物，一方面反映了王朝疆土的辽阔，满足了人们的猎奇心理；另一方面也反映了汉代文化中对各种动物所代表的“祥瑞”特征的重视。祥瑞指的是各种代表吉兆的事物，汉王朝曾设立专门的奖励制度鼓励各地上报本地发生的祥瑞之事，从而宣扬汉王朝统治的稳固和天下的太平，而犀牛就是汉时典型的“祥瑞”之物。汉人认为这种来自南方的大型动物象征了一种神秘力量，常将其与求仙观念、吉祥征兆联系起来。东汉杨孚在其《异物志》中就认为犀牛“有神异，表异以角。含精吐烈，望若华烛”。茂陵这件犀牛尊造型高度写实，通体饰有金银错的花纹，纹理华丽而能随形体变化。青铜犀尊虽非汉代始创，但汉以前的存世犀尊写实程度均有限，只是反映了现实中犀牛的大体特征，如犀牛角、四肢和体态的基本形貌，而茂陵出土的犀牛尊则具有高度的写实感，犀牛的五官细节（图 2–31）、脖颈皮肤的褶皱、通体的肌肉和造型曲线均高度地再现了犀牛形象，并且在犀尊的背部设有一盖，口部设有出水，作为酒器。这件犀尊具有完整的使用功能，反映了汉代青铜塑像在美术和工艺领域的双重发展。

（4）四神纹玉铺首

四神纹玉铺首（图 2–32）出土于兴平县道常村，出土位置距茂陵陵园的园墙基址颇近，很可能为陵园大门或内部宫殿大门原本的组件。这件青玉铺首高 34.2 厘米，宽 35.6 厘米，厚 14.7 厘米，重 10.6 千克，由整块蓝田玉雕琢而成，考虑到其作为铺首[①] 的功能，原应为一对。在这件铺首上，工匠凭借精湛的技艺呈现出一组复杂的图案，表现的是结合了四神纹和兽面纹的抽象化的兽首图像，其中兽面纹居于图像的主体位置，环目、象鼻，口部位于象鼻两侧，具有平板状的牙齿，象鼻被设计成铺首固定门环的环扣。居于兽面纹四周的是四个抽象化的四神符号，四神是汉代文化中重要的符号，通常被解释为四个分别代表东、南、西、北方位、方向的神灵，其中青龙主东方、白虎主西方、朱雀主南方、玄武[②] 主北方。此外，四神还在多个文化层面具有重要的象征意义，如在五行理论中，青龙主木、白虎主金、朱雀主火、玄武主水；而在天文学中，它们又代表了四个成系列的星宿集成，如青龙所在的东宫为角、亢、氐、房、心、尾、箕，而玄武所在的北宫则包含了斗、牛、女、虚、危、室、壁。由此可见，四

① 古代宅邸大门上的门环大多设计成兽首携环的形象，这种集合了装饰和实用功能的部件，就叫作铺首。

② 玄武是一蛇一龟相互缠斗的形象，其中龟的形象往往有长尾。

图 2-32　四神纹玉铺首

图 2-33　西汉四神纹铜染炉

图 2-34　西汉四神纹鎏金铜铺首

神在汉代文化中具有极为丰富的含义，四神的概念贯穿了天文、地理、五行、阴阳等多个领域。四神的形象也因此出现在汉代的各种美术形式中，如画像石、铜器、瓦当、玉器等均有出现（图 2-33）。而在汉代诸多出土文物中又以四神纹瓦当最为多见，不同的是，瓦当中对四神形象的运用往往采用一瓦一神的形式，即一个瓦当中往往只表现一个神灵形象，一套完整的四神系列瓦当由四种独立的瓦当图案组成，在这个系列中，四神的形象得到了颇为具象的表现。而这件四神纹玉铺首，则采用了抽象的概念来表现四神，其中青龙位于兽面铺首的右侧，朱雀位于兽面的右眼上方（即铺首右侧），白虎位于铺首左侧，玄武位于铺首左下角。其中青龙和白虎的形象尚较易辨识，朱雀与玄武两个形象则稍显抽象，朱雀被简化为回首顾盼、尾和翼有卷曲羽毛的形象，卧于兽眉之上，而玄武则是一小蛇和咬住蛇腹的龟的形象，其中的“龟”被大幅抽象了，以至于难以找到龟足，只能识别出铺首左下角类似龟甲的造型。这种对四神形象的灵活应用和抽象提炼说明了汉代美术高度发达的一面。古代的铺首往往采用金属来制作（图 2–34），这种用青玉雕琢而成的大型铺首实属罕见，它的出土进一步反映了茂陵陪葬品极其精湛的艺术成就。

3. 陪葬墓霍去病墓前石雕

霍去病墓（图 2–35）位于兴平县常村，是茂陵最为著名的陪葬墓之一，也是目前茂陵地上遗址保存完整程度最高的陪葬墓之一。霍去病是西汉名将，官至骠骑将军，对西汉在军事上全面战胜北方匈奴、打通丝绸之路、联系西域诸国做出了杰出的贡献。由于其立下汗马功劳，死后得以葬入茂陵，其墓葬位于茂陵帝陵园东司马门外，紧邻卫青墓。霍去病墓带有墓园，目前墓园基址尚存，封土是一座高约 19 米、南北长约 101 米、南面宽 56.7 米、北面宽 58.4 米的山形冢，封土上曾有多块巨大山石，被认为是模仿祁连山而设置的“缩微景观”。该墓前的石雕全面反映了汉代石雕造像的风格和成就。

图 2–35 霍去病墓

霍去病墓前石雕现有的摆放位置已被挪动，根据汉代墓葬葬制和古籍的记载，这些石雕原应位于神道两侧，司马贞《史记索隐》就记载霍去病墓"冢在茂陵东北……上有竖石，前有石马相对，又有石人也"，石雕原应有系统的摆放位置和整体的设计理念。从现存的16件石雕来看，包含了石人像、立马、卧马、虎、象、熊、蟾蜍等形象，主旨思想是纪念霍去病在汉匈战争中的贡献和赞扬汉王朝的强盛。其中最为著名的一件石雕为"马踏匈奴"（图2-36），这件石雕高约1.7米，长1.9米，表现了一匹战马脚踏匈奴兵的情景。马匹为直立站姿，造型的基本特征与茂陵遗址出土的鎏金马相似，均为四肢直立、双眼前视的造型，不同的是这匹石马的刻画更重视造像内容的主旨思想，利用西汉石雕循石造像的技法特征表现汉王朝雄强的军事力量。有趣的是，石雕设计者在雕刻时投入的审美视角，战马与匈奴本应激烈搏斗的场面看上去并无悬念，在镇定自若的石马的铿锵铁蹄下，手持弓箭的匈奴兵四肢动作虽丰富，却像是在做最后的无力挣扎，对石马的踩踏全无反抗之力。此外，整件雕塑不雕琢过多细节，只表现大体块、大结构之间的关系，并注意对几何造型的运用，突出战马的"方刚""稳固"之感，这种"马"与"人"强

图2-36　马踏匈奴

图2-37　野人抱熊

烈的动静对比和石雕整体粗犷的造型，正表现出这件石雕对当时汉王朝强盛军事力量的赞美。

除“马踏匈奴”之外，霍去病墓还有野人抱熊（图 2-37）、野兽食羊两件石像是表现激烈搏斗场面的，但这些石像都表现出一方占据优势地位、另一方明显处于劣势地位的情景。其他的石像也基本按照循石造像的方式雕琢，它们大多具有原石的几何造型特征，或方或圆，如石鱼造型如梭（其顶方而平，该石雕原应有其他功能）；石虎、卧马（图 2-38）造型方而低矮，展现了伏虎、卧马的形象特征；石蟾扁而宽，与蟾蜍的体态相应。整体而言，这些雕像不拘小节，更重整体，同时还注重岩石带给观者视觉上的质感和体块感。

关于霍去病墓的石雕和封土，诸多学者认为其布局、造像宗旨与汉代所说的“象”有关。“象”有象征之意，汉人常有“象……”之语，大约指将某物的造型、布局进行一定的设计，使其在图像上模拟某种事物的特征或表达某种观念。《史记》载霍去病死后，“天子悼之，……为冢象祁连山”，即有将霍去病墓设计为祁连山造型来象征祁连山的意义，而祁连山本身即是汉人眼中

图 2-38 卧马

西域的主要山脉，“祁连”在匈奴语中为“天”的意思，所以“祁连山”有“天山”之意，是一座汉人神仙思想中的仙山，在神话中，这里居住了各种神灵与异兽。学界认为霍去病墓象征祁连山的特征有多个具体的信息：其一是山形封土及其上布置的“竖石”，象征了真山的基本自然特征；其二是原先布置在封土顶部的石鱼和礼制建筑，象征了祁连山顶上的仙宫；其三是山下镇守的各类灵兽，包括脚踏匈奴兵的“天马”①、击倒野人的熊、食羊的野兽（郑岩将野兽解读为土蝼，《山海经》中的一种异兽）。这些从灵兽、礼制建筑、竖石象征物的组合产生的象征意义使当时的人们可以轻易地识别出这座墓冢象征的就是那座西域的仙山祁连，同时也向人们展现出武帝对霍去病功绩的赞赏，这是一座既象征已故重臣建立的功绩，又象征功臣死后仙居于天山祁连继续守护汉土的具有双重意义的纪念碑。

（五）杜陵

1. 杜陵遗址的基本情况

杜陵（图 2-39）位于西安市曲江新区的少陵原之上，是汉宣帝刘询的陵墓。杜陵是西汉少有的几座陵区在咸阳原之外的帝陵之一，这主要是由于汉代的“昭穆制度”使得祖父和孙辈相继的两位皇帝位于同样的昭穆序列上，所以孙辈的皇帝无法葬在同样序列已有帝陵的咸阳原帝陵群中。少陵原地势较高，下有浐河和潏河相汇，景致优美，据传宣帝狩猎时常来此地，甚爱此地风景，故而将陵址定于此处。

根据考古发现②，杜陵陵区东起浐河西岸，西至曲江文化运动公园东侧南北一线，南起长安区大兆街道东伍村一带，北至黄渠头村，东西长约 5.5 千米，南北宽约 5.3 千米。陵区可分为帝、后陵园，陪葬墓区和陵邑区三个部分（图 2-40）。

帝、后陵园位于陵区内东南方，根据遗址判断，其园墙东西长约 1769 米，

① 王名峰，西汉霍去病墓及“马踏匈奴”石刻研究[J]，中国美术学院学报，2021（06）：82-93。文中认为马踏匈奴之马为武帝所言“天马”，匈奴为普通力士。按此，墓前立石象征的是仙山异兽征服外在威胁。

② 陕西省考古研究院、中国社会科学院考古研究所、西安市文物保护考古研究院，汉宣帝杜陵考古调查勘探简报[J]，考古与文物，2021（01）：40-52。

图 2-39　杜陵

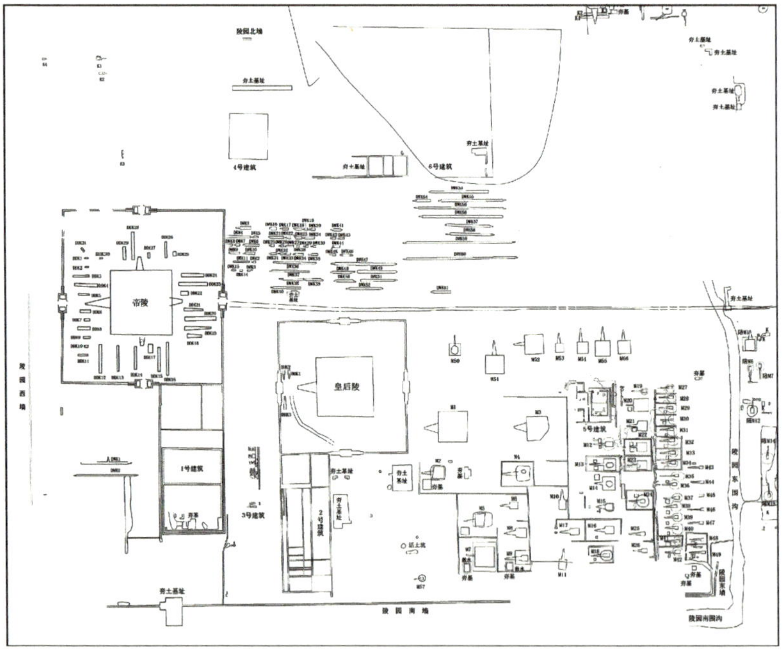

图 2-40　杜陵陵区平面图

南北宽约1420米，园墙厚度为2.8—4米，夯土土层厚度为8—10厘米，墙体甚为厚实。考古勘探还发现陵园园墙外有围沟，围沟遗址仅存东南角，距陵园园墙约36米，可见园墙外原有开阔的外围基面和“护城河”。陵园的园门遗址现存两处：位于陵园东神道与东园墙遗址延长线的交会处有一处遗址，应为陵区的主门东司马门的一部分；位于陵园南神道与南园墙交会处的是南司马门，仅存东半部基址。帝陵位于帝、后陵园的西侧，有单独的陵园，原为南北长443米、东西宽418米的类方建筑，陵园园墙遗址和园门遗址保存较好，南北二门均位于南北墙正中，东西门则位于东西墙偏南位置。其中东门和北门根据考古发掘，应为“双出阙”。帝陵封土位于帝陵园内中心稍偏南的位置。陵园内发现有31座外藏坑，呈放射状分布在封土周围。封土为覆斗状的类方形，底部边长约162米，顶部边长约50米，高约29米。帝陵四侧均发现了墓道，为“亚”字形墓①。

后陵位于帝陵东南，有单独的园墙，园墙为东西宽约328米、南北长约333.6米的类方形建筑。陵园内有3座外藏坑，四面园墙上各辟一门，根据考古发掘，东门亦为双阙门。后陵封土位于后陵园中心位置，为阶梯状覆斗形，顶部和底部均为类方形，底部长约148米、宽约144米，顶部长约50米、宽约45米，高24米。后陵经过考古勘探，仅在西侧发现一条墓道，应为“甲”字形墓。大陵园中共发现有100座外藏坑，其中31座位于帝陵陵园内，3座位于后陵陵园内，2座在帝陵陵园南墙外，4座在帝陵陵园北墙外，其余60座均位于帝陵陵园外东侧神道的北侧，它们大部分为“甲”字形，分布秩序井然。帝、后陵园中还有57座袝葬墓，主要分布在后陵东侧、帝陵东神道南侧，墓葬大部分有墓园，多为“甲”字形墓。有8座墓道在墓室北侧，其余在墓室西侧。这些袝葬墓占据了帝、后陵园内东南大部地区。

陵区的陪葬墓目前已发现了75座，大部分墓葬的封土为覆斗形和椭圆形，部分陵墓还有单独的陵园和附属建筑，大部分墓葬为“甲”字形墓，有些还发现有陪葬坑。这些陪葬墓主要分布在位于杜陵西侧浐河岸的阶梯状台地上。

---

① “亚”字形墓，即有四条墓道的俯瞰呈“亞”（亚的繁体写法）状的十字形结构墓葬，是古代高规格墓葬特有的形式。

陵区的陪葬墓区还发现了 9 座陶窑，出土了大量的建筑材料，如板瓦、筒瓦等，说明当时的陵墓建造所需材料很大一部分来自为陵墓独设的陶窑，这种单独附属于陵墓的加工场所可以使陵墓建造更为高效，也从侧面反映了杜陵的建筑规格。

陵邑位于陵区的西北侧，占据了近半个陵区。汉代的陵邑建成后，往往迁高级贵族和重臣居于其中，把陵邑称为都城的卫星城，这些陵邑大多体量巨大，设施齐全，经济发达。陵邑制度一直发展至汉宣帝时期，宣帝后，西汉再未设置过实质性的陵邑，官员贵戚不再“随帝迁陵”，所以此后有大量的权贵居住在杜陵邑中，加上杜陵是西汉陵邑中距长安城最近的一座邑城，因此这里一度成为京畿最为富庶的地区之一。通过考古发掘，杜陵邑占地面积约 3 平方公里，并有多处夯土围墙和围沟，可见当时的杜陵邑应是一座高墙耸立、庄园鳞次栉比的邑城。陵邑中同时还发现了一处陶窑遗址，建筑附近有专门的建材工厂，说明这里的建设程度同样发达，并且陵墓区的陶窑也有可能为陵邑内的建造提供建筑材料。

杜陵从元康元年（公元前 65 年）至宣帝下葬的初元元年（公元前 48 年），共修建了 18 年之久，形成了规模宏大的陵区。从结构上看，陵区内各个单元规划分明，陵园坐西朝东，位于陵区南部的高地上，陪葬墓沿着东面的河岸台地向北延伸，如群臣朝见皇帝般分布在陵园内外。陵园内帝、后陵墓“同茔异穴”，外藏坑分布在东神道（主神道）的北侧。根据西汉帝陵的考古发现，外藏坑出土的大多为代表地下世界的官员、宫人、军队的陶俑及其他具有象征意义的丧葬器物。它们和后陵隔神道而立，后陵东侧的诸多祔葬墓则反映了皇后对内宫的统领。这些丧葬建筑的布局形成了杜陵的丧葬礼仪空间，可见杜陵的设计所反映的汉人对生死的理解，墓葬被设计成皇帝在地下继续管理着其王朝的空间布局。

几千年过去了，往昔的遗迹已化为华夏传统文化的符号。2018 年以来，杜陵遗址公园在杜陵的原址建成，这里现在成为大型的多功能公共活动区，在新时代平等、和谐的气氛中为现代都市发挥着公共空间的作用，继续向世人述说着中华文明厚重的文化和成就。

2. 遗址的代表性文物

（1）圆雕玉舞人

图 2-41　圆雕玉舞人

圆雕玉舞人（图 2-41）出土于杜陵陵区后陵封土东南约 300 米处，在距地面 0.7 米深的砖瓦砾堆积区发现，同步发现的还有 3 只玉杯。玉舞人为两位舞者形象相连的圆雕，是目前出土文物中最早的圆雕玉舞人，应为整块玉料雕刻而成，玉质为和田玉，玉器的雕工精湛，雕刻时不仅采用立体雕刻的手法，还结合了阴线刻、镂空雕刻的技艺。所塑造的形象惟妙惟肖，两位舞者均为女性形象，面带微笑而端庄，盘发，留有发束垂于背后，身穿多层交领服，宽带束腰，裙摆及地，脚踩翘头履，衣袖细长，应为舞蹈专用的舞服。二人朝向一致，姿态相似，双膝稍做蹲姿，一人左臂扬起，右臂衣袖呈弯月形，一人双臂合于腰腹前，整件雕塑表现出两个舞者正翩翩起舞的状态。玉舞人在汉代已有较多出土，但以往出土的器型皆为平雕，属于作为配饰的坠饰，多出土于贵族墓葬中的女性墓中，可见玉舞人坠饰是汉代女性常用的器物。但杜陵出土的一对玉舞人为圆雕，首先排除了作为坠饰功能的可能性，而很可能是一件摆件。玉舞人在汉代有着重要的文化寓意，汉代诸多后、妃皆能歌善舞，汉朝廷又设有掌管舞乐的乐府，表明汉文化对舞蹈音乐艺术的重视，因此玉舞人有着重要的象征意义，它往往从侧面反映了贵族的地位。在此基础上，结合玉舞人所出土的遗址，其很可能是皇帝陵庙礼制建筑中的礼仪用具，如象征皇帝生前形象的“衣冠”礼器中的皇帝生前用物，它们原可能为放置于曲几上的赏器。

（2）玉杯

玉杯（图 2-42）共 3 件，和玉舞人出土于同样的位置。3 件玉杯形制相同，均为平口，深腹，圈足，高脚，口沿较宽，底部较窄，圈足底部至杯底为喇

图 2-42　玉杯

叭状放大的形状，杯腹内部为圆底，杯腹外部为 3 层 9 个圈状纹，每 3 个圈状纹构成一层。3 件玉杯中有一件杯口和圈足底部各有一圈金箍，一件杯口、杯腹、杯底、圈足处各有一圈金箍，另一件周身无金箍。根据研究，这些玉杯很可能为统一形制，都是杯口、杯腹、杯底、圈足处各有一圈金箍的制式。这种箍金的玉杯在汉代礼仪中具有重要的地位，根据《汉旧仪》的记载，只有皇帝所使用的饮食器具可用箍金的工艺，这种工艺制作的器物被称作“釦器”。皇帝驾崩后，这些用器很可能被移入皇帝的陵庙，以供祭祀时模拟皇帝的在场，它们即所谓的“庙主”[①]。此外，汉人常用的玉酒器是玉卮，这是一种直筒状结构的酒杯，且杯体较大，而玉杯很可能是汉代贵族“求仙”思想的产物，如武帝就会使用玉杯来饮用晨露和玉屑调制成的饮料，试图通过服用这种“灵丹妙药”达到“求仙”的目的。显然玉杯和其中的“佳酿”并没有实现汉代皇帝们的梦想。

（六）张骞墓

1. 张骞墓遗址的基本情况

张骞墓（图 2-43）位于陕西省城固县以西 3 千米处的博望街道饶家营村。张骞是西汉武帝时的重臣，作为西汉使节先后两次出使西域，历经艰辛，其在西域的探险和外交等活动对西汉开拓丝绸之路、了解西域环境、刺探匈奴形势做出了巨大贡献。司马迁在《史记》中将张骞开通西域一事称为“凿空”，汉武帝因其功封其为博望侯，封地就在今博望街道。

张骞墓封土发掘前为“馒头状”土丘，坐落于一不规则的长方形台地之

① 汉代宗庙中作为皇帝灵魂指代的偶像式器物。

图 2-43 张骞墓

上，封土高 2.71 米，南北长 22 米，东西宽 20.5 米，四周现砌有石基，墓前还有石碑 3 块，但石基和石碑皆为后建，而非汉代遗迹。墓葬坐西朝东，由封土、墓道、第一道封门、甬道、第二道封门、第三道封门、墓室组成。第二道封门内由于未发掘，形制不明。[①] 墓葬原有地面结构破坏严重，因此难以考据原来的情况，现仅有一对残缺不全的“石虎”像尚存。

2. 遗址的代表性文物

（1）墓前石雕

张骞墓前的“石虎”（图 2-44），分别位于墓的东西两侧，其中东侧的长 1.75 米，西侧的长 1.55 米。两件石像均残缺，仅残留身躯部分。观察“石虎”的造型可知，这两件石雕应为东汉后塑于此的“天禄”与“辟邪”石像，因为其残存的石像身躯部分呈现明显的横卧的“S”形，并且石像的前胸和臀部均圆鼓，这与东汉流行于墓前的“天禄”与“辟邪”镇墓石兽造型相合，因此这两件雕塑很可能在张骞墓建成之时尚未立于此，而是至东汉时才补立的，这很可能与后世子孙的祭拜有关。

（2）“博望”字样封泥

考古工作者在墓葬的甬道发现了封泥印字陶片 1 块（图 2-45），该封泥约 2.4 厘米见方，其正面印有阳文四字，字迹磨损较严重，疑为“博望侯□”，

---

① 卜琳、白海峰、田旭东、梁文婷，张骞墓考古记述[J]，考古与文物 2013（02）：83-88。

图 2-44 石虎

图 2-45 博望侯封泥印字陶片

所缺字应为“铭”或“造”，但因字迹太过模糊而不可考究。这件文物的发现对确定墓主人的身份具有关键作用，不同于后代所立石碑，甬道出土的封泥可以切实地反映墓葬建成时的墓主人信息，“博望”二字为确定墓主人乃张骞提供了可靠的依据。

墓葬的发掘工作并未进展到墓室，因此出土文物有限，再加上张骞墓在历史上曾遭到多次盗掘，因此墓葬地层混乱，出土文物难理其序。除“博望”封泥外，墓道中还发现有汉五铢钱十几枚，以及残砖、残瓦、陶片、兽骨等。这些文物对确定墓葬的时代具有重要价值，但未见较高级陪葬品，这与张骞在西汉的功绩不符，出土文物质量较低的发掘情况说明多次盗掘已经导致墓葬文物严重流失。

（七）武威雷台汉墓

1. 武威雷台汉墓遗址的基本情况

雷台汉墓位于今甘肃省武威市凉州区，是一座东汉墓葬，其名称来源于坐落在墓葬封土之上的雷台。雷台因其上建有供奉雷神的庙宇群而得名，是一座明清时期的建筑，清乾隆时期的《武威县志》记载“雷台，城北二里”，而雷台的台基则可能是明代建造的。1969 年，当地人在雷台下发现了一座墓室，后经考古发掘，证实这是一座东汉时期的贵族墓葬，其中出土了著名的铜奔马。

雷台汉墓是一座多室砖券墓，墓室坐西朝东，封土由于其上雷台的存在而导致原始结构不明，现存遗址高约 6 米，底部呈方形，边长约 40 米。地下部分是一座结构保存完整，规模符合贵族葬制的墓室（图 2-46），分为墓道、甬道、前室、前室左右耳室、中室、中室左耳室、后室。墓室总长 19.2 米，最宽处 10.3 米，最高处 4.5 米，总面积约 60 平方米。墓道呈斜坡状，坡度约 6 度。墓道两旁的墙上绘有壁画，墙壁皆涂白灰，墙壁上方的口沿处绘有 3 厘米宽的朱色纹饰带，在墓门口、距墓门 2 米和 6.75 米处各绘有一组朱色的树状纹样，貌同多枝灯。

墓门上方砌有照壁，照壁上绘有门、柱、梁、枋和斗拱。门高 1.40 米，宽 1.28 米，从墓门至后室这一段主体空间全部为砖券结构，墓门到墓室有一段长 4.44 米、宽 1.80 米、高 1.80 米的甬道。

墓室分前、中、后室，中室最阔大，前室有左右耳室，中室有左耳室，后室为棺椁所放位置。前室门高 1.26 米，长 3.06 米，宽 3.56 米，高 3.26 米，南北侧的地面高出前室中心地面 20 厘米，这一高出 20 厘米的二层台面通入耳室，使得耳室位于前室地面 20 厘米高的位置，在前室及其左（南）侧耳室内发现了大量的铜制车马俑。在耳室外，前室南壁的二层台面上发现了一座陶楼，右耳室发现了大量的铜钱。

中室门高 1.26 米，长 3.62 米，宽 4.56 米，高 4.50 米，除东面外，其他三面均有与前室相同高度的二层台面。中室内放置有大量铜器，其南侧的左耳室放有大量的陶器。

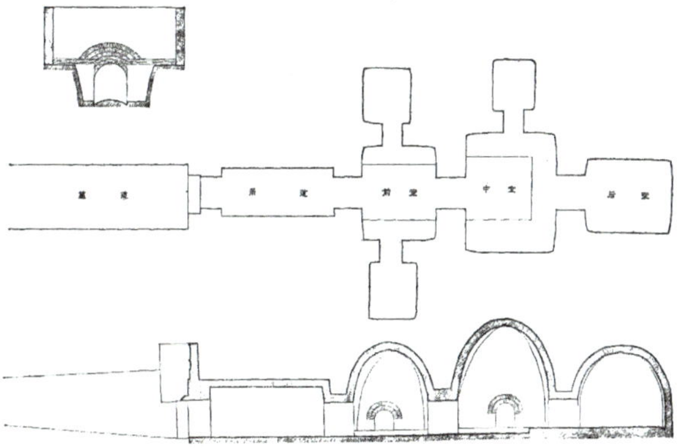

图 2-46　墓葬平、剖面及墓门正视图

后室门高 1.06 米，长 3.40 米，宽 2.78 米，高 2.84 米。后室原应放有髹黑漆的木棺，但棺椁已遭盗掘破坏，木棺下尚存有龟形石垫 4 个，这些龟形石垫原来为两两相背而放，应为两具棺椁首尾的垫具。后室发现的文物包括龟纽银印4枚、铁质贴金伞骨一把，还发现了鎏金铜扣漆尊、漆盒、铜弩机、玉带钩等，都是与生活紧密相关的器物。

此外，墓室中还发现了大量的铜钱，其中五铢钱最多。这些铜钱散布在墓室各处，尤以后室内出土最多。

武威雷台汉墓曾遭多次盗掘，但仍出土了文物200余件，可见其厚葬之盛。总体而言，这是一座布置有序、颇有规律的汉代墓葬。成序列的铜制车马俑是其出土文物的大宗。

2. 遗址的代表性文物

（1）铜奔马

铜奔马（图2-47）又称“马超龙雀”“马踏飞燕”，高34.5厘米，长45厘米，是墓葬出土文物中造型颇为特殊的一件。一只翘首嘶鸣的奔马做疾驰奔跑之状，马匹的体态健壮饱满，双眼圆瞪，鼻孔张大，嘴巴张开，面部肌肉刻画具有力量感，整个马头既富有汉代塑像的粗犷风格，又展现出了对细节的把握。马头微微左倾，头顶马鬃饰为雄胜，高耸有力，马颈上的鬃毛厚实而紧贴皮肤；马的身体呈筒状，臀部滚圆，反映了马匹的健壮程度；四肢中三足腾空，一足落地，腿部关节造型准确，四肢节奏关系和谐。在各个部位的精妙塑造下，一匹高速运动中的战马被神采奕奕地表现了出来。奔马足下踏着的是一只展翅飞翔的鸟，这只飞鸟昂首回望，如同刚刚发现奔马踏在自己的背上。在奔马的高速和紧绷状态下，飞鸟的回首和翱翔之姿进一步反映了马奔跑状态中的力量、速度和轻盈。这样的设计还要克服力学上的困难，虽然铜奔马在出土时有铆钉固定，但将其全身重量落实于一条腿而可以安然无恙地保存千年不毁，可见汉人对雕塑重心位置把握之熟练。这件将炉火纯青的技艺和天马行空的想象相结合的艺术品集中反映了汉代美术的成就。

铜奔马的巧妙构思和精湛技艺使得郭沫若在1971年参观甘肃省博物馆时颇为震惊，他感叹于其造型和设计之巧妙，并赞同王毅的提议，将铜奔马定名为“马踏飞燕”，后来还写下了“四海盛赞铜奔马，人人争说金缕衣[①]”的诗句，对汉代美术发出了高度赞美。铜奔马在1983年被国家旅游局确定为中

---

① 指河北满城汉墓出土的金缕玉衣，对该墓的发掘，郭沫若也有颇多的参与，并提出了很多重要的建议。

图 2-47　铜奔马

国旅游标志，1996 年被国家文物局专家组鉴定为国家级文物，2002 年被国家文物局列入首批禁止出国展览珍贵文物。铜奔马已然成为汉代美术和我国古典艺术的一大代表性符号。

（2）铜车马仪仗队

武威雷台汉墓出土的大量铜车马俑（图 2-48）在墓葬遗址中原本具有明确的布局，但由于出土时已遭到一定程度的破坏，它们原来在墓葬中所处的位置已经难以复原。不过，我们仍然可以从各铜俑的形象分析中发现它们之间的关联，从而感受汉代遗址美术中各文物作为整体艺术之一员时组成的新的艺术形象，这种形象不是片面的、局部的、孤立的，而是连续的、宏观的、整体的，成为系统性反映美术思想和文化理念的有效载体。

墓葬中共出土了铜俑 45 件，其中武士俑 17 件、奴婢俑 28 件、铜马 39 件、铜车 14 辆、铜牛 1 件、铜凳 1 件。

在这些铜俑中，明显具有成组特征的是五件一组的带有马鞍而无骑士的立马，表现的应是武士的坐骑队伍，其中一匹高 51 厘米、长 41.5 厘米的铜马应是主骑。这匹马做嘶鸣状，头顶雄胜高耸，昂首挺胸，两前蹄呈人字形展开，后蹄并立，马尾高翘，做弧形束起状，全身肌肉紧绷，整个身体呈现出向上挺拔之姿，形体塑造富于表现力，展现出战马嘶鸣时抖擞的精神状态。

另外4匹铜马应为坐骑队伍中的从骑（图2-49），高度在36.5—38厘米，长度在34—36.5厘米，比主骑要矮小，它们侧首（其中3匹向左前方看）看向前方，一蹄抬起做行动状，腿部的弧度较大，整体具有动感，体态活跃，与主骑配合形成了动静的对比关系，丰富了群马的整体姿态。这组坐骑队伍反映了汉人对马匹深入观察和艺术再加工的高超技艺，也说明了汉代墓葬美术的整体性塑造特征。

铜俑中还有众多的骑马武士俑，他们均穿交领服，戴帽，一手执兵器，一手执辔，双腿垂于马鞍两侧，但未见脚镫。所骑战马四蹄挺立，昂首挺胸，张口嘶鸣，体态较为统一。这些武士俑的造型大同小异，唯一的区别在于他们手执的兵器和帽顶饰物：兵器分为两种，一种为矛，一种为戟，可能代表了当时两种主要的骑兵兵种；而17个武士俑中只有两个武士的帽顶饰有尖状物，可能代表了武士们的身份差异。帽顶饰有尖状物的两位武士，可能是骑兵队伍中的军官。

除骑马武士和坐骑俑外，武威雷台汉墓还出土了五组铜马车和配套的铜俑。这些马车的结构基本一致，均长36厘米，制作精良，车有双辕，双辕上系有铜铃一件，驾一马，马的形象与骑马武士的坐骑一致，车舆为方形，两轮较大，每轮有辐十二支。铜马车的主要区别在于斧车和轺车的造型特征差异，五组马车中，有一组斧车和四组轺车，斧车上插有铜斧，而轺车上有华盖（图2-50）。斧车是汉代重要官员出行时队伍前方的开导车辆；轺车是汉代一种轻便而快速的小车，也称“遥车”，有善于跋涉之意，这种车型在东汉时期已经成为贵族出门载具中颇为流行的一类。轺车中还发现了织物残留，应是车内的帘幕和坐垫之遗留。在4件轺车之中，有一件的华盖较大，制作也最精致，伞盖的盖缘上有12个小孔，应是用以系结华盖的帷裳的链孔，这种更为“豪华、舒适”的设计，说明这件轺车可能是墓主人乘坐的“安车”，即一种可供坐乘的轺车（古代大部分小型马车为立乘）。马车上均有“御奴”，即御手，是马车的驾驶者，他们均戴有翻边的尖帽，穿交领服，双手平举，双

图 2-48　铜车马仪仗队

图 2-49　从骑

图 2-50　铜轺车

膝跪坐，表现出正驾车行驶的状态，御奴均位于车内一侧而非正中，说明另一侧是留给墓主人乘坐之用的空间。一些马车旁还有从婢，应为服侍墓主人上车和在慢行过程中开导道路之人。此外还有牵马奴、将车奴等铜俑。另外有一件铜凳，应是主人上马车时用的踩凳。除马车之外，墓葬中还出土了牛车一件，上有御奴，车辕模仿木质结构，散布“木结”，应为比马车速度慢、安稳性能高的高级载具，造型可谓别具一格。又有大车一件，车内残留有谷物，应是运粮的粮车。总体而言，这些马车结构细致，从骑兵队、坐骑队、马车队到牛车、粮车，功能丰富，人物、马匹配套齐整，其他道具也较为丰富，反映了雷台汉墓设计之中对随葬铜车马队的整体规划和汉人丧葬美术“象生”的设计理念。

（八）绥德四十里铺汉墓

1. 绥德四十里铺汉墓遗址的基本情况

四十里铺汉墓位于陕西省榆林市绥德县四十里铺镇，1997 年前街村村民在修建窑洞住宅时发现了这座汉墓。由于墓葬被发现后没有得到妥善保护，墓室被夯土回填，受到了一定程度的损毁，因此考古工作者只能根据出土的画像石和对村民的访问推测墓室的结构。据考古报告①，该墓室坐东朝西，朝向东偏南约 30 度，由墓道、前室和后室组成，结构较为简单。墓道为斜坡式，宽约 1.3 米，墓室系土圹，圹壁由仿砖的石块垒砌而成，前室基本呈正方形，边长约 2.6 米，尖券顶（原文称四角攒尖顶），出土有石灶、陶罐、钱币。后室为拱券顶，长方形，长 2.6 米，宽约 2.2 米。画像石镶嵌于墓门和前室后壁上（图 2-51）。

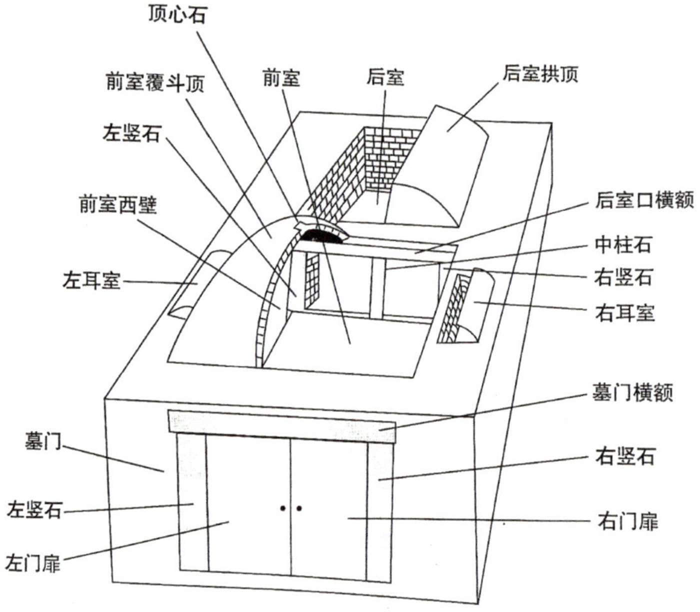

图 2-51 画像石配置部位及墓室结构示意图

由于绥德县在汉代时地处上郡，上郡在秦时初置，是秦三十六郡之一。东汉时上郡是靠近羌胡（泛指我国古代西北部民族）的边郡，属于偏远地区，也是多民族融合的地区，因此其墓葬一方面可以反映东汉墓葬的地域类型，另一方面也可以反映多民族融合下的地域文化艺术特征。

从墓室壁画的内容来看，墓葬出土的 9 块画像石内容丰富，并且形式感统一。如墓门横楣石，从墓室前室出土的石灶以及在前室中出土的表现有

① 曹世玉，绥德文库 · 汉画像石卷[M]，北京：中国文史出版社，2004 年，第 24—34 页。

“狩猎”“放牧”“家眷”等内容的画像石可知，墓葬的前室象征了墓主人地下家园中的生活区；而从前室后壁出土的后室墓门横楣石中绘有日、月、东王公、西王母、玉兔、蟾蜍等内容和门左右侧石画像绘有的伏羲、女娲、神树等内容可知，后室象征了神仙居住的仙界。东汉画像石墓中往往将墓主人棺柩所处的后室表现为仙界，反映了对墓主人死后升仙的期盼。因此，这座东汉墓葬的结构反映了汉代丧葬礼仪美术发展至东汉时具有的基本结构，即前“堂”后“寝”的墓室构造。

陕北画像石墓的地域性特征颇为鲜明，画像石的布置集中于墓室的墓门区域，该区域一般由墓门、门上的横楣石、墓门两侧的立石组合而成。

2. 遗址的代表性文物

（1）狩猎图

绥德四十里铺汉墓的 9 件画像石皆出自墓室的前后室墓门区域。它们的布局形式颇为一致，切实地反映了陕北的地域美术特征。从内容的设计来看，前室墓门横楣石的画像和位于前后室墓门两侧石下端的独幅画像颇具艺术特色。横楣石长 1.77 米，宽 0.29 米，画像由主体画面与边饰组成，边饰为两层，外层为简化的云纹，内层为圆形和菱形组合的几何形纹[①]，为简化的盘长结。主体画面表现的则是狩猎题材（图 2–52），画面两侧左端刻有朱雀，右端刻有虎，虎和朱雀皆是汉代神话中颇为常见的神兽，因此这里表现的内容应是墓主人在这座地下家园与神灵瑞兽为伴的“日常生活”。画面中央有两人，左侧一人持弓，做射击状，与其面对的是两只朝向猎人的鹿，鹿的身后有一头野猪，昂首跃步前行。在野猪的身后有一株神树，神树左侧又有一鹿，这只鹿面对朱

图 2–52　狩猎图

① 吴山，中国历代装饰纹样 第二册[M]，北京：人民美术出版社，1988 年，第 361 页。

雀。右侧一人牵犬，犬抬头挺胸，做吠状，其对面有一只跳跃奔跑的鹿，鹿的身后有一站立的鹿，双蹄离地，侧首看向身后的虎，表现出受到猛兽惊吓的状态。综上，这幅作品表现了墓主人率领队伍在山林中狩猎的场景，画面中的5只鹿和1头野猪组成了猎物，而虎和朱雀作为神灵瑞兽正在协助这场狩猎。猎手们持有弓箭，牵着猎犬，预示出这场狩猎必将收获颇丰，从而象征了墓主人在仙界生活的富足和地位的高贵。这种将仙界生物和墓主人生活相结合的画像石布局形式是汉代壁画中表现墓主人尊贵身份的惯用手法。

（2）放牧图

前后室墓门两侧石下端的独幅画像共有4件，分别表现了牧牛、待行、神树、双鹿四个主题。这四个主题各自独立，其中牧牛图和待行图位于前室墓门两侧，反映的是墓主人的日常生活可见的场景；神树图和双鹿图由于位于墓室后壁墓门两侧，所以反映的应是墓主人的仙界生活。然而除待行图和神树图有明显的对凡世和仙界的图像指代外，牧牛和双鹿均表现了自然界中的动物形象，在此将这两幅作品暂称为“放牧图”。放牧图可谓较为纯粹的独幅创作画，是工匠可以自由插入墓室整体艺术中某个空间的装饰图像，因此观者在这两件作品中看到的是汉时人们对自然的观察和表现方法。其中牧牛图（图2–53）将画面的焦点会聚于一头健壮的低头食草的牛，牛鼻上套有鼻环，其体态造型写实，动作逼真；在画面前景中绘有两只鸡，正在啄食，在牛的前蹄和后蹄处均有一只雀鸟；整幅作品以逼真的造型能力表现了动物悠然进食的场

图2–53　牧牛图

图2–54　双鹿图

景，反映了自然界平静祥和的气息。双鹿图（图 2–54）与牧牛图类似，但画面更为单纯，刻画了两头由画面左侧向右侧行动的鹿，两只鹿一前一后，相互顾盼，身上的斑点用阴刻来表现，姿态自如，步调有致，尤其值得注意的是后面的鹿只从画面的边框露出头部和脖颈，使整幅画面如同摄影般展示了对自然界无限景象的截取，使画面具有记录瞬间的"蒙太奇"式的特写感。

（3）石灶圆雕

墓葬中出土的石灶（图 2–55）原位于墓前室，该石灶利用圆雕加上减地浮雕的形式表现了汉代厨房灶具的具体样式，石灶上部为半圆形，下部为方形，并凿出添柴的灶膛。"灶面"形成的圜形平面中央有三个圆穴火眼，前面两个火眼较小，后面的较大，在三个火眼的周围环布了浅浮雕的勺、瓢、叉、钩等厨具形象，写实地还原了灶台在厨房内的布置形式，是考察汉代陕北地区饮食文化的重要文物，也是汉代雕塑中颇具特色的一件，反映了汉代雕塑的丰富内容。

图 2–55　石灶

（九）米脂官庄二号汉画像石墓

1. 米脂官庄二号汉画像石墓遗址的基本情况

米脂官庄二号画像石墓①位于陕西省榆林市米脂县银州街道官庄村，该墓葬是 2005 年榆林市文物保护研究所在米脂县官庄村抢救清理的三座汉画像石墓中的一座，也是其中规模最大、规格最高的一座。墓葬中出土有 21 块画像石，内容丰富，涉及神话、祥瑞、宴会、狩猎、出行等各类主题。墓室坐北略偏东，朝南略偏西，结构可分为墓道、封门、墓门、甬道、前室、后室以及前室的东西耳室（图 2–56）。墓室的画像石均发现于墓门和前、后室

① 姬翔月，陕西米脂官庄二号画像石墓发掘简报，中国汉画学会、河南博物馆，中国汉画学会第十三届年会论文集[C]，郑州：中州古籍出版社，2011 年，第 366—373 页。

（图 2-57）。墓门为陕北墓室壁画常见的兽面衔环，墓前室的东、西、北壁均刻有东王公与西王母画像，说明设计者意图将这里打造成一处仙界空间。

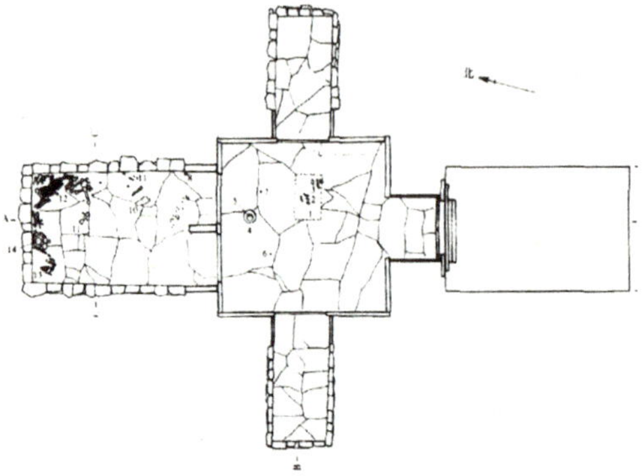

图 2-56 墓室平面示意图

图 2-57 米脂官庄二号墓墓门画像石

2. 遗址的代表性文物

（1）前室壁画：待诏、出行狩猎

前室的南壁通墓门，南壁的横楣石表现了刻于两端的庭院，庭院内刻有高瓴大屋，屋内有 4 位郡太守形象，在人物上方的屋檐刻有人物信息，如“太原太守扶风法君”。画面中央刻有车马队伍，分两队相背而立，表示等候郡太守出行。可见这是一幅反映墓主人生前治下官员的信息的画像，也说明了墓主人作为东汉官员的级别和生前所治理的范围。但前室并非表现墓主人在凡世的生活，而是表现墓主人在地下世界继续作为重要的官员掌管其治所的场景。前室东壁横楣石表现的是一幅狩猎图，西壁横楣石表现的则是神龙和神兽共同捕猎的场景，两块横楣石表现的均是狩猎图，却包含了仙界和凡世的画面，结合前室北壁横楣石的出行图可知，前室表现的是墓主人在神灵瑞兽的陪同下狩猎的场景，这里是墓主人升仙后的猎区。而前室东、西、北三壁左右柱石上刻画的西王母和东王公图像，一方面说明了神灵与墓主人已共处同一空间，另一方面则反映出该墓室的画像布局规律——各门的左右均为东王公、西王母带领下的神灵瑞兽，即所有前室空间均象征了仙界。

（2）后室壁画：升仙、舞乐

后室的南壁只有横楣石，横楣石可分为左右两段：左段表现的是绘有西王母的大型乐舞百戏场景，这里正在进行盛大的宴会；右段表现的是受西王母邀请的仙人赴宴图像，说明这里是墓主人在仙界参与盛大宴会的场所。在后室北壁左右竖石上表现的是一幅合二为一的图像，图像可分为上下两段：上段为舞伎图，下段为几何纹样（如绶带穿璧）、祥云纹为主的装饰性图案，间以动物为点缀，包括朱雀、骆驼、大象等具有异域特征的动物，似乎是对墓主人地下家园的苑囿中所具有的各类珍禽异兽的描绘。上段左右二石各刻有 7 人，共计 14 人，内容为舞蹈、说唱场景。该壁画像石对人物造型和细节的刻画均较为生动，像是对乐舞场景的“蒙太奇”描写，进一步证实了后室是墓主人举行宴会的场所。可见米脂官庄二号汉画像石墓是一座以墓主人在仙界的生活为主题，以乐舞为后室内容，以狩猎、召见为前室内容的画像石墓。

陕北汉代画像石具有鲜明的地域性美术特征，这种美术特征主要体现在画面内容的形式和画像石在墓室中的布局方面，它们是陕北汉代遗址美术地域性特征的载体。例如常见题材有庖厨、农耕、放牧、狩猎等[①]，其艺术中对狩猎题材和放牧题材的偏好尤能显示该地区农牧业结合发展的特点，其审美倾向很可能源自农耕文化和草原文化集合形成的地域文化。除内容之外，陕北画像石也反映出对表现动物形象和长卷叙事的纯熟，尤其对鹿、羊、牛等食草类动物的刻画，显示出高超的写实水平。

根据对陕北各地区发现的汉代画像石墓的考古研究可知，陕北汉画像石墓具有较为统一的建筑结构和画像石分布规律。[②]具体而言，大部分墓室分为墓门、前室和后室，墓门表现巨大的兽面铺首衔环图像，作为驱邪符号，周围常画四神图像。前室主要表现凡世生活（有时也在前室壁画中加入仙界人物），后室则主要表现仙界生活。各空间的美术内容集中刻画于空间的前后壁上，尤其以墓门的石刻画像为主要表现区域，这是陕北地区丧葬礼仪美术特有的模式，陕北的建筑艺术在明清时期的住宅中仍有重点表现“门”的习惯，联系汉代墓室建筑中对门的青睐，或许可说明该地区历来对建筑中“门”的执着，这种观念或许与两周以来即成型的“阙”的概念有关，虽然阙与陕北地区建筑对“门”的重视的关系还有待学界进一步讨

① 牛晓春，榆林汉代画像石探究[D]，西安：陕西师范大学硕士学位论文，2008 年，第 7 页。

② 吴佩英，陕北东汉画像石研究[D]，上海：上海大学博士学位论文，2013 年，第 181—182 页。

论，但陕北的汉代墓葬显然是考察古代美术中特有形式的形成和影响的重要遗址空间。

（十）民丰尼雅墓地

1. 民丰尼雅墓地遗址的基本情况

尼雅墓地遗址位于新疆和田地区民丰县尼雅河尾闾地带的塔克拉玛干沙漠腹地，它是新疆民丰尼雅遗址（图 2–58）的一部分。尼雅遗址南北长约 30 千米，东西宽约 5 千米，在平面呈现南北长、东西窄的狭长布局内散布了众多房屋、佛寺、果园、田地、陶窑、水池、墓地等遗迹。遗址以佛塔为中心，居住遗迹和墓地互相组合，形成一个个聚落群。在遗址的南部有一古城遗址，在遗址的北部零散分布有多处窑址。[①] 从 20 世纪至今，这里出土了佉卢文、汉文木简、木牍，武器、乐器、毛织物、丝织品、家具等。从出土文物和遗址规模来看，这里地处丝绸之路中西交通的要塞，在汉晋时期曾一度辉煌，是当时精绝国的重要城市，被人们赞誉为“东方庞贝城”。[②]

1995 年 10 月，考古工作者在尼雅遗址新发现了一处墓地（编号 95MNI），在对该墓地进行抢救性清理发掘后出土了一系列珍贵的文物，为学界关于尼雅遗址的突破性研究提供了材料依据。尼雅遗址于当年被评为全国十大考古发现之一，受到了国内外各界的广泛关注。[③]

图 2–58 民丰尼雅遗址

95MNI 号墓地中编号为 M8 的墓葬，年代为汉晋时期。这里除墓葬结构保存完整，出土了精美的织物、弓箭等重要文物外，还出土了著名的国家一级文物、首批禁止出国（境）展览文物之一的“五星出东方利中国”

① 新疆文物考古研究所，新疆民丰县尼雅遗址 95MNI 号墓地 M8 发掘简报 [J]，2000（01）：4-40。
② 高明，汉唐之际丝绸之路上的遗址美术 [M]，西安：陕西师范大学出版总社，2022 年，第 200—201 页。
③ 于志勇，1995 年尼雅考古的新发现 [J]，西域研究，1996（01）：115-118。

彩锦护臂。现就该墓葬遗址进行介绍，以一窥尼雅遗址千年之前的真容。95MNI 墓地共发掘墓葬 8 座，可依木棺类型分为两类：一类为矩形箱式木棺墓，埋葬 2—4 人，随葬品数量多，种类丰富，共有 3 座，M8 即属此类；一类为胡杨木等树干挖成的独木舟形棺木，一般葬 1—2 人，随葬品数量不一，共有 5 座。这两类墓葬反映了尼雅墓地主要的墓葬形制。M8 墓葬是在发掘编号为M3 的墓葬时发现的，两座墓葬相互叠压，M8 位于M3 下层，并被M3 打破（图 2-59）。墓葬为竖穴的椭圆形沙坑墓，M8 棺箱西侧有一长木棍伸出地面，棺木四腿保存较完整，盖板上覆盖了织有彩色几何纹样的毛毡盖毯，其上又有一层麦秸秆，在棺木的南、西、北三面与墓圹壁之间填塞了大量的干芦苇，有防止渗水、加固圹壁的作用。棺木为矩形箱式木棺，长 2.2 米，宽 0.97 米，高 0.98 米，用榫卯连接，各面均使用 24—30 厘米的木板，木板之间用暗榫铆合，缝隙都用泥抹匀封堵。尼雅遗址中有诸多二人以上合葬的墓葬，M8 即是这类二人合葬一棺的墓葬。这种二人用一棺的习俗在汉代的中原地区并不流行，是汉代西域文化的地域性特征。M8 棺木中男西女东，头均向北，仰身直肢，盖有被单。男性右侧放有一大木叉，木叉上绕有刀鞘、锦帽、梳篦袋和彩锦护臂（即“五星出东方利中国”织锦护臂），还有一套弓箭装备。女性左侧放有大木叉，木叉上绕系毛织物和虎斑纹彩锦织袋、皮革木胎小圆木桶等。墓主人随身穿戴华贵的衣物和饰品，足端放有陶器、木器，其中一件陶罐颈部有墨书“王”字，可见应是高等贵族。值得注意的是，尼雅墓地内发现的放置在墓主人身侧的木叉经研究表明，“所表示的是一种土著巫教信仰”[①]，但其具体功能尚无定论。

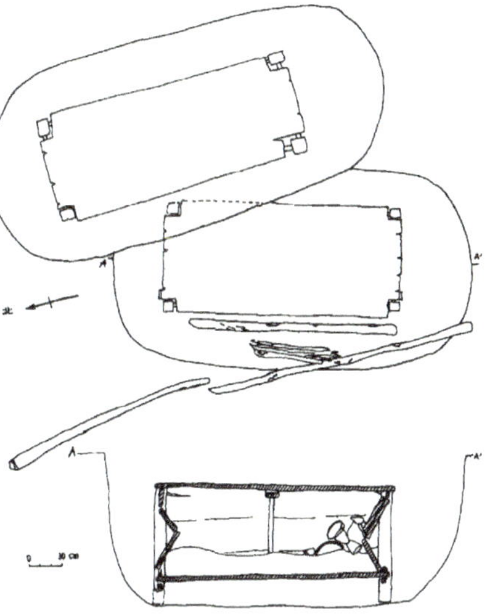

图 2-59　M3 与 M8 平面及剖面图

① 新疆文物考古研究所，新疆民丰县尼雅遗址 95MNI 号墓地M8 发掘简报[J]，2000（01）：38。

2. 遗址的代表性文物

（1）“五星出东方利中国”织锦护臂

“五星出东方利中国”织锦护臂（图 2–60）长 18.5 厘米，宽 12.5 厘米，是国家一级文物、首批禁止出国（境）展览文物之一。护臂以宝蓝、草绿、绛红、明黄、白色五种色彩织出花纹，以瑞兽、云纹、星纹和上下两组每组四字的小篆体“五星出东方利中国”组成画面，颜色搭配和谐，纹样精美，布局有致。护臂出土时位于弓的旁边，可知它是一件射击时使用的护臂，其上的织锦瑞兽包括了辟邪、仙鹤、虎、孔雀形象，这四种瑞兽虽以四为数，却与汉魏时期常见的四神不同，而“五星出东方利中国”是我国古代星占学上的用语，在历代的天文志和星占学书籍上屡有记载，如《史记·天官书》就记有“五星分天之中，积于东方，中国利”。古人所谓的“五星”即先秦时期所说的太白、岁心、辰星、荧惑、镇星，也就是秦汉以来五行说流行后所说的五大行星——金星、木星、水星、火星、土星。“五星出东方”或“五星积于东方”实际是指一种罕见的天文现象，是指五大行星同时出现在东方天空，这种现象一般要几十年至百年才能一遇，古代星占学认为五大行星在天空中的位置、明亮度等是预兆天下大事的重要信息，因此古人把这种五星聚合的现象看作重要的征兆。[①]

图 2–60 “五星出东方利中国”织锦护臂

① 王力，中国古代文化常识（插图修订第 4 版）[M]，北京：北京联合出版公司，2014 年，第 2—3 页。

在尼雅遗址所处的丝绸之路上出土了诸多的织物，这些织物大部分织造工艺精湛，纹样丰富美观，将不同地域的文化借助小小的“布料”互相传播开来。这些当时的商品充分反映了汉代丝路交通的繁荣景象和华夏地区经济水平的发达，也印证着华夏文明自古以来倡导和平、注重文化交流的优良传统。

（2）木杯

该木杯的造型为尼雅遗址中常见的木杯造型（图 2-61），但其充分反映了当时精绝国西域文化的艺术特征。该杯高 6.5 厘米，口径 11.6 厘米，器型为直口，单耳，平底，杯耳上方有指垫，以杯的体量来看，可能为酒具或饮料杯，杯底刻有“卍”字符（也有说“十”字纹），是佛教中常见的符号，但是该符号在此处是否作为佛教符号使用，以及其位于杯底的象征意义为何尚待进一步考证。考察此杯造型，我们可以轻易地发现其“前卫”的设计特征——简洁，重视实用功能的杯体和杯耳，无纹的表面，均反映出一种实用主义的造物观念。这种以简洁器型和耐用材料（木材）制成的器物对处于贸易枢纽和畜牧业为主的沙漠地带的人们显然更为方便可靠，或许当时的西域商队就是携带着这种木器穿梭于情况复杂多变而漫长的丝绸之路上，连通了欧亚大陆间的各个文明。

图 2-61　木杯

（十一）上孙家寨汉墓

1. 上孙家寨汉墓遗址的基本情况

上孙家寨汉墓位于青海省西宁市大通县长宁镇上孙家寨村，是一处汉代墓葬群。西宁在汉代是重要的边防城市，汉以后历代都在这里设郡一级机构，汉宣帝时这里设有“破羌县”和“临羌县”，可见这里是西汉时期防御西北游牧民族的军事重镇。1973 年以来，考古工作者在上孙家寨发掘出近 200

处汉墓，其中的一号墓（编号乙区M1）是一座匈奴墓地，出土了一件驼纽铜印，印文为“汉匈奴归义亲汉长”，是反映当时汉匈民族融合的重要文物。①一一五号墓出土有大量木简，简文内容多与军事有关，不仅出土有《孙子兵法》的内容，还与当时的军事制度紧密相关，研究者推断该墓主人为当时驻地军队的高级官员。② 因此，上孙家寨汉墓是研究汉代多民族融合、青海地区历史文化的重要遗址。

上孙家寨墓葬群的墓葬年代纵贯西汉至东汉，因此既有西汉流行的竖穴土坑木椁墓，亦有东汉时期流行的砖室墓。竖穴土坑木椁墓以一一五号墓（图2-62）为例，该墓椁室坐南朝北，平面呈长方形，椁室内南部东西各有一棺，为合葬墓，椁室正北有墓门，其外开有一条长13.7米、宽1.66米的斜坡墓道，整个墓室是一座“甲”字形墓。墓口长6米、宽3.54米，墓底长5.7米、宽3.5米、深5.5米，圹壁较垂直，微微呈斗状。墓底有厚15厘米的木炭层，木炭上再铺两层方木，其中上层方木横铺，下层方木纵铺。在方木层上再构筑木椁，椁室长4.7米，宽1.9米，高1.2米，椁盖应亦为双层木搭建，现仅存上层圆木5根，下层方木6根，每根木料厚40厘米。椁盖长度超出了椁壁，超出的部分下端有立木支撑。椁室上方又铺有厚达50厘米的木炭。综上，该墓是一座具有制作精细的木构椁室和木炭密封层的高规格墓葬。一一五号墓发掘时已遭到严重的破坏，出土文物的位置呈现方位混乱的现象。

一号墓（图2-63）是一座东汉时期墓葬③，其在墓葬群的编号为乙区M1，该墓为砖室墓，墓上有残高6.2米、直径23米的丘形封土，封土堆的夯层厚10—21厘米不等，墓室坐西朝东，墓门开在墓室东墙正中，与一条长17米、宽2.35米的斜坡墓道相连。墓室分前、后室，前室长3.48米，宽3.44米，后室略小于前室，长3米，宽3.02米，两墓室平面皆近方形，二室之间有一条长1.3米、宽1米、高1.5米的甬道相连。据考证，前、后室高度应为4

① 青海省文物管理处考古队，青海大通上孙家寨的匈奴墓[J]，文物，1979（04）：49-53。

② 青海省文物考古工作队，青海大通县上孙家寨一一五号汉墓[J]，文物，1981（02）：16-21。

③ 同上。

米，墓顶为穹窿顶，甬道为双券顶。前室后半部地面高出前半部地面 23 厘米，且中部有砖砌的台阶，墓门左右两转角处各突出半砖，应为灯台，这些现象一方面可能象征前室为墓主人“第宅”中的堂，是举行宴会之所；另一方面也可能反映了前室有作为灵堂，供亲友吊唁的功能。后室北部有棺椁，已朽，发现有三具人骨，可见该墓为一座合葬墓。墓室内大部分随葬品出土于前室，内容可分为食器、礼器，可见前室是集合了府库和堂的综合空间。随葬品多放置于前室的南北墙下，其中陶灶、陶井发现于前室地面较低的东部，只有一件陶仓位于地面较高的西部东沿，紧靠前室东部，而壶、鼎等器物则见于前室西部的西墙下，这种情况反映了前室可能存在较简单的空间划分，即东部为厨房，西部为厅堂，从而使墓室在前后室的基础上具有更细致的空间划分，该墓是研究东汉时期青海地区丧葬礼仪制度发展情况的重要依据之一。

图 2-62 一一五号墓墓室平面图

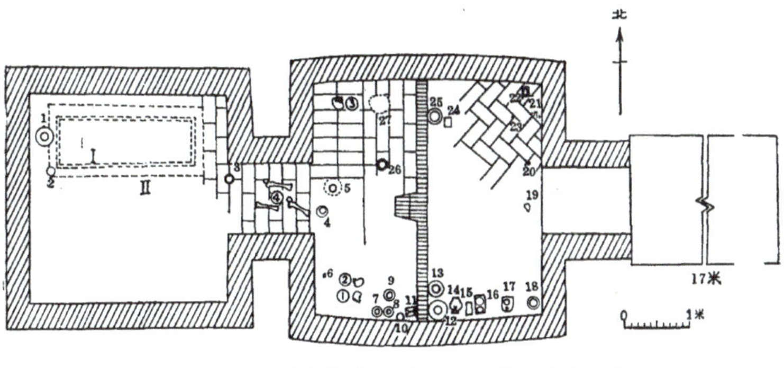

图 2-63 一号墓（乙区 M1）墓室平面图

2. 遗址的代表性文物

（1）木简

一一五号墓出土了大量的木简（图 2-64），共 400 余片。据研究，这些木简包含了大量与军事制度、操练法规、军队标志、军功赏赐制度、刑罚规定相关的内容，并发现有《孙子兵法》的内容。据 1981 年的考古报告可知，这些兵法内容不见于传世的《孙子兵法》文本，可能是《孙子兵法》佚文。其中关于军队标志的记载与世传《尉缭子》基本符合，反映了汉代对这本兵书的重视。简文内容更为重要的是提供了具体而微的汉代军制信息，如对斩首、俘虏和所获爵位的关系，临阵脱逃、畏缩不前的处罚程度，揭发和包庇犯罪的赏罚办法均有清晰的解读，这些资料的发现反映了西汉时期青海西宁地区作为边防重镇的重要军事意义，也对学界研究汉代军制、古代军事发展史和边防史具有颇为重要的价值。此外，这些木简保存较完好，墨迹清晰，其书法字形方扁，结字开阔而有致，行文秩序井然，是研究汉隶的珍贵资料。

图 2-64　一一五号墓出土的木简

（2）“汉匈奴归义亲汉长”铜印

“汉匈奴归义亲汉长”铜印（图 2-65）出土于一号墓，该墓为匈奴墓，即上孙家寨乙区 M1 墓葬。该印为方印，驼纽，通高 2.9 厘米，其中驼纽高 2.1 厘米，印身高 0.8 厘米，印面边宽 2.3 厘米，印纽所雕的骆驼为跪卧姿，呈昂首前望状，驼身和驼峰连为一体，形成拱形的印纽供绶带穿孔，骆驼造型虽简，却颇传神，使人联想到大漠戈壁中引颈探望的骆驼形象。铜印印面为篆书阴文“汉匈奴归义亲汉长”八字，其中前六字每三字一竖行，最后“汉长”二字单列一行。印文布局主次分明，行文疏朗有致，是典型的汉小篆书风，尤其末尾“汉长”二字，和其余六字对比，字体大而宽博庄正，使印面整体布局

图 2-65　“汉匈奴归义亲汉长”铜印（印面）

处于秩序感和变化性的平衡之中。据考证①，“归义”二字是汉朝廷授予边疆的少数民族首领的封号，西汉宣帝时已封先零羌首领为“归义羌侯”，东汉又封白马羌为“归义君长”，永平元年（公元 58 年）又封烧当羌首领为“归义侯”，其治所为“归义城”。“亲汉长”则是汉朝廷所赐的匈奴官印，还有“破虏长”“守善长”“率善伯长”。因此，该印应该是赐予当时西宁地区的匈奴首领的官授印章，是南匈奴归属东汉朝廷这一史迹的历史佐证。

第二节　都城、关隘、西域：西北地区古城遗址美术

西北地区的古城遗址内涵丰富，以汉长安城、长安周围的诸多宫城，甘肃地区的汉长城、关卡、驿站和古代西域的古城遗址为主。

长安作为西汉都城对中国历代都城建设具有深远的影响力，其本身也是中国古代都城建造史上一座里程碑式的建筑，这座保存较为完好的古城遗址

① 许新国，大通上孙家寨出土“汉匈奴归义亲汉长”铜印考说[J]，青海社会科学，1989（04）：70-73。

是印证中华文明历史辉煌和成就的重要实证。同时，围绕长安城的宫城、礼制建筑、里、市、陵邑建设在时空上构成了古长安作为西汉都城的图像史，是汉代对都城作为纪念碑的价值理念的立体体现。此外，汉代都城建设中的方位观念、对称观念继续在前代的基础上发展，汉长安城对中国古代理想都城的再现，虽仍有诸多细节与《周礼》记载的都城结构不符，但西汉长安城的平面图已经高度接近一座理想的皇城。长安城在结构上具备前朝后寝、左祖右社、九经九纬的理想都城特征，体现出汉王朝作为秦灭后的王朝继任者对其身份的合法性所做的努力。陕西关中地区出土的大量瓦当是考察当时宫殿、城址区域和方位的重要依据，其上的图像和文字从侧面反映了汉代人对建筑物功能和文化内涵的理解，从这些瓦当纹饰来看，汉代的宫殿和城市建设非常注重建筑在城市布局中的功能性，一些建筑会制作文字信息与建筑功能、身份相关的瓦当以强调自身的特殊性，而四神、祥瑞纹饰的大量出现说明当时普遍流行的祥瑞思想遍及各个阶层。

甘肃作为丝绸之路东段的必经之地，有着著名的汉长城和悬泉置遗址，这些遗址出土的大量简牍成为了解汉文化和丝绸之路发展史的重要实物。城关、驿站遗址在地理上的方位也充分反映出汉王朝为维持丝绸之路运行而做出的具体措施，汉长城遗址在地理空间上反映出汉帝国对西域和河西走廊的控制，而敦煌地区绵延着汉长城残墙和烽燧以及附近各类出土文物都反映出这座巨大的防御工事曾长期发挥着重要的军事作用，悬泉置遗址和悬泉汉简的发现则进一步说明了整个丝绸之路的运行包括其他多个机构的协同工作，汉简上记录的其他驿站虽有很多尚未被发现，却说明汉代的丝绸之路上存在着非常发达的驿站网络，对悬泉置建筑基址的考古反映出这种集军事堡垒、驿站、邮置多个功能于一体的建筑在汉代控制西域和河西走廊、维持内外沟通时具有的重要意义。

新疆的古城则以楼兰遗址闻名，这座汉代西域古国遗址中发现的大量文物表现出汉文化对西域的深刻影响，反映了我国古代多民族融合的史实，同时也反映出西域文化中不同于中原的城市结构，说明了该地区的宗教信仰及其作为沙漠绿洲在丝绸之路上的驿站功能，其城市的重心是佛塔和穿城而过的水道，建筑基址的考察说明该古城建筑模式、方法、美学追求和中原的城市存在明显的差异。

从长安一路向西，我们可以看到从都城到关隘再到西域民族聚落等不同地域类型下的城市结构，这些在各地区占主体的建筑体现了汉王朝从丝绸之路起点向西的过程中疆域内各地区不同的功能，遗址中出土的大量附有汉字的文物和汉文化装饰物体现了汉帝国对西域的控制和所施展的强大影响力。

（一）西汉长安城

1. 西汉长安城遗址的基本情况

西汉长安城是西汉王朝的都城，其遗址现位于陕西省西安市未央区，自1956年开始对该遗址进行考古工作以来，发现了大量的西汉长安城遗迹和文物，史料中记载的许多重要的西汉长安城遗址如长乐宫、未央宫、长安城城墙、桂宫等均已被发现，并且基本清晰了长安城墙、壕沟、宫殿、武库、市场、街道、给排水系统等城市组成部分的结构和格局[①]，据此，学界已得出丰富的科学研究成果，目前这项考古工作还在继续进行着。

根据考古研究成果可知，西汉长安城是在一个漫长的过程中逐步建设完成的，该古城从西汉定都到东汉时期被废都共经历了200多年的建设，其内外规模也随着历史的发展而扩大、变化。因此，在了解西汉长安城遗址的内容时，需抱有一立体的、注意历史发展过程中城市建设变化的“时空性”的视角，从而更为清晰地观察这一古城的“原境”[②]。

（1）长安城

虽然目前对西汉长安城的考古发现已探明了诸多城内建筑的结构和方位（图2-66），但这些内容的建设并非在长安城初成时即已存在，其建设大致可以分为四个阶段，分别为汉高祖时期（图2-67）、汉惠帝时期、汉武帝时期以及王莽建立新朝前后这一时期对长安城的改造。

---

① 刘振东，汉长安城综论——纪念汉长安城遗址考古六十年[J]，考古，2017（01）：9-16。

② （美）巫鸿，中国古代艺术与建筑中的“纪念碑性”[M]，上海：上海人民出版社，2017年，第248页。该书在论述长安的纪念碑性时强调“从来不存在一个单独的长安——曾经存在的只有被各个历史层次所限定的一系列长安”，即观察长安不应停留在长安所有建筑均已完备的某种理想状态，而应注意到长安在建设中的阶段性变化。

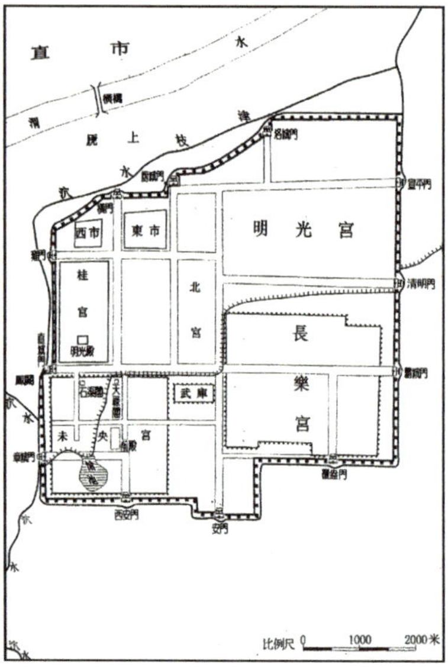

图 2-66　西汉长安城平面示意图

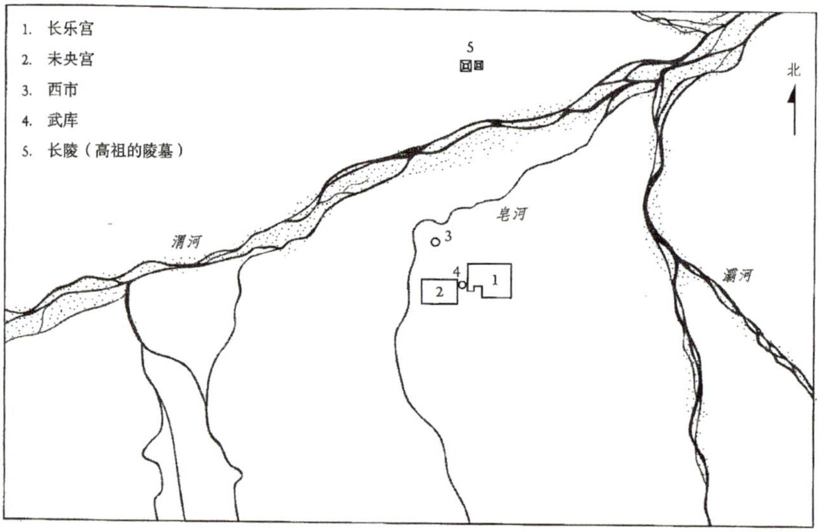

图 2-67　汉高祖时期的长安

在汉高祖时期，长安城的主要内容是两座宫殿和一些必要的功能性建筑（如武库、太仓）。两座宫殿分别是长乐宫和未央宫。在汉高祖刘邦定都关中时，长安城仅仅是由秦王朝的一座离宫改建而成，还并非一座符合《周礼·考工记》所载的都城结构的城市。

汉朝初建时，刘邦并未定都长安，而是“都洛阳”，但这一决策很可能只

图 2-68 西汉长安城西南角夯土墙遗址

是临时的，因为在“都洛阳”不久之后，《史记》载汉高祖刘邦又“欲长都洛阳”，这反映了起初将洛阳作为都城可能只是一个暂行的建都方案。但在刘邦做出“长都洛阳”的设想时，娄敬（即刘敬）建议将都城定于秦地，并提出了“因秦之故”的主张，加上刘邦最重要的谋臣，也是西汉开国元勋的张良的劝谏，刘邦遂当日“车驾西都关中”①，将关中平原、渭河以南之地定为都城（图 2-68）。由于汉初时战争还未完全停息，刘邦在“车驾西都关中”后至多六个月，即离开初建的都城进行平定战争，可见初建的汉朝廷并未有足够的精力进行都城的建设，因此这座地理位置绝佳的位于渭水河畔高地龙首原上的秦离宫就成了匆匆建都于此的汉高祖安置其朝廷的“暂闲”之所。②汉王朝在长安修建的第一座宫殿在《三辅黄图》和其他史料中均有明确的记载，《三辅黄图》云“汉之故都，高祖七年方修长安宫城，自栎阳徙居此城，本秦离宫也”③，其本名兴乐宫，是始皇帝的众多离宫之一（据史料，秦始皇有约 300 座离宫），在楚汉争霸之际，项羽入关中后火烧阿房宫，诸多秦宫殿也遭到毁灭，兴乐宫应是为数不多的有幸被保留下来的秦宫，但也难免遭到了一定程度的破坏，因此建都于此的汉朝廷对这座宫殿进行了修葺和建设，以满足其作为皇宫的基本功能。汉高祖离开长安城后，负责宫殿建设

---

① 《史记》该处详细记载了娄敬提议建都于秦地的事迹，娄敬以“且夫秦地被山带河，四塞以为固，卒然有急，百万之众可具也。……今陛下入关而都，案秦之故地，此亦扼天下之亢而拊其背也”的言论打动了刘邦，在刘邦仍然疑而未决的情况下，“留侯明言入关便”，刘邦遂“即日车驾西都关中”，确立了西汉“都秦地”的开端。

② 所谓“暂闲”可从其后汉朝廷在长乐宫之西修建未央宫，并将重要的政治、礼仪活动及宫殿建设均安排在未央宫得知，长乐宫的建设很可能只是刘邦初建都于长安时为求最基础的都城功能的权宜之计。该观点也可见（美）巫鸿，中国古代艺术与建筑中的“纪念碑性”[M]，上海：上海人民出版社，2017 年，第 252—255 页。

③ 何清谷，三辅黄图校释 [M]，北京：中华书局，2005 年，第 63 页。

工作的是萧何，这项工作持续了约一年半的时间，加修之后的宫名为长乐宫，其内部有 14 座宫殿，这 14 座宫殿应能满足汉初皇宫的基本功能要求，它们的集成在《三辅黄图》中被称为“长乐宫城”“长安城”，可见此时的皇城即宫城。长乐宫遗址现位于西汉长安城城墙内西南角，虽然只占据了城墙内约六分之一的空间[①]（长乐宫东西直线距离约 3000 余米，南北直线距离约 2044 米[②]），但在汉初的几年里，它却代表了汉王朝国都的所在。建成的长乐宫首先发挥了它作为都城的作用，宣告了皇帝的权威，汉代的第一次正式朝仪即在此宫中举行，据《史记·高祖本纪》载，刘邦在长乐宫举行朝仪并接受百官朝拜后说道：“吾乃今日知为皇帝之贵也。”这次朝仪之后，汉高祖刘邦作为皇帝的权威性显著加强了。这一史料反映了长乐宫建成之时发挥的作为都城所在的最基础功能——当是时，这座宫殿为汉朝廷提供了一个礼仪上合乎规范的场所，用以进行最为重要的礼仪活动[③]，从而声明王朝的统治已步入了正轨。

长乐宫的修葺工程完成后不久的高祖七年（公元前 200 年），未央宫也于长乐宫西侧被建成。不同于长乐宫的是，这座宫殿不再是由秦离宫这样的其他王朝的旧宫殿改建而成，而是一座由汉王朝独力修建的宫殿。因此建设者可以对其进行更为自由的选址和规划，以使建筑物更符合皇宫的理想结构。主持这次建设工程的依然是相国萧何，在萧何的规划下，建成后的未央宫据说颇为壮观，拥有宏伟的东阙、北阙和前殿，其“过奢”甚至引起了汉高祖刘邦的不悦，刘邦与萧何就此事的对话正说明了未央宫不同于长乐宫的价值。《史记·高祖本纪》载：“萧丞相营作未央宫，立东阙、北阙、前殿、武库、太仓。高祖还，见宫阙壮甚，怒，谓萧何曰：‘天下匈匈苦战数岁，成败未可知，是何治宫室过度也？’”萧何对答：“且夫天子以四海为家，非壮丽无以重威，且无令后世有以加也。”“高祖乃悦。”可见这座完全由汉朝廷修建而成的未央宫代表的是汉王朝的权威，具有重要的象征性，它是真正的汉王朝的标志。

---

① 王仲殊，汉代考古学概说：汉英对照 [M]，北京：外语教学与研究出版社，2014 年，第 9 页。

② 刘振东、张建锋，西汉长乐宫遗址的发现与初步研究 [J]，考古，2006（10）：22-29。

③ 制定这场开国首次朝仪的是汉初的叔孙通，他也是汉惠帝时皇帝最重要的礼制顾问。汉惠帝时提出将原庙建于高陵附近的也是其人。见本书第一章第一节“墓葬遗址”之礼制建筑一节。

正如萧何向刘邦进言的“无令后世有以加”，刘邦之后直至汉平帝的历代西汉帝王均居于未央宫，并对未央宫进行了持续的建设，最终使未央宫成为一座内容丰富的庞大的宫殿群。

与未央宫同时建设的还有武库（藏兵器之处，属皇城的武备机构）、太仓（储谷物的皇家粮仓）[①]，这些符合皇城规范和切实需要的建筑和皇宫组成了长安作为西汉皇城的基本框架。未央宫和其他同期的建筑一并将长安城朝着典型皇城的结构发展。

汉惠帝时期长安城最重要的建设工程是城墙的修建，刘邦虽确立了汉王朝的都城长安，但直至其去世，长安城的两座宫殿都没有统一的城墙，而只有各自的宫墙。因此宫殿外的其他建筑都未被包容在某个更大的整体空间内，直至惠帝才完成了长安城墙的修建。

长安城墙的修建是分时段进行的。《三辅黄图》载：“按惠帝元年正月，初城长安城。三年春，发长安六百里男女十四万五千人，三十日罢。……六月，发诸侯王列侯徒隶二万人常役。至五年，复发长安一百里内十四万五千人，三十日乃罢。”[②] 可见这一城墙工程耗费了数目极为庞大的人力，其中有服短役修城的百姓[③] 和长期服役的刑徒（汉称徒隶）共计 31.1 万人。建成后的城墙中，东城墙长约 6000 米，南城墙长约 7600 米，西城墙长约 4900 米，北城墙长约 7200 米，四围城墙总长约 25700 米，总面积约 36 平方千米。城墙均高超过 12 米，下方宽度在 12—16 米间。现存的城墙虽只有部分残留，但大部都高出地面。从考古发现可知这些城墙仍为夯土墙，但其结实程度却堪比砖石城墙。当时为了修造这样的城墙，可能使用了体量惊人的土料，即所谓“尽凿龙首山土为城”[④]，并且城墙外侧的壕沟也颇为宽深，《三辅黄图》称之为“池”[⑤]，即护城河，其宽度达到了 8 米，深 3 米[⑥]。但长安城墙的庞大工程并非一次完成的，而是分段进行，其修建次序是：首先修筑西北部城墙（这一部分城墙被最早修

---

① 何清谷，三辅黄图校释 [M]，北京：中华书局，2005 年，第 112 页。
② 同上，第 64 页。
③ 同上，见注三，作者认为这是汉代的“更卒”服役制度。
④ 同上，第 67 页。
⑤ 同上。
⑥ 王仲殊，汉代考古学概说：汉英对照 [M]，北京：外语教学与研究出版社，2014 年，第 5 页。

建可能是为了防洪，因为这里的城墙紧临汉代的渭河[①])，之后修建西面城墙，之后南面，之后东面，最后北面[②]。从平面图看，修建好的城墙东面笔直，其余三面皆有不同程度的曲折，尤其以北面城墙因临渭河而曲折最多，南面的城墙则有一段明显的突出。《三辅黄图》云建成后的长安城“城南为南斗形，北为北斗形”[③]，并且诸多古迹都言长安城墙的南北部是按照天上的“北斗”与“南斗”的布局来建造的，因此也将长安城称作“斗城”。然而经过现代学者的讨论，现在普遍认为这种言论是后来人附会之说[④]，事实的情况很可能是因为长安城北面紧临渭河，因此必须依照河道的曲直进行修筑。

渭水，也就是渭河，是关中地区最宽阔的河流，也是黄河最重要的支流之一，是水流量很大的河流，河上有多座桥梁，并发现有汉代渡船遗迹（图2-69）。在西汉时，这条宽阔的大河将渭北咸阳原上的帝陵和长安宫城区分为南北两个空间，可见其在关中地域空间中的重要性，因此长安城城墙的建设如果无视这条河流的走势而按照四边笔直的结构去修造，那么西北角的城墙就需直插渭河河道中，显然这样的结构很可能导致城墙无法负担河流常年的冲击，就像东汉洛阳城南墙在洛河改道后被冲毁一般坍塌。所以为了迁就河流的走向，西北部的城墙在平面上只能修造成曲折的多边形状。城墙的南面紧临两座皇宫，突出的一段正是南城墙的中门——安门，该处是龙首山的一块高地，将这一段包裹入城内很可能是出于对靠近皇宫的城墙的防御性和皇宫所居的南城的威严感而考虑，所以西汉长安城的南北城墙并未刻意契合天象。

最终，城墙的修成使长安城更加接近古代礼制传统中所谓的国都结构，即《周礼·考工记》所载的“匠人营国，方九里，旁三门。国中九经九纬”。旁三门即都城每面城墙有三处大门，城内南北各有九条道路，故称“经纬”。

① 马先醒，汉简与汉代城市[M]，台北：简牍社，1976年，第229页。同样认为西汉长安城西北部城墙是出于防洪理念先修的观点也可见（美）巫鸿，中国古代艺术与建筑中的“纪念碑性”[M]，上海：上海人民出版社，2017年，第265页。

② 同上，第3页。

③ 何清谷，三辅黄图校释[M]，北京：中华书局，2005年，第64页。

④ 王仲殊，汉代考古学概说：汉英对照[M]，北京：外语教学与研究出版社，2014年，第3页。作者认为东汉班固《西都赋》和张衡《西京赋》均未提及长安城与南、北斗的关系，足以说明其建设本与此二星座造型无关。

图 2-69　渭河上的木船遗迹——被称作“丝路一号”的汉代木船

按考古发现，长安城四面城墙正是每面开三门，每门又分为三个小门，根据门两侧发现的石柱础可知，这些门均是由木质的门楼建成，而非石质的圆顶门楼，城门的原貌应颇为壮美。小门均宽 8 米，每门通一条道路，三条道路可并行车辆四乘。其中中间的道路称为“驰道”，宽约 20 米左右，只供皇帝出行，两侧为吏、民所行道路，每条宽约 12 米左右，并且出城走左道，入城走右道。城墙十二门的遗址目前均已被发现，分别为东城墙南侧的霸城门、中部的清明门、北侧的宣平门，南城墙东侧的覆盎门、中部的安门、西侧的西安门，西城墙南侧的章城门、中部的直城门、北侧的雍门，北城墙东侧的洛城门、中部的厨城门、西侧的横门。

图 2-70　汉长安城城门遗址

据《三辅黄图》载，这些城门的命名往往与其周围的建筑有关，如厨城门内是西汉时主管长安城的京兆尹的属官“长安厨”的署置，“长安厨”是朝廷重要的食官[①]，故而其署置外的城门称厨城门；而横门则因其外有秦时即已修成，汉时仍

① 何清谷，三辅黄图校释[M]，北京：中华书局，2005 年，第 88 页。

在使用的横跨渭水而连接长安和渭北咸阳原的横桥而得名。这些城门又有别称，有些是当时民间的称呼，有些则是特指城门视觉效果或区域功能的称呼，如霸城门又称“青城门”“青门”，是汉时的民间叫法，因门色为青而得名。覆盎门又称“杜门”，是因其南为下杜城而得名，而下杜城称“下杜”，则是由于其位于宣帝杜陵所在的杜陵原（今西安凤栖原）之下。[①] 章城门又称“便门”[②]，因其门外就是武帝时修建的过渭水直通茂陵的便桥。洛城门又称“鹳雀台门”，是因其门外有用来放置武帝时所铸的仙人承露盘塑像的高台——鹳雀台而得名[③]，这种仙人承露盘塑像现已不得见，但可通过清人塑造的同类塑像而想见（图 2-71）。凡此种种的城门名称反映了西汉长安城方方面面的历史事迹，使我们可以从侧面观察西汉长安城的历史。西汉长安城在其 200 多年的建筑史中因不断加建于城墙内外的建筑而被赋予新的含义。但在观察长安城的历史时，需注意到这些城门是在长安成为都城（汉高祖五年定都长安）后约 12 年才建成的，它们丰富的称呼代表的城市文化和相关的建筑又是在其百年的时间里逐渐形成的，即至王莽改朝为“新”后，所有的长安城门又被赋予了全新的名称。可见长安城在时空中是变化的，而非静止的。

惠帝修成长安城墙的同时还在长安城加建了其他建筑，清代毕沅曾制图对西汉长安城进行过复原（图 2-72）。这种复原图虽较为理想化，却可以展示出西汉长安城的设计主旨，长乐宫之后的加建则反映出惠帝将一座都城的理想结构付诸实践的意图。例如在未央宫的东侧建成“高庙”以合《周礼・考工记》所谓“左祖”（皇帝面南，故其左在东）的规范；在未央宫以北的横门内建成“西市”以合“面朝后市”的规范，这些建筑活动使得这座都城朝着理想的都城结构发展，从而以周礼宣传汉王朝统治的合法性。

西汉长安城还有八街、九陌、九市，其中八街是指八条主要街道，而九陌是指每一面城墙有三门，每门内有三条道路，共有九条道路。[④] 按城池九经九纬的规律，每处城门内都有一条大街，应共有十二条主街道，但经过考古勘察并结合文献记载可知，南面城墙西侧的西安门和东侧的覆盎门，西面南侧

① 何清谷，三辅黄图校释[M]，北京：中华书局，2005 年，第 79—81 页。
② 同上，第 83—84 页。
③ 同上，第 87—88 页。
④ 同上，第 106 页。

图 2-71　北京北海公园铜仙承露盘

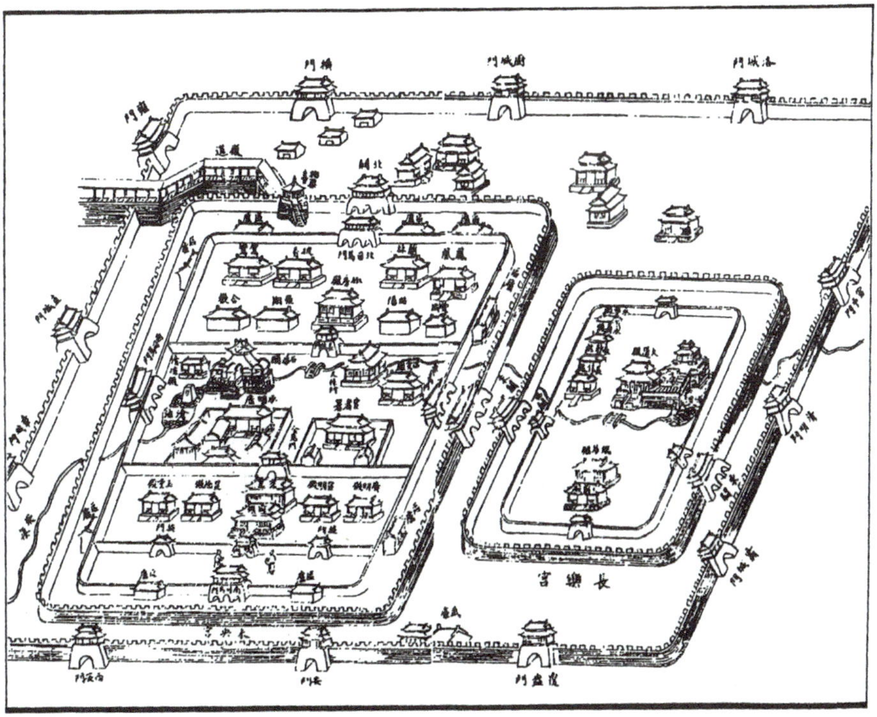

图 2-72　毕沅的西汉长安城复原图

的章城门和东面南侧的霸城门内的大街皆只有数十米，且直通皇宫，故而不计其为大街。这些大街皆由与其相连的城门来命名，分别为安门大街、直城门大街、清明门大街、宣平门大街、雍门大街、横门大街、厨城门大街、洛城门大街，这些大街均长约 3000 米，其中最长的是安门大街，长 5500 米，其次的宣平门大街，长 3800 米，最短的是洛城门大街，长 850 米。所有街道均宽约 45 米。每条大街上并排的三条道路间皆有宽约 90 厘米、深约 45 厘米的排水沟，是城内重要的排水系统。① 而所谓九市，《三辅黄图》载："长安市有九，各方二百六十六步。六市在道西，三市在道东。"② 然而学界对九市的解释却有多种：一种认为九市是长安城内的九个市场，其中六个市场在城西北部横门大街的西侧，三个市场在横门大街的东侧③；一种认为九市是指长安城内外合计九个市场；还有认为"九"只是言长安市场之多，是虚词，并非实数。目前这些学说尚无定论，但根据考古勘察，长安城内的市场规模颇大，布置极为规整，且城外也有诸多市场。④ 在这些市场中，最著名的是"东、西市"，在这里的考古发掘出土了大量的陶俑和钱范，同时学界认为东、西市很可能是为皇家及贵族烧造陵墓所用陶俑的市场，因为这里出土的陶俑与阳陵出土的陶俑造型并无二样。⑤ 除"东、西市"外，还有"柳市""直市"等，其中直市因其物价无二，被称为直市。

西汉都城的市场一般均有专门的机构负责，市场内布置井然，人头攒动，热闹异常，即张衡《西京赋》所谓"通阛带阓，旗亭五重，俯察百隧"，阛为环绕市场的墙，阓为市场的门，旗亭是汉代指挥市场启闭的市楼，这种市楼是将管理市场的机构市亭设在高楼上，故称为市楼，其上一般有旗为号令，故又称为旗亭。又有槐市，也称会市，位于长安城南郊，应为王莽在城南郊修建明堂，开辟子午大道后，由太学的学生组织而成的临时性市场，由于市场只在个别时日开设，类似集会，所以无门墙，仅以周围布列的槐树分隔空间，因此称为槐市。另外还有很多为满足帝陵陵邑的贸易而在长安通往陵邑的大道两

---

① 何清谷，三辅黄图校释[M]，北京：中华书局，2005 年，第 103—106 页。
② 同上，第 93 页。
③ 王仲殊，汉代考古学概说：汉英对照[M]，北京：外语教学与研究出版社，2014 年，第 13 页。
④ 同①，第 93—102 页。
⑤ 秦汉遗存[J]，文博，1997（03）：32-39。

旁开设的市场。其中如“孝里市”就是位于去往长安西北方陵邑区的大道两旁的市场，在今咸阳市东摆旗寨一带。[①]

西汉长安城的“里”亦颇多，“里”即“闾里”，是汉代对住宅区的称呼，据说有160处，可知名称的如“尚冠”“修成”“黄棘”“宣明”“建阳”“昌阴”“北焕”“南平”等，但皆已无迹可考。据文献可知，西汉长安城的闾里均规整，外有围墙，里门称为闾，故称闾里，其平面皆呈方形，内部房屋排列紧密，所谓“室居栉比，门巷修直”。

综上，西汉长安城在修建的过程中，一方面更为贴近理想的皇城结构，以体现汉王朝礼制上的正统性；另一方面，这些建筑物设计规整，注重整体秩序感，为都城的管理而服务，从而形成许多周礼所构建的理想国都蓝图中未涉及的区域，从艺术视角观西汉长安城之平面图，可以看到西汉文化思想所具有的一种气质庄重沉穆、造型美而求实的独特气息。

（2）长乐宫

长乐宫遗址位于西汉长安城遗址内东南角，目前考古勘察已经对长乐宫遗址进行了部分区域的钻探发掘，发现了长乐宫的宫墙和一些内部建筑遗址（图2-73）。其中宫殿的城墙周长10000余米，形成一个平面图外形不很规则的类方形城圈，东西长约3000米，南北宽约2044米。城墙为黄土夯筑，基部甚厚，宽度达到20米以上，长乐宫西侧的未央宫遗址城墙同样也达到20米以上的基部宽度，城内发现的武库也同样拥有厚重的城墙。这一现象可能和两座宫殿

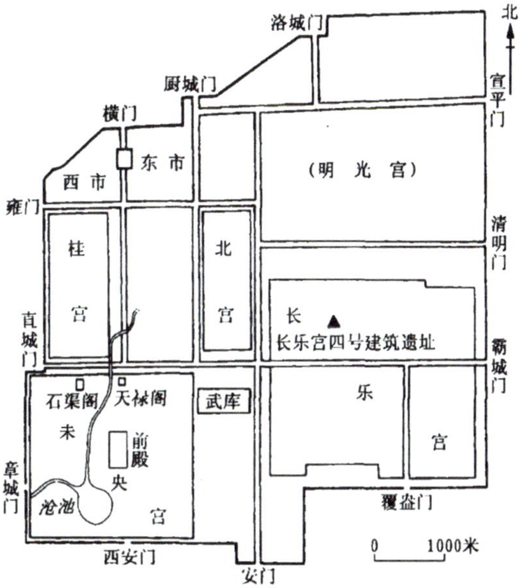

图2-73 长乐宫四号建筑遗址位置图

① 何清谷，三辅黄图校释[M]，北京：中华书局，2005年，第101页。

修成时长安城自身并无城墙有关。

长乐宫的内部建筑目前已进行考古发掘的共有六处，一般称为一至六号遗址。经过学界研究，这六处遗址的功能和名称已较为明确，其中的六号建筑遗址是一座特大型建筑基址，主殿的台基东西长 120 米，南北宽 50 米以上，该遗址原应拥有巨大的殿堂，很可能是长乐宫“前殿”[①]。前殿是长乐宫的主体建筑，其有关记载见于《三辅黄图》：“前殿东西四十九丈七尺，两序中三十五丈，深十二丈。”[②] 这一体量记载与考古发现相合。在六号遗址的西面还有五处大型遗址，按西汉宫殿以东为前的建筑布局规律，后宫应在前殿西侧，而这些遗址正位于前殿遗址之西，与史料记载相合[③]，可能是长定、长秋、永寿、永宁四殿的遗址。

长乐宫中重要的宫殿还有临华殿，根据考古报告可知其为四号遗址（图 2-74），史料记载该宫殿在永始四年（公元前 13 年）遭到过火灾[④]，而考古发现四号遗址有明显的火灾痕迹。遗址中发现有彩绘壁画（图 2-75），地面浆泥涂朱（可能即是文献所载的“赤墀”[⑤]），除主殿外还有侧室、套间，可知这里曾是一座级别很高的宫殿，长乐宫自汉高祖刘邦后再无皇帝居住于此，而是作为太后所居的宫殿[⑥]，因此四号遗址很可能是西汉太后们居住或参与国政的场所——临华殿。

位于六号遗址东侧的五号遗址属于仓储类的建筑，不见于史料，考古发掘已确认这里是凌室[⑦]（即储冰用的冰室），其藏冰应用于供给附近的前殿和临华殿使用。

二号遗址也是一处大型建筑基址，面积约 4500 平方米，但结构较为松散，其建筑台基不甚规则，宫殿周围没有廊道和散水环绕，院内的地面铺砖也较散乱，因此学界推断此处是宫中休息、闲宴的地方，其相关记载不见于史料。

---

① 刘振东、张建锋，西汉长乐宫遗址的发现与初步研究 [J]，考古，2006（10）：22-29。

② 何清谷，三辅黄图校释 [M]，北京：中华书局，2005 年，第 101 页。

③ 同上，第 110—111 页，见注二。

④ 同时遭到火灾的还有未央宫的东司马门，即“夏四月癸未，长乐临华殿、未央宫东司马门皆灾”。

⑤ 中国社会科学院考古研究所汉长安城工作队，西安市汉长安城长乐宫四号建筑遗址 [J]，考古，2006（10）：30-39。

⑥ 同②，第 110 页。

⑦ 同⑤。

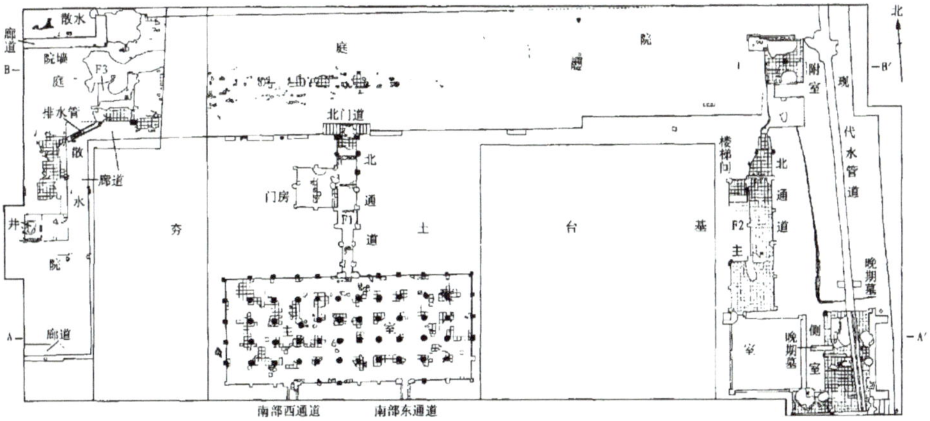

图 2-74　长乐宫四号建筑遗址平面图

图 2-75　长乐宫四号遗址出土的壁画残块

一号和三号建筑功能目前尚无定论。

长乐宫由秦代的离宫改建而成，而离宫非皇帝的办公场所，结构较为松散，因此由离宫改成的长乐宫平面图外形也不甚规整。据载，在修建长乐宫时，原兴乐宫（原秦宫名）的部分建筑被保留了下来，分别是一座高台建筑和两座人工湖，高台名为鸿台，据说高度达到 92 米，高台建筑是先秦至汉时帝王诸侯均颇为重视的一种建筑，其高耸一则可以用于俯瞰，一则可以彰显统治者的权威。两座人工湖名为鱼池和酒池。原秦始皇宫殿中的十二金人雕像也被保存在长乐宫。这些秦的建筑和建筑中的器物被保留在长乐宫中，一部分原因可能是为了利用原有建筑进行长乐宫的加建，另一部分原因，像十二金人这样的器物的布置反映的是汉王朝对取代秦王朝的宣示。最终修成并改名为“长乐宫”的新宫殿共有 14 座殿堂，遂成为汉代的第一座正式宫殿，刘邦在这里举行了第一场朝仪。

目前，长乐宫遗址还在进一步发掘中，诸多文献中出现过的宫殿还需进一步考证。根据目前的考古发现可知的是，长乐宫的宫殿群主要集中在宫城的东北角，距离未央宫较近，宫墙有四门，即司马门。其中东西司马门为主门，外侧皆有阙，名为东阙和西阙。两阙位于西汉长安城唯一一条直通东西城门的道路上，即东城墙霸城门和西城墙直城门之间的干道上。从这一安排可以看出建设者对宫殿布局的规划，长乐宫虽不对称，但其干道却和城市唯一直对东西城门的大道重叠，在东西阙门的加持下，利用空间的“位”①，这座宫殿显示出其尊贵的地位。

（3）未央宫

未央宫遗址位于西汉长安城遗址内西北角，目前考古勘察已经对未央宫遗址进行了部分区域的钻探发掘，发现了未央宫的宫殿城墙和一些内部建筑遗址（图 2–76）。宫城平面图呈正方形，围墙全长 8800 米，其中东墙和西墙长约 2150 米，南墙和北墙长约 2250 米，厚达 8—10 米，城墙的长度和宽度非常接近。宫城总面积约 5 平方公里，其面积虽比长乐宫略小，但也仍占到

---

① （美）巫鸿，“空间”的美术史[M]，上海：上海人民出版社，2018 年，第 55—63 页。关于“位”的概念同样见于巫鸿，礼仪中的美术：巫鸿中国古代美术史文编[M]，北京：生活·读书·新知三联书店，2016 年，第 509—522 页。

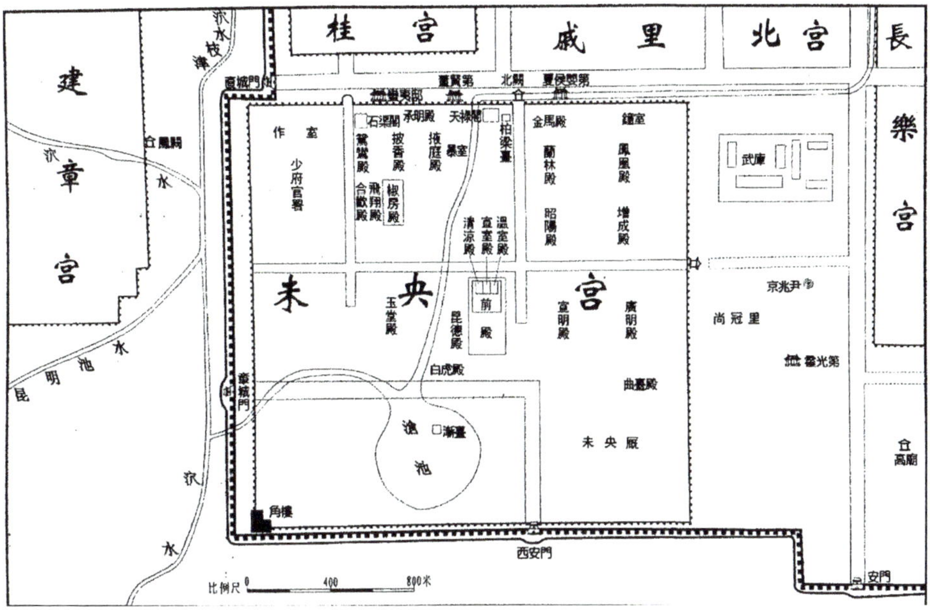

图 2-76　西汉长安城未央宫平面图

了惠帝建成的长安城总面积的七分之一。

未央宫在汉时也称西宫，其东侧的长乐宫则称东宫，但这种称呼在汉初的几年，即长乐宫初成、未央宫尚未完成时是不存在的，由此可反映出文化内涵是随着历史事件的发生不断变化的，人们对遗址的定位也随着遗址的变迁而改变。

由于完全为汉朝新建，所以未央宫的宫城比长乐宫要规整得多，而且内部的对称结构明显。据史料载，这座宫殿是刘邦令萧何修筑而成，修成后的未央宫宏伟壮观且颇为富丽，其过度壮美甚至使刘邦不悦，谓萧何曰："天下匈匈苦战数岁，成败未可知，是何治宫室过度也？"由萧何建成的未央宫在惠帝至平帝之间又经历了近 200 年的继续加建，投入了西汉历代帝王的建设观念，可想其壮观精美程度和背后复杂的文化内涵。

未央宫的宫城城墙规格也颇高，依据残留的一段西城墙可知其高度达到了 11 米，和外城墙高度近乎一致。在未央宫城初成之时，登上其宫墙北望应可俯瞰宽阔磅礴的渭河。

前殿是西汉皇宫处理国家事务的正殿，未央宫最为著名的宫殿亦名前殿，该殿遗址已被发现，不同于长乐宫，未央宫前殿居于宫城正中，可见未央宫是一座经过提前规划的宫殿。前殿基址尚存，南北长 350 米，东西宽约 200 米。据史料载，未央宫是利用绵延高耸的龙首山（即龙首原）而建成的，这段历史记在《水经注》中，《水经注》载“高祖在关东，令萧何成未央宫，何斩龙首山而营之。……山即其基，阙不假筑，高出长安城”。前殿应是利用了原上的小山而筑成（图 2–77）。20 世纪的考古工作中，发现前殿台基之上有新石器时代仰韶文化墓葬，可知这座台基在新石器时代已存在，战国时期秦王曾在此修筑著名的“章台”，蔺相如“完璧归赵”一事即发生于此。[①] 作为西汉最具代表性的宫殿和西汉王朝最重要的朝殿，未央宫前殿至汉武帝刘彻时的装修已极尽奢华，据载其“以木兰为棼橑，文杏为梁柱，金铺玉户，华榱璧珰，雕楹玉碣，重轩镂槛，青琐丹墀，左墄右平，黄金为壁带，间以和氏珍玉，风至其声玲珑然也”[②]。据此可知，宫殿的木料是名贵的木兰木和纹理典雅的杏木，屋椽用金箔贴，大门装饰鎏金的铺首，大殿的柱础用汉白玉雕花制成，各类细节装饰也精益求精。这次对前殿的装饰工作其用料和动工的幅度皆应耗费了大量的财力和人工，甚至连殿堂的梁柱、栋椽都被更换掉了，柱础也换为玉石，门上的铺首用金来制作，并在各部大量用金、玉。这些改造和武帝时期西

图 2–77　未央宫前殿遗址东侧面

---

① 李毓芳，汉长安城未央宫的考古发掘与研究[J]，文博，1995（03）：82-93。

② 何清谷，三辅黄图校释[M]，北京：中华书局，2005 年，第 114—115 页。

汉国力的鼎盛自然不无关系，但也看出武帝时期审美和汉初的差异，这种对金玉的极度喜爱也可从海昏侯遗址等武帝后的出土文物中得见，武帝甚至发行了专指瑞兽“天马”和“麒麟”的马蹄金和麟趾金。大概相对于武帝时期奢华的建筑风格，汉初建筑修饰仍显朴素典雅。

从现存的台基结构也可看出这座宫殿的宏伟，前殿正门居南，门内有开阔的庭院，大殿位于庭院北面，原由三座大殿组合而成，称为“三大殿”[1]，分别位于高度呈三级递增的台面之上，正殿应在中间台面之上，台基北高南低，基址自南向北可分为低、中、高三级，南（低）台面高 1—5 米，南北 120 米、东西 180 米，中台面高 5—10 米，南北 120 米、东西 180 米，北（高）台面高 15 米，南北 110 米、东西 165 米，三座台面之上各有一组宫殿遗址，其中南台面宫殿遗址东西 75 米、南北 50 米，中台面宫殿遗址东西 130 米、南北 70 米，北台面宫殿遗址东西 120 米、南北 50 米。可见，未央宫前殿的宫殿布局是经过缜密设计的，最低台面的宫殿面积最小，而殿外的台地最大，这些台地为皇帝举行重要活动提供了场地，或许也可作为大臣们在殿外等候的场所，起到“台”的作用。高大的建筑和台地为彰显汉王朝的权威提供了视觉上的实体。

未央宫中还有一处重要的建筑名为“椒房殿”，是皇后的宫殿，因殿墙以椒粉和泥涂刷而得名，可见其宫殿墙壁色泽应呈暖色系，突显了其主人的女性身份特质。这座宫殿的遗址（图 2-78）位于未央宫前殿北 360 米，由于前殿坐北朝南，椒房殿位于其正后方，因此李毓芳称椒房殿为“真正的‘后宫’”[2]。该建筑又分正殿和后院两大部分，正殿位于宫殿南部，夯土台基平面呈长方形，东西长 50 余米，南北宽 30 余米，台基四周有壁柱，外设廊道，廊道外又有散水，殿的东西各有一

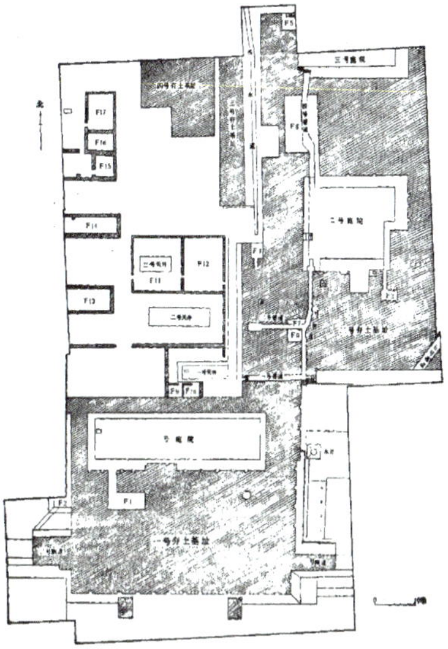

图 2-78　未央宫二号遗址平面图

① 李毓芳，汉长安城未央宫的考古发掘与研究 [J]，文博，1995（03）：82-93。

② 同上。

图 2-79　秦至汉初宫殿流行的花纹空心砖

条上殿的慢道，是十分考究的建筑，且在殿外南面还发现有两处阙址，应为宫殿的附属建筑，殿前设阙在汉代非一般建筑的配置，可见其级别之高。椒房殿后院南临正殿，平面亦呈长方形，院周置廊道、散水，院内有厢房、巷道、院落、水井、给排水系统，还出土了大量的方砖，以素面和回纹为主（图 2-79），还有一些踏步用空心砖，可见院落地面应全由方砖铺设，遗址内还出土了一些建筑用铜构件和大量的瓦当，瓦当种类颇丰，其中云纹、素面瓦当和刻有“长乐未央”“长生无极”的文字瓦当最为多见，结合遗址的宫殿结构和出土文物，不难想象，椒房殿是一座建筑设施完备、装修豪华的宏伟宫殿。

据载，未央宫宫墙四面各开一门，即司马门。[①] 东司马门和北司马门为最重要，其外皆有阙，北阙称玄武阙，东阙称苍龙阙，西、南门无门阙。据《史记》所言，“上书、奏事、谒见之徒皆诣北阙”，未央宫以北为正门。这一布置颇为特别，一般汉代建筑布局以东为正，但在未央宫中，东门虽重要，却不是正门。未央宫正门在北显然是有特殊用意的，一则按《史记》，正门在北的目的是“象秦作前殿，渡渭水属之咸阳，以象天极阁道绝汉抵营室”，阁道、营室皆是天上星宿，而汉指的是河汉，即银河。此即认为未央宫的朝向是模仿秦宫殿的布局，面北即面朝渭河，意味着面向河汉（即银河）从而模仿天上的阁道星横跨阁道抵达营室星，即是一种汉代盛行的“象天”的选择。一则可能出于北门远离龙首原下的城外，更为安全。由此可见，虽则长安城南北与天上南北斗的关系并无直接证据，但汉人对宫城与天象的联系却反映出汉代盛行的“象天”观念。

除前殿和东、北阙外，未央宫建成时即有诸多建筑，《水经注》载未央宫

① 王仲殊，汉代考古学概说：汉英对照[M]，北京：外语教学与研究出版社，2014 年，第 11 页。

有“宣室、玉堂、麒麟、含章、白虎、凤凰、朱雀、鹓鸾、昭阳等殿，还有天禄、石渠、麒麟三阁”，而《三辅黄图》则说“未央宫有宣室、麒麟、金华、承明、武台、钩戈等殿。又有殿阁三十有二，有寿成、万岁、广明、椒房、清凉、永延、玉堂、寿安、平就、宣德、东明、飞羽、凤凰、通光、曲台、白虎等殿”。汉书也有相关记载，但各古籍对未央宫设施的记载皆不能完全统一。此外，《三辅黄图》还引《三辅旧事》云武帝时期又在未央宫修建了“高门”和“武台殿”，可见古籍中记载的诸多宫殿可能是西汉历任皇帝陆续修建而成，具体的未央宫宫殿的内容和年代、方位等，还待学界进一步考证，目前尚无定论。但就此可知，未央宫规模之宏大、宫殿亭台楼阁之丰富。

2. 遗址的代表性文物

（1）未央宫出土的云纹、“长生无极”瓦当

由于第二号遗址的方位、规模和出土文物的质量均和史料记载的皇后宫殿相当，所以学界普遍认为这里即椒房殿。云纹瓦当是椒房殿出土瓦当种类中数目最多的一类[①]，这些云纹瓦当直径一般在 19.6—20.6 厘米，正面纹饰变化较多，应为多个模范制成。

图 2-80 陈列在博物馆中的各式汉代云纹瓦当

云纹瓦当（图 2-80）是西汉瓦当中最普遍、最具代表性的图案瓦当，大部分云纹瓦当的瓦面中心区域为圆纽，圆纽周围饰有乳钉纹，卷云纹围绕圆纽均分于瓦面的四方，单个的卷云纹有时位于一个分格内，有时则跨越分格，形成云纹瓦当的两种主要布置形式，也有一些云纹瓦当会在云纹的外围加饰一圈几何纹样，这

① 中国社会科学院考古研究所汉城工作队，汉长安城未央宫第二号遗址发掘简报[J]，考古，1992（08）：724-732。

种几何纹样中最常见的就是菱形网格纹。综上，云纹瓦当的纹样特征是对称性强，布局利用了圆形和曲线表现柔和饱满的形式美感，是一种抽象的、具有象征意义的瓦当图案。

关于瓦当上的云纹，顾名思义，其象征的是“云气”，汉代对“云气”的概念颇为重视，与其有关的事迹出现在诸多典籍中。云纹也是汉代美术中常见的祥瑞图案，例如马王堆汉墓出土的T形帛画上月中蟾蜍即叼有祥云；而《史记》载汉武帝汾阳得宝鼎，在迁鼎至甘泉宫时发生了“黄白云降盖”的瑞象，也是以祥云为瑞；汉代甚至出现一种职业，专事“观气”，即以观察“云气”的动向来追寻神仙的奇迹。[①]类似的以“云气”为吉兆的描述在汉代文献中可谓数不胜数，而云纹瓦当就是将云气作为美好象征设计于建筑物的实证，但瓦当上的云纹只是汉代人表现“云气”的方式的一种，青铜器上的错金银云纹、壁画上的祥云纹、印章上云形纽、漆棺上的流云纹都是汉人对“云气”的表现，可见“云气”在汉代美术中具有普遍性和重要意义。

“长生无极”瓦当（图2-81）在椒房殿也有出土，该瓦当在汉代也是常见的文字纹瓦当，在西安周边多地都有发现，以“长生无极”四字作为瓦面装饰，其结构和云纹瓦当类似，中为圆纽，纽周饰乳钉纹，这是汉瓦布置纹样的常规格式，“长生无极”是汉时寓意人长寿的词语，应是专对地位尊贵者的祝福语，与“万寿无疆”的概念类似。

图2-81 “长生无极”瓦当

该瓦当中的文字由于需要符合瓦当的圆形结构，又要在视觉上起到美观、可识别的作用，因此其书写方式不同于一般的文书，而有“艺术字”的意味，充满了“构成美”，瓦面上“长生”二字位于瓦当右半面，“无极”二字位于瓦当左半面，而汉代文字中“无极”二字的笔画远多于“长生”二字，因此作者在处理四字的疏密关系

① （美）巫鸿，礼仪中的美术：巫鸿中国古代美术史文编[M]，北京：生活·读书·新知三联书店，2016年，第153页。

时就需考虑笔画数目差异带来的视觉上的不平衡感。在这件瓦当中，作者将四个字的笔画尽量拉长，使其形成近似平行的圆环状布局，将文字布置在圆转的画面中，从而和瓦面的圆形结构相呼应，使文字之间的关系服从于以圆纽为中心形成的“水波纹”般的结构，确保了画面的秩序感和统一性，反映出工匠杰出的设计能力。

（2）长乐宫出土的空心砖、“长乐未央”瓦当

空心砖是秦汉时期建筑材料中普遍使用的一种砖，是房屋中作为地板或踏步台阶的主要构件，也有一些作为墓葬墙壁上的画像砖（画像砖分为空心和实心两种），尺寸比实心砖要大，长度一般在 70—80 厘米，宽 35 厘米左右，高 18 厘米左右。长乐宫出土的这件空心砖（图 2-82）的砖面以 10 厘米见方为一个单元，以菱形（也被称为回纹）和“S”形（也被称为万字纹）两种几何纹样采用二方连续的方式横向排成一行，并且在上下的纵列中仍然保持这种菱形和“S”形几何纹错落的模式，使砖面纹样达到以简喻繁的视觉效果。几何纹样的空心砖主要作为建筑的地砖使用，这种纹样砖在战国时期即已存在，秦代流行，并延续到了汉代。长乐宫出土的空心砖烧造时代不晚于汉初[①]，并且出土数量颇多，它们有着和秦砖一致的纹样风格，并且尚有其他地区出土有该纹样方砖，可见这种方砖在先秦两汉时期之流行。此现象正反映了我国古代美术中图像符号的传承有序和鲜活的生命力，一些较为经典的图像往往跨越多个朝代，传递着华夏悠久而厚重的文化。

“长乐未央”是汉代文字纹瓦当中最为常见的一种纹样，“未央”一词的意思是没有尽头，因此长乐未央可以解释为“长久的欢乐没有尽头”，同时“长乐”“未央”二词又是长安城最重要的两座宫殿的名字，所以在西汉长安城遗址出土有大量此纹样的瓦当（图 2-83），“长乐未央”四字也几乎成为汉瓦代表性的纹样，结合汉瓦中常见的“与天无极”文字纹瓦当，再观察这件瓦当，观者会很快发现汉代文字瓦的构图方式，四字瓦当往往利用瓦面的圆形结构，围绕中心圆纽将文字呈现笔画互相平行的环形布局，同时文字笔画之

① 中国社会科学院考古研究所汉城工作队，汉长安城长乐宫二号建筑遗址发掘报告[J]，考古学报，2004（01）：55-86。

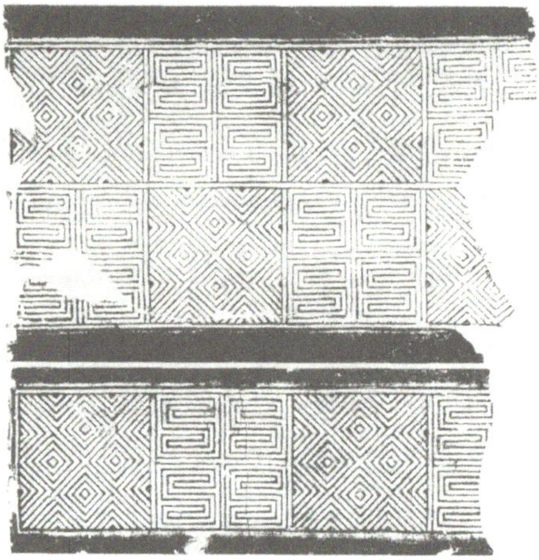

图 2-82 花纹空心砖拓片

图 2-83 “长乐未央”瓦当

间尽量保持疏朗、通达、方折、匀整的布局规律，从而使瓦面纹样秩序井然而美观，是汉代美术的代表性文物。

（二）建章宫

建章宫遗址位于陕西省西安市未央区三桥街道办北部。建章宫（图 2-84）是汉武帝时期修建的宫殿，也是武帝在长安新建的宫殿中最重要的一座。在武帝登基时，长安城墙内已经有汉高祖修成的长乐宫和未央宫，汉惠帝又为长安城加建了城墙，确立了长安城的范围，当是时，长安城内剩余的建筑空地已经不能满足拥有鼎盛国力的皇帝的需求了，因此建章宫也就成为西汉皇宫脱离长安城进行建设的新模式的典范。

建章宫的宫殿群中拥有前殿和专为官员待诏停留的玉堂殿，武帝在其执政时期常常在建章宫（而非未央宫）处理朝政。建章宫还属于一个更大的皇家宫苑系统，即著名的上林苑，武帝在这里投入了大量的人力和财力，为自己建造了一座宫殿、御苑相结合的庞大建筑群，将皇帝对其权威的理解以宫苑的形式表现了出来。

建章宫的具体范围，还未经考古探明，但根据学者的分析，其宫城的周长应在 10.35 公里以内，位于西汉长安城以西，其外形平面图很可能和未央宫相似，但其北侧和西侧宫墙应不甚平直，这主要是因为建章宫北墙紧临太液池，

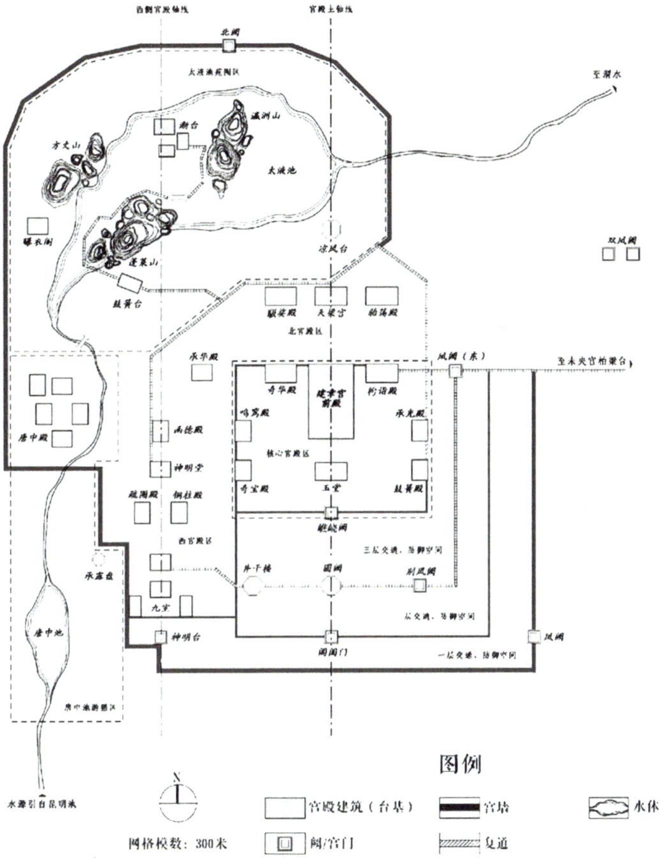

图 2-84　汉建章宫平面布局复原图

而西侧则紧临唐中池。可见，建章宫是一座寓规整和变化于一体的宫城，它在平面图上的不规则很可能也参考了西汉长安城受渭河河道影响而不规则的先例。

文献记载，建章宫宫墙有三门，即南、东、北门，西侧宫门未见记载，这可能与宫墙西侧紧临唐中池，因此未有与其他三门相当的大门。

建章宫的南门是其正门，名为阊阖门，该门名“阊阖”，寓意天宫的宫门，该门高 25 丈，按汉代一丈约 230 厘米，此门约合 57.5 米，可谓宏伟之至。

关于建章宫的东门，有学者认为很可能就是著名的“凤阙”，该阙门的高度有多部史料记载，均显示为 25 丈，与建章宫南大门阊阖门高度一致，其形貌可以通过四川出土的画像砖（图 2-85）来想见。

图 2-85 四川出土的“凤阙”画像砖

还有学者认为建章宫的北大门并不在宫墙北侧的中间区域，而是位于北宫墙靠东的位置，因为宫城的北墙大半紧临太液池，而北墙东侧为开阔的平地。[①]除去门阙外，建章宫内外阙楼林立，规模蔚为大观，其中著名的有凤阙、圆阙、别风阙、嶕峣阙等，这些阙楼的名称多见于史料，但其遗址的具体位置尚待考古勘察和考证。关于建章宫的前殿，据史料称，其体量已超越了未央宫的前殿，因此它很可能是西汉宫殿中规模最为宏大的一座前殿了，在建章宫遗址现有一座南北长 320 米、东西宽 200 米的建筑台基遗址，台基为夯土建筑，可能就是建章宫前殿的遗址。据《汉书·郊祀志》载，建章宫前殿的南侧有“玉堂殿”，是专为官员们待诏的殿堂，其开间有十二。作为前殿附属建筑的玉堂殿已有十二开间，可以想见，建章宫前殿应是比十二开间更大的建筑。除去前殿、玉堂殿，建章宫还有骀荡宫、馺娑宫、枍诣宫、天梁宫、奇华殿、鼓簧宫、神明台等宫殿台阁。[②]我们可以通过清乾隆年间绘制的汉建章宫图（图 2-86）想见该宫殿往日的景象。

建章宫还有复道与长安城、未央宫相连，复道是秦汉时期皇家重要的宫殿道路，它高于地面，对于皇帝来往于宫殿之间具有良好的保护作用。西汉第二位皇帝汉惠帝即在其母吕后居住的长乐宫和自己居住的未央宫之间筑有复道，还因复道与汉高祖刘邦的庙祭活动有所“冲突”而将每月游衣冠至高庙的活动调整为游衣冠于长陵（汉高祖的陵墓）陵园外的原庙，可见复道对于皇帝出行的重要性。而建章宫和未央宫之间的复道，《三辅黄图》称“桂宫在未央北，中有明光殿土山，复道从宫中西上城，至建章神明台、蓬莱

① 姚成、吴国源，汉建章宫布局研究[J]，古建园林技术，2020（04）：34-38。

② 详见何清谷，三辅黄图校释[M]，北京：中华书局，2005 年，第 177—183 页。

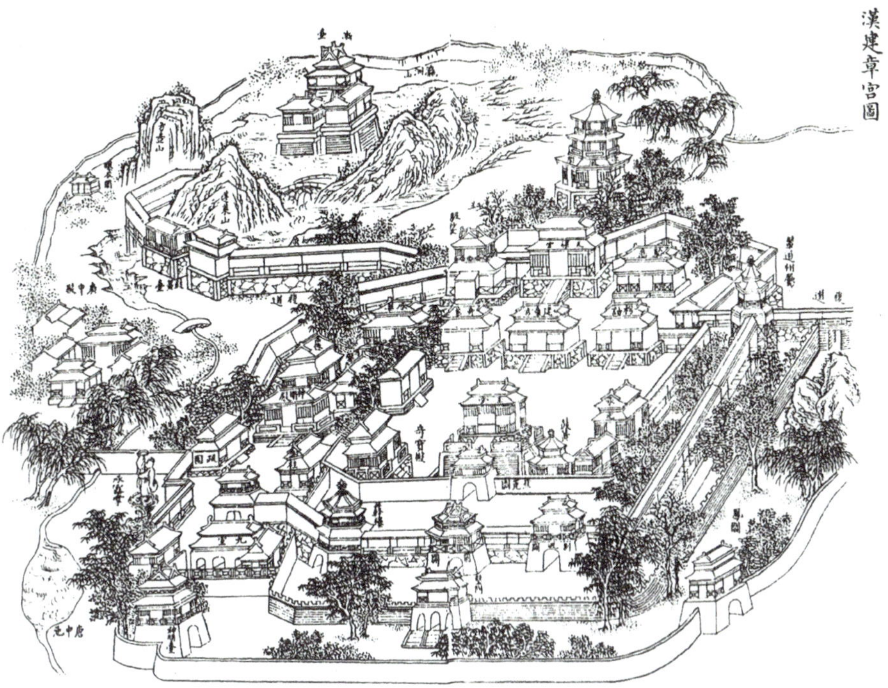

图 2-86　清代绘制的汉建章宫

山”[①]，而《庙记》称“桂宫有紫房复道，通未央宫北，周回四十里，中有明光殿”，可见，至武帝时期，各宫殿之间修筑复道已很普遍，但是建章宫距未央宫的距离远比未央、长乐、桂宫三宫之间的距离要远，反映出武帝时期建造这条直通城西的复道时国力之强，耗费人工之奢。

建章宫作为上林苑的一部分，其西侧为唐中池，北侧为太液池，二池水源皆引自建章宫南的昆明池，说明当时的建章宫是一座建造在湖光山色中的华美宫殿。虽然被湖泽围绕，上林苑中各个“池”的功能却不尽相同，太液池是汉武帝求仙思想的集中体现，这里有所谓“一池三山”（图 2-87）之景，武帝将神话中所说的仙山蓬莱、瀛洲、方丈按照其神话特征在太液池中建造了人工的假山，并在假山上建有多处宫殿，从而象征海上仙山。可以想象，当观者位于建章宫的宫墙之上时，可以俯瞰这座人工“仙境”，体味美景及其寓意。唐中池则是帝王游猎的场所，这里饲养猛虎，有“数十里虎圈”，可能还有不少其他猛兽珍禽供帝王游猎。唐中池中还有唐中殿，并有武帝为了“求仙”

① 何清谷，三辅黄图校释[M]，北京：中华书局，2005 年，第 134 页。

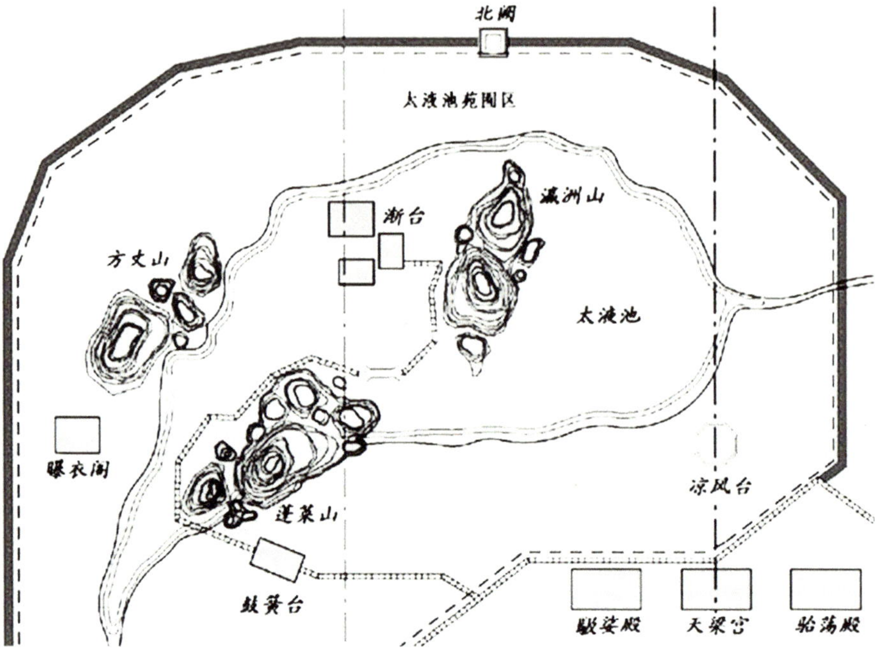

图 2-87 太液池“一池三山”平面布局复原图（局部）

而设立的铜制仙人承露盘。

综上，建章宫是一座处于御苑之中，远离长安城的气势恢宏的宫殿，它不同于未央宫和长乐宫，既作为国家议政的朝殿，也作为武帝个人权威的象征，当官员们去建章宫上朝时，是从长安城内外的各处陵邑、闾里向武帝新建的上林苑行去，在这里，西汉过往帝王修建的宫城都不能和武帝的“天宫”相媲美，建章宫成为彰显汉武帝个人功绩的纪念碑。

（三）甘泉宫

1. 甘泉宫遗址的基本情况

甘泉宫是汉武帝时期修建的宫殿，经过 20 世纪 80 年代至 21 世纪初的考古调查，甘泉宫遗址的平面结构和地域范围已较为清晰。甘泉宫遗址位于陕西省淳化县北铁王乡凉武帝村一带，北依甘泉山，南望西安市区，地跨铁王乡凉武帝村、董家村、城前头村，遗址周围有三条深沟，分别是西侧的米家沟、东侧的武家山沟、中部的城前头沟，三条沟皆为南北向，其中中部的城前头沟贯穿了遗址的南北，将遗址分隔为东西两个区域。早期的遗址调查研究认为

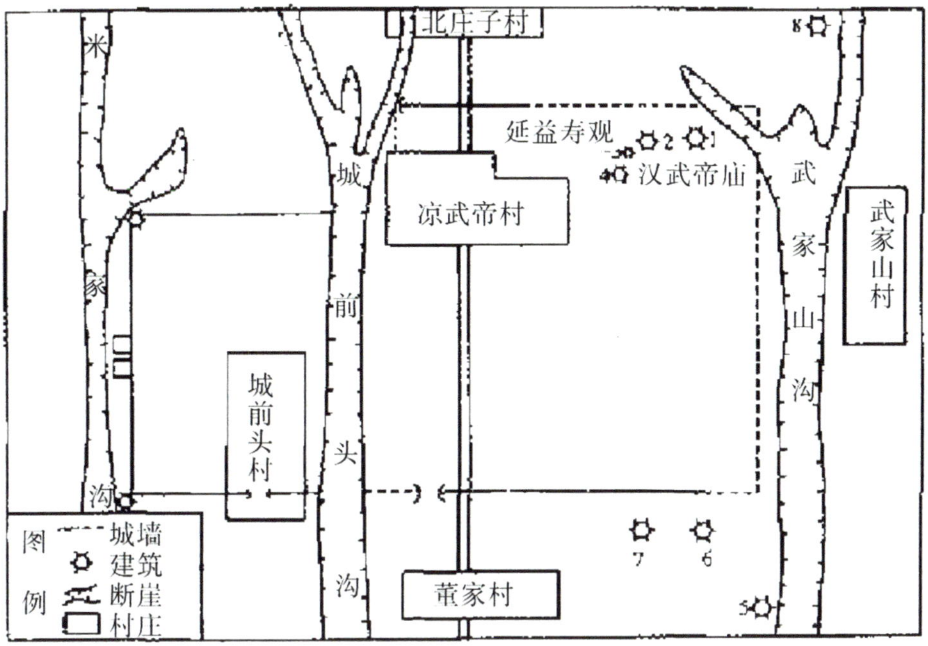

图 2-88　甘泉宫遗址示意图

这些沟壑是自然形成，因此将遗址的东西二区看作一个原本由一道宫墙围绕起来的整体[①]，但 2015 年的研究表明甘泉宫其实应以城前头沟为界分为东西两个部分（图 2-88），可称为“东城”和“西城”，其中东城平面为长方形，东西长约 1035 米，南北宽约 870 米，这里由于出土了丰富的文化堆积，包括大量瓦片、陶器残片，散落的石柱础，并且出土了有“甘”“甘居”“甘林”“长生未央”“千秋万岁”等文字瓦当，因此很可能是甘泉宫的宫址所在。城前头沟西侧的“西城”平面略呈正方形，东西长约 690 米，南北宽约 625 米，仅有少量绳纹瓦片和几何纹地砖残块出土，因此很可能是宫殿外围较次要的建筑遗址。两处遗址的城墙残存尚较为清晰，其中西城的西墙保存完整，高约 4 米，顶部宽约 4 米，东墙地面无墙痕，东城的东、西两墙除东墙北段有一小部分残墙外，地面无墙痕，两区域的南、北墙地面尚有部分残墙，其中城前头沟西的南墙残高 4—5 米，沟东的南墙残高 3—4 米，南墙夯层厚 7—8 厘米。[②]考古工作者还在城前头沟的沟畔断面发现了多层踩踏面遗迹，结合黄土原古

① 郑洪春、姚生民，汉甘泉宫遗址调查[J]，人文杂志，1980（01）：79-80。
② 梁云，汉甘泉宫形制探讨[J]，考古与文物，2015（03）：67-75。

代道路容易因年久失修而形成沟壑的地质情况，研究者认为这条深沟很可能是甘泉宫向南通往长安的驰道[①]，而汉代的驰道并无穿过宫殿的例子，这一推断是确立甘泉宫遗址分为东西两部分的重要依据，也同时在更大空间时域下为汉代驰道等交通设施的网络分布提供了新的材料。

汉代的甘泉宫和建章宫都属于离宫，即不位于都城长安城墙内的宫殿，但和建章宫不同的是，甘泉宫具有更丰富的功能。它是汉武帝登基即兴建的宫殿[②]，它“去长安三百里，望见长安城”[③]，由于地处长安以北的黄土原上，气候较关中平原凉爽，所以成为武帝避暑的离宫，《关中记》即载“武帝常以五月避暑于此，八月乃还”。又由于建章宫比都城长安更靠近北方，即更接近北方匈奴的活动区域，所以甘泉宫也是武帝以后诸西汉皇帝重要的政治场所，西汉时许多外交、军事活动均在这里进行，一些重要的祭祀活动也常在这里举办，如汉代祭祀天地五帝的泰畤就建在这里，而武帝元鼎四年（公元前 113 年）在汾阳得宝鼎，也将此鼎藏于甘泉宫，可见甘泉宫在汉代具有重要的礼仪、政治和军事功能。因此，甘泉宫也被现代学者称为“长安之外另一处都城——陪都”[④]。

甘泉宫遗址的“东城”内尚有“通天台”遗址及附属台基，《三辅黄图》载甘泉宫是“黄帝以来圜丘祭天处”[⑤]，所言应即此台，这一遗迹的发现进一步反映了甘泉宫的礼仪功能。在“东城”南墙外 300 余米处还发现有一圆锥形夯土台，残高 3—4 米，和史载泰畤在甘泉宫南的方位相近，虽未得到考古勘察的证实，但这里很有可能是汉代的泰畤遗址。郑洪春和姚生民在 1980 年的考古调查中称这里有“大大小小建筑台基星罗棋布，计发现五十余座”，从遗址的地面情况来看，和史载甘泉宫恢宏的规模颇为相近。此外，东城区内还发现了大量的陶水管道，根据出土位置，这些水管道均为东北—西南和西北—东南向，利用了遗址区域北高南低的地势特点，当时应可以引北面甘泉

① 梁云，汉甘泉宫形制探讨[J]，考古与文物，2015（03）：67-75。

② 关于甘泉宫的兴建时间，有两种时间记载，一说为武帝建元元年（公元前 140 年），一说为武帝元封二年（公元前 109 年），二说相差约 30 年。目前学界认为较可靠的时间是武帝建元元年，详见何清谷，三辅黄图校释[M]，北京：中华书局，2005 年，第 139 页。

③ 何清谷，三辅黄图校释[M]，北京：中华书局，2005 年，第 140 页。

④ 姚生民，甘泉宫志[M]，西安：三秦出版社，2003 年，第 7 页。

⑤ 同③。

图 2-89　甘泉宫出土的“卫”字纹瓦当

图 2-90　“甘林”文字瓦当

山即今日罗家山的山泉为宫殿所用。[①] 遗址内还出土了大量汉瓦、陶器残片，尤其大量带有“甘”字样的文字瓦当均证实了甘泉宫遗址的存在。还有一种“卫”字纹瓦当（图 2-89），面文书法遒劲，有剑拔弩张之势，和“卫”的文字含义相辅相成。“卫”是“卫尉”的简称，卫尉是秦汉时期护卫宫城的官署名，该瓦当的出土证实了《汉书·百官公卿表》所载甘泉宫设有“甘泉卫尉”的史实。[②]

甘泉宫遗址“西城”的身份据考证应有三种可能：其一认为“西城”为始建于秦代的林光宫[③]，但甘泉宫遗址“西城”的出土文物并未证实林光宫的存在，所以“西城”是否为林光宫尚需考证；其二认为“西城”为秦汉时期的云阳县城，但云阳县城据史料可知其在汉时规模已相当大，文化堆积理应相当丰富，这和“西城”内出土文物较少的情况不符，亦需进一步考证；其三认为“西城”是驻军及阅兵场所，武帝兴建甘泉宫并不断增扩，一方面有避暑之用，还有极重要的一方面是因为这里比长安更靠近北方匈奴，且宫殿紧靠驰道，是屯兵、调动军队的有利场所，附近的云阳县也是关中北侧的要塞之地，在这里建设军事场所有威慑匈奴、镇服边陲的作用，这一假说和“西城”出土文物较少的情况在一定程度上相符，但亦需要更多的考古勘察来证实。

甘泉宫遗址的外围，尚发现有大量汉代文物和遗迹，据推测，这些文

① 郑洪春、姚生民，汉甘泉宫遗址调查[J]，人文杂志，1980（01）：79-80。

② 高明，汉唐之际丝绸之路上的遗址美术[M]，西安：陕西师范大学出版总社，2022 年，第 67 页。

③ 关于林光宫，一说认为即甘泉宫，二者为同一宫殿的不同名称。

物和遗迹应属于汉代的甘泉苑，即甘泉宫所身处的大型御园。《三辅黄图》言“甘泉苑，武帝置。缘山谷行，至云阳三百八十一里，西入扶风，凡周回五百四十里”①。可见甘泉苑是一处占地广阔的御苑，在这一区域发现的文物中有一种“甘林”的文字瓦当（图 2-90），而淳化境内还发现过“甘泉上林”瓦当，盖“甘林”是“甘泉上林”的省文。上林苑的范围据考证并未囊括甘泉宫②，已有研究表明，“上林”在汉代有时泛指皇家御苑，而非专指上林苑，所以“甘泉上林”“甘林”应是指甘泉苑。这些瓦当的出土印证了甘泉苑的范围，即南至淳化县城北，北至石门关，东至铜川，西至旬邑、彬县的一片广阔区域。

从这一空间关系来看，甘泉宫、甘泉苑是一个联系的整体，和建章宫、上林苑一样，是西汉武帝以后的巨大御苑和宫殿相结合的宫苑。

2. 遗址的代表性文物

（1）蟾蜍玉兔纹瓦当

除文字瓦当外，遗址内出土的图案瓦当中有一件蟾蜍玉兔纹瓦当（图 2-91），瓦面上蟾蜍和玉兔的姿态活泼，造型精致，其中蟾蜍背部的皮脂腺也被表现了出来，使其形象逼真，两只瑞兽以对称分割的布局形式分列画面左右，二者比例相等，合占了整个瓦面，将圆形的瓦当幻化为一轮明月，是汉代瓦当中的珍品。

（2）石熊

石熊（图 2-92）是甘泉宫现存文物中较为重要的一件，为圆雕，高 1.25 米，其造型作蹲坐状，头部五官表现较为准确，但熊鼻已残，除此之外，熊的体态造型皆较为逼真，是西汉石雕中的珍品。遗憾的是甘泉宫遗址内没有发现其他汉代石雕可以和这件石熊形成互动，因此该石雕的原始功能难以考据，考虑到该石熊为宫殿内的雕塑，可能具有和西汉牛郎织女石人像类似的园林雕塑功能。

在汉代艺术的动物形象中，熊较为常见。据考证，熊在夏代及以前可能已是黄帝系部族具有较高威望的部落图腾形象。在汉代，熊的形象还在很大

① 何清谷，三辅黄图校释 [M]，北京：中华书局，2005 年，第 239 页。

② 王社教，西汉上林苑的范围及相关问题 [J]，中国历史地理论丛，1995（03）：223-233。

图 2-91　蟾蜍玉兔纹瓦当

图 2-92　甘泉宫遗址的石熊

程度上象征了“方相氏”这样的具有驱邪功能的神兽。[①] 除甘泉宫出土的石熊外，目前发现的大部分汉代“熊”雕塑或绘画多见于墓葬，如著名的霍去病墓野人抱熊石雕。然而位于宫殿内的石熊的象征意义应非墓葬雕塑所代表的“驱邪”，结合定州三盘山青铜伞挺上表现仙界场景的图像中出现的“熊”符号，该形象具有一个更为基本的含义，即生活于仙界的神兽，武帝时期是汉代神仙思想达到高潮的时期，所以石熊出现在武帝时修建的甘泉宫中，可能有寓宫殿为仙界的象征意义。

（四）玉门关、阳关

1. 玉门关、阳关遗址的基本情况

玉门关遗址一般也指小方盘遗址，俗称“小方盘城”（图 2-93），其址在今甘肃省敦煌市城区 80 公里外西北方向的戈壁滩上，是敦煌旅游的著名景点。

玉门关位于古代丝绸之路上，是西汉通往西域诸国的门户，也是汉长城重要的一段，是一座体量不大但意义重大的堡垒型关城。玉门关遗址的体量不大，但其结构却反映出其作为关卡建筑的功能性特质，其城址结构为一座平面图呈方形的障城，残存的城墙四面俱在，东西长 24 米，南北宽 26.4 米，占地面积约 633 平方米。城墙高 10 米，上宽 3 米，基部宽 5 米，城墙由黄胶土夯筑，黄胶土常用来制作粗陶制品，故其夯筑的城墙颇为结实，可以屹立千年而不倒。（图 2-94）城的西墙和北墙各开有一门，北门外有古代的车道

① 贺西林，漫谈汉代造型艺术中的“熊”[J]，美术，1994（12）：81-86。

图 2-93　小方盘城

图 2-94　小方盘城北墙夯土层（从城内拍摄）

遗址，应是古代中国和西域往来的重要交通道路；城墙上有女墙[①]，具有明显的防御、眺望功能，下有马道，人马皆可登上城墙顶[②]，可见当时的玉门关具有临高俯瞰其下道路人马、远眺戈壁长城之功能。玉门关遗址除去其核心的小方盘城，还有边长约 30 丈的外围坞墙，分别位于小方盘城的东、北、南三面[③]，坞墙即具有一定阻隔功能的矮墙，其高度主要可以阻挡马匹、车辆穿越，可见当时玉门关附近城墙设置考量之周到。

玉门关初置于汉武帝时期，是管理汉朝与西域交往的重要关卡，也是横跨欧亚大陆的陆上丝绸之路重要的驿站之一，“玉门关”的名称因其管辖的要道以输入西域著名的玉石而得名。西汉时期的玉门关不仅是重要关卡，还是都尉府的治所，因此当时应有重兵把守，按《汉书 · 地理志》，玉门关一度是汉帝国屯兵的重地。汉时在西域修筑了绵延的长城（图 2−95），作为边疆重要的防御建筑。现在的小方盘遗址坐落在广袤的戈壁风景中，北临疏勒河（图 2−96），距著名的罗布泊仅 150 公里，四周地质多为戈壁、荒漠和草甸，置身这里，就着戈壁落日下被阳光照得金灿灿的关城墙壁，回望千年的尘埃，古代丝路的驼铃声似乎仍荡漾耳边，不禁令人感叹我国历史文化之厚重与地域之广博。

玉门关因其地处河西走廊的最西端，成为长城的扼要之地，在小方盘城遗址附近，还发现有大量长城遗址，这包括了大小城址 2 座、烽燧 20 座、长城城墙遗址 18 段（图 2−97），可见玉门关在地理交通位置上的重要性，这也是“玉门”二字屡见于古代文献、频繁被历代文人引用的缘由之一。

小方盘城为玉门关遗址的观点和学界对 1944 年西北科学考察团在该遗址附近发掘出的 70 余枚汉简的解读有关，再加上著名的敦煌卷子的发现与相关研究的进展，学界逐渐认可小方盘遗址即汉代玉门关的观点。[④] 而 1979 年小方盘城遗址西侧 11 公里处又发现了马圈湾遗址，并出土了记录有人员出入关信息的文书，从而进一步为学界研究小方盘城为玉门关的观点提供了

---

① 古代城池在城墙顶部另砌矮墙，用以保护登城者，这种墙称为女墙，其位于城墙内沿者称宇墙，位于城墙外沿者称垛墙，是古代城池建筑常见的防御性设施。

② 高明，汉唐之际丝绸之路上的遗址美术 [M]，西安：陕西师范大学出版总社，2022 年，第 135 页。

③ 夏鼐，新获之敦煌汉简，历史语言研究所集刊（第十九本）[C]，北京：中华书局，1987 年，第 235—261 页。

④ 王蕾，汉唐时期的玉门关与东迁 [J]，西域研究，2020（02）：96-108。

图 2-95　戈壁上的汉长城遗址

图 2-96　小方盘城北面的疏勒河及草场

支撑。有学者认为小方盘城实际是当时的玉门都尉府，而非玉门关关卡所在。[①]1988 年，小方盘城遗址出土了简牍 380 余枚，为玉门关遗址的所在提供了更多文物资料，学界最新的研究成果中有观点认为小方盘城是西迁后的

① 吴礽骧，河西汉塞调查与研究[M]，北京：文物出版社，2005 年，第 67 页。

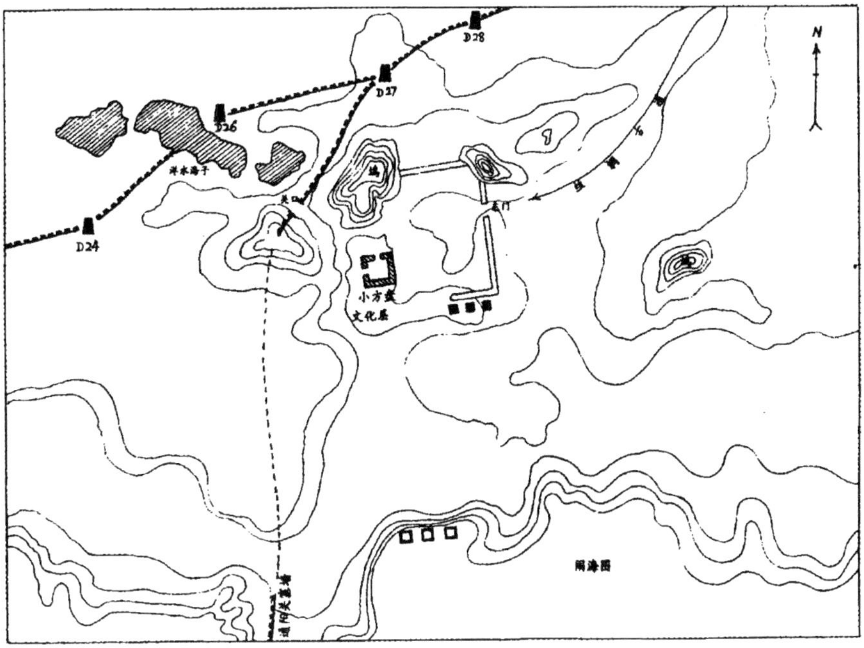

图 2-97　小方盘城周围地形图

玉门都尉府所在，即汉武帝时期将原本位于酒泉郡的玉门都尉府西迁至新设的敦煌郡后的建筑。关于玉门关的具体位置，由于文献繁杂，相关文物的解读还在开展，因此尚未定论，“玉门关”所代表的具体内容也有指代具体的关卡建筑和指代西域边关长城遗址的一段空间乃至时空内容的区别。可见，“玉门关”研究已然成为探索汉代乃至古代边关历史、文化的重要课题。

阳关位于玉门关遗址之南，古人以南为阳，阳关因此得名。阳关和玉门关是汉代通往西域的南北道（主干道）上两座最重要的关卡，因此二者常常紧密地联系在一起，是汉代重要军事要塞和商业集散地。阳关初置于汉武帝元鼎三年（公元前 114 年），也是汉时阳关都尉的治所，根据考证，其址在敦煌市区以西约 70 公里处的南湖乡境内。[①] 经历了两千年的风雨，阳关遗址已难寻其迹，事实上，在唐代时阳关就已被损毁，仅存基址了。[②]

① 郭青林、王旭东、李最雄、张鲁，敦煌阳关烽燧现状调查与保护研究[J]，敦煌研究，2007（05）：63-67。

② 高明，汉唐之际丝绸之路上的遗址美术[M]，西安：陕西师范大学出版总社，2022 年，第 136 页。书引巴黎藏敦煌石室写本《沙洲地志》载：“阳关，东西二十步，南北二十七步。右在（寿昌）县西十里，今见毁坏，基址见存”，说明阳关在唐时已损毁。

现存的阳关遗址区域内有大小 10 余座烽燧，其中最为著名的一座是位于古董滩北面的烽燧，被称为阳关墩墩山烽燧（图 2–98），坐落于高出地面十几米的岩基上，它是阳关遗址空间内最醒目的一座烽燧，由于地处空间的高点，便于眺望，所以墩墩山烽燧也被称作“古阳关的耳目”[①]。

烽燧是我国古代重要的军事建筑，其主要功能是传递军事信号，其建筑高耸，外围结构四方，内部往往为“空腔”，可以容纳大量的可燃物，使用中的烽燧会派兵日夜驻守，轮岗在烽燧上瞭望，发现远方的敌情后士兵会点燃烽燧内存放的燃料，释放浓黑的“狼烟”进行报警。然而烽燧释放出的狼烟并非如传说般由狼粪燃烧而产生，并且狼烟也未必一定要从烽燧中升起。考古发掘显示，烽燧燃烧的是就近取材的柴薪，这些燃烧材料往往在烽燧附近成堆垒放，戈壁滩上的烽燧使用胡杨、红柳、罗布麻、芨芨草等区域内易取得的材料，被称为“积薪”，这些成堆垒放的“柴火堆”在遇到敌情时，会根据戍边官兵事先约定好的数量燃烧，点燃不同堆数的“积薪”产生的狼烟可以传达不同的内容，并不一定要搬运到烽燧中点燃，烽燧本身更多作为瞭望台使用，时隔千年，这些积薪已经高度固化，成为历史的见证者（图 2–99）。

从阳关所处的古董滩出土的各种古代文物类型的丰富程度可知，这里曾经应有贸易繁盛的自由市场，所以像玉门关、阳关这样位居丝路要道的关卡附近的烽燧很可能同时还作为商旅队伍歇息的临时补给点，在荒凉的戈壁滩上，烽燧由于其占领高点，易于被观察到，且大部分烽燧靠近道路，作为商队歇息点显然更为方便、安全。

阳关现存的墩墩山烽燧呈四方形，残墙高度尚有近 5 米，墙壁为人工支撑的土坯垒筑，土坯厚 9 厘米，长 30 厘米，宽 23 厘米，建设者会在每三层叠垒的土坯之间加入一层芦苇，芦苇层厚 3—4 厘米，这样的构筑方法可以使土坯之间被芦苇的粗纤维联系起来，使土墙变得更为牢固，也是汉王朝在河西走廊筑造长城的普遍建筑方法，反映出古代劳动人民善于就地取材、因地制宜的超群智慧。

① 徐勇，阳关墩墩山烽燧遗址 [J]，历史教学，1992（01）：57。

图 2–98 阳关墩墩山汉代烽燧遗址

图 2–99 戈壁滩上的红柳（左图）和汉代烽燧附近的积薪遗迹（右图）

2. 遗址的代表性文物

小方盘城、马圈湾汉简

小方盘城、马圈湾汉简也被统称为敦煌汉简（专指敦煌地区出土的汉代简牍）。敦煌地区多年来出土了大量的汉简，对于研究汉代边关情况和汉文化颇具价值，其中小方盘城于 1998 年出土了一批汉简，对于证实小方盘城的功能颇为重要。有学者根据出土的简牍信息指出，该遗址为汉代玉门都尉府，而玉门关关卡应在小方盘城西侧 150 米处的南北长城线

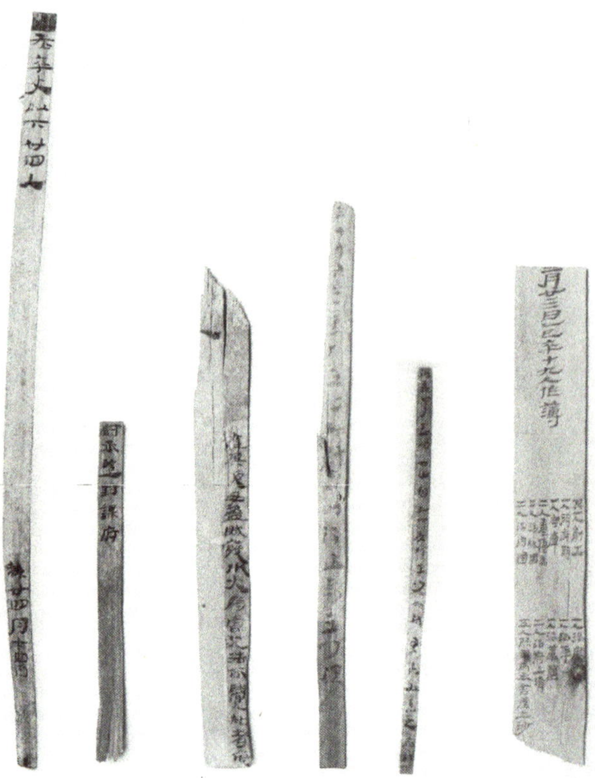

图 2-100　小方盘城出土的汉简

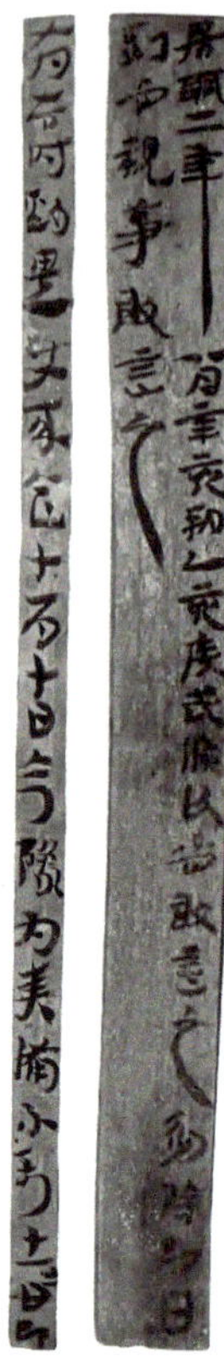

图 2-101　马圈湾汉简

上[①]，可见，这些简牍对于学界确定汉代玉门关长城系统的整体结构具有很高的学术价值。小方盘城出土的汉简（图 2-100），书法整体上结构严谨，字形方扁，是简书上较为常见的汉隶，其行笔波磔明显，笔画方中带圆，有曹全碑之风，字字间隔均等，整体结构平稳，是当时较为正式而重要的文书所用的字体。

马圈湾位于玉门关小方盘遗址西侧，1979 年考古工作者在这里发掘出土了 1217 枚简牍，这些简牍以木简为主，只有极少量的竹简（16 枚）。简牍形制多样，包括简、符、觚、签等，内容丰富，涉及诏书、奏记、律令等，书写的时间跨越西汉中后期近一个世纪，为研究西汉中后期社会发展的各方面情况提供了极具价值的文献依据。其中的内容还进一步协助佐证了马圈湾遗址东

① 李岩云、傅立诚，汉代玉门关址考[J]，敦煌研究，2006（04）：67-71。

侧的小方盘城与汉玉门关长城之关联。

马圈湾汉简（图 2-101）的文字字体类型多样，包括了“汉篆、古隶、汉隶、草书和行书等”[①]，其中草书占据了大部，包括草隶和章草两种草书体，草隶即“草率的隶书”[②]，这类书体虽能看到与后来典型的草书相同的偏旁，字形构造却仍和古隶相似，所以称为草隶，是汉代颇为常见的书体，也是文吏们以隶书急就文章时自然形成的书体。马圈湾的草隶行笔自然，富有秩序感而略显洒脱，是印证汉代隶书向草书转变的实物。章草是相比草隶更接近后代草书的书体，但也专指汉代的草书书体，关于章草的名词来源，历来解释不一，有解释为汉章帝创始的，也有解读为用于奏章的书体的，启功先生认为汉代的章草“应是由于它的条理和法则的性质比较强烈。也可以说正由于它具备了这种性质，才有合乎章程、用于章奏的资格”[③]。马圈湾汉简上的章草正反映了汉代章草的特质，它虽然行笔波挑明确，笔画时相勾连，但仍与隶书的结体有关，具有隶书的秩序感和字形方扁的特征，而相比草隶，章草又具有书写速度较快、行笔圆转自由的特点，说明了汉代草书至西汉后期已发展得相当成熟。

（五）悬泉置

1. 悬泉置遗址基本情况

悬泉置遗址（图 2-102）位于甘肃省敦煌市五墩乡，地处敦煌市和酒泉市瓜州县之间，西距敦煌 64 公里，东距瓜州 60 公里，是河西走廊上十分重要的汉代遗址[④]，也是“丝绸之路：起始段和天山廊道的路网”申遗点之一[⑤]。

图 2-102　遗址航拍图（由东向西摄）

① 雷黎明，敦煌马圈湾汉简的字体特征及其书法价值[J]，中国书法，2019（03）：77。
② 同上：79。
③ 启功，古代字体论稿[M]，北京：文物出版社，1999 年，第 34 页。
④ 甘肃省文物考古研究所，甘肃敦煌汉代悬泉置遗址发掘简报[J]，文物，2000（05）：4-20。
⑤ 陈同滨，“丝绸之路：起始段和天山廊道的路网”遗产解读[J]，中国文化遗产，2014（03）：60-71。

在1990—1992年的考古发掘中，该遗址出土了以简帛文书为主的大量文物，其中汉简就达23000余枚，这些汉简的内容丰富，涉及面广，对于汉代社会方方面面的研究具有重要的价值，而遗址本身的发现也为学界研究汉代传置制度、丝路建设等提供了可靠的依据。

遗址的文化层反映出该遗址主要活跃于汉代，并在魏晋时期仍作为烽燧使用，其活跃期又可以分为三个阶段，分别是处在汉武帝至汉昭帝时期的早期、汉宣帝至东汉初期的中期和东汉中晚期的晚期，其中东汉中晚期是现存建筑遗址最多的时期，此时期的建筑普遍有多次维修的痕迹。悬泉置遗址内部由坞院、马厩、房屋等结构构成，其中坞院和马厩占空间的大部。坞院是一座坐西朝东，平面图呈50米见方的院落，墙基宽1.5—2米，残高0.8米，墙体用土坯筑成，并用草拌泥抹白。院落的东北和西南角有角楼，角楼平面图呈边长为7米的正方形，残高1米，同样用土坯筑后用草拌泥抹白，坞院内有房屋大大小小27间，应是不同功能的房舍组织而成的办公和住宿场所，其中还有不少是套间，汉代的驿站要求为不同级别的人员准备不同的办公和用餐空间，这些大大小小不同组合和结构的房屋可能就反映了汉代这种按级别分空间管理的官署制度的健全，在这些建筑遗址中，编号为F26的一栋房屋级别应较高，该房屋位于坞院的东北角，距离角楼不远，在该建筑遗址的墙壁上书写着西汉平帝元始五年五月颁发的《使者和中所督察诏书四时月令五十条》，可见该建筑是王莽前后悬泉置主要的办公场所。在坞院的大门（东门）外，有5间一排的房屋遗址，现保存较好的有2间，考古报告认为这里是汉简中所谓的“非常屋”，即守卫的住所——戍守区（图2-103）。

“置”在汉代是一种官方设立的驿站，又称为“传置”，它往往处于交通要道上，负责道路上信息的畅通和人员往来、安顿等工作。汉代很多重要的城市、地区都配有专门的驿站，例如，汉阳陵附近就曾发现过“阳陵径置”文字纹瓦当，说明阳陵邑曾配有对应的驿站，不过考古发掘并未在阳陵邑遗址区域发现规模较大的具有“置”的建筑特征的遗址，可能由于阳陵邑自身设施齐备，所以阳陵邑的“置”所承担的功能较为单一，但悬泉置的考古发掘则证明该驿站有着不同寻常的功能。

图 2-103 从悬泉置遗址东侧向西拍摄到的坞院、戍守区和东大门遗址

遗址南侧是著名的火焰山（图 2-104），山中有一泉水名为吊吊泉（图 2-105），即所谓“悬泉”，是悬泉置名称的由来，很可能是悬泉置取水的源头；遗址北侧是戈壁滩，再北有疏勒河和汉代烽燧，这种背山面河的地理环境为军队的驻扎、人员的长期安置、国家对区域道路网的控制提供了稳定的基础。同时，据考古报告可知，遗址较一般的驿站占地面积更大，内部建筑和相应的出土文物也反映出遗址设施功能较丰富。在建筑物形成的院落外，还有大型的马厩，可以停歇更多的马匹，提供更高效的交通运输力量，而驿站整体坞堡式建筑的特征也反映出悬泉置具有一定的军事防御力。

图 2-104 悬泉置遗址南侧的火焰山余脉

图 2-105 悬泉置遗址南侧火焰山脚下的吊吊泉

综上，悬泉置依山傍河，是一个集合了传递信件、发送命令、安顿往来人员并具有一定哨站功能的机构。它处在敦煌和瓜州之间的大路上，是一座扼守河西走廊交通要道的综合性驿站，是丝绸之路路网上重要的站点，张骞出使西域，贰师讨伐大宛都要经过这里。它远离敦煌和瓜州，具有一定的独立性，有学者认为它具有和当时县相等的行政级别，直接由郡太守管辖，是汉帝国影响西域的重要部署。遗址出土的大量汉简更是进一步反映出汉代的悬泉置在军事和管理方面具有的重要地理作用。

2. 遗址的代表性文物

悬泉汉简

悬泉置出土有23000余枚汉简，按内容，这些汉简可以划分为八种，分别为邮置、邮置道里、邮书；过所与乘传；诏书与各种官府文书；律、令、品及司法文书；各种簿籍；信札；文化典籍；其他史料。

邮置、邮置道里、邮书一类最能体现悬泉置作为“置”的功能，悬泉置的名称也是依靠邮置的内容而确定下来的。邮置主要是邮封，如“敦煌悬泉置”“悬泉置亭次行”（图2–106）等，邮置道里主要是记载各据点之间的距离，其中有一枚汉简提到了张掖、武威等地之间的距离，又有一枚汉简提到“祁连置”，是设在张掖和酒泉间的“置”，简文中记述了汉代河西四郡部分县

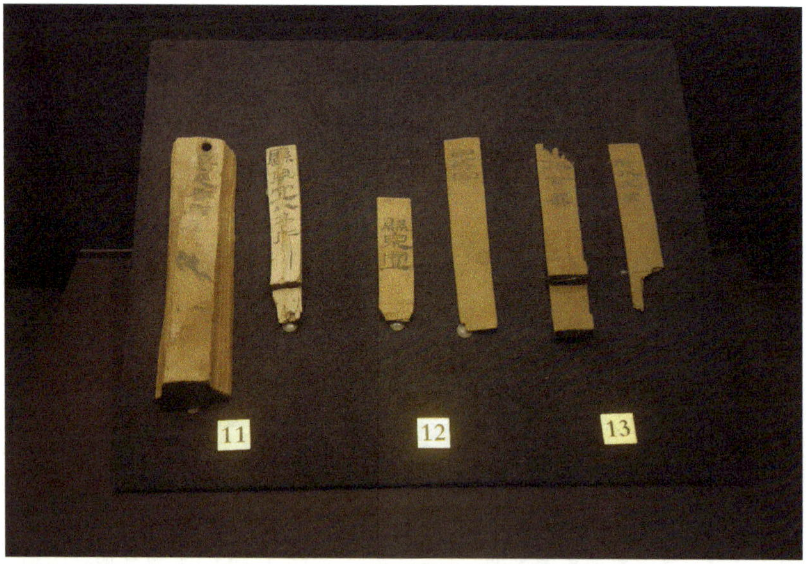

图2–106　写有“悬泉置”字样的悬泉汉简

置的名称和里程，该简文中提到了“县置”，说明汉代县一级单位下设有置，但从悬泉置、祁连置可知，也有不设在县里而单独设立的置，这些置显然是维持道路网畅通必不可少的站点，在位居两郡之间的漫长路途中，像悬泉置这样的置就要担任其一定的军事防御职责了。

过所和乘传是往来驿站的人的身份证明，汉代规定无证件的人不能住在置这样的驿站中，悬泉置大量该类文书的发现说明当时该置发挥着重要作用，从这些乘传上还能看到不同级别官吏用车的差别，反映了汉代健全而森严的官员僚隶管理系统。

诏书和各种官府文书虽大部分残缺，但类型较丰富，从皇帝诏书、朝廷通告到各级单位的文件皆有发现，是考察汉代官方文书行文规律、内涵和具体面貌的主要材料。

律、令、品及司法文书是各类与当时的制度相关的文书。这类文件集中反映了汉代治理制度的系统化。

簿籍的数量颇多，记录了悬泉置各方面的事物的内容，从《吏除书》《功劳案》这样的人事管理文件到《田簿》《入租簿》《入谷簿》这样的记录土地归属情况、租税收入、谷物收入的财经档案，再到《传马名籍》《官牛名籍》等记录置下牛马信息的资产簿等，数量颇为惊人。

信札和书籍的数量也不少，从信札的内容可以看到当时边塞地区人们的生活状况，一些日常生活的细节也都被历史记录了下来，是观察古人生活的重要资料；而书籍的内容虽大多不全，却能看到悬泉置所藏书简和敦煌、居延汉简的高度相似，反映了当时的置还承担了文化传播的责任，是一个功能丰富的机构，在地方治理中具有重要的作用。

除以上简书之外，还有一些无法概括为某一类别的文书，其中不乏具有重要价值的材料，它们从各个方面反映出汉代社会的面貌。

悬泉置作为驿站、要塞的复杂功能和在汉代河西地区重要的地位，使该遗址出土的 23000 余枚汉简具有内容丰富、涉猎广泛的特征。时至今日，关于这些汉简的内容解读已经形成了颇为丰厚的研究成果，“悬泉汉简”已然和早于它发现的敦煌汉简、居延汉简一样，成为汉简研究中最为重要的课题之一。

（六）楼兰古城

楼兰古城（图 2–107）也称若羌县楼兰古城，是一座活跃于汉晋时期的古城遗址，位于新疆孔雀河下游三角洲的南部，罗布泊西北岸，现属若羌县。它西南距若羌县城220公里，西北距库尔勒市340公里[①]，处于戈壁荒漠的腹地。它是研究丝绸之路历史文化和亚洲内陆生态变化的重要遗址。[②]

楼兰古城由于受到长久的东北风侵蚀，古城与附近环境都受到了较为严重的破坏，成为雅丹地貌的一部分，又因为这里曾经有过一段文化经济发展较为繁荣的时期，留下了反映这一历史时期的大量文物，所以楼兰古城也被称为“雅丹中的庞贝城”[③]。古城的残墙东面长333.5米，南面长329米，西北两面各长 327 米，总面积 108240 平方米。南北城墙中段均有缺口，似为城门的位置，其中北城墙缺口宽约 22 米，南城墙缺口宽约 13 米，东城墙保留较少，但原亦应有城门，西城墙发现有位于城墙外的两处夯土墩，似为瓮

图 2–107　楼兰古城遗址

① 新疆楼兰考古队，楼兰古城址调查与试掘简报[J]，文物，1988（07）：1。
② 高明，汉唐之际丝绸之路上的遗址美术[M]，西安：陕西师范大学出版总社，2022 年，第 198 页。
③ 祁小山，西域国宝录[M]，乌鲁木齐：新疆人民出版社，1999 年，第 53 页。

城遗迹。[①]可见这座城规格较高，应是具有一定防御能力的重要城址。古城之中有一条古水道遗址，从城西北角流向东南角，穿城而过，在城内的官署区——三间房遗址背后绕过，水道较为平直规整，应是人工建造，对于生活在沙漠绿洲中的人民来说，这条贯穿城市的水道显然是城市取水的关键所在，其存在也必然成为丝路商旅在此停留补给，使城市贸易更加繁密的重要原因之一。城市内部可以沿水道分为两个区域：其一为东北区，这里遗迹较少，主要的遗迹是佛塔及其附属建筑，以及其他的房舍建筑；其二为西南区，这里遗迹相对较多，除了官署区还有不少院落遗迹，应该是行政区域和住宅、集市等建筑集中的区域。东北区的建筑遗迹以佛塔为主，该塔坐北朝南，地面暴露遗迹可以分为九层：下三层为夯土筑，底部一层南北长约 19.5 米、东西宽约 18 米；上六层为圆柱形，主要以土块垒砌的方法构成。在佛塔的四周还有一些建筑遗迹，并且散布着大量木材。[②]西南区的主要建筑遗迹即"三间房"遗址，该遗址是城内最重要的一处建筑遗址，因为三间房址而得名，其布局方正严谨，坐北朝南，东西长 12.5 米，南北宽 8.5 米，总面积 106.25 平方米，中间一间较宽大，东西两间较狭小，是用大木材作框架，红柳条作夹条，土块砌筑，再以草泥涂抹外层构成其墙壁[③]，可见其规格较高，是唯一一处土坯土块砌筑的房屋，构筑结实，在千年的风化下仍保存了下来。

在三间房遗址西约 35 米的地方有大片的垃圾堆积，这里曾发现了大量的木简和简纸文书，尤其是因该地区空气的极度干燥而得以保留下来的简纸文书，是罕见的写在纸上的汉字，也是汉晋书法艺术中的珍品。

楼兰古城除出土了大量的文书、残简，还出土了很多陶器、建筑残件、钱币和彩绣、织锦（图 2-108），这些织物上的图案说明了它们的中原风格，在古城遗址发现的两种香囊上有"无极"二字和中原流行的云纹，反映了该地区文化在汉末至魏晋时期达到高峰，但其后时代的出土文物极为罕见，说明此后楼兰古城迅速衰落。地理环境的变化、战争、疾病等对这座城市衰落的促成虽皆有可能，但古楼兰的衰落缘由目前尚未定论。

---

① 新疆楼兰考古队，楼兰古城址调查与试掘简报[J]，文物，1988（07）：2。

② 同上：3。

③ 同上：3。

图2-108　古楼兰遗址出土的彩绣云纹香囊（前）和无极锦香囊（后）

楼兰古城是汉晋时期丝绸之路上重要的城市，其名称最早见于西汉，司马迁《史记·匈奴列传》中有“楼兰”一词，它是西汉前期的西域三十六国之一，公元前77年，楼兰改国名为鄯善，所以该遗址也是鄯善文化的所在地，此后匈奴日逐王降汉，汉设置西域都护府，鄯善归西域都护府管辖。东汉至魏晋时期，这里又成为西域长史的官署所在地，直到公元4世纪被废弃，楼兰古城长期消失在世人的眼中①。从19世纪末至20世纪中叶，这里不断遭到探险队的干扰，斯坦因、斯文赫定都曾来这里，挖掘了诸多文书等文物。新中国成立后，国家在楼兰遗址进行了多次考古调查与发掘，发现了大量的重要文物，尤其文书上的汉字反映了中华文化的多元和统一，其内涵之丰富，令世界震惊，而对于楼兰的发掘至今还在进行着，楼兰古国封尘千年的神秘面纱正被考古工作者逐步揭开。

第三节　西北地区的其他遗址美术

（一）牛郎织女石人像

牛郎织女石人像（图2-109）即汉昆明池石人像，这两件石像在汉时隔昆明池而望，寓意昆明池为银河。时隔千年，汉昆明池已难寻其迹，但石像却仍遥遥相望着，其中牛郎像位于陕西省西安市长安区斗门镇常家庄村北，织女像在斗门镇棉纺厂内，两者间距约3公里，从其距离可知汉昆明池当时的水域面积。

① 新疆维吾尔自治区文物考古研究所，新疆古楼兰交通与古代人类村落遗迹调查2015年度调查报告[J]，西部考古（第13辑），2017（02）：1-35。

值得注意的是，两尊石人像在汉代只是一个宏大的“缩微宇宙”[①]——上林苑中的微小组件。石人像所属的汉昆明池是武帝的御苑——上林苑中多座人工湖之一。上林苑在建设之初即被设计为一件表现汉代宇宙观念的整体艺术品，当它建成后，其中的事物都反映着“象天”观念。而作为这件“缩微宇宙”式园林的一个单元，昆明池虽肩负了汉王朝赋予的多项功能，包括军事演练、城市供水、皇家游乐场所等，但在“象天”的礼仪功能中，它是作为天上的银河而出现的。为了表现这座巨大人工湖的天象，汉人用隔河相望的牛郎织女两尊石像将其幻化，石像的方位按照天上星宿中的河鼓（河鼓二，或称天鹰座 α，汉代称牵牛星，象征牛郎）和织女（织女一，或称天琴座 α，汉代称织女星，象征织女）的方位来放置（图 2-110）。除此之外，汉昆明池还用这座人工湖中的豫章观和石鲸石像（已残）象征汉代的求仙思想，石鲸的存在将湖幻化成了海，而湖中的“豫章仙馆”（即豫章观）则象征了海上的仙岛。可以说汉代的昆明池是充满了象征意味的建筑。

图 2-109　牛郎织女石人像

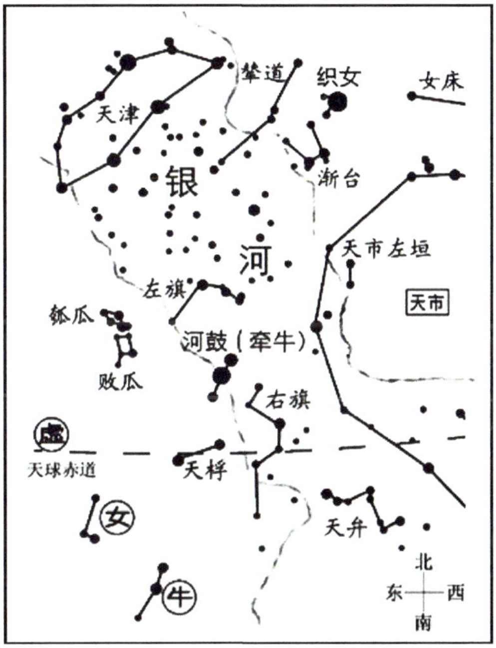

图 2-110　星空中的牵牛和织女

两尊石像在上林苑及昆明池

① （美）巫鸿，中国古代艺术与建筑中的“纪念碑性”[M]，上海：上海人民出版社，2017 年，279—297 页。书中详细论述了汉上林苑与汉人“象天”观念之关联。

失落千年后，分别被人们称为“石爷”和“石婆”，并分别放置在现“石爷庙”（在斗门镇）和“石婆庙”（在北常家庄）中，但俞伟超先生认为民间已将两个形象颠倒了，“石婆庙”内的石像实为“牛郎”，而“石爷庙”中的石像实为织女，这一观点得到了学界的普遍认可。牛郎像高 2.58 米，呈踞坐状，穿交领大衣，形容伟岸，体态健硕。而织女像穿右衽大衣，双手笼袖置于腹前，具有端庄、平和之感，如俞伟超先生所说，织女像“实和一般常见的西汉女俑一样”[①]。这两件石像皆为花岗岩雕凿而成，体量较大，观者可以从装饰石雕的情况想见汉代皇家园林之规模，遥想当年，这两件形象朴实而特征鲜明的石雕隔昆明池相望，对照星空中隔银河相望的牵牛、织女星，用神话传说和天象将昆明池幻化为宇宙中的“星汉”[②]。

（二）金铜佛像

金铜佛像出土于咸阳成任村东汉家族墓地，2020 年 6 月至 2021 年 11 月，陕西省考古研究院配合西安咸阳国际机场扩建，在咸阳渭城区发掘历代墓葬 3600 余座，其中在咸阳成任村 3015 号东汉墓出土了两尊金铜佛像，其形象具有强烈的犍陀罗和马吐腊佛教造像风格，它们是以中国本土铸造工艺铸造而成，是国内已知的最早单体供奉佛像。

立佛的形象在孔望山造像中可以多次看到，但孔望山的立佛像却存在着刻画简单、细节模糊的特点，在成任村金铜立佛像（图 2-111）发现之后，学界得以看到东汉时期刻画清晰的立佛像。这件立佛像通高 10.5 厘米，肉髻呈顶部较平的磨光状，无发纹，面方圆，头微低，双目微张，视向斜下方，身着通肩袈裟，衣纹褶皱深刻，佛像跣足立于底座之上，左手上举，握袈裟衣角，右手残，其手势应为施无畏印，这些形象特征和犍陀罗佛像颇为相似，反映出东汉时期中原佛像和犍陀罗佛像之间的关联，“说明犍陀罗佛像产生不久即传播到了中国中原北方地区的文化中心之一——长安”。[③] 此外，从雕塑技艺之成熟、表现形象之自然、塑造人体比例之准确，也体现出汉代铜雕技艺的高超水准。

---

① 俞伟超，应当慎重引用古代文献 [J]，考古通讯，1957（02）：76。

② 星汉即银河的古称。

③ 冉万里、李明、赵占锐，咸阳成任墓地出土东汉金铜佛像研究 [J]，考古与文物，2022（01）：86。

另一件五尊佛金铜组合造像（图 2-112）被学界认为颇具马吐腊佛教造像的艺术特征[①]，其通高 15.8 厘米，宽 6.4 厘米，呈片状，背面平整，五尊佛像呈上中下三排排列，顶部一排一佛，下两排各两佛，造像布局类似千佛像的布局，佛像体态造型基本相同，皆为禅定坐佛，结跏趺坐（马吐腊佛像流行特征），双手置于腹前，结定印，头部肉髻和立佛相似，袈裟较为贴身，仅在臂膀部位表现出厚重的衣纹（马吐腊佛像流行特征），但不能判断袈裟的具体形制。总体来讲，其造像表现出和马吐腊佛像的高度一致性。[②] 结合同出土的金铜立佛像可知，两件佛像分别吸收了不同的佛教造像样式，并一同传播到了长安。

图 2-111　金铜立佛像

图 2-112　五尊佛金铜组合造像

综上，这两尊佛像的发现填补了中国早期佛像实物的空白，印证了东汉时期中国北方地区佛教的传播与佛像供奉的史实，并有希望解开诸多与汉代佛教发展情况相关的考古学难题，两尊金铜佛像已成为近年学界汉代研究的一大热点。

（三）绥德延家岔汉墓画像石

绥德延家岔汉墓的石刻画像是陕北汉墓中表现形式较为特别的一处，该

① 姚崇新，关于咸阳成任东汉墓出土金铜佛像的几个问题[J]，文博学刊，2022（02）：18。

② 同上。

墓画像石的内容题材和结构布局虽和陕北其他地区发现的大部分墓葬相似，但其壁画的表现形式别出一格，整体上具有装饰性强、造型富有流线性的特征。以该墓最为著名的前室西壁和前室北壁画像石为例，我们可以一窥这座墓葬的艺术特征。

该墓前室西壁（图 2-113）和东壁的内容对仗：西壁后为墓门，故该壁表现凡世生活，内容是狩猎图；东壁后为棺室，故东壁表现仙界生活，内容是车马出行图。西壁和东壁的横楣构图颇为相似，均在画面右侧绘有四方的建筑群，西壁为帐幕，东壁为宫殿，分别对应狩猎和出行。相较而言，西壁将狩猎图的宏大和激烈场景刻画得尤为生动，狩猎图由右向左可分为三段，左段为狩猎的起点——帐幕，墓主人的营帐建于此处，但营帐内空无一人，显得蔚为安静；而营帐外，画面中段，一场激烈的狩猎正在上演，六乘带有华盖的马车正在奔马的拉动下急行，马车的南北有两列骑兵队伍，骑手们一部分护卫墓主人和其他的贵戚前行，一部分奔赴狩猎前线；画面右侧正在进行猎捕行动，骑手们架起弓箭，剑拔弩张地对着正在惊慌奔跑的猎物们射击，猎物包括野兔、鹿、飞鸟和骆驼，这些动物形象从一定程度上反映了当时陕北地区的自然环境，在画面的最左侧绘有回首射击的骑兵，反映了猎物无路可逃的境地和狩猎的成功，这段猎捕画面将人物与动物的动态和场景的激烈感刻画了出来。同时狩猎场的前景还刻画有作壁上观的人物和鸟类，后景刻有嵯峨的远山，进一步反衬了狩猎场域的宏大，是观察汉代美术对空间的表现的典型案例。

在墓室西壁的中段，是两件体量较大的画像石，分别表现了以鹿和羊为主体的、集合了各种祥瑞和狩猎场景的图像，众多形象中除去鹿（“鹿”同“禄”）和羊（“羊”同“祥”）的形象被放大外，其余形象皆为纹样化的狩猎图，持弓箭的猎手和各类动物、祥瑞共处一幅画面上，在云气纹的交织下形成内容繁复、主题抽象、富有运动感和流线性的图像，鹿和羊的夸张比例反映了设计者对画面的双重构建，一则各类纹样化的图案形成了画面的内部叙事，一则巨大的鹿和羊使其他图像的叙事性淡化，装饰性突显，使整幅壁画最终形成了巫鸿所说的“二元图像”[①]，既有叙事性又融入墓室空间整体。墓室的

① （美）巫鸿，中国古代艺术与建筑中的“纪念碑性”[M]，上海：上海人民出版社，2017 年，第 422—440 页。

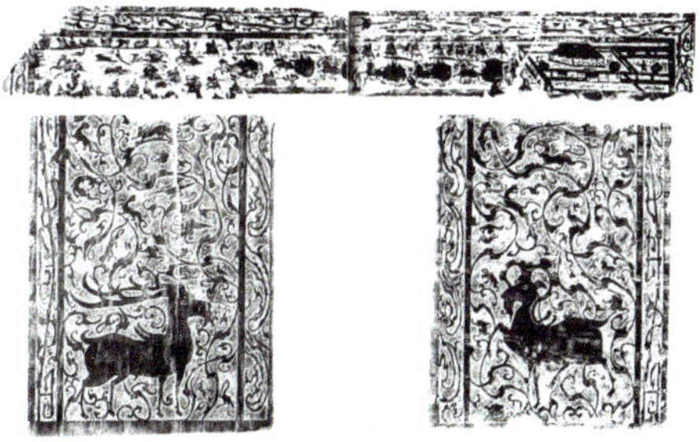

图 2-113　绥德延家岔汉墓画像石
（前室西壁）

图 2-114　延家岔汉墓墓室实景复原
（画面正中为墓前室北壁）

北壁（图 2-114）则具有比东、西壁更为强烈的形式化特征，各类动物、祥瑞的形象在云气纹、抽象化的绶带穿壁或盘结纹的引导下盘踞于石刻画像中，构成了一幅极具装饰色彩的作品，反映出陕北地区汉代丧葬礼仪美术发展至东汉末年时所具有的高度成熟的装饰性。

（四）狩猎、宴乐图

西安理工大学西汉壁画墓发现于 1987 年，位于陕西省西安市曲江新区西安理工大学新校区内。2004 年，西安市文物保护考古所在配合该校区的基建工程中，清理了汉代墓葬 40 余座，编号为 M1 和 M2 的两座墓葬规模较大，其中一号墓（即 M1）的墓室中发现有大量壁画，这些壁画保存较为完好，色泽鲜艳，内容丰富，是西汉墓室壁画中的精品。

一号墓是斜坡墓道土圹砖室墓，坐北朝南，平面呈“甲”字形，但在墓道北部靠近封门处有东西两耳室，耳室进深仅 1.25 米。墓室是在长方形竖穴土圹的底部构筑砖室而成。墓室内的壁画遍及墓壁和券顶，内容主要有车马出行、狩猎、宴乐、斗鸡等生活场景和日、月、翼龙、翼虎、羽人等仙界场景，是汉代墓室壁画中常见的题材内容，其中南、北壁和券顶主要表现仙界图像，而东、西壁主要表现生活场景，在方位上具有鲜明的对称性。其壁画的绘制方法是先在墓壁、券顶上刷一层白膏泥，再在白膏泥形成的基面上绘制壁画，壁画以墨线起稿，再填充颜色，用色以红、青、白、赭、黑为主，色彩丰富。[①] 根

① 西安市文物保护考古所，西安理工大学西汉壁画墓发掘简报[J]，文物，2006（05）：43。

据考古报告可知，这些壁画上还留有不少初稿和修改稿墨线①，这些“未完成品”的发现是反映汉代艺术创作过程和创作逻辑的重要材料。

在一号墓诸多墓室壁画中，场面最为饱满、宏大的当数西壁壁画，该壁画主要表现宴会场景，由北而南，其内容大致可分为四组：第一组图案剥落严重，应为乐舞场景；第二组为斗鸡场景；第三组图案剥落最为严重，内容已无法解读，但根据其他三组画面内容，其内容应同样为宴会场景；第四组为宴乐场景。四组图像共同组成了一幅表现宴会盛况的画面。

在四组图像中，第四组表现宴乐场景的壁画（图 2-115），内容充实，保存完好，在一定程度上反映了这座西汉壁画墓的艺术水准。参考考古报告中的线图（图 2-116）可知，在画面中央有一位双手执红色飘带的舞者，在她上方有一人做跪拜状，二人皆面朝画面南侧上方，即画面主人和南侧宾客方向，舞者右手低垂，左手高举做舞蹈状，应反映了舞蹈正在进行时的场景。在画面的中央偏上位置，是女主人和女宾并坐之处，这里的女性贵族共计七人（七人南侧的木榻边缘尚有一站立的男性侍从形象，应为较为高级的家臣），她们被带有挡板围栏的木榻和围屏的结构包裹着，形成了一个具有纵深感的局部空间。在七人中，女主人穿白衣红领的交领服，被塑造得最为高大，其他女宾做围绕状。七人的组合整体上具有三角形构图的形式美感，但作者并未将女主人的形象安排在七人的最中央，而是在女主人的左手边描绘了两位女宾，而在其右手边描绘了四位女宾，这种不以中央为视觉对称中心的表现方式使画面脱离了概念化表现容易产生的呆板效果而具有鲜活的现场感。同时，在打破概念性对称的情况下，画家又通过人物面部朝向形成了新的对称，平衡了画面构图，女主人正面面对观众，而其他女宾皆侧面朝向女主人，面部朝向上的聚拢感使画面在生动的基础上再次具有庄严的气息，既呼应了宴乐场合下的诙谐气氛，又维持了墓室壁画对墓主人的赞美主题。在屏风两侧，还描绘有三位侍从形象，其中南侧一位，北侧两位，她们皆被屏风半掩着，似乎在绕过屏风向宴会的舞蹈者观看，使场面更加生动。在画面南侧和北侧各有一组斜向表现的

① 西安市文物保护考古所，西安理工大学西汉壁画墓发掘简报[J]，文物，2006（05）：15。

图 2-115　宴乐图

图 2-116　宴乐图（线图）

席地而坐的贵族宾客，皆为女性，她们面前有圆案，案上有樽、耳杯等。这两组斜向的人物和画面中上方女主人所处的木榻以及屏风形成了一个具有透视感的纵深空间，这种简要而生动的空间塑造手法使宴乐的场景更具实在感和现场感。

墓室东壁的壁画表现的是狩猎、车马出行等户外场景，和西壁的室内场景形成对仗，该壁人物的移动方向是从南至北，画面中没有建筑或山川作为背景，而只依靠人物、马匹和动物的相互关系形成场景，所以联系这些形象的是他们之间形成的主题，这些主题性绘画往往两两一组，或两人骑马出行，或一人骑马追猎野兽，所表现的形象具有造型生动、色彩对比强烈的特点。以东壁中部的一组表现一红衣武士回首射击一鹿的场景为例，红衣武士骑深棕色马匹，马鞍为青色，用色饱和度高，色彩对比关系强烈，武士的骑射动作逼真，身体动作富有张力。而另一组精彩的骑射狩猎场景同样位于东壁中部，表现了一位骑白马、穿红衣的武士骑射的场景，他正在狩猎前方的两只鹿，动作同样富有张力，且人物拉弓的姿态和马匹奔腾的造型具有高度的和谐感。东壁中部还有一组骑马出行图（图 2-117），描绘了两位眉清目秀的贵族骑马交谈的场景，人物上身动作的轻松感和双腿紧夹马腹的力量感使其身体姿态形成了一种力学的逼真感。

图 2-117　骑马出行图

综上，该墓壁画不仅善于表现生动的形象和场景，同时也善于利用色彩调整画面，使画面具有丰富的节奏感和饱满的冲击力。

（五）星象图

陕西地区的汉墓中发现了不少星象图，其中以西安和陕北北部发现的墓室壁画星象图最为著名，西安交通大学西汉墓葬发现于 1987 年，位于西安市碑林区太乙路西安交通大学附属小学院内，是一座西汉晚期砖室墓。在该墓葬壁画中有一幅绘于墓室穹窿顶的星象图（也称星图）（图 2-118），这件星

图 2-118　星象图（线图）

象图被称为是“我国最早的示意性质的圆式天文星图”[①]。这种圆形的星图也被称为“盖图”，是一种古代常见的星象图表现形式，其理论支撑是古老的“盖天说”[②]，即认为“天”如同盖一般，是覆于大地之上的穹形圆顶。据考证，古人会在华盖、车盖等用具下绘上星象以象天[③]，但西安交通大学附属小学发现的这座西汉墓室壁画中的“盖图”却是首例墓室壁画星象图以盖图的形式表现。

该墓室壁画的主题可以分为两大部分：一部分绘于墓室墙壁上，表现各种现实生活中可见的动物穿梭于波浪状的山川间，象征了凡世生活所处的大地；另一部分绘于墓室的穹窿顶，表现各类星象，象征了大地之上的天空。值得注意的是，该墓对墓顶绘画着重表现的程度远远超过了墓壁绘画。汉人对仙界和天界的解释一度紧密地交融在一起，所以也认为人死后应“升天”，因此，这座墓葬的美术有着鲜明的主旨，在一定程度上说明了西汉晚期墓葬美术描绘天人关系的强烈意识，这种通过在墓室中建立“缩微宇宙”[④]来表达丧葬观念的习俗是该时期墓室壁画着重表现天空的主要动因之一。

星象图绘于墓顶，整体为圆形，在墓室正顶中线南侧绘有红日，内有黑色的金乌，这一红日中有黑鸟的太阳形象在汉代丧葬礼仪美术中屡见不鲜，湖南长沙马王堆一号汉墓出土的T形帛画上的太阳即与此相似。墓顶中线北

① 雒启坤，西安交通大学西汉墓葬壁画二十八宿星图考释[J]，自然科学史研究，1991（03）：236。

② 秦建明，盖天图仪考[J]，文博，2008（01）：4-10。该文详细分析了古代盖图的渊源、内容、结构等。

③ 同上。

④ “缩微宇宙”（有时也称为“微型宇宙”）一词为巫鸿提出，详可见（美）巫鸿，礼仪中的美术：巫鸿中国古代美术史文编[M]，北京：生活·读书·新知三联书店，2016 年，第 642—658 页；（美）巫鸿，中国古代艺术与建筑中的“纪念碑性”[M]，上海：上海人民出版社，2017 年，第 279—296 页。

侧绘有白月，内有蟾蜍和玉兔，蟾蜍和玉兔的造型布局与西汉甘泉宫遗址出土的蟾蜍玉兔瓦（图 2-91）相似。在日、月（图 2-119）的四周，绘有许多祥云和仙鹤，这部分内容占据了整个星象图的大部分，可以说是对仙界空间的唯美表达。壁画中的星宿则位于圆形墓顶的四周，由一条内径约 2.20—2.28 米、外径约 2.68—2.70 米的环状圆带构成①，这一圆带将日月、祥云、仙鹤构成的空间包裹了起来。圆带中表现的星宿，据考证应为汉代确立的二十八星宿，在汉代的天文学中，二十八星宿分属青龙、白虎、朱雀、玄武所组成的四宫，四宫中每宫各有七宿，共计二十八宿，这些星宿和四宫也是中国古代天文学、星象学中最为重要的内容之一。

根据研究可知②，这件星象图中的二十八星宿虽表现得较为完整，但并不是严肃的星图，显然作为墓室壁画的星象图并不需要具有实用功能，因此该星象图更多地体现出墓室壁画的示意功能，大部分星宿的星数和星形都不准确，但星宿之间的顺序和所处的方位则相对准确。星宿以墨线勾勒出的圆圈表现单个星，再用白色（个别星用红色染）涂染圆圈内部，表现星的明亮感。以二十八星宿中的青龙宫七宿为例，可以反映出这件壁画表现二十八星宿的方式和立意，东宫青龙（图 2-120）的角、亢、氐、房、心、尾、箕基本处于壁画东侧，角宿是青龙八宿的第一宿，象征龙角，但壁画中角宿的表现不是一般认为的两颗星，而是四颗星，与《史记·天官书》所载“左角，李；右角，将”的二星说不符，可能表现的是更早的星象学对角宿的认知，即左角为天门二星，右角为天田二星的说法。在角宿的左侧，画有一条龙，即为东宫青龙，龙的四爪各抓一星，龙尾一星，这五星应象征了亢、氐、房、心、尾五宿，分别代表青龙的颈、颈根、身躯、心和尾，是高度简化后的星宿形象，每个星宿只用一颗星来指代。而青龙七宿最后一宿的箕宿则脱离青龙，画在青龙的左侧，表现为一席地而坐的戴冠男性形象，《史记·天官书》载“箕为敖客，曰口舌”，《索隐》引宋均云：“敖，调弄也。……有去去来来，客之象也”，因此这一男子席坐的形象可能表现了座谈客的形象，是对箕宿的象征性表达。

---

① 雒启坤，西安交通大学西汉墓葬壁画二十八宿星图考释[J]，自然科学史研究，1991（03）：236。

② 同上。

图 2-119　墓顶星象图中的日、月

图 2-120　墓顶星象图中的青龙宫亢、氐、房宿（左）和心、尾宿（右）

在整个星图中，青龙宫较为准确地占据了环状圆带的四分之一①，也较为准确地处于墓室的正东方位，但作者显然并不准备完整地表现每个星宿的星形和星数，而只是对部分星宿进行了较为细致的天文学表现，对于另外一些星宿，作者只是依据它们在相互关系下形成的形象进行概括，如用龙的形象来串连除角、箕二宿之外的青龙宫其他五宿，并将这五个星宿都简化为一颗星，此外作者也会对一些富有形象感的星宿进行拟人化表现，如箕宿被表现为座谈客的形象。在进行象征和简化的同时，作者也清晰地表现了青龙宫的

① 四宫中只有朱雀宫所占体量较小，其他三宫体量较均衡，可能和壁画绘制时作者未做提前规划有关，但尚不能解释其比例失调的具体原因。详见雒启坤，西安交通大学西汉墓葬壁画二十八宿星图考释[J]，自然科学史研究，1991（03）：236-245。

第一个星宿角宿和最后一个星宿箕宿，反映出其善于在形象的“简化”和“具化”之间寻找平衡的绘画能力。在其他三宫二十一宿的画面中，作者这种表现星宿的方法仍然多见，如南宫朱雀七宿中的柳、星、张、翼四宿表现为一朱雀和其周身的多颗星，而西宫白虎的毕宿（图 2-121）则由于其象征了捕鸟或小兽的长柄捕猎网——毕而表现为一人手持六颗星组成的“毕”捕猎奔跑的兔子的形象，由此可见，二十八宿组成的四宫都是用这种模式化的方法绘制的，可见这种墓室壁画在西汉晚期已较为成熟，并可能形成了一些固定的表现方法。

定边郝滩东汉壁画墓发现于 2003 年，是一座东汉晚期的墓葬，位于陕西省定边县郝滩乡四十里铺村西北的一条土梁北侧，南距郝滩乡政府约 2.5 公里，距四十里铺村约 0.5 公里。该墓室壁画内容丰富，色泽鲜艳，除墓室四壁所绘车马出行、狩猎、放牧等以表现凡间生活为主的图像外，最宏大丰富的是位于墓室顶的表现二十八星宿和其他仙界形象的星象图。不同于西安交通大学西汉壁画墓星象图会将一些星宿简化合并在一个统一的实体形象中，定边郝滩东汉壁画墓的星象图绘有日、月、银河，并将二十八星宿从左而右逐个进行了表现，星宿间还绘有云气纹和白、紫、红色的星辰。[①] 另外，据考古勘察材料[②]，除二十八星宿外，墓顶壁画还有十一个其他星宿（图 2-122），虽尚不知这十一个星宿的寓意，但该墓表现二十八星宿外其他星宿的现象反映了

图 2-121 墓顶星象图中的白虎宫毕宿

图 2-122 岁星图

① 陕西省考古研究所、榆林市文物管理委员会，陕西定边县郝滩发现东汉壁画墓[J]，考古与文物，2004（05）：20-21。

② 同上。

东汉时期天文学、星象学的进一步发展，反映出星宿知识的内容和概念在东汉时期丧葬礼仪美术中已变得丰富和普及。

星象图中星宿的绘制方法是用红线将星连接表现星形和星数，再配以人物或动物形象反映其象征性，所以每个星宿由此有了明确的独立性，但该星象图仍然普遍具有西安交通大学附属小学壁画墓星象图表现星宿时星数、星形不准的现象，大部分星宿在天文学层面的表达都不甚准确，反映了作者表现星象图时的示意性和其赞助者对墓葬绘画的普遍要求，也可能和此时期该墓葬的级别有关。

同时通过这件壁画和西安交通大学附属小学壁画的对比，可以发现一些高度相似的图像，如箕宿都被表现为席地而坐的男子形象；而娄宿都被表现为三颗星下有一动物的形象；都象征了供祭祀用的“牲”；毕宿都表现一人手持“毕”捕捉野兽的形象；虚宿和危宿都被合并在一起表现。① 这种对比的结果可以进一步支撑西汉晚期至东汉的墓室壁画中星象图的绘制可能拥有一较为固定的母本的假设。

此外，该星象图中不见朱雀宫的第一宿井宿和第二宿鬼宿，而出现了井宿的星官——天狼星和弧矢九星（即《史记正义》所谓“天之弓”），似有用天狼和弧矢代替井、鬼二宿之意，而玄武宫的牛宿和女宿位置相反，且女宿的星数和星形与织女星座相当，是汉代对女宿和织女星象征性模糊的反映，同时这些情况也可能反映汉代星象学发展过程的地域性认知差异，但其具体缘由还需相关研究的进一步解读。②

（六）“衮雪”摩崖石刻

“衮雪”摩崖石刻（图 2-123）原位于石门水库大坝下方河中的一块巨石上，现存于汉中博物馆，据载为东汉末年杰出的政治家、军事家、文学家、书法家曹操的手书石刻。“衮雪”摩崖石刻原石为石英石，原位于褒斜道石门古

---

① 西安交通大学附属小学西汉墓壁画中星象图的虚、危二宿合并后由五颗星表现，定边郝滩东汉墓壁画星象图中此二宿合并后用四颗星表现。

② 关于天狼星、弧矢九星、牛宿、女宿、织女星的解读详见吕智荣、邵安定，陕西定边县郝滩壁画墓星宿考[J]，西部考古（第 18 辑），2019（02）：191-205。

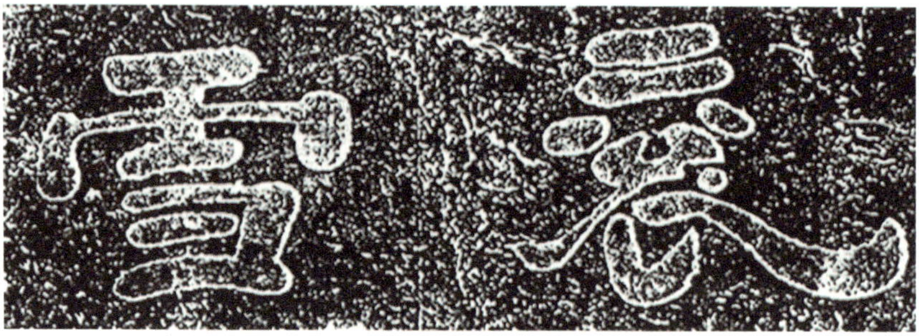

图 2-123 “衮雪”拓片

栈道的南口外，原石通高 67 厘米，宽 148 厘米，呈长方形，刻字字迹清晰。关于“衮雪”二字的来源，系建安年间曹操曾两次来到汉中，在褒河边见石多激浪，河水如飞雪般翻滚，遂书“衮雪”二字。相传其书“衮”字刻意省去三点水旁，而借滚滚的河水来象征“衮”的三点水，但事实上这可能是后人美好的联想，因为在古汉语中“衮”字即通“滚”字。[①]

东汉末年至三国时期，褒斜道是关中平原和四川盆地之间三条近捷通道之一（另两条为傥骆道、子午道），该道路两旁山峰耸立，水流湍急，栈道绝壁而行，可谓“一夫当关，万夫莫开”之地，是关中入巴蜀的要道和近道，宋杰在《中国古代战争的地理枢纽》一书中称“秦岭诸道当中，这条（褒斜道）道路的旅途最短”[②]，它从南郑出发，一路经过褒中县，过石门等地区后抵达褒水源头，“此处和与它对应的斜水河谷有分水岭相隔，古称五里坂。出谷便是魏国扶风郡郿县（今眉县）的五丈原，面临渭水”[③]。汉代关中通往蜀地的驿站即设于此处。五丈原、南郑、巴蜀、长安这些三国时期发生过诸多重要战争和历史事件的地名也都与褒斜道或多或少有关。刘邦在楚汉争霸之际“明烧栈道，暗度陈仓”一事所烧的也应为褒斜道，可见褒斜道在汉代具有极为重要的军事价值。[④] 因此，石门古栈道遗迹的存在为这片区域打上了深深的汉文化烙印。时至今日，属于古褒斜道的石门古栈道已成为著名的风景名胜区，曹操的“衮雪”二字依然为观者回望东汉末年那段金戈铁马的苍茫历史提供

① 曹忠德，曹操与“衮雪”[J]，陕西水利，1994（03）：44。
② 宋杰，中国古代战争的地理枢纽 [M]，北京：北京科学技术出版社，2022 年，第 333—334 页。
③ 同上。
④ 同上。

了一处“落脚点”。

（七）曹全碑、仓颉庙碑、华山庙碑

曹全碑（图 2-124）现藏于西安碑林博物馆，该碑于明万历年初在合阳（今渭南市合阳县）出土，全称《汉合阳令曹全碑》，又因曹全字景完，也被称为“曹景完碑”。该碑高 253 厘米，宽 123 厘米，碑阳和碑阴皆有刻字，其中碑阳刻 20 行，每行计 45 字，碑阴为记名，33 行。该碑刻于东汉灵帝中平二年（公元 185 年），其结字匀称，字形方圆有致，并以圆笔为主，是汉代隶书中柔美书风的代表之作，也是该类型碑刻书法中的典范。

图 2-124　曹全碑拓片

值得注意的是该碑是对曹全镇压黄巾起义事迹和其他事迹的“纪功”。记载了东汉末年黄巾起义的事迹，因此具有重要的历史价值，它是研究东汉末年农民起义的宝贵资料。

仓颉庙碑刻于东汉延熹五年（公元 162 年），原立于陕西省渭南市白水县史官镇的仓颉庙，现藏于西安碑林博物馆。该碑为圭首碑，碑高 147 厘米，宽 79 厘米，碑身有穿孔，穿孔直径约 13 厘米，四面皆刻隶书，碑体保存相对完好，但因风化部分字迹已难以辨识。同大部分汉代碑刻的功能一样，仓颉庙碑是一件记功碑，碑阳所记录的是赞仓颉创字之功的赞辞，并东汉衙县（即今陕西白水县）县令刘羡奉太守之命建仓颉祠的事迹，并记录了太守刘明府的政绩、县令孙羡任职的经历等。碑阴和碑侧是修祠立碑的施资人的记名和施资金额，其内容是研究汉代礼仪制度、文化、货币情况的重要资料。

仓颉庙碑上的碑文刻于汉隶成熟时期，但其书风别具一格，有汉简的结体特征，字形宽扁，中宫开阔而整体平稳，具有简书行文中笔势横向宽厚舒放、纵向短促聚合的气质。此外，该碑碑阴的刻字颇具曹全碑书风，是研究汉隶发展情况的重要依据。

华山庙碑全称《汉西岳华山庙碑》，刻于东汉延熹八年（公元 165 年），原碑在明嘉靖年间遭毁[①]，现存有拓本四种，并有重刻碑藏于陕西省华阴市西岳庙灵官殿。碑额有篆书“西岳华山庙碑”两行，碑文每行三字，以隶书行文，共 22 行，每行最多 38 字。全文内容可分为三部分：第一部分为修庙、祭祀等活动的记录，有汉高祖、武帝、宣帝、光武帝等汉代帝王祭祀山川事迹的叙述，并记载了延熹四年弘农太守袁逢整修庙宇、重兴祭祀之事，该碑即是记载此事的记功碑；第二部分为四字一句共 160 字的赞辞；第三部分为记名。全文内容是研究汉代礼仪制度、历史事迹、辞赋、书法的重要材料。

华山庙碑的隶书是汉隶成熟期的作品，其书风寓变化于平稳，行笔有力，结体方正，转折方圆皆备。清代金石学大盛，华山庙碑和乙瑛、礼器、孔庙、衡方、史晨、张迁碑合称为汉隶七大名碑，并受到当时的著名金石学家朱彝尊盛赞，称其“正变乖合，靡所不有”，认为它是“汉隶第一品”。

（八）羽人骑天马玉雕

羽人骑天马玉雕（图 2-125）出土于汉元帝渭陵遗址内的建筑基址，是汉元帝渭陵出土的多件精美圆雕玉器之一。[②]不同于该遗址出土的圆雕玉熊、圆雕玉辟邪，这件羽人骑天马玉雕表现了两个形象于一体，这种组合形象的玉雕在汉代圆雕玉器中较为少见。此外，该玉器制作技艺精湛，使用了镂空透雕、浅浮雕、阴刻、圆雕多种技法来塑造形象，能代表汉代最高的玉雕技艺，是反映汉代艺术发展情况的重要文物。

玉雕高 7.2 厘米，长 9 厘米，底宽 3.4 厘米，重 170 克，用一块纯净无瑕的羊脂白玉雕凿而成，表现的是羽人乘着天马的形象。玉雕的形象细节雕凿精

---

① 一说该碑毁于嘉靖三十四年（公元 1555 年）的关中大地震，一说该碑为嘉靖中期以后一县令为修西岳庙而碎为砌石，详见金其桢，中国碑文化[M]，重庆：重庆出版社，2002 年，第 118—119 页。

② 刘云辉、刘思哲，汉代圆雕人物和动物玉器艺术成就试析[J]，河南博物院院刊，2020（02）：28-40。

致，整体造型比例准确。

羽人是汉代求仙思想中十分流行的形象，也是丧葬礼仪美术中常常表现的符号。这件玉雕中的羽人与汉代常见的羽人形象无二，为肩披羽毛编织短衣、穿羽毛编织短裤的形象。羽人的姿态呈坐姿，双手伸直，手掌紧贴天马的脖颈后方，右手握着灵芝，这一形象为“羽人携灵芝”，在汉代墓葬壁画中颇为流行，尤其在陕北东汉时期的墓室石刻画像中屡见不鲜。

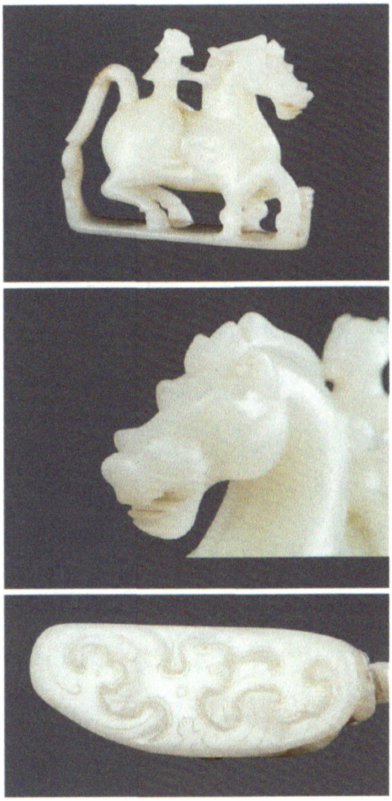

图 2-125 羽人骑天马玉雕

天马是汉代求仙思想中一种可以飞行的神马，是典型的瑞兽，其概念在武帝时期即已非常流行。玉雕中的天马表现出张口，瞠目，马鬃立起，马蹄高抬，马尾弯折翘起的奔跑姿态。这种姿态已不同于西汉中前期表现马时惯用的立马或卧马等相对静止的姿态，而与东汉时期流行的具有动态特征的马的形象相似，例如甘肃武威雷台汉墓出土的铜奔马，反映出汉代美术表现马时从静态马向动态马的形象追求的转变趋势，同时也体现了西汉后期雕塑艺术对动态形象表现能力的进步。

羽人骑天马玉雕在表现求仙的主题时亦巧妙，设计者利用天马身体两侧由浅浮雕刻成的羽翼、马蹄下踩着的云纹托板、马背上的羽人等元素促成了羽人驾着天马驰骋在天空之中的景象，是典型的反映汉代求仙思想的器物。

（九）星云纹镜

星云纹镜又称为“星云百乳镜”“百乳镜”，它是流行于西汉中期的一类铜镜，因镜背纹样以围绕镜纽的许多小乳钉为主，纹样整体面貌颇似天文星象而得名。这类镜背的乳钉多寡不一，以乳钉数量多寡又可分为三星式、五星式、八星式、多星式等，纽座又常为连珠纽、连峰纽，连珠座、圆纽座等点式纹样构成，纹饰带常以连弧纹划分，其纹样是装饰艺术中以点布局的典型作品。

1966—1994 年，陕西兴平县西吴镇、咸阳市火葬场两地的几处西汉墓地出土了许多铜镜，其中星云纹铜镜类型齐全，这些铜镜现藏于茂陵博物馆①，它们成系统地反映了西汉镜式中星云纹镜的纹饰发展状况，是研究古代装饰艺术的重要文物。

所谓三星式星云纹镜（图 2-126），就是在纽座外圈的纹饰带内，以四枚大乳钉（大乳钉往往又分为圆座乳钉、连珠座乳钉等类型，其纹样特点是较小乳钉大、组合复杂）将纹饰带分为四个等分区，每个区内分布三枚小乳钉。同理，五星式（图 2-127）、八星式（图 2-128）、多星式（图 2-129）等纹样也是以大乳钉分区，再以五个、八个、多个小乳钉布于分区内，这里的“星”即指小乳钉。这些小乳钉的布局由于数量不同，乳钉之间的关系就不同，以线性视角来看，三星式星云纹镜的小乳钉布局是简单的一线排列，而每个分区内达到十二枚小乳钉的多星式星云纹镜的“星”则是曲线排列，也正是这种“星”与“星”之间的不同排列方式，才使得成系列的星云纹镜具有丰富的布局美感。

图 2-126　三星式星云纹镜

图 2-127　五星式星云纹镜

① 张文玲，茂陵博物馆藏西汉铜镜[J]，文博，2020（03）：74-81。

图 2-128　八星式星云纹镜

图 2-129　多星式星云纹镜

（十）虎符石匮

虎符石匮（图 2-130 左）出土于青海海北藏族自治州海晏县城西的一座古城遗址，是一件造型特殊的石刻。20 世纪 50 年代以来，经过安志敏等学者的研究，学界普遍认为这座古城是汉代西海郡的郡治所在，即汉代西海郡古城①，在确立古城身份的过程中，这件虎符石匮发挥了颇为重要的作用。

虎符石匮由花岗岩雕刻而成，主要分为两部分（图 2-130 右上、右下），上部分为石虎，下部分为石匮。石虎长 1.32 米，高 0.46 米，呈卧姿，昂首直视，虎尾弯曲搭在背上，石刻整体造型略方，细节雕刻较少，虽然根据虎符石匮表面的石刻铭文可知该器物制作于西汉末年王莽篡政的那段风雨飘摇的时期，但这件石虎的雕塑风格仍然保持着西汉石刻艺术那种端庄质朴、循石造像的风格。石虎下有长方形石座，石座长 1.37 米、宽 1.15 米、高 0.65 米，石座内部有长 0.6 米、宽 0.39 米、深 0.28 米的凹形空间，汉代“柜”同“匮”，这个凹形的空间就是石柜的内部，可以用来储物。在石虎的正下方，石座的外部里面刻着三行篆书铭文，共 22 个字，书体是西汉末期汉小篆吸收隶书体貌后的风格，行笔由圆转方，结字也有隶书横向书写的特点，对于研究汉代书法的发展演变具有重要的价值。铭刻的内容为“西海郡虎符石匮始建国元年十月癸巳工河南郭戎造”，这段文字不仅说明了器物的名称，而且记录了这件

① 安志敏，青海的古代文化[J]，考古，1959（07）：375-383。

图 2-130 虎符石匮全貌（左）及上下两部分正面图（右上、右下）

石刻完成的年代和制作人[①]的信息，为器物所属遗址为西海郡的确立提供了有力的证据。

始建国元年是王莽篡汉建立新朝后的第一个年号，王莽在掌握朝政实权后，为其将来的篡位铺设道路，希望形成其治下所谓“四海一统”的假象，因此派中郎将平宪等与当时居于青海地区的羌人交涉，“多持金币，诱塞外羌”，使其献出允谷、盐池、鲜水海等地，从而在此设立了西海郡。新朝灭亡后，西海郡一度废弃，东汉永元年中，又曾恢复了郡治，但随后又遭废弃。这件石刻就是建造于王莽的新朝创建年号的第一年，是证实新朝设置西海郡的重要物证，也是证实东汉设立的西海郡郡治所在的依据。[②]

所谓“虎符石匮”的器物名称中的虎符应非指古代用兵所需之符，而是指王莽在争夺汉王朝政权过程中利用的“符命”“匮策”等带有神秘色彩的事物，虎符石匮应是用于保存新朝建立后颁布的“四十二篇符命”的工具。[③]

---

① 有学者认为“工郭戎”非指石工，而是指监工的名字，该观点尚待考证，详见张世杰，青海新莽西海郡虎符石匮铭刻[J]，中国书法，2013（07）：176-177。

② 安志敏首先据此虎符石匮的铭文明确提出了海晏县三角城遗址即汉西海郡遗址，此后学界普遍认可此论点。详见安志敏，青海的古代文化[J]，考古，1959（07）：375-383。

③ 张世杰，青海新莽西海郡虎符石匮铭刻[J]，中国书法，2013（07）：176-177。

第三章

华中地区遗址美术

第一节　多样的墓葬类型：华中地区墓葬遗址美术

华中地区的河南是华夏文明的发源地之一，有着深厚的历史文化底蕴。洛阳在西汉时期即是仅次于长安的大都市，东汉建立后，汉王朝将首都迁到了这里，洛阳的经济文化因此而得到了进一步的发展。在都城强有力的文化影响下，洛阳附近地区整体上呈现出较为统一的艺术特征，在墓葬美术中表现出重视绘画、重视对升仙思想的表现趋势，但具有统一特征的同时，河南地区各地的墓葬之间又有所差别，这包括了墓室结构、图像表现形式、装饰风格等多个方面的差异。而这种差异正说明了东汉丧葬礼仪美术的迅速发展，显示出东汉洛阳作为政治文化中心，在重视厚葬的社会风气之下，很快形成风格多样的墓葬美术派系的繁荣景象。

河南的汉代墓葬遗址以东汉时期的砖、石多室墓为大宗，其中洛阳的烧沟汉墓、卜千秋墓是东汉小型砖室墓的典型代表，其空间内的图像布局明确，整体结构独特，墓室内顶部常有升仙图，而墙面多表现重要的神祇或历史故事，著名的二桃杀三士彩绘壁画就出土于洛阳烧沟 61 号汉墓。河南南阳、新密发现的大中型砖、石多室墓是汉代墓葬中壁画内容最为丰富、风格成熟、美术语言系统而丰富的典范，南阳麒麟岗汉墓、新密市打虎亭汉墓是反映东汉丧葬礼仪美术成熟期的重要遗址。值得注意的是，河南永城有现存最大的诸侯王陵墓群，即永城柿园汉墓，该墓群是西汉时期梁国诸侯王的茔域，其中的墓葬大部分为石室（洞）墓，其墓室构造复杂，反映了西汉时期墓葬礼仪美术中“事死如事生”观念在空间布局、墓室结构方面的逐步具化的过程，是西汉墓葬从土坑木椁墓向多室墓发展的集中体现。同时，这里发现的数目惊人的大型石室（洞）墓极大地丰富了“凿山为藏”的西汉诸侯墓研究基础。

湖南发现的诸多西汉楚国墓葬则反映出西汉前中期楚地的墓葬传统，其中即包括了著名的马王堆汉墓，该墓的墓葬布局模式、出土文物、保存度惊人的墓主人遗体都是研究汉代文化、物质发展情况的重要文物。著名的马王堆三号汉墓T形帛画是学界研究汉代丧葬观念的重要对象，而这件T形帛画和该墓出土的多重彩绘漆棺、木椁壁板上的织锦、大量器物形成的整体艺术是观察汉代墓葬遗址美术的整体艺术价值的宝贵遗存。

综上，华中地区丰富多样的墓葬类型说明了中原地区丧葬礼仪美术的高度成熟和该地区在当时社会文化发展中的重要地位，华中地区的汉代墓葬遗址是研究墓葬美术无法绕开的内容之一。

（一）东汉帝陵

1. 东汉帝陵遗址的基本情况

东汉帝陵的分布，远较西汉帝陵复杂，位于洛阳地区的东汉帝陵分为两个区域，其一是汉魏洛阳故城西北15—20里的邙山东汉陵区，其二是汉魏洛阳故城东南30—48里的偃师万安山东汉陵区，这一南一北的两个陵区就是历史上东汉帝陵的北兆域和南兆域。但由于历史和现代的种种原因，东汉的帝陵群遭受了较严重的破坏，尤其是邙山陵墓群受到的破坏最为严重，这为考古工作者确定东汉帝陵的分布增添了困难。

从2002年以来，随着国家文物局批准的"洛阳邙山陵墓群考古调查与勘测"项目的开展，考古工作者在洛阳邙山进行了多年的调查、勘测和论证工作，产生了一系列考古报告和学术论著，从而厘清了洛阳邙山5座东汉帝陵的归属和布局。

邙山的5座东汉帝陵分别是汉光武帝的原陵、安帝的恭陵、顺帝的宪陵、冲帝的怀陵和灵帝的文陵，而位于汉魏洛阳故城东南的6座帝陵则是汉明帝的显节陵、章帝的敬陵、和帝的慎陵、殇帝的康陵、质帝的静陵、桓帝的宣陵。

2002年至2007年开展的洛阳邙山陵墓群文物普查基本确立了邙山陵墓群的分区。[①] 考古工作者发现邙山地区主要有东周、东汉、曹魏、西晋、北魏、后唐等六代帝陵，其中东汉帝陵群位于邙山陵墓群的中段，即洛阳汉魏故城的西北方，这里是邙山地理位置最为开阔、平整的区域，文物普查工作

① 洛阳市第二文物工作队，洛阳邙山陵墓群的文物普查[J]，文物，2007（10）：43-59。

确立了这一区域有近400座东汉古墓，并确立了5座独立大冢，这些大冢基本处于陵墓区西部，分别被称为大汉冢（图3-1）、二汉冢（图3-2）、三汉冢（图3-3）、刘家井大冢、玉冢，虽然后来的发现推翻了其中的部分墓冢为东汉帝陵的推断，但这次文物普查基本确定了邙山东汉陵墓群帝陵所处的区域方位。在陵区的东部，还发现有380余座墓冢，很可能是集中的帝陵陪葬墓群。2006年严辉发表的《邙山东汉帝陵地望的探索之路》[①]在回顾早年考古工作并结合最新考古成果的基础上提出了大汉冢为光武帝原陵、玉冢为安帝恭陵、二汉冢为顺帝宪陵、三汉冢为冲帝怀陵、刘家井大冢为灵帝文陵。2011年由洛阳市第二文物工作队系统勘探了编号为M722、M707、M708、M709的四座东汉墓葬，撰文发表了《洛阳孟津朱仓东汉帝陵陵园遗址》一文[②]，明确了这四座邙山东汉陵区墓葬的内容和布局，同期发表的《洛阳孟津朱仓东汉帝陵陵园遗址相关问题的思考》[③]进一步明确了邙山东汉陵墓区5座帝陵的地望，从而为该墓葬区东汉帝陵的进一步研究奠定了坚实的基础，确定了朱仓M722、M707墓葬为顺帝宪陵和冲帝怀陵，形成了目前学界普遍认可的对邙山东汉陵墓群的5座帝陵地望的结论。而此前认为是冲帝怀陵的玉冢被证实是北魏孝明帝的定陵[④]，而三汉冢应是一座减制帝陵，应属于某位东汉少帝，有学者认为此墓为安帝驾崩后被立的北乡王刘懿的墓葬。[⑤]

邙山东汉陵区位于洛阳市孟津县送庄镇三十里铺村及其周边区域，总面积达40余平方公里，陵区内除帝王陵墓外，还发现有陵墓的配套建筑基址，并发现了后妃等贵族陪葬墓，形成了帝陵的完整结构，其中帝陵位于陵区的中部，陪葬墓群位于陵区东部和东北部，而后妃的墓葬位于陵区的西部和西北部。通过勘察和研究，可知东汉和西汉帝陵的布局、结构有着颇多差异，例如帝陵之间的分布关系、帝陵的配套建筑、陪葬墓的分布模式均有显著的区别，帝陵附近也不再有陵邑的存在，陪葬墓也不同于西汉帝陵有各自的陪葬

---

① 严辉，邙山东汉帝陵地望的探索之路[N]，中国文物报，2006-11-03。

② 洛阳市第二文物工作队，洛阳孟津朱仓东汉帝陵陵园遗址[J]，文物，2011（09）：4-31。

③ 严辉、张鸿亮、卢青峰，洛阳孟津朱仓东汉帝陵陵园遗址相关问题的思考[J]，文物，2011（09）：69-72。

④ 洛阳市文物考古研究院，洛阳孟津后沟玉冢调查勘探报告[J]，洛阳考古，2014（03）：24-32。

⑤ 李继鹏，洛阳邙山东汉帝陵再探[J]，中国国家博物馆馆刊，2020（05）：20-26。

图 3-1　大汉冢

图 3-2　二汉冢

图 3-3　三汉冢

墓群，而是形成一个统一的陪葬区，在这一区域中，交错地分布着东汉各时期的帝陵陪葬墓。[①]

在邙山东汉陵区的5座帝陵中，汉光武帝的原陵（即当地俗称的大汉冢）编号为M066，该墓封土直径156米，是5座帝陵中最大的一座[②]，墓冢位于洛阳市孟津县三十里铺村村南，处在陵区最为显著的区域，经勘测，该墓是一座甲字形砖室大墓，是东汉时期最高等级的墓葬形制，在封土附近发现有大型的建筑基址，这些建筑应属于陵园内的礼制建筑或办公、住宅场所，很可能即文献所谓的“石殿、钟虡、寝殿、园省、园寺吏舍”等建筑，其中石殿、钟虡、寝殿是陵园内主要的礼制建筑，而园省是后妃居住的地方，园寺吏舍则是陵园管理人员办公住宿的场所。邙山东汉5座帝陵只有朱仓M722、M707经过确切勘测[③]，因此学界对其他3座帝陵的布局多为假设，经过论证，这些帝陵的基本布局多涉及东汉帝陵通常具备的建筑设施，M707冲帝怀陵未发现园省，而园省是陵园内后妃居住的场所，应与M707是少帝陵寝有关。[④]原陵对于东汉帝陵的意义非凡，它是东汉第一位皇帝汉光武帝刘秀的墓葬，确立了帝陵的布局和组成结构，事实上，原陵的大规模建设到东汉第二位皇帝汉明帝时才结束，汉明帝为了进一步强化皇权，将光武帝的庙与汉高祖刘邦的高庙分别建造，并下遗诏将自己的牌位立于光武庙中，不为自己立庙，还将国家大典移至陵墓举行，确立了东汉国家礼制中的“上陵礼”，而原陵的石殿就是举行上陵礼的地方。在大汉冢的陵园遗址东部偏南发现的夯土台基周围有大量碎石，很可能就是原陵的石殿和寝殿。

相比之下，东汉帝陵的布局、形制、建筑内容和西汉帝陵差别均较大，从体量上讲，东汉帝陵的规模要远小于西汉帝陵，葬制也发生了重大的变革，由

---

① 李继鹏，洛阳邙山东汉帝陵再探[J]，中国国家博物馆馆刊，2020（05）：20-26。

② 关于汉光武帝原陵的地望，目前尚有争论。一说认为原陵即大汉冢，见严辉，邙山东汉帝陵地望的探索之路[N]，中国文物报，2006-11-03；亦见严辉，再谈孟津大汉冢为东汉光武帝原陵[J]，中原文物，2022（06）：138-144。另一说认为朱仓M722为光武帝原陵，见王咸秋，邙山东汉五陵考[J]，考古与文物，2021（01）：106-112，在该文观点下，东汉五陵的地望与严说多有不同。目前严说受到学界引用讨论的情况相对较多，故本文暂以严说为依据展开论述，王说引于此以供读者参考。

③ 洛阳市第二文物工作队，洛阳孟津朱仓东汉帝陵陵园遗址[J]，文物，2011（09）：4-31。

④ 严辉、张鸿亮、卢青峰，洛阳孟津朱仓东汉帝陵陵园遗址相关问题的思考[J]，文物，2011（09）：69-72。

于光武帝和明帝两代的努力，东汉建立了“上陵制”等加强皇权正统性的礼制措施，这些措施直接改变了帝陵的布局和形制。此外，洛阳地区的东汉帝陵不再有类似西汉昭穆制度下的帝陵整体布局规律，这主要是因为东汉先后经历的安帝、质帝、桓帝外立的情况使得皇帝的陵墓难以按照常规的顺序安置，另一方面，明帝为了突显东汉以孝治天下的国策，同时加强皇权的正统性，有意将自己的陵墓建造在洛阳城的东南，从而将洛阳城西北邙山上光武帝的原陵推崇到至高的地位，为上陵礼确立了一种至高而神圣的基调，因此，东汉明帝以后的几位皇帝多安葬于洛阳东南，但早逝的殇帝和外立的安帝又打破了这种帝陵葬制，使得洛阳城的帝陵群布局呈现出复杂的状况。正是这种复杂的状况，印证了东汉复杂的政局和中后期动荡的社会环境。

关于洛阳东汉时期墓葬的考古研究还在不断地进行着，东汉帝陵的神秘面纱还在慢慢向世人揭开，而学界关于东汉帝陵的种种疑问，虽已取得丰厚的成果，但尚需更多的考古资料予以支撑才能得到更为确凿的答案。

2. 遗址的代表性文物

石辟邪

石辟邪是汉代墓前石刻常见的形象，古人认为辟邪是可以驱逐侵蚀陵墓的妖邪的神兽，同时其威严的形象也是墓主人威严的象征。其形象来源很可能和《周礼》所说的方相氏有关，详见本书第一章第一节“墓葬遗址”。

这件石辟邪（图 3-4）是目前已知的石辟邪中体量最大的一件，高 190 厘米，长 297 厘米，宽 90 厘米，1992 年出土于河南省洛阳市孟津县油坊村，现藏于洛阳市博物馆。在墓前立石兽的制度大约形成于东汉[①]，洛阳作为东汉的都城，出土有较多的石辟邪，这件辟邪即是洛阳出土的东汉文物。汉代拥有墓前石兽的墓葬一般都属于高级贵族的墓葬，而如此巨大的墓前石兽原应立于墓葬的神道旁，可知其神道的宽阔和陵墓的高大。距石刻 1 公里的北面，正是汉光武帝的陵墓，因此有人认为这件石刻原是帝陵的一部分，但目前此说因证据有限而尚无定论。但无论如何，在东汉帝陵附近的墓葬往往也都是高级官吏或贵族的陪葬墓，因此，这件石辟邪可能至少是某位重臣的墓

① 孙机，汉代物质文化资料图说（修定本）[M]，北京：中华书局，2020 年，第 508 页。

前石刻。

石辟邪事实上是对“天禄”“辟邪”两种石兽的统称，后来可能是因为“辟邪”一词与石兽作为“镇墓兽”的功能有关，所以这一名词成为人们对两种石兽代表的超现实神兽的统称。这两种石兽一般成对出现，造型几乎一致，只在头部的角的数量上有所区分，洛阳孙旗屯出土有一对石辟邪（图 3–5），主要差别即在石兽头顶角的数量，孙机据《绍兴古镜聚英》和浙江出土的一面汉镜的图像而认为一角者为辟邪，两角者为天禄，但又据《汉书 · 西域传 · 乌戈山离国》称“一角者或为天鹿（通‘禄’），两角者或为辟邪”，以及山东临淄金岭镇 1 号东汉墓出土的铜牌上铸有一独角兽，铭文为“天禄”的事实认定，汉代对天禄、辟邪这种超现实之神兽的区分本身即存在着一种“不规范性”[①]。

洛阳孟津村的这件辟邪为独角，且其角被表现为类似马鬃一样的造型，其身体比例和谐，四肢壮硕，头部前端平直，脖颈、尾巴均粗壮，石像腹部稍窄细，通体给人以厚重、结实、有力之感。辟邪的早期形象很可能来源于石虎，因此辟邪的体貌总呈现出汉代美术中虎的形象特征[②]，包括圆瞪的双目，类似犬科动物的鼻与口，口边有层叠的深刻褶皱，类似猫科动物的耳，其粗壮有力的爪和身体呈现的横卧的“S”形曲线则同样与猫科动物相似，可见辟邪造型是从早期的石虎和对现实中动物的观察而来，此外，石匠对其身体的细节部分也有所表现，四肢膝部的褶皱和腹部的肋骨也均被表现了出来。辟邪的身体上还刻有多处花纹，其中主要的花纹为羽纹，分别位于其胸部两侧、后腿和臀部，反映了这种神兽似乎具有飞升的本领。使辟邪具有明显的超现实特征的，是它的舌、头部两侧类似鱼的胸鳍[③]的器官和肩部的翅，尤其是其舌，呈现出长长的垂至于胸前的造型，这一形象对于后世镇墓兽的造型影响颇深，被持久地保持了下来。其肩部的翅则挺直而稍向上弯曲，被表现得颇具流线性和力量感。在这些动物特征和纹饰的组合下，汉代辟邪的超现实形象被塑造了出来，这是一种具有飞升能力，并具有猫科和犬科强有力的攻击

① 孙机，汉代物质文化资料图说（修定本）[M]，北京：中华书局，2020 年，第 510 页。

② 这种虎的形象往往集合了猫科、犬科动物的特征，而非生物学上对虎的模仿。

③ 该造型学界尚无明确解释，或为其他动物的象征性器官。本文暂以其位置接近口部、造型又类似鱼的胸鳍而暂称为鳍。

图 3-4　石辟邪

图 3-5　洛阳孙旗屯出土的一对石兽之一

性造型特征的神兽。此外，这件石雕虽是东汉时期的佳作，但也是一件承上启下之作，其雕刻风格既承袭了西汉石雕追求整体气势、注重大结构和粗线条的表现模式，又具有东汉石刻追求细节，表现华丽纹饰的雕刻手法，石雕的各部能在借助石材表现出力量感和整体感的基础上附加较为精致的花纹和细节，从而使石雕既保有循石造像的古拙之美又具有精雕细琢的华丽之妙，其最终的形象显然已在粗犷和细腻两种风格之间找到了良好的平衡。

（二）南阳麒麟岗汉画像石墓

1. 南阳麒麟岗汉画像石墓遗址的基本情况

麒麟岗汉画像石墓位于河南省南阳市西郊 3.5 公里的麒麟岗村西，麒麟岗村东有百里奚村，据载为春秋时秦相百里奚的故里，该村有名为“七星冢”的古墓，在 1964 年以来的多次考古发掘中，这片区域发现了不少汉代墓葬。麒麟岗汉墓发现于 1988 年，据考古报告称，该墓隶属于一个大冢，大冢下共有 24 座墓葬，麒麟岗汉墓即是其中一座，编号为M12（图 3-6）。该墓朝向为坐东朝西，是一座满布画像石的墓葬，由两座墓门、前室、南主室、中主室和北主室组成，平面图呈“而”字形。[1]从墓葬的画像石内容来看，不外乎汉代画像石墓的常见主题，以象征仙界的汉代神话中的诸神和祥瑞、生活中的凡人（如侍者、婢女、门吏等）内容为主，其中大部分神仙和祥瑞的形象刻画于门楣或墓室壁上端，伏羲和女娲二神以及部分具有驱邪目的的神兽刻画于墓室立柱上，门吏也多刻画于立柱上，立柱上的内容主要为具有驱邪、防御功能等的形象。此外，立柱也表现大型的单个人物形象，象征的应是墓主人的家眷。侍者、婢女等家佣的形象则刻画于墓室壁下端。在北主室和中主室的东壁正面还刻画有墓主人的肖像。

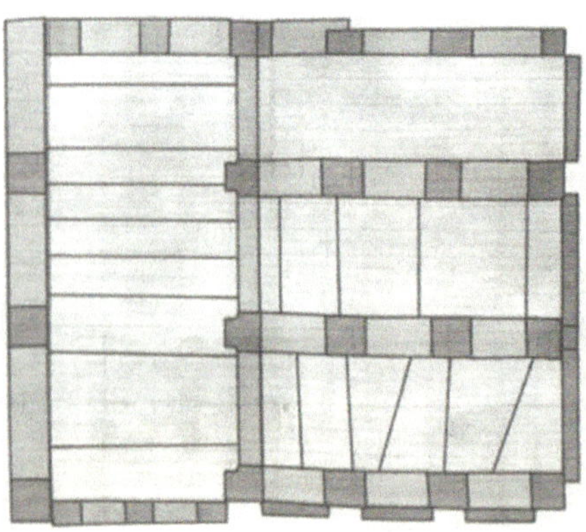

图 3-6　墓顶石板结构仰视图

① 黄雅峰、陈长山，南阳麒麟岗汉画像石墓[M]，西安：三秦出版社，2008 年，第 1—4 页。

整体来看，这些图像以墓门表现驱邪图像，墓室后壁（东壁）表现墓主人肖像，墓室上部表现神灵、瑞兽，下部表现墓主人侍从为主要布局规律，并且在墓室立柱上出现仙界和墓主人侍从形象交集的现象。墓室中表现大场景绘画的内容并不普遍，只在三主室门楣上刻画有一幅乐舞百戏图，并在前室顶部绘有一幅巨大的天象图，其绘画以表现人物、神仙、瑞兽、仙怪、星象为主。

2. 遗址的代表性文物

天象图

在众多的墓室壁画中，最为著名的是位于墓前室顶盖石下的天象图（图 3-7），也称“黄帝暨日月神图”[①]，该画像石体量巨大，由九块画像石组成，占据着整个前室的顶部，长 368 厘米，宽 137 厘米，画像中部头戴山形冠端坐者为中央神黄帝，汉时认为居于天界中央的是黄帝。在黄帝的四周刻有四神，分别为东方青龙、西方白虎、南方朱雀、北方玄武，代表天空四方的四个区域。四神在古代还具体代表天空中四个方向上诸多星宿的集合，即二十八星宿，每个方位神由七个星宿组成。如青龙为“角、亢、氐、房、心、尾、箕”，玄武为“斗、牛、女、虚、危、室、壁”，这种“四神”的观念在汉代已非常成熟。在画中东方青龙的东侧，刻画的是日神羲和，其形象是人身蛇尾，穿交领长袍，双腿如龙爪，有长尾，双手持有象征太阳的图像，太阳内部刻有三足乌（也称金乌），即传说中居于太阳之中的神鸟。西方白虎的西侧为月

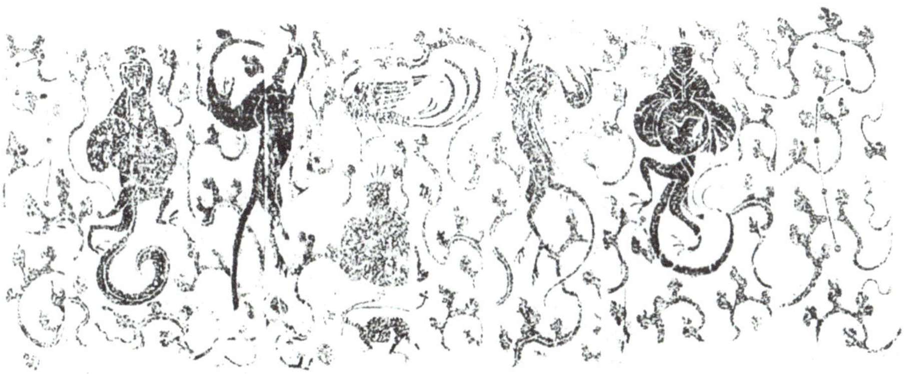

图 3-7　天象图

① 黄雅峰、陈长山，南阳麒麟岗汉画像石墓[M]，西安：三秦出版社，2008 年，第 74 页。

神常羲，造型和日神羲和相似，亦为人身蛇尾，双腿如龙爪，体形比羲和稍大，头戴冠，似为披发，手持象征月亮的图像，内刻蟾蜍。画面中太阳位于东侧，月亮位于西侧，《释名》载“望，月满之名也。月大十六日，小十五日，日在东月在西遥相望也”，因此画中的日月表现的是古人所谓“日月相望”的概念。此外，画面最右侧有北斗，即如同勺状的七星，最左侧有南斗，形状亦如勺，但“勺柄”少一星，南斗为北方玄武七宿的第一宿，即“斗”宿，在天文中南斗和北斗遥相对应，也有天空两极遥相望的概念。画面中除去主要的图像外，还有作为“背景”的云气纹，这种云气纹一则可能象征了天空的云彩，另一则，据巫鸿的观点，这种普遍出现在古代礼仪美术中的具有强烈流动感的纹样是“气”的实体，而气在先秦被解释为“象征宇宙和人体内部活力的哲学概念”，汉人则进一步将气具化为实体，认为神仙周围必然有气的存在，因此，大部分仙界图像的四周都会刻有表现“气”的云气纹。[①] 综上，四神代表的二十八宿和中央神黄帝以及东方日神、西方月神，南、北斗共同构成了想象中的天界，这些图像的出现似乎反映了壁画作者希望表达天空之极大及其内部完美的对称关系，这件巨大的画像石以其选择内容的系统性和代表性成为目前已知的汉代壁画中反映天象和仙界的典型文物。

（三）打虎亭汉墓

1. 打虎亭汉墓遗址的基本情况

打虎亭汉墓位于今河南省新密市打虎亭村，是全国发现的汉墓中壁画内容最为丰富、壁画体量最为庞大的汉墓之一，该墓由东西两座墓葬并列形成，朝向均为坐东朝西，其中西侧为画像石墓（1号墓），东侧为壁画墓（2号墓），两墓相距约30米。西侧墓为砖石筑成的多室墓，共7个墓室，墓室总长25米，中室高近5米，墓室内画像石丰富。东侧墓（图3-8）相对较小，为砖室壁画墓，由墓门、墓门内甬道、前室、中室、后室、南耳室、东耳室、北耳室组成，各室之间由石门或甬道再次相连。[②] 值得注意的是，东

① （美）巫鸿，礼仪中的美术：巫鸿中国古代美术史文编[M]，北京：生活·读书·新知三联书店，2016年，第152—156页。

② 河南省文物研究所，密县打虎亭汉墓[M]，北京：文物出版社，1993年，第6—8页，192页—193页。

侧墓是一座画像石刻和壁画相结合进行装饰的墓葬，是一座利用类似而不同的媒介合作表达墓葬整体艺术的建筑，这是打虎亭汉墓丧葬礼仪美术的特别之处。具体而言，墓葬的绘画以壁画为主体，画像石刻往往作为壁画的陪衬或作为墓门、甬道的装饰。总体来看，壁画的主题为表现墓主人在地下家园的生活和天界神仙系统。其中主要而典型的图像主题包括“四神”“墓主人升仙”“瑞兽”“车马出行”“宴饮百戏”“庄园景象”“迎宾”“庖厨”“收租”“侍女图”等图。这些壁画分布于墓室的各个空间，组成了一个宏大、立体，具有叙事性情节的整体艺术品。

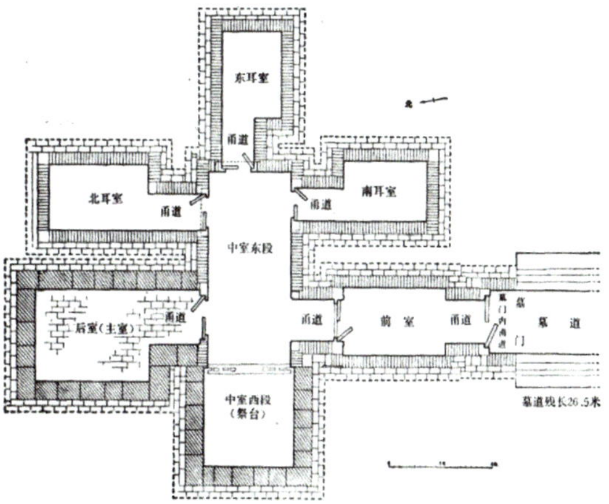

图 3-8　打虎亭汉墓 2 号墓平面示意图

2. 遗址的代表性文物

（1）宴饮百戏

在打虎亭汉墓众多精美的壁画中，“宴饮百戏”（或称“舞乐百戏”）占据了墓室内重要的位置（图 3-9），它位于墓室的中室东段北壁上部，东西长 7 米多，宽 0.7 米，总面积约 5.2 平方米，是一幅横贯墙壁东西的壁画。该图像不同于东汉墓室壁画中常见的百戏图，主要以俯视视角表现百戏场景，如在和林格尔汉墓宁城图[①] 的百戏图中，“百戏”以画面焦点的身份出现，画面以

图 3-9　宴饮百戏图

① 见本书和林格尔汉墓宁城图。

其为中心环绕展开，从而展现了宏大而热烈的宴会场景。但是打虎亭汉墓的宴饮百戏是利用“长卷”善于表现移动视角的构图特征来展现宴饮百戏的场景，从而使图像表现的内容具有明显的时空性。当观者横向浏览这件 7 米多长的壁画时，看到的不是环绕百戏展开的宏大场面，而是具有时间流动性的正在表现一项项杂技乐舞的“现场”，借助横向阅读的顺序性，表演是一幕幕出现的。有趣的是，画面将百戏的场景布置分列于画面上方和下方的长排帷幄之间，从而形成三个平行横向展开的并列空间，与百戏内容的变化性相比，两列对置的帷幄下的贵族图像基本一致，贵族们均安坐于黑色的席上，主要的造型特征是男性头饰为冠、女性头饰为多簪的华冠，贵族们所穿衣物或为黑色交领大袍，或为红色交领大袍，上列贵族多为正坐，有的做侧脸交谈状，有的做正脸观看百戏状，下列贵族人物造型与上列相似，不同点在于下列贵族多侧坐，贵族们面前多有漆器食盘或酒器。

相对于造型稳定的两列“观赏席”，位于画面中心区域的表演场地内的人物造型和情节等体现出姿态各异、内容丰富的艺术特征。在这些表演内容中共有八个不同的项目，其中有四处已残破难辨，其余左起分别为魔术表演、踏鼓舞、独舞、顶棍表演、掷丸表演，其中踏鼓舞参与者最多，是一种以脚踩鼓而舞的舞蹈形式，画中共四人，其中二人正做翩翩起舞状，面前地上有红色扁鼓，另有二人坐于旁侧的席间击鼓伴奏。所有内容特征鲜明，构成了一组热闹非凡又秩序井然的百戏表演。这些热烈的表演是“长卷”每一段的中心，说明长卷的绘画主体是三列平行图像中中间的一列，这一列将上下两列内容联系为一个更大的整体，当观者退远纵观壁画时，三列内容组成了宴会的全景。因此，百戏图是一幅具有平行并列构图的稳定性、具有顺序观看的流动性的将叙事和整体结合的汉代美术佳作。

（2）相扑图

相扑图是该墓葬美术中颇为特别的一幅（图 3-10）。该图像绘于墓室的顶券上，尺幅很小，却反映了相扑这项运动在汉代的情况。从图像可知，现被日本称为“国技”的相扑运动早在中国的汉代时期就已出现，而日本所流行的相扑运动中相扑手所穿服饰和唐代壁画中发现的相扑图中的服饰更为相似，可知相扑这项运动最早可上溯到我国汉代时期，可能是在唐代时才传入日本。[1]该图描绘了两位膀大腰圆的力士，他们皆穿一件朱色犊鼻裈[2]，扎朝天辫，蓄络腮胡，二人正处于相互观察、尚未交战的状态，其中左侧一位力士双手置于胸前，五指张开，掌面朝向观众，侧脸朝向对手，左脚前伸撑地，右脚抬起，似乎正要找到合适的机会和对手搏击；而右侧力士做后退引战之状，他右手延伸下垂于腹侧，右腿弓膝，左脚前伸和对手的左脚相交，左手弯抬于面前，手掌掌心向上，食指微微回弯，以示挑衅，这一姿态反映出这位力士不仅身强力壮，还具有狡黠的智慧，他似乎试图以挑战激起对方的愤怒，使其露出破绽，从而将其击破。二人表情均自若，下巴微微上扬，表现出相扑手在比赛中十足的自信，他们搏击的姿态轻松又充满力量感，似乎一场难分伯仲的激烈比赛即将拉开序幕，而画面正表现了这一激烈战斗开始前紧张又令人充满期待的时刻，由此可见壁画技艺之精美高超。在两汉之后的魏晋南北朝时期，顾恺之的“传神论”盛行，但观察这些精美的汉代壁画可知，汉代的画家，已经具有将人物的造型和内心世界进行联系表现的能力了。

图 3-10　相扑图

（四）长沙马王堆汉墓

1. 马王堆汉墓遗址的基本情况

马王堆汉墓位于湖南长沙市芙蓉区马王堆街道，该墓于 1972—1974 年发掘，发现珍贵文物 3000 多件，其内容系统而丰富，是汉代人生活的真实写照，

---

① 王力，中国古代文化常识（插图修订第 4 版）[M]，北京：北京联合出版公司，2014 年，第 223 页。
② 同上。

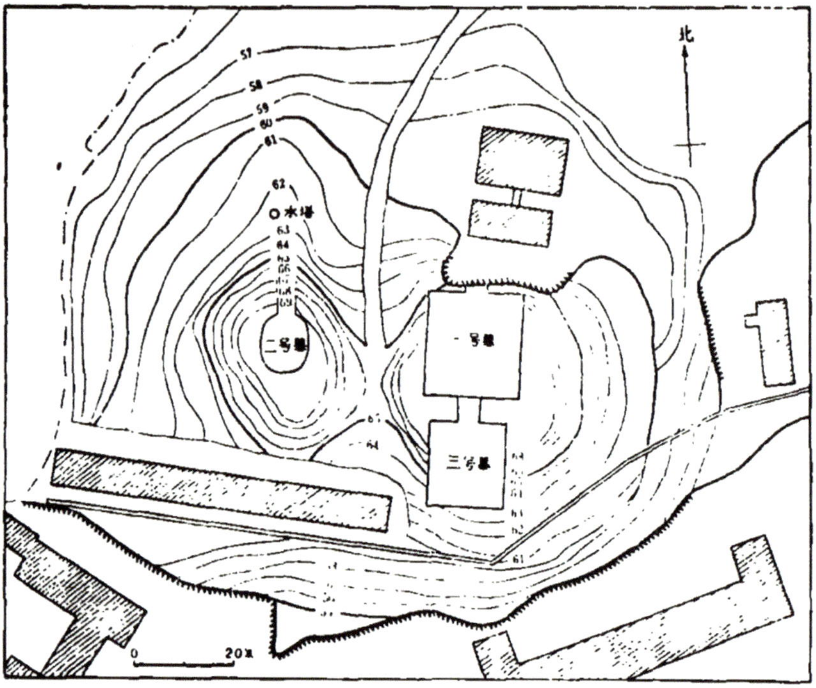

图 3-11　马王堆一、二、三号墓位置图

也反映了汉代人的丧葬观念，被称为“20 世纪世界最重大考古发现之一”。

马王堆汉墓是西汉长沙国的丞相、轪侯利苍的家族墓。轪侯利苍是西汉前期的功臣，曾随汉高祖刘邦征战，高祖九至十年（公元前 198 年—前 197 年），他被派往湖南任长沙国丞相，后又因镇守南越国、监督长沙王有功而被封为轪侯。

这座恢宏的家族墓葬遗址分为一号、二号、三号墓（图 3-11），三座墓葬均为北侧有墓道的竖坑墓，其中一号墓是轪侯之妻辛追的墓葬，二号墓是轪侯利苍的墓葬，三号墓则是利苍之子的墓葬（有认为该墓是轪侯二世利豨的墓，但其墓主人信息尚无定论）。

一号墓冢的封土在挖掘前高 20 余米，底径 50—60 米，大部分为夯土，顶部为圆形平台，直径 20 多米，封土下侧为一座自然形成的高 4—5 米的小土堆，其余大部分为人工堆砌。封土下墓葬为挖掘自然土堆而成，形制为带斜坡墓道的长方形土坑竖穴墓，方向为南北朝向。斜坡墓道位于墓坑北侧正中，上宽下窄，最上端宽约 3.1 米，下端宽约 2 米。在该墓中出土的文物中最为著名的是一具保存完好的女尸，她就是墓主人轪侯利苍之妻辛追。此外，该墓中还出土了多件重要的文物，其中具有代表性的有T形帛画、漆棺彩绘和刻有“妾辛追”字样的印章。

图 3-12　马王堆一号墓棺椁

二号墓在一号墓的正西，两墓土缘毗连呈马鞍状，封土高6米，顶部为不甚规整的椭圆形，东西近9米，南北11.5米，底径31.5米，墓坑底部距地面深度为16米，其建造年代要早于一号墓。该墓的主人是轪侯利苍，但是由于经过多次的盗掘，其受破坏程度却较一号墓要严重。该墓葬出土的最重要的文物是三枚印章，一枚是玉印，方形，盝顶，印面刻有阴文的篆体“利苍”二字，另外两枚是铜质的明器官印，均为方形，龟纽，其中一枚印面刻有阴文篆体“轪侯之印”四字，是死者生前受封爵位的明器，另一枚印面刻有阴文篆体“长沙丞相”四字，是死者生前所任官职的明器。两枚铜印纽部的龟腹均有穿孔，原有纽带，通体鎏金，但黄金脱落现象严重。这三枚印章的出土证实了马王堆墓葬遗址二号墓的墓主人身份归属，也对其他两座墓葬的墓主人身份的证实提供了依据。

三号墓的墓葬坑位于一号墓南侧4.3米处，但与一号墓共享同一封土。封土下方是一层厚度为20—30厘米的白膏泥，这层白膏泥同样覆盖着一号墓的墓口，白膏泥是汉代楚墓的常用土，这种土的质地柔软细腻，具有很好的密闭性和防腐性，由于这种泥土在潮湿后会发青灰色，故也被称作“青膏泥”。在白膏泥下层才是三号墓原有的封土，这层封土仅存2米多，为“五花土”。“五花土”是墓葬特有的土层，是墓葬开挖过程中通过人工将挖出的原属各土层的土进行混合回填形成。

三号墓出土了大量的文物，共计1000多件，其中主要的种类是帛画、帛书、简牍、兵器、漆器、乐器、木俑，以及装有各种食物、药材、丝织品的竹笥（图 3-12）。尤其墓葬中出土的帛画和漆棺彩绘反映了汉代美术的成就，覆盖在棺椁上的T形帛画和一号墓出土的T形帛画结构非常相似，说明墓葬统一的生死观念。墓葬中出土的大量帛书涉及了《易经》《老子》《战国策》等古代重要典籍，对古典文献的考古具有重要价值，这些文物与其他各类与生活息息相关的用具的集合形成了一座具有整体性设计理念的“地下家园”。

2. 遗址的代表性文物

（1）T形帛画

在马王堆一号和三号墓分别出土了一件T形帛画，这两件帛画原本均覆盖在棺椁之上，它们外形呈T字形，上宽下窄，上方顶部有丝带，可用于悬挂，它们在丧葬礼仪中的功能有“铭旌”的作用，也叫“非衣”，主题思想是“引魂升天”。

两幅帛画的保存完好程度不等：一号墓的保存程度最好，长 205 厘米，上段宽 92 厘米，下段宽 47.7 厘米，图像基本清晰，可以识别其中所绘内容；三号墓出土的T形帛画保存程度较差，长 233 厘米，上段宽 141 厘米，下段宽 50 厘米，很多图案细节已经难以辨认。但从整体结构和绘画的大致内容和构图来看，两件帛画所绘应属于相似内容，表达的思想应也相同。所以了解马王堆汉墓丧葬理念可通过解读保存较为完好的一号墓T形帛画而知其大概。

一号墓T形帛画（图 3-13、图 3-14）的画面可以分为两大部分。第一部分在画面上段，描绘“天界”的景象，画面正中央最上方，有一人首人身蛇尾之神，很可能是女娲的形象，其在画面中所处的位置说明了其最高的身份，其两侧有仙鹤样貌的神鸟围绕。画面右上角是一轮红日，红日内绘有黑色的鸟，这只鸟应是所谓的“金乌”，即古代神话中居住在太阳中身发金光的黑鸟。红日下方有一如藤蔓般蜿蜒的植物，在植物的周围还有 8 个红日，和有金乌的红日共计 9 个，托起红日的植物应为神树“扶桑”。T形帛画中的 9 日和古代后羿射日中“十日并出”的概念相悖，反映了古代神话内容在地方传统中的差异性，这是T形帛画作为重要的神话学和民俗学文物的价值体现。

图 3-13　马王堆一号汉墓 T 形帛画

图 3-14　马王堆一号汉墓 T 形帛画线图

画面左上角绘有洁白的弯月，在月牙上有蟾蜍和玉兔的形象，蟾蜍口中叼有祥云（这种祥云也见于画面下段的巨龙两侧），在月亮的下方，是以双手扶着月亮的女子形象，这一组内容表现的是“嫦娥奔月”的故事。在日月下方各绘有一条巨龙，它们身形弯曲呈 W 形状，面向画面正中上方的主神女娲。两龙的描绘富有动感，表现出了龙向高空攀飞之感，其中左侧的龙生有翅膀，嫦娥就坐在其翅膀上，画师匠心独运地将这些画中形象互相联系为一个整体。上方画面底端，也就是与下方画面的接壤处，有一对倒 T 形的柱体，如同天界的大门，在此天门两侧，站立着两位天神，应为天庭的守护者，他们正在接应即将前来的墓主人。天门上方绘有一口特钟，上方有两只瑞鸟叼衔，两侧有两位骑着斑点异兽的豹首人身的神使牵绳拉扯，将其悬于空中，这口钟应同样有迎接墓主人之意，在天门的门头上还各有两只形貌如豹的神兽，应是强调天门的警戒作用。综上，T 形帛画上段的内容是表现天界各类瑞像，其中不乏神话故事，反映了汉时丧葬礼仪美术与民俗紧密结合的现象。

帛画下方表现了墓主人的升天过程、葬礼现场以及汉代丧葬理念中的地下世界。[1] 这些场景都有明确的界线，将画面下段分为上层、中层和下层。

下段下层由代表大地的横板隔开，大地由一巨人托起，巨人赤膀而立，身前有一长蛇环绕，两侧靠近画面边缘的区域有两只龟状的神兽，但两只神兽拥有长尾，嘴衔祥云，背上各有一只鸮，即俗语中所说的“猫头鹰”。巨人脚踩两条相互交叉环绕的巨鱼，两条巨鱼的尾部分别站有一个有角的类人形象。

巨人托起的地面上方，即画面下段中层，这里正举行着一场祭祀（应和葬礼有关），两排具有透视感的文官分列于祭物左右，画面中央有各类礼器，前方还有三件鼎和两只壶，这些礼器代表了墓主人在当时尊贵的身份。这一场景中，墓主人并未出现，整个场景由各种器物和人员组成，却显得气氛真实（也有学者认为场景中央的半圆造型描绘的就是墓主人的遗体，那么这就是一场葬仪了），对官员呈透视（线性）站立的场景表现，体现了处理空间纵深感时所达到的成就。

图 3-15　马王堆一号汉墓 T 形帛画下段上层（局部）

画面下段上层（图 3-15）是墓主人升天的过程，在这里墓主人的形象出现：这是一位年迈的妇人，她正拄杖立于画面中央，其身后有仆从相随，面前有两位使者正在跪拜迎接，与使者相比，墓主人显得非常高大，这是用对比的手法强调其身份之高。这一场景的上方是一个如同华盖般的物体，华盖一般是古代贵族出行时车顶的伞盖，这一形象的出现说明了墓主人此刻处于移动

① （美）巫鸿，礼仪中的美术：巫鸿中国古代美术史文编[M]，北京：生活·读书·新知三联书店，2016 年，第 101—122 页。

的环境中。华盖下方有一类似鸮的异兽，上方有神鸟。

值得注意的是，下段中层和上层之间有一段占据较多篇幅的玉璧形象出现，玉璧又由两条尾及下层底端、头及上层顶端的巨龙穿过，两条巨龙一为青色，一为赤色，这是汉代丧葬礼仪美术中常见的“双龙穿璧”形象，这一图像一般寓意着生与死的转化。在玉璧下方，穗状的帷幕将中层与上层隔开，帷幕上立有两个人面鸟身的形象，他们均戴有文官的官帽，应是神使。玉璧上方，有一绘有回形纹的方形柱支撑着一件横板，这件横板是支撑墓主人的平台，由勾连的云雷纹绘成。立柱两侧由赤色的豹子守卫。

纵观全图，这件作品勾勒工整，细节精湛，设色多用赤色、朱红色、青色和白色，色彩饱满而又沉稳亮丽。整件作品段落分布清晰又互相联系，段落之间用横板、天门、华盖等结构分离，段落内部有明确的主题，又利用双龙穿璧的形象将段落联系为一个整体，形成从地下到天界的“引魂升天”的过程。在图像的设计方面，全图设计严谨，如神使、豹等形象均出现在“双龙穿璧”后的“天界”和“升天”段落中，而地下和地面世界中又以鸮（寓意死亡）和神龟（寓意高寿）的出现反映“生界”对生命和死亡的看待，反映出全图对图像符号应用的严谨逻辑。综上，马王堆一号汉墓T形帛画是一件集中体现了汉代前期美术成就和丧葬礼仪观念的杰出作品。

（2）漆棺彩绘

马王堆一号汉墓的棺椁由椁室、垫木、四层木棺组成，是汉人厚葬理念的集中体现。在四层木棺中，有两层木棺仍保留着较为完好的漆画（第一层，即最外一层棺木为黑漆素棺，无漆画。最内一层为锦束内棺，无漆画），这样的木棺绘画被称为漆棺彩绘。其中第二层的黑漆彩绘棺（图3-16），绘画内容抽象，笔迹粗犷，一反马王堆绘画的精

图3-16　黑漆彩绘棺

图 3-17 黑漆彩绘棺装饰图案细节图

图 3-18 黑漆彩绘棺装饰图案细节图

细风格，应是刻意为之，所绘内容广泛利用连续的纹样来修饰，如在盖板四周侧面绘有连续的卷云纹饰带，又在四面挡板四周绘有连续的流云纹饰带，挡板上所画的主要内容为行笔流畅而颇有力度感的云气纹，这种纹理使画面处于一种运动的状态，在这些成组的、互相扭转组织的云气纹理之间，还画有各种神人异兽，其中可见鹿、牛、豹、蛇及各类神怪形象，最为多见的是一种有角的人形异兽，他们时而持弓箭做射击状，时而做匍匐状，应为墓室的守护者（图 3-17、3-18），即常说的"镇墓兽"，有趣的是，这种形象也出现在覆盖在棺椁上的T形帛画上，位于画面的最下方，即表现地下世界的部分。这一形象的反复出现反映了马王堆墓葬的美术符号的一致性和墓葬设计的整体性，各种图像符号具有统一的语义，通过立体的空间为宏观的构思所服务。

第三层的朱地彩绘棺原本被包裹在第二层的黑漆棺之内，通体用朱红色作底色，盖板绘有龙虎图像，这是汉代丧葬礼仪美术中常见的图像。漆棺的四个侧面边纹主要是菱形的云气纹，内容各不相同，左侧为一仙山，两旁各有一巨龙，巨龙的身旁还有虎、鹿的形象；右侧绘有一条巨龙，巨龙身前有一白发仙人，身后为朱雀；在两侧图像中出现的龙、虎、朱雀、鹿也是汉代礼仪美术常见的瑞兽。朱地漆棺的头挡亦画有一呈正三角形的山，应是表现仙山昆仑（图 3-19），汉人认为西王母就居住于此。另一

图 3-19 马王堆一号汉墓朱地漆棺头挡装饰图案

个能体现马王堆艺术整体性的绘画是出现在朱地彩绘漆棺足挡部分的绘画，这里又一次出现了与原本覆盖在棺外的T形帛画一致的图像——“双龙穿璧”，两条巨龙穿过玉璧的形象与T形帛画颇为相似，根据棺木的层级，似乎越靠近内棺，图像内容就越接近非衣上所描绘的天界。这一层层的棺木绘画，如同对非衣所述的宇宙各层界域的展开式描绘。如果将套棺和帛画结合观察，我们很快就会发现它们之间的联系，这是一组立体而系统的“引魂升天”图像。

（五）江陵凤凰山汉墓

1. 凤凰山汉墓遗址的基本情况

凤凰山汉墓位于湖北省荆州市江陵县凤凰山，是一处西汉时期的墓葬群。凤凰山在春秋战国时期属于楚国，位于楚国故都纪南城的东南隅，是一座高出地面 10 余米的小山岗，它的南端连接着纪南城垣的南墙，西北靠近楚国故都的宫殿区，1973—1975 年考古工作者在这里进行了发掘，共发掘了秦汉以来的古墓 180 余座，说明这里曾长期作为城市的墓葬区存在。在这些墓葬中有汉代墓葬9座①，据考证，这些汉墓应属于中下级官员②，其中部分墓葬保存颇完好，出土文物丰富，学界将这 9 座墓葬合称为江陵凤凰山汉墓。

凤凰山汉墓的墓葬均为土坑竖穴墓，墓坑呈长方形，墓室朝向多为南北向，除 168 号墓为深埋外，其余墓葬的埋葬深度均在 2—3 米。墓葬出土的文物较为丰富，其中漆器和简牍占大部分，还有不少木俑和木质明器。漆器共计 500 余件，制作精良，与长沙马王堆汉墓出土的漆器如出一辙，反映了西汉前期漆器制造工艺的高度成熟。简牍共 600 余件，皆以隶书写成，共计 4000 余字，其内容以“遣策”居多，遣策是记录墓葬陪葬品的“手册”，是墓主人在地下家园生活的“资源清单”，在诸多汉代墓葬中均发现有遣策，它是反映墓主人级别、分析墓葬实际随葬情况的重要文物。除遣策外，简牍内容的另一大部分为“告地策”，是对墓主人身份信息的说明，是墓主人移居“地下家园”

① 长江流域第二期文物考古工作人员训练班，湖北江陵凤凰山西汉墓发掘简报[J]，文物，1974（06）：41-54。

② 王洪震、王爱民，汉家胜迹[M]，北京：中国文联出版社，2003 年，第 115—116 页。

的“告知书”，是模仿现实生活中迁徙文书写成的死者移居地下的文书。“告地策”在汉代荆州地区多有出土，反映了楚地的流行葬俗。

在9座凤凰山汉墓中，保存最为完善、规格最高、出土文物最丰富的当数168号墓葬。现对该墓葬的结构进行介绍，以期管窥凤凰山汉墓的内涵。168号墓葬出土的竹简有清晰的埋葬年代记载，是西汉文帝时期的墓葬（汉文帝前元十三年，即公元前167年），它是9座墓葬中最为深埋的一座（深8.4米）（图3-20），由于深埋、密封较好等原因，墓主人尸体保存较为完好。据研究，墓主人为一年龄约55岁的男性，是继马王堆汉墓女尸后我国考古发现的又一完整的西汉古尸。[①] 在相距不远的两处墓葬都发现了“千年不腐”的墓主尸体，可见西汉楚地墓葬在尸体防腐方面应具有颇为领先的技术。168号墓葬由墓道、墓坑、墓室三部分组成，墓圹略微呈斗状，四壁垂直稍向内斜。墓道位于墓坑正东，宽度在2—3米，整座墓葬仅此一条墓道，是一座“甲”字形墓。墓坑的填土分为三种：位于最下层的是木椁周围的青膏泥（也称白膏泥），木椁盖板上的青膏泥厚度达到了14厘米，并且经过了夯打；中层为厚达5.26米的青灰泥，也经过了夯打；最上层为坑土回填形成的五花土，厚约1.5

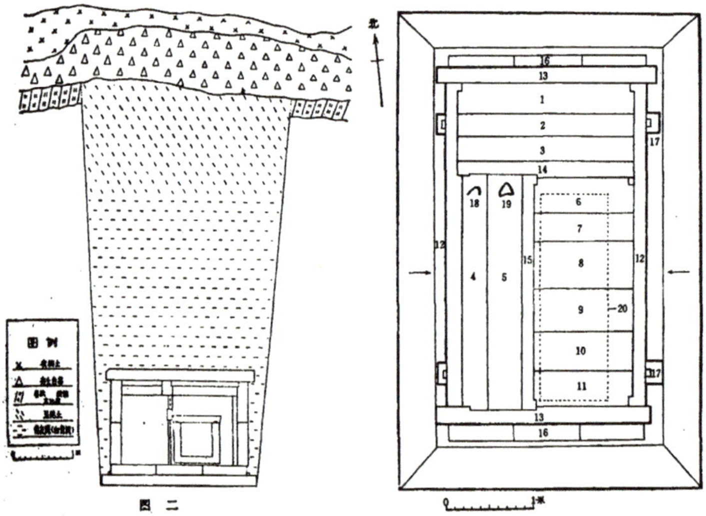

图3-20 墓葬地层图和平面图

① 长江流域第二期文物考古工作人员训练班，湖北江陵凤凰山西汉墓发掘简报[J]，文物，1974（06）：41-54。

米，五花土也经过了夯打，并且在填平墓坑后又继续增高了 30 厘米，形成了高于原始地面的土层。墓坑填土中还有不少的陶片，据考古报告可知这些陶片为东周时期的，是各类陶器的碎片。① 这些夯打紧实、自上而下密度逐层加大的填土方式无疑为墓葬内部的密封提供了良好的条件，是墓葬尸体、葬具、随葬品保存完好的重要原因。马王堆汉墓同样使用了大量的青膏泥，可见楚地墓葬良好的密封往往与该地墓葬深埋、填土密度的逐层增加有关。

168 号汉墓的棺椁为一椁二棺，木椁并非“井干式椁”，即并未将棺木放置于椁室的中轴线上，而是位于椁室的南部西侧，这应与墓主人的身份等级有关；两层棺木均为黑漆棺，头厢位于棺室的东部，边厢则在棺室的北部西侧，在木椁内，棺室通向边厢和头厢的隔板上开设有两副双扇门，用门来连通椁室内的各个空间，象征了椁室是墓主人在地下的居所。该墓的考古报告根据出土文物推断墓主人身前应为“南郡管理财政方面的郡丞”②，因此其地位较为显赫，其随葬器物在凤凰山已发掘的 9 座汉墓中也最为丰富，共计 500 余件，以木器和漆器为主，主要放置在头厢和边厢内，只有少数置于内、外棺和墓道、墓室内。大部分木俑、车、船、牛、马明器放置于头厢内，头厢位于椁室靠近墓道一侧，因此这里应象征了墓主人出行的车马库和其他仆从的集合。边厢主要放置各类用器，其中大部分为漆器，应象征了墓主人的“家藏”。西汉前期墓葬的布置虽有“事死如事生”的概念，但其墓葬布置概念尚较为模糊，往往只是较笼统地将墓室划分为几个象征不同功能的区域，而未形成一套完整细致的埋葬制度，168 号墓出土文物的放置就是这一阶段的典型物证，也是研究汉代丧葬礼仪制度发展的重要依据。

2. 遗址的代表性文物

（1）三鱼纹漆耳杯

凤凰山汉墓出土了大量的漆器，这些漆器器型全，器型下分类多，做工皆颇为精良。三鱼纹漆耳杯（图 3-21）是众多漆器中的一件，属于 168 号汉墓出土的 100 件耳杯中尺寸最大的一类，该类型被考古报告编为 A 型耳杯，A 型耳杯共计 10 件，均长 21 厘米、宽 15.5 厘米、高 6 厘米，皆为彩绘漆器，绘

① 湖北省文物考古研究所，江陵凤凰山一六八号汉墓[J]，考古学报，1993（04）：455-513。

② 同上。

图 3-21　三鱼纹漆耳杯

有三鱼纹的耳杯为其中两件，杯的内外皆涂黑漆，内底中央绘有四叶纹，应代表水草，四片叶子两两对称，一对涂金，一对涂朱色，边缘又勾黄色边，非常华美。在四叶纹周围，绘有三条顺时针朝向的鱼，考古报告认为是鲤鱼，形成了三鱼纹，鱼均以朱色涂头、尾，用黄色和金色绘鱼鳞，勾黄色边，在内底的“空白”处还绘有一些精致的圆形纹，应代表水中的气泡，这些气泡用金色绘出圆圈，圆圈外用黄色绘出一圈圆点，可见其做工之精。漆耳杯属酒器，在器皿内画上水中的鱼，在表现生动逼真的水草、气泡和鱼的组合的同时，可以和器物盛放液体的功能呼应，使漆耳杯成为一件内容精彩生动、设计巧妙的艺术品。

（2）漆龟盾

在 168 号墓葬出土的众多漆器中，有一只漆龟盾颇为特别（图 3-22），该盾在墓葬的遣策中被称为“龟循”（“循”在汉代通“盾”），长 32 厘米，宽 20.1 厘米，盾形似龟甲，以木质胎上编制竹篾形成绘画基面，用朱漆表现了正反两面四个形象。正面绘上下两个形象，上为鸟首、人身、鸟足的神人，下为神兽，整体结构和鸟首神人相似，但鸟首神人着衣，而此神兽不着衣，手较短，身体前后各有一梭子状图形。盾背面绘二人相对立于盾把两侧，一人拱手而立，一人持杖立。有研究认为这件龟盾或为汉代丧葬理念中保护墓葬不受水灾侵害的明器，其以龟甲象征水神“玄冥”，而鸟首神人为可御风飞翔的“隅强”，而盾正面下方的神兽为“黄龙”，是鲧（虞夏时期的治水官）的化身，它们都是可以不受水患的神，但由于龟盾的出土仅此一件，因此该说尚未定论。除去画面内容外，画面形象的表现较为生动，尤其作者对线条流畅性和自然性的把控，不同于其他

图 3-22　漆龟盾

漆器上的装饰意味，而具有绘画表现的特点，说明此时漆艺术已进入颇为成熟的阶段。总体而言，这件漆盾以其独特的工艺、流畅的表现技艺、特殊的造型反映出汉代丧葬礼仪美术的高度成熟和复杂。

（3）凤凰山汉简与文书工具

在凤凰山168号墓出土的文物中有一套文字书写工具（图3-23），对研究我国古代文化发展、从侧面了解汉代文化发展水平有积极意义。这套书写工具发现时收纳在一个竹筒之中，包括笔一支、石砚一件、研墨用的研石一件、墨锭碎块若干（据考古报告，这些墨锭碎块中较大的两块还可拼合）、无字的木牍六片、青铜削刀一件。[①] 由于墓主人生前很可能是“南郡管理财政方面的郡丞”，所以这些文具应是象征墓主人公职的陪葬品，其功能完备，不似专为墓葬而准备的明器，而是以现实生活中的实用物陪葬。

图3-23　江陵凤凰山汉墓出土的书写工具

从考古发掘的材料来看，我国在原始社会晚期仰韶文化时期很可能就已开始使用笔，仰韶文化彩陶上的花纹可能就是古人使用笔的反映[②]，但当时尚无文字，所以书写的要求使得工具的结构很可能与后来的文具差异较大。根据考古发现可知，至战国时期，我国的书写工具已经较为完备，战国墓葬中即出土过毛笔、削刀、竹简的组合，毛笔的结构也与后世相似，秦汉时期的墓葬中更是屡屡发现文具，出现了石砚、研石的组合。但像凤凰山168号汉墓出土的完整的全套文具却是首次，这些文具的组合可以完整地还原汉人书写时的工具使用形式。值得注意的是，秦汉时期的墨锭需要使用研石进行研磨，而非如后世的墨锭可直接在砚台上研磨细腻，这反映了秦汉时期的墨和砚的制作水平还在发展阶段。此外，这组文具中的毛笔和战国时期的毛笔相比已有了

① 钟志成，江陵凤凰山一六八号汉墓出土一套文书工具[J]，文物，1975（09）：20-22。
② 同上。

图 3-24 竹牍

结构上的进步，战国时期毛笔的笔毛使用线缚在笔管的头上，没有毛腔，这使得笔头聚拢成尖的难度较大，笔头可纳入的笔毛也较为有限，但凤凰山 168 号汉墓出土的毛笔已有毛腔，并且笔杆制作精美，不仅绘有彩绘，而且进行了功能性的加工，在笔杆中端进行了镂空，方便使用者抓取，说明此时的制笔工艺已经较为成熟。削刀是古人简牍写作中的必备工具，其主要功能是用来刮削简牍的书写表面，如削去简牍上的错字或削平简牍的表面以便于书写。

在凤凰山汉墓中还出土了大量的简牍（图 3-24），这些简牍的内容颇为丰富，在 10 号墓发现的简牍中，除去楚地墓葬中常见的“遣策”外，大部分为“契约”和“账册”，其中 170 枚竹简组成的“郑里廪簿”是了解文帝时期地方借贷的宝贵资料，“里”为秦汉时期最基层的行政机构，郑里为墓主人张偃任职的西乡的一个里，该段简文详细记载了郑里的户数、总人数、“能田者”人数、田地总面积和平均面积等，此外还有反映汉代赋税计算制度的“算赋”，即赋税征收的计算记录。墓主人何以将这些“簿记”下葬，目前尚无结论，但这些简牍却是研究我国古代经济史、汉代赋税、徭役、租税、商业借贷等经济制度，了解文景时期汉代社会经济情况的重要文物。[①]

（六）永城柿园汉墓

1. 柿园汉墓遗址的基本情况

柿园汉墓即永城柿园汉墓，位于河南省永城市芒山镇的芒砀山上，它是芒山汉梁王陵墓葬群 10 余座大墓中的一座，据考证墓主人为梁共王刘买或梁孝王嫔妃，也有学者认为是梁孝王王后。[②]

柿园汉墓所属的梁王陵（图 3-25）是西汉梁国的王室墓葬。梁国是西汉

① 刘鹏，关于凤凰山十号汉墓出土简牍的若干问题浅析 [J]，荆楚学刊，2015，16（06）：28-30。
② 刘瑞，河南永城保安山柿园汉墓墓主考 [J]，考古学集刊第 18 集，2010（02）：372-386。

诸王国中地位最高、经济最为富足的封国之一，第一任梁王并非刘姓，而是西汉初期的开国功臣彭越，他因功受封梁王，后又获罪被褫夺王位。梁国都城初在定陶（今河南开封），文帝前元十二年（公元前 168 年）第五任梁王刘武初都淮阳（今河南周口），又迁都睢阳（今河南商丘），《汉书·文三王传》记载在诸封国中“梁最亲，有功，又为大国，居天下膏腴地，……四十余城，多大县。孝王，太后少子，爱之，赏赐不可胜道。于是孝王筑东苑，方三百余里，广睢阳阳城七十里，……多作兵弩弓数十万，而府库金钱且百巨万，珠玉宝器多于京师”。梁国发展的鼎盛时期是第五任梁王——孝王刘武时期，刘武是汉文帝刘恒次子、汉景帝的同母弟，即窦太后的少子。其治下的梁国因在汉王朝平定七国之乱的战争中发挥了关键作用而立功，梁王刘武因此极受朝廷礼遇，加之窦后“爱之，赏赐不可胜道”，国内又坐拥“膏腴地”，因此西汉时期梁国的地位和实力都远在其他诸侯国之上，这和考古发现的梁王墓葬群规模和出土文物的规格、数量都相匹配。自梁孝王迁都睢阳后的八代九王都葬在芒砀山，芒山镇的地名即因芒砀山而来。这座山西距商丘市 96 公里，南距永城市 33 公里，是以海拔 145 余米的芒山主峰为最高，并有保安山、夫子山、僖山、黄土山、窑山等 10 余座小山组成的芒砀山群。[①] 芒砀山在秦时称

图 3-25　梁王陵外景

① 河南省商丘市文物管理委员会、河南省文物考古研究所、河南省永城市文物管理委员会，芒砀山西汉梁王墓地[M]，北京：文物出版社，2001 年，第 1 页。

砀山，秦在其地立郡，称砀郡，“砀”意为奇石，砀山即为有奇石的山，秦因山而定郡名，《水经注》载“县有砀山，山在东，出文石。秦立砀郡，盖取山之名也。……山有梁王墓……”芒砀山的名称实来于汉，西汉置有芒、砀二县，又因汉高祖刘邦曾“隐于芒、砀山泽岩石之间”而将这里称作芒砀。可见梁王墓所在的芒山即砀山，也就是芒砀山群。

据2001年出版的《芒砀山西汉梁王墓地》可知，目前已发掘的大型墓葬有8座，这些墓葬除保安山三号墓为土坑墓，其他都是石崖墓或石室墓，其中保安山一、二号墓和柿园汉墓是大型石崖墓。保安山一号墓即梁孝王墓，但据载东汉时期即遭到曹操“引兵入砀，掘梁孝王冢”，其后很可能又屡次被盗，因此出土文物颇少，是我国最早的大型石崖墓之一；二号墓与一号墓并列，相距200米，是西汉梁王墓地中迄今发现墓室规模最大的石崖墓。

柿园汉墓发掘于1987—1991年，位于保安山东南的山坡，墓道口和保安山一号墓遥相对望，该墓出土了大量的文物，以数目惊人且做工精美的车马器、陶俑和彩绘壁画著称，并被评为1991年全国十大考古新发现之一。该墓是依山开凿的石崖墓，由墓道、甬道、主室、侧室和巷道几个部分组成，总面积383.55平方米，其建筑结构复杂、规模宏大，在石崖上建造这样的墓葬，可以想见其在2000多年前开凿时所耗费的人力和物力之巨。墓室（图3-26）坐东向西，拥有长达60余米、宽5.5米的墓道，长近24米、宽2米余的甬道，主室呈东西向长方形，东西长9.2米，南北宽5.2米，高3.1米，顶部平坦，绘有著名的四神云气图像，是墓室壁画的主体，主室地面可分为东西两部分，西部有高出墓室中央0.34米的平台，平台东西宽2.9米，长度与主室相同，其正上方即墓顶壁画，这种形制的主室是西汉早

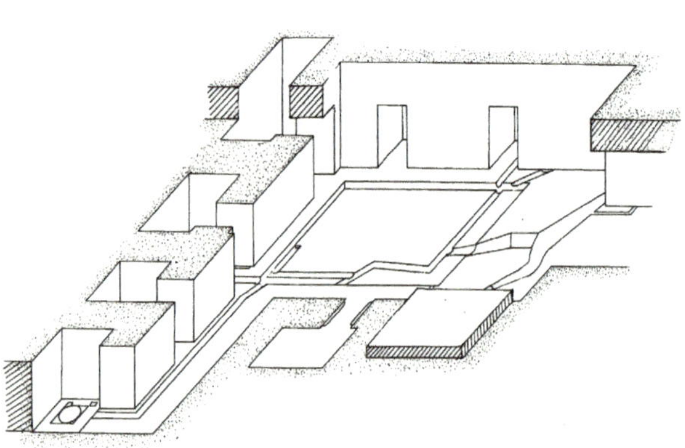

图3-26 墓室透视图

图 3-27　柿园汉墓墓道发现的大量钱币

期陵墓中未曾出现的，据推测，这里应代表了西汉中期墓葬中所谓的“前堂后寝”中“前堂”的早期雏形。围绕主室，有共计 8 个侧室，其中位于主室北壁西侧的侧室 1 是“便房”；侧室 2 位于其旁，在主室北壁东侧，出土了一些铜币和一枚金饼，应是贮藏货币的室；侧室 3 位于主室南侧西端，发现有铜器残留的绿锈和小而不成形的铜块，应是随葬青铜器的室；侧室 4 位于南侧东端，未发现遗物；侧室 5 位于主室东侧南端，四壁涂有朱砂，但功能不详；侧室 6 位于主室东侧西端，无遗物。除去此 6 室，还有两侧室位于主室北壁东端的巷道内，巷道[①] 这一结构在墓葬中颇为少见，它是一条通向墓室内正北方向的过道，在过道的东壁上有侧室 7 和侧室 8。侧室 7 的底部有一正方形边框，呈斗状逐层向方框中心渐深，在方框内的中心点有一圆柱形洞，直径 0.1 米、深 0.05 米，据推测应象征了浴室；侧室 8 位于侧室 7 旁，室内中部有一正方形石槽，石槽中间有一圆形石坑，这一侧室据推测应是厕所间，在保安山二号墓和徐州北洞山汉墓中都有类似的发现，它们都处于墓室中一个较偏僻的角落。但柿园汉墓的侧室 8 设置较为精致，还发现有石刻画像，并且是墓室水道汇集的区域，所以考古报告认为该室也有蓄水的作用，可称为“水井室”。该墓葬墓室内文物几乎均被盗掘，发掘时出土的文物主要发现于墓道内，其中钱币就重约 5500 公斤，多达 225 万枚（图 3-27），可见墓主之富有。墓道内还出土了大量的车马器和陶俑，这里应是墓葬的车马库，出土马车多达 25 辆，如此多陪葬车辆的规模，在汉代诸侯王墓的出土文物中也极为少见。[②]

① “巷道”一词为考古报告对这一墓葬空间的暂称，见河南省商丘市文物管理委员会、河南省文物考古研究所、河南省永城市文物管理委员会，芒砀山西汉梁王墓地 [M]，北京：文物出版社，2001 年，第 91 页。

② 同上，第 81—100 页。

综上，柿园汉墓拥有“前堂后寝”的早期雏形，设有便房，侧室多达8座，并配有浴室和厕所间，反映了汉人将墓葬视为地下家园的理念，即所谓“第宅化”。在梁国雄厚的国力支撑下，柿园汉墓在被盗掘的情况下仍出土了大量的文物，结合墓道出土文物可知墓室内的随葬品原应更为丰富，是汉人强烈厚葬观念的体现。

2. 遗址的代表性文物

（1）四神云气图

四神云气图（图3-28）长5.17米，宽3.25米，发现于柿园汉墓主室顶部，1992年由河南省古代建筑保护研究院对壁画进行揭取保护，现藏于河南博物院。[①]

壁画为朱底彩绘，画面主体内容绘有四神图像（其中玄武的图像还未定论），画面以四神中的青龙为主导，表现了一条腾空飞行的巨龙，龙的腰部有一对羽翼，头部后方、身体、四爪、尾部都生出花朵；在龙的上方表现的是朱雀，做行走状，喙部和龙角重叠，朱雀的颈部下方和尾端均有花朵；龙的下方为白虎，做昂首行走状，在白虎的头部生有两支茎很长的花朵；最独特的是“玄武”，在龙舌卷起的部位，有一白色如蛇状的鸭嘴、鱼鳍、鱼尾的神兽，有学者认为这是“鱼妇”[②]，也有学者认为这是早期玄武的形象[③]，值得注意的是四只神兽全部用高亮度和与底色强对比的颜色（白色居多）进行表现，说明它们属于一个固定的组合。在画面的空隙中，配有大量的云气纹和灵芝图像。在四周绘有黑底的菱形穿壁花纹带，形成画面主体的装饰性外框，这种外框也习见于墓室的其他壁画，四神云气图在色彩使用上也和同时期的西汉贵族墓室绘

图3-28 四神云气图

① 王良田，柿园汉墓墓室壁画[J]，商丘师范学院学报，2017（01）：2。
② 贺西林，古墓丹青：汉代墓室壁画的发现与研究[M]，西安：陕西人民美术出版社，2001年，第17页。
③ 李雅梅、陈天娇，汉墓壁画四神云气图的艺术特征探析[J]，艺术研究，2020（03）：10-13。

画风格相近，都使用了朱色为底色、以白色为四神的主色调。

壁画整体具有强烈的装饰意味，并反映了西汉早期丧葬艺术中较为模糊的对死后升天的神仙思想的解释。同时，其用色和装饰布置尤其和马王堆一号汉墓出土的朱漆棺上的彩绘相似，两座墓葬绘画中龙的形象均是以横向的S形来表现，并且都使用菱形穿壁纹饰带，但墓室壁画和漆棺彩绘显然是不同媒介和墓葬组件上的绘画，郑岩已对这种跨媒介的绘画相似性进行了讨论，认为柿园汉墓这幅壁画反映出升仙等内容作为丧葬观念的体现，在难以用其他形式体现的情况下，最适宜以壁画的形式展现出来[①]，并引贺西林的观点，认为这种汉代早期墓室各媒介绘画之间的相似性说明“这一时期的墓室壁画从图像到风格上都带有其他丧葬绘画的痕迹，明显地表现出对其他传统艺术的借鉴和挪用”[②]。

（2）车马器

柿园汉墓还出土了大量的车马器，共计马车25辆，并且车辆的部件保存完整，做工精美，除在墓道封石内有一辆马车外，其余24辆车均出土于墓道南北两侧，出土时文物的方位没有受到扰动，可以反映西汉陵墓中车马库的布置结构。

车马队伍面朝东侧，在队伍的西侧（后方）有40件骑兵俑，应是墓主人的卫队，队伍的东侧是车辆排成的队伍，其中10余辆车的盖弓帽、伞柄、车门

图3-29　车马器——兽面饰

① 郑岩，关于墓葬壁画起源问题的思考——以河南永城柿园汉墓为中心[J]，故宫博物院院刊，2005（03）：56-74。

② 贺西林，古墓丹青：汉代墓室壁画的发现与研究[M]，西安：陕西人民美术出版社，2001年，第14—15页。

轴、车轭、车辕头饰等部件全部鎏金（图 3–29），并且车辆的结构大小、彩绘图案等形制又不尽相同，应反映了车队的层级，最前面（东侧）的车辆内还有彩绘的女立俑，应是队伍中最尊贵的贵族所乘坐的车辆，这些精美的部件和复杂系统的车队布局佐证了《后汉书·舆服制》对“皇太子、皇子”车饰规格的记载[①]，是考察汉代贵族礼制、服饰和丧葬制度的重要文物。

（七）唐河冯君孺人画像石墓

1. 冯君孺人画像石墓遗址的基本情况

冯君孺人画像石墓位于河南省南阳市唐河县湖阳镇新店村西约 300 米处的“楸树坟”高地上，是一座新莽时期[②]的画像石墓。该墓为砖石结构，原有封土堆和墓道，但发掘时封土已不存，墓道被墓室四周的其他墓葬打破，且墓葬已被盗，但墓葬的结构保存较为完好，且出土了大量精美的汉画像石，南阳汉画像石是汉代画像石出土中的大部，该墓全部石料在发掘后即运往南阳汉画馆进行复原，成为汉画像石墓、汉画像石研究中的重要文物。墓室大门南柱上有题记“郁平大尹□□□□冯孺□□无□□□”，主室中柱上又有“郁平大尹冯君孺人始建国天凤五年十月十柒日癸巳葬千岁不发”，故原考古报告将该墓命名为唐河汉郁平大尹冯君孺人画像石墓。[③]孺人是古时对大夫妻子的称呼，因此按该名称，这座墓葬应是某位冯姓贵族的妻子的墓葬，虽然墓室内的棺木和墓主人骨骼已腐朽，但因以女性墓主人命名墓葬和墓室中主室为南北二室的结构设

图 3–30　中大门南柱题记

① 详见河南省商丘市文物管理委员会、河南省文物考古研究所、河南省永城市文物管理委员会，芒砀山西汉梁王墓地[M]，北京：文物出版社，2001 年，第 235 页。

② 由于墓室是合葬墓，因此可能始建于新莽天凤五年（公元 18 年），但墓室内发现了东汉时期的遗物，可能该墓至东汉才完成了合葬；另说可能至晚建于新莽时期，则墓中东汉遗物断代需再讨论。本文暂依墓室题记记年。该墓年代推断可详见南阳地区文物队、南阳博物馆，唐河汉郁平大尹冯君孺人画象石墓[J]，考古学报，1980（02）：239-262。

③ 南阳地区文物队、南阳博物馆，唐河汉郁平大尹冯君孺人画象石墓[J]，考古学报，1980（02）：239-262。

计不符，这座墓葬应是一座夫妻合葬墓，且有研究已指出，墓室题记中几处“孺人”的“人”字皆为三画，而中国历代汉字中“人”的写法皆为两画，故该字应为“久”字而非“人”字，墓室应是一位姓冯名孺久的男性贵族和其妻的合葬墓，这也和墓门南柱上的“冯”“孺”二字连写相符合，该二字后已不能辨认的一字应为“久”字①，前室和中室之间的中大门南门柱“冯君孺久”字样亦较清晰可辨（图 3–30）。

墓室（图 3–31）可分为前室、中室、后室三大部分，其中前室包括前大门、前室、前室南北耳室，其中南耳室为车马库（南耳室东柱的刻字中有“车库”二字），北耳室为库房（北耳室门柱无刻字，但根据西汉墓葬的布局，该空间为放置各类用器陪葬品的府库，即库房），该区域除各空间的门框、门楣、门扉为石质外，其余皆为砖结构。中室位于中大门后到后室的南北主室门前，是一个长方形的空间，其四面皆门，除东、西有位于墓室中轴线上的墓门外，南、北还有后室的回廊式建筑的两座大门，中室除顶部为砖券的覆斗式结构外，其余皆用石料，由于有券顶，所以这里从立面图来看，明显高于墓葬的其他空间，考古报告将其称为“天井”式“院落”建筑，高耸的券顶似乎象征了穹窿状的“天”，因此成为地下家园中的“院落”。后室包括主室和回廊式建筑，主室分为南室和北室，南、北室皆有朝东的门，回廊式建筑环绕主室的西、北、南壁，其结构颇似西汉诸侯一级土坑木椁墓葬式中的回廊式空间，它和中室组合，将主室包裹在后室的中央区域。该墓是西汉晚期墓葬，其结构虽仍和西汉高等级的竖穴土坑木椁墓有相似之处，但其在中轴线上设置

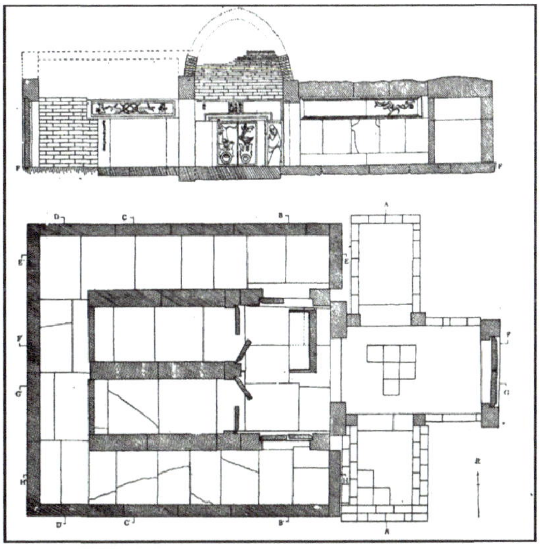

图 3–31　墓室平、剖面图

① 闪修山，汉郁平大尹冯君孺人画像石墓研究补遗 [J]，中原文物，1991（03）：75-79。

的多重墓门和围绕主室的回廊式建筑被称为"周阁重门"，是墓葬空间模仿地上建筑的体现，也是汉代墓形制葬第宅化的标志性特征。①

此外，该墓葬各空间多有对应的题记，尤其是关于空间功能、性质的题记，如南耳室的"车库"、回廊式建筑的"藏阁"、中室门的"中大门"等字样对学界了解汉代墓葬的空间功能划分具有重要价值。

墓葬的墓门（包括门楣、门扉、门柱）、主室和回廊式建筑的墙壁上皆刻有画像，这些画像组合起来，其主旨虽仍是表现汉代丧葬礼仪美术中流行的升仙思想，但各种题材的壁画在墓葬中的方位在传达墓葬设计者观念的同时又反映了墓葬遗址美术所强调的空间性。

2. 遗址的代表性文物

画像石

冯君孺人画像石墓的画像石大部分采用减低浅浮雕刻成，也有少量画像石采用阴线刻。墓室内的画像石具有鲜明的空间特征。

墓门上皆画白虎、朱雀和铺首衔环图像，所有门扉上都画有铺首衔环，但不同的墓门出现的四神却不同（虽称四神，但只出现南宫朱雀和西宫白虎），其中墓室大门南扉画白虎、北扉画朱雀，即两门扉各画四神中主西方和南方的二神，而南主室两门扉都画朱雀，北主室两门扉则都画白虎，墓室大门是墓葬整体的墓门，而南北主室的墓门则属于男女墓主人，由此可见白虎和朱雀有明显的性别象征，显然和汉代的阴阳理念相关。中室南门的两门扉亦为朱雀和白虎的组合，但中室北门的两门扉却又出现了两白虎的组合，这两座墓门属于回廊式建筑，在内容上却互不对称，即回廊两门的四个门扉中有三个门扉画有白虎，而只有一个门扉画有朱雀，尚未有研究解释该墓回廊空间的墓门上的白虎与朱雀二神如此布置的象征意义，可能是刻画门扉时的"笔误"。墓室的各门楣画有二龙穿壁、二龙交尾以及羽人等形象，门楣属于墓室壁画的上层，显然这里是仙界所处的空间，二龙穿壁也是典型的冥界向天界转化的图像符号，值得注意的是，该墓室许多门楣上还写有其内部空间的名称，如南主室的门楣上写有"西方内门"，"方"通"房"，"西方内门"即"西房

① 闪修山，汉郁平大尹冯君孺人画像石墓研究补遗[J]，中原文物，1991（03）：75-79。

内门”，可知南主室墓门是墓室整体空间中的西侧房（即主室）的内房房门，而中室南门门楣则有“南方”、北门门楣有“北方”，中室东门内侧门楣上有“东方”，这些表示方位和对应空间门均朝向中室内侧，可见中室在墓葬作为“第宅”的功能中不是“方”（房）而是院内的露天空间，其四方皆有房。

在各室的门柱上主要画执笏和执盾人物，以执笏最多见，可见这里是表现门卒和宅邸内的仆从、墓主人下属官吏的世俗空间，也是强调宅邸中“门”的分隔内外功能的空间。

墓室“回廊”的四壁（图3-32）是表现“谒拜”“乐舞百戏”“驯虎”“骑象”等类的图像，也有门阙、厅堂、人物相结合的居住空间画像和“执盾佩剑吏”画像，二龙穿壁的图像只出现在中室和墓室大门的门楣上，可见这些门内的图像反映的是墓主人在地下家园获得重生后的生活场景，这里已然属于“仙界”。

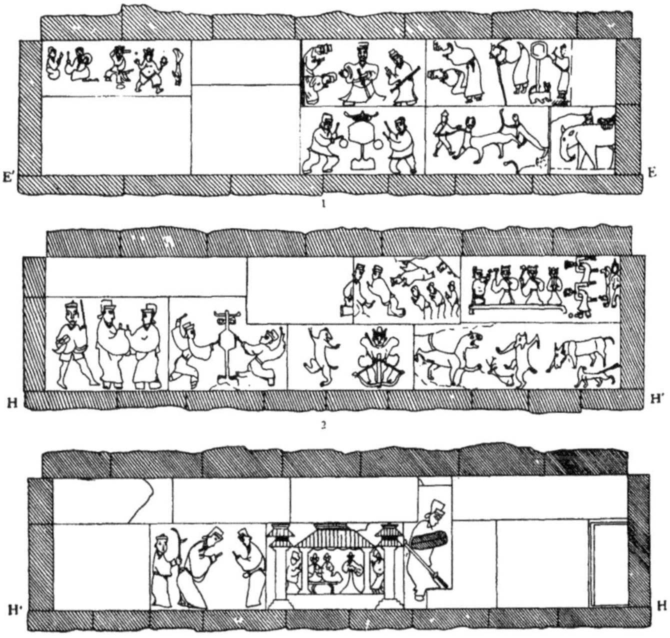

图3-32　北阁室北壁（上）、南阁室南壁（中）、南阁室北壁（下）

南主室的北壁刻有四首人面虎身神兽，北主室的南壁刻有应龙和鱼，这两壁是南、北主室隔墙的两面，应龙最主要的特征是龙身有羽翼，它是汉代丧葬礼仪美术中常见的形象，有助死者羽化升仙的寓意，但四首人面虎身神兽寓意尚未得解，该神兽有三首位于虎尾处，显然有某种具体的象征意义，或仍与“重生”“升仙”等观念有关。在墓室中还有三幅“蹶张”图像，一在南主室西壁，一在西阁室西壁（即回廊西段的西壁），一在南阁室南壁，“蹶张”是力士以脚力拉弓的图像，它们虽位于不同空间，但三幅中的两幅都出现在墓室的西壁，面对墓门外的东方，其寓意应是“辟邪”。

汉代的墓葬往往在墓主人入葬前的一段时间向亲友开放，以展示墓主人思想、德行和家族后辈的孝行，冯君孺人墓的画像石通过图像和文字题记将墓室内各空间的功能和内容展示了出来，这些内容清晰、寓意较明确的图像集合使这座墓葬成为可读的整体。

第二节　东汉的京畿与城关：华中地区古城遗址美术

华中地区的河南洛阳在中华文明的进程中极为重要，商、周都曾在这里设立国都，而东汉也将洛阳作为都城，所以华中地区是汉代遗址美术的重地。

今位于河南省洛阳市偃师区的汉魏洛阳城遗址是东汉、魏晋时期的国都，地面遗存丰富，南、北宫的建筑台基保存较为完好，城墙、道路遗迹清晰可见，大量的汉代宫殿建筑组件和熹平石经这样的“重宝”均印证着这座古老皇城的辉煌。

汉魏洛阳城作为东汉的都城，在结构上对西汉的长安城有诸多继承和改变，相似方面主要体现在接近四方的城墙、数量相等的城门和南北走向分明的城市道路。但两座都城也有很多布局差异，首先是皇宫的分布方式不同，长安城以居东的长乐宫和居西的未央宫为主体，这两座宫殿将长安的宫城关系确立为东西向，而洛阳城以北宫和南宫为主体，宫城关系为南北向，并且南北宫在洛阳皇城内占据大部分面积，留给武库、里、市等区域的空间相对要小很多，而长安城的长乐、未央二宫只占据整个皇城约一半的面积，其他区域留给官署、里、市等，这种布局变化说明东汉时期皇城建设进一步向皇宫倾斜，从西汉皇城（占地约 36 平方公里）和东汉皇城（占地约 10 平方公里）占地面积的差异也能反映出这一变化。这也说明东汉的皇城已不再如西汉初建时追求对《周礼・考工记》中理想皇城的复原，而更强调君主在都城中的地位。

其次，东汉洛阳与周围地理空间的关系也和西汉长安的不同。这主要表现在河流与皇城的关系上，长安城北临渭河，而洛阳城南临洛河。相同的是，两城的帝陵群都设在城的北面，长安城的北面是咸阳原，这里有 9 座西汉帝陵，洛阳城的北面是北邙山，这里有 5 座东汉帝陵。在长安，丧葬仪仗队要经过渭河到达咸阳原上，因此，渭河一度象征了冥河，“过渭水桥”是汉代墓葬画像中常用的题材，从礼仪美术的视角来看，渭河具有空间界限的作用。但洛阳的北墙紧临北邙山，皇城和陵区之间并不存在一条实际的河流，因此，洛河也就不具有“冥河”的象征意义，反而在曹植的《洛神赋》中成为一条象征浪漫爱情的河流。这种河流位置的差别为两座都城与外围空间相互联系而形成的空间美学添加了不同的内容。

函谷关遗址是汉代丝绸之路上重要的交通枢纽和军事要塞，它位于长安和洛阳之间，与两座城市的距离相近，因此其军事地位尤为突出，是两汉时期防御京畿的重要关卡之一。现存遗址的宏大规模说明了这一点，函谷关由两山谷口的关卡和山上的长城构成，可谓扼险而守，关城规模较大，出土有类型丰富的瓦当和花纹砖，并且有大量的印有“关”字纹样的瓦当，这些瓦当不仅形式较丰富，制作也很精良，说明这座关卡在两汉时期受到的高度重视。

汉河南县城位于洛阳城西侧，是一处聚居区，发现了大量的汉代建筑基址和墓葬遗址。在该古城遗址中，城东区的建筑大部分级别不高，并且占城内建筑的很大一部分，说明这里是洛阳附近平民居住的地区，这里发现了很多的粮仓、水道、水井等生活设施，建筑物很多是半地下建筑，反映了汉代普通人的生活环境。

总体上来讲，汉魏洛阳城、汉河南县城、函谷关是能高度体现东汉京畿文化、经济、政治面貌的古城遗址。

（一）东汉洛阳城

1. 东汉洛阳城遗址的基本情况

东汉洛阳城是东汉王朝的都城，其遗址位于河南省洛阳市偃师区西部。洛阳城在历史上具有重要的意义，多个朝代都将其作为首都而进行建设，同时，洛阳城也是一座历经磨难的古城，在其漫长的发展史中曾几经毁坏又几度重建，从而留下了丰富的遗迹和复杂的考古环境。依据目前的考古工作对洛阳城遗址的勘察，东汉洛阳城的规模、内容等已经可以较为清晰地得到呈现了，但东汉洛阳城同时还和其前的东周，其后的魏晋南北朝洛阳古城遗迹相重叠，故而对其梳理仍较为复杂，相关的考古工作还在继续进行。因此，对于洛阳城的考察和了解也应和对于西汉长安城的考察一样，站在一种注重时空线索的视角下去进行观察，从而发现洛阳城建设中蕴藏的汉代文化艺术的设计思路和主旨。

（1）洛阳城

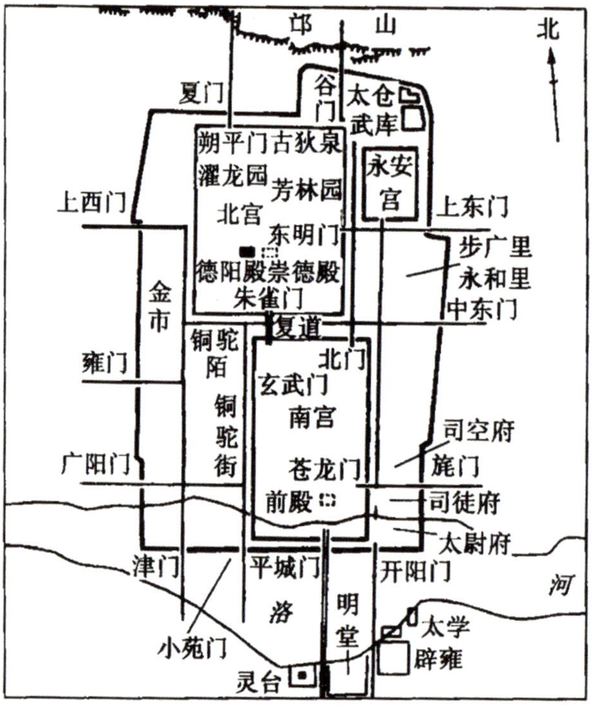

图 3-33　东汉洛阳城平面图

洛阳因位于洛河北侧而称洛阳，据钱国祥对东汉洛阳城所作的平面图（图 3-33）可知①，古代文献中所提及的东汉洛阳城重要的设施皆可找到其方位，其内容主要包括了城中最主要的宫殿——南、北宫二宫，南、北宫之后建成的永安宫，城内的御苑濯龙园、其他机构（如太仓、武库）、金市、成四方的城墙、十二座城门及与城门对应的街道。城外的北侧为北邙山，东汉的帝陵即位于此山，这里也是洛阳城最重要的墓葬区。城外的南侧为礼制建筑群，包括辟雍、明堂、灵台和太学。

在西汉建立之初，高祖刘邦即“都洛阳”，但此时的洛阳很可能只是“诸侯皆臣属”的朝廷实体的落脚点——一座临时的都城。然而不久（至晚为高

① 钱国祥，由阊阖门谈汉魏洛阳城宫城形制[J]，考古，2003（07）：55。

祖五年十月）刘邦就又有了“长都洛阳”的愿望，只是在娄敬和张良的建议下才将都城定于西边的长安。《史记》载刘邦欲都洛阳的一个重要原因即是这里曾是周（指东周）的都城——洛邑，因此洛阳在西汉虽未作为国都，但却具有重要的地位，这座城市不仅建筑规模大，且人口多、经济文化发展成熟，并有着交通的便利性，是西汉最为重要的城市之一。西汉虽定都长安，但汉高祖刘邦在位时却很少住在长安，而是常赴洛阳，可见其地位仅次于都城长安。

东周洛邑的遗址现已难寻其迹，但根据考古成果可知，西汉乃至东汉洛阳城均是在东周洛邑的旧址上加建的，东汉洛阳的南、北宫更是历史悠久，在西汉时即已存在，并很可能也是沿用了东周宫殿的旧址。相较之下，南宫在西汉时应较北宫重要，如《汉书·高帝纪》就载“帝（刘邦）置酒洛阳南宫”，并且在这场于南宫举行的宴会上，刘邦发表了对自己得天下的原因的见解和对汉初三杰（张良、萧何、韩信）贡献的评价。而《汉书·王莽传》记“司徒王寻将十余万屯洛阳填南宫”，史书从西汉初至西汉末均有对南宫的记载。这些史料一则可以反映南宫在西汉王朝的重要性，二则可以佐证洛阳在西汉的重要性。

至于东汉，洛阳成为都城后，自然得到了大幅度的新建，东汉洛阳的建设情况类似于西汉长安，是阶段性完成的，其中大部如城墙、城门、宫殿中的重要设施，宫城的重要机构建设等皆完成于汉光武帝时期，至汉明帝时洛阳又有了较大规模的建设，其内容主要是针对北宫的加建，但更多城市大小各部的建设则是在东汉历史的发展过程中不时进行的。理想中所有建筑俱存的东汉洛阳城可能仅仅存在于历史的某个片段，更可能的是这个理想的图像只是一个抽象的概念，洛阳城真实的形象应是在历史的发展过程中不断增减变化着的。

光武帝时期对洛阳城的建设主要体现出统治者对首都理想形象的打造意图。但东汉洛阳城作为都城，在结构上又与西汉长安城有许多不同之处，这尤其反映在宫城位置、城门布置、都城必要建筑的位置等方面，体现了东汉对都城的概念变化，也反映了东汉时期文化观念乃至艺术观念的演变。

东汉于建武元年（公元 25 年）定都洛阳，《后汉书·光武帝纪》载建武元年“冬十月癸丑，车驾入洛阳，幸南宫却非殿，遂定都焉”。这条文献不仅反映了东汉建都的年代，还反映出南宫内有一座名为“却非殿”的宫殿。光武帝在位期间，南宫是洛阳城的主要宫殿，刘秀对这座宫殿进行了一系列的建设，并于建武十四年（公元 38 年）建成南宫中重要的“前殿”，考古发现的南宫遗址南北长约 1300 米，东西宽约 1000 米，体量并不算巨大。

洛阳城宫城的城墙应在西汉时就已修成，由于汉高祖刘邦在定都长安后曾敕令各地城邑修建城墙，洛阳作为西汉重要的城市，又有皇宫存在，自然不会例外。这些城墙应是依据周朝成周城的故址而建，还可能利用了原有的城墙。但这些城墙应只是对宫殿区进行保护，光武帝刘秀建都洛阳后，旧城不再能满足城市建设的需要，因此光武帝又对城墙进行了进一步扩建，从而扩大了城市的范围，例如将原属于洛邑成周城外围的城北周代墓地也囊括进了新的都城之内。[①] 根据考古勘察可知，东汉洛阳城遗址呈类长方形（东、西、北城墙均有曲折，东、北面尤为明显），城墙均为黄土夯筑而成，和西汉长安城城墙的建造方法基本一致，其坚固程度可与砖石城墙相媲美。东面城墙残长 3900 米，西面城墙残长约 3400 米，北面城墙全长约 2700 米，南面城墙因洛河改道而无存，其长度应为 2460 米，城墙内总占地面积约 10 平方千米。按照王仲殊在《汉代考古学概说：汉英对照》一书中的推算，将东西城墙各延长 300 米则至于今洛河河道的中央，则城墙全长为 13000 米，约为汉代的 31 里，正与文献记载相合。建成后的洛阳城南北长约 9 里，东西宽约 6 里，故称为“九六城”[②]。残存的城墙高处尤有 7 米多，基部东西南北四面城墙各不相等，且差异较大，东墙厚约 14 米，西墙厚约 20 米，北墙厚约 25 米，南墙由于洛河改道对其的毁灭，其数据已不可知。这种各面城墙厚度明显不等的现象可能和后来朝代的进一步加建有关，如西晋“永嘉之乱”时在洛阳城爆发的攻城战就可能造成守军对局部城墙的加固。

城墙共有十二个城门，和西汉都城长安的城门数量一致，但不同的是，城门并非一墙三门均分，而是东西城墙各三门，北面二门，南面四门。1962 年

① 王仲殊，汉代考古学概说：汉英对照[M]，北京：外语教学与研究出版社，2014 年，第 43 页。该书认为西汉洛阳城的位置和范围与东周成周城无异。

② 同上，第 45 页。

的考古勘探已查明十二门中八门的遗址所在。这十二个城门分别为东面城墙北侧的“上东门”、中间的“中东门”、南侧的“旄门”，西面城墙南侧的“广阳门”、中间的“雍门”、北侧的“上西门”，北面城墙西侧的“夏门”和东侧的“谷门”，南面城墙东侧的“开阳门”、中间偏东的“平城门”、中间偏西的“小苑门”、西侧的“津门”。南城墙的四门与南城墙一样无存，但由于都城内每个城门皆有一条道路，故根据城内发现的南北向四条道路可知南面城门有四。通过城门和城内道路遗迹可知，东汉洛阳城在建筑城墙时也进行了严谨的规划，东面城墙的“上东门”和“旄门”分别与西面城墙的“上西门”和“广阳门”相对，南面四个城门的分布也相当匀称。从考古勘探中对“夏门”遗址的钻探可知，东汉洛阳城城门也有三个门道，和西汉长安城的城门样式一致。洛阳城的城门虽然匀称、直对、门内有三个门道、道路有三途，和西汉长安城一致，但不同的是，由于城门并非均分在四面城墙上，因此所谓理想的“九经九纬”式的都城便不复存在了，拥有四个城门的南面城墙是都城的朝向，这里的城门的数量可能正反映了建设者对都城正面朝向进行突出表现的设想。

但光武帝对洛阳城的建设还是基本因循西汉长安城所守的传统，除了建造城墙、城门、道路、武库、太仓（武库、太仓是皇宫必要的附属机构，其功能见第二章第二节（一）西汉长安城）外，光武时期洛阳城的市——金市即位于南宫的西北面，而北宫此时规模尚小，若以光武帝所居的南宫为朝廷的主体的话，所谓“面朝后市”的规矩还能看到一些迹象。同时，东汉洛阳城外的建筑也复制了长安城的部分方位，如礼制建筑均建于南郊，建武五年（公元29年）于南郊始建太学，光武帝在位的末年，即建武中元元年（公元56年），又于洛阳城南建辟雍、明堂、灵台三座礼制建筑，这些礼制建筑目前均已发现其遗迹，其中辟雍在开阳门外大路的东侧，遗址平面图呈正方形，四面有围墙，每面约170米，院内匀称地分布有四组建筑，每组由三间房屋组成。辟雍四面都设有沟堑，上有桥，东、西、南三面沟堑中有水。辟雍本为周天子所设的大学，因此也是“独尊儒术”的汉代重要的礼制建筑。明堂在开阳门外大路西侧，东距辟雍150米，遗址平面图呈正方形，四面亦有围墙，每面围墙长约400米，方形院墙内有圆形台基，直径为62米，应为主体建筑，这和王莽在长安城外建设的明堂结构相近，但相对简单。灵台在平城门外大路西侧，东距明堂约 80 米，遗址平面图总体上呈方形，四面围墙，东、西墙各长约 220 米，南、北墙各长约 200 米，院墙内有一平面图呈正方形的高台，基部约 50 米见方，据记载，灵台上平无屋，平台下方四周筑有房屋，房屋为回廊，回廊外有鹅卵石铺成的散水，四个不同方位的房屋内墙壁均涂有颜色，分别象征了四个方位代表的四神，即东方青龙——青色，西方白虎——白色，北方玄武——黑色，南方朱雀——红色，其中西面的五间房屋均有深入土台崖面的暗室，室内地面铺设方砖，应为密室。灵台是礼制建筑中专用于研究天文、气象的建筑，据说张衡的浑天仪曾经藏于此。

太学的建设持续了很长时间，从光武帝建武五年（公元 29 年）至顺帝阳嘉元年（公元 132 年）告竣，前后持续了 104 年，其建设是断续进行的，主要是根据不断扩大的太学生数量和太学的发展需要进行的扩建。汉重儒学，太学又是教授正统学术的最高学府，所以汉代帝王多较重视太学的建设，至顺帝阳嘉元年太学告竣时，太学生已有 3 万余人，可谓规模空前，此后灵帝熹平四年（公元 175 年）又立石经于此，观摩者“车乘日千余辆，填塞街陌”，也正因为石经的存在，太学成了盗掘不断之地，新中国成立前太学遗址已受到严重的破坏。太学遗址平面图呈“L”形，分为两部分：一部分在辟雍北侧，平面图呈长方形，东西长约 200 米，南北宽约 100 米，这里曾出土了大量的石经碎片，应为太学的主体部分；另一部分在主体部分的东北约 100 米处，保存较为完整，平面图亦呈长方形，南北长约 200 米，东西宽约 150 米。

颠覆“面朝后市”这一传统的是汉明帝，即明帝于永平三年（公元 60 年）开始建设曾作为南宫陪衬的北宫。历时五年，在永平八年（公元 65 年）完成了北宫的建设。建成的北宫体量大于南宫，南北长约 1500 米，东西宽约 1200 米，与南宫仅隔 1 里之遥（《后汉书·光武帝纪》注曰南北二宫“相去七里”，与考古发现不符，“七里”应为“一里”之讹），两宫间建有复道，一如西汉惠帝在长乐、未央二宫之间架设复道，明帝复制了这种宫殿建筑格式。北宫建成后，东汉的政治中心从南宫移向了北宫，宫殿“面朝后市”的规矩被彻底打破了。这也意味着宫殿位于都城南侧，其他机构位于北侧的西汉都城建设规则被废弃了。明帝时的洛阳都城形成以南、北宫位于城池内中轴线上前后的新格局。北宫的建设胜于南宫事实上并非明帝一人之力，由于明帝后东汉帝王均居于北宫，因此北宫的建设也成为都城建设的中心，宫中最著名的殿称为“德阳殿”，有“周旋容万人，陛高二丈”之阔。

洛阳城外除去礼制建筑外，还有诸多“市”和城北的北邙山，北邙山是东汉都城的墓葬区，这种陵区位于都城北方的模式反映出两汉在丧葬理念上的一致性，但不同的是，西汉长安城和其位于咸阳原上的陵区隔着一条渭河，而东汉的都城则夹于洛河和陵区之间。渭河在西汉的丧葬文化中一度扮演着所谓“冥河”的功能，是生死两界的边界，然而这一空间结构却在东汉洛阳各部功能区域的方位变化中消失了，在东汉墓葬画像石上“冥河”仍由渭河来担任，山东苍山汉墓即出土有过渭桥图，表现的是送葬队伍穿过冥河去往墓地的场景。因此，在作为以遗址这一空间、方位、建筑结构为统领的遗址美术研究中，关注城市内外诸空间之间的关系，空间本身的寓意对文化、艺术观念的形成和推动作用就显得颇为重要。

（2）南、北宫

由于尚未全面地发掘，并且南、北宫遗址存在着多个文化层叠加，进一步加大了发掘、清理和论证的难度，所以南、北宫遗址的具体内容还未有明确的研究成果，现有的研究成果多是根据南、北宫城墙遗址和城门、道路遗址来推论两宫的体量和位置。

东汉南、北宫的规模已不如西汉长乐、未央二宫。南宫位于洛阳城南部，根据考古勘察，在“中东门大街”之南，“旄门—广阳门大街”之北，“开阳门大街”之西，“小苑门大街”之东，有一片南北长约 1300 米、东西宽约 1000 米的阔大的长方形区域，这里应该就是南宫的所在。[①] 南宫是在汉光武帝时修建的，到了汉明帝时，又修建了北宫，北宫中最著名的宫殿名为“德阳殿”，据说“周旋容万人，陛高二丈”，是一座非常宏伟之宫殿，并且殿前还有名为“朱雀阙”的阙门耸立，其阙之高，据说在 40 里开外都可望见。

北宫的遗迹亦尚未发掘，但王仲殊推断其位置在中东门大街之北，津门大街之东，谷门大街之西，并且认为考古发现谷门大街在穿过洛阳城墙后不远即折向东，正是由于遇到了北宫的北宫墙，这也说明北宫的宫城紧挨着洛

① 王仲殊，汉代考古学概说：汉英对照[M]，北京：外语教学与研究出版社，2014 年，第 51 页。

阳皇城北城墙。据此推算，北宫的占地应大于南宫，位置在南宫之北，略偏西。南、北宫的位置一南一北，将城市的中轴纳入宫城中，几乎占据了洛阳的主体部分，这也说明了洛阳城内应主要是为皇宫服务的设施，如武库、太仓在城东北角。城内只有很小一片区域属于贵族居住的“里”，其中著名的有步广里、永和里，如东汉末年的大军阀董卓就住在永和里，“里”多在上东门，离南、北宫较远。

2. 遗址的代表性文物

熹平石经

熹平石经（图 3–34）是中国历史上最早的官定儒家经典刻石，由于始刻于东汉灵帝熹平四年（公元 175 年），故得名，石经刻成后立于当时的洛阳太学，据载观摩者“车乘日千余辆，填塞街陌”。

汉代自武帝采纳董仲舒的建议，“独尊儒术，罢黜百家”后，儒家典籍即被奉为经典，成为官办教学的知识主体，太学既是汉代教授儒家学说的最高殿堂，也是汉代的最高学府。王莽时期，由于战乱，“四方学士多怀协图书，遁逃林薮”，太学一时零落，到东汉光武帝刘秀建武五年时，东汉朝廷又再次起营太学，太学再次振兴，至汉顺帝时太学学生已有 3 万余人之多。

图 3–34　熹平石经

熹平石经的树立起于汉灵帝熹平四年，《后汉书》载熹平“四年春三月，诏诸儒正五经文字，刻石立于太学门外”，《资治通鉴》记载得更为详细，云熹平四年“春，三月，诏诸儒正五经文字，命议郎蔡邕为古文、篆、隶三体书之[①]，刻石，立于太学门外。学咸取正焉，及碑始立，其

① 《资治通鉴》可能将正始石经误认为是熹平石经，因为现存的熹平石经全为隶书写成，而正始石经为三种书体写成，故被称为“三体石经”。

观视及摹写者，车乘日千余辆，填塞街陌”。石经的刊刻前后花费了共 9 年时间，刻成的石经包括当时最重要的儒家典籍，确立了儒学的标准，对儒学的发展起到了深远的影响。

石经是作为儒家经典的标准本而树立，所以其字体是东汉时期通行的标准字体——隶书，其书法结体方正，点画匀整，行笔方圆兼备，力道沉稳有度。它既是汉代书法中的杰作，也是历代学习蔡邕书法的主要文本。又由于石经历史悠久，且地位尊崇，导致其自东汉末年伊始即经历了多次盗毁，佚散各地。自宋代以来，偶有石经残石出土即被后人保存下来，经过历代收集的石经残件存字共 8800 多字，现尚有 46 石分存于西安碑林博物馆、洛阳博物馆、北京图书馆。这些文字是考察汉代儒家学术、文化发展情况以及古代各类知识的宝贵资料，也是我国古代书法艺术的瑰宝。

（二）汉函谷关

1. 汉函谷关遗址的基本情况

汉函谷关是武帝元鼎三年（公元前 114 年）楼船将军杨朴将秦函谷关迁于新安县修筑而成的大型防御工事，其遗址位于洛阳市新安县、宜阳县境内，是汉时拱卫京畿的重要关卡之一，之所以说汉函谷关是一座大型防御工事，在于其是由纵贯两县南北长达 60 余公里的多种防御建筑共同组成。其遗址可分为北线关塞（盐东仓储遗址）、中线关塞（函谷关关城遗址）、南线关塞（散关关城遗址、东汉八关都尉治所）三大关塞，以及连接这些关塞的长墙、烽燧等建筑，2014 年的考古报告将其定名为“新安汉函谷关遗址”[①]，它是世界文化遗产“丝绸之路：起始段和天山廊道的路网”起始段的一部分，是“丝绸之路东段”极为重要的“交通及防御遗迹”[②]。

遗址的主体是汉函谷关关城遗址，该遗址位于洛阳市新安县城区东 1 公里处的城关镇东关村（图 3-35），地处秦岭山脉东段的深山之中，南北两侧皆

---

① 洛阳市文物考古研究院、新安县文物管理局，河南新安县汉函谷关遗址 2012 ～ 2013 年考古调查与发掘[J]，考古，2014（11）：3-4。

② 关于“丝绸之路：起始段和天山廊道的路网”等名称的使用引自陈同滨，“丝绸之路：起始段和天山廊道的路网”遗产解读[J]，中国文化遗产，2014（03）：60-71。

图 3-35　汉函谷关关城遗址

有山，其北侧为凤凰山，南侧为青龙山，东西为峡谷平地，也是汉代的交通要道。关城遗址的东侧、南侧、西侧均有天然的河道，河水至今仍充沛，在此筑造关城既靠近水源，又有两山相夹，是一处在军事上占尽优势的扼险之地，具有得天独厚的地理优势。

根据考古发掘可知，汉函谷关的文化层最丰富的是西汉和东汉文化层，隋唐以后的文化层内容较少，说明隋唐时期关城已逐渐荒废，这和历史文献的记载相符。汉函谷关作为关塞的历史共 350 余年，从武帝元鼎三年（公元前 114 年）始，至曹魏正始元年（公元 240 年）弘农太守孟康迁移关城于弘农郡止，此后的函谷关主要作为丝绸之路的重要节点存在，而不再是重要的军事堡垒。

关城遗址目前已知的范围占地面积约 11 万平方米，东西长约 550 米，南北宽约 200 米，现存的地面遗迹平面图呈“H”形走廊，其南北为两条平行的生土断崖，断崖之间为东西向的道路，现有一条现代道路建于此处，在走廊的中段是一座明清时期建造的关楼遗址，形成了“H”形走廊的中心建筑。在关楼的东部，也就是生土断崖的东侧尽头，有两处南北对立的汉代夯土建筑，俗称为“鸡鸣台”和“望气台”，有可能是汉代的阙楼或阙门。但地上遗址的表面形象并非汉代关城的全貌，实际的汉代函谷关应是一座小型关卡城市，并由小城和大城两座相连的城池构成，其中小城的东墙位于鸡鸣台和望气台处，西墙则位于明清关楼西侧，北墙和南墙则紧临生土断崖修筑。大城位于小城南侧，其东墙在遗址的东南侧，北端和小城的南墙紧密相连，也是关城最早修建的城墙，原应与南北两侧凤凰山和青龙山的长墙相连，建于西汉时期。大城的南墙是在东汉时期增建的，这堵墙依绕过城南的皂涧河河岸而建，平面图呈弧形，向西延伸超越了小城的占地面积，其内部西侧应为居民生活区，但超越小城区域的北墙和西墙尚未发现。东汉以后，由于关城的防御作用消失，城池的加建明显减少，隋唐时期只有少部分的加建，而明清时期的加建则集中于关楼部分，但这些穿越多个时空的建筑遗址却共同构成了现在的函谷关遗址群立体的遗址空间。

在汉函谷关遗址的发掘中发现了不少的汉代文物，其中以瓦当、汉砖最为丰富。在这些瓦当中有大量的云纹瓦当，还有几种文字纹瓦当，包括“关”字纹瓦当和“安世”“安世万岁”瓦当，它们均在一定程度上反映了函谷关作为关卡的建筑功能特征。此外，汉函谷关遗址发现的汉砖刻画颇为精美，且种类丰富，纹样包括菱形戳纹、方戳纹、圆戳纹、网格纹、菱形纹、龙虎纹。砖的种类有空心砖、方砖、条形砖，这些制作精良的汉砖说明汉时函谷关重要的地理价值。

2. 遗址的代表性文物

（1）“关”字纹瓦当

“关”字纹瓦当在汉函谷关共出土 65 件，汉代有在不同功能的建筑设置表达建筑主体身份的瓦当的习惯，如阳陵邑遗址出土的“阳陵泾置”瓦当即是阳陵邑驿站的建筑部件（“置”即驿站），又如汉高祖之子齐王刘肥之母曹夫人墓园出土的“齐园”瓦当，象征了齐王母亲的墓地。而汉函谷关出土的 60 多件“关”字纹瓦当成为进一步印证该地区为关卡的重要文物。并且，这些瓦当的“关”字写法还包括了三种不同的类型。

三种类型的“关”字纹瓦当在考古报告中分别称为A、B、C 型[①]，其中A 型共 28 件，关字内变形为如同两棵树木的造型，每个“树木”由两个三角形和一条竖线构成，颇具象形色彩，关字两侧有向瓦面圆心指的箭头造型

① 洛阳市文物考古研究院、新安县文物管理局，河南新安县汉函谷关遗址 2012 ～ 2013 年考古调查与发掘[J]，考古，2014（11）：19。

图 3-36　A 型“关”字纹瓦当

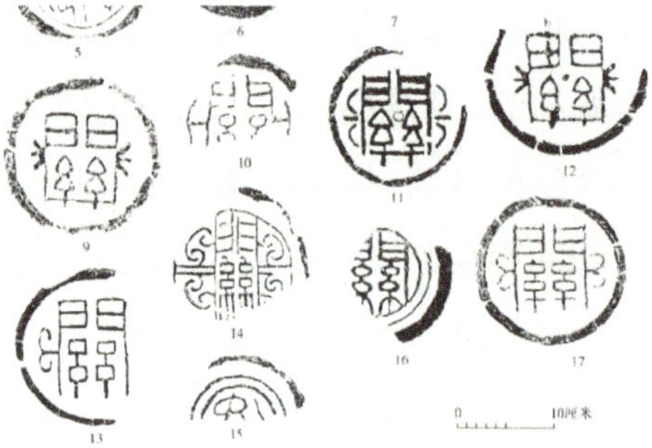

图 3-37　各类型“关”字纹瓦当拓片

（图 3-36）；B 型共 19 件，其关字造型与 A 型基本无异，但字体较小，字外的瓦面还有不少空白；C 型造字与 A、B 差异较大，关字内部略呈“林”字状，这一类型下的“关”字纹瓦当尚有多种变体，如瓦当边轮内饰两周凸弦纹或边轮内饰一周凸旋纹，还有一种结构较为复杂的，将瓦面“关”字两侧分为四个均等区域，每个区内又饰云纹，“关”字取代了云纹瓦当中的圆纽，并且占据了瓦面的垂直中线区域。这种将文字和图纹相结合的瓦当，丰富了瓦面的形式美感。

同一区域同一文字内容的瓦当却具有多种造型（图 3-37），既说明了函谷关的规模和价值，又反映出汉代瓦当艺术的成熟与装饰艺术的成就，汉代的瓦当设计者显然非常善于组织小小瓦面上的平面空间，使这些文字与图案构成的艺术品迸发出丰富的形式美感和寓意。“关”字瓦当用“门”和“林”二字的象形结构来表现函谷关的身份，使观者通过视觉形象联系到瓦当附属的建筑物所处的空间——一座深处在山林中的帝国大门。

（2）花纹空心砖

汉函谷关还出土了不少的花纹空心砖，这些花砖均为残块，但仍能看到砖面精细的纹样。其中一些纹样造型颇为独特，如一件编号为 T36 ③：9[①]（图 3-38）的空心砖表面刻有虎纹，和汉河南县城遗址出土的虎纹花砖的纹理相似，说明这种花砖在汉代的流行。残砖中心有一菱形图像，中间饰有一个五铢钱的符号，这一符号似乎是汉函谷关空心砖主要的图案元素。同样

① 洛阳市文物考古研究院、新安县文物管理局，河南新安县汉函谷关遗址 2012 ～ 2013 年考古调查与发掘[J]，考古，2014（11）：19-20。

图 3-38　汉函谷关遗址出土残砖
（编号 T36 ③：9）

图 3-39　汉函谷关遗址出土残砖
（编号 T41 ②：1）

的五铢钱符号也见于编号为T41 ②：1[①]（图 3-39）的空心砖，该残砖相比前者（T36 ③：9）较大，刻画更为丰富，通过残存的图案可知原砖应为边饰处刻有方形外框包裹的虎纹花砖，砖面主体则为连续排列的菱形鹿纹图案和五铢钱图案，这些形象周围都被装饰图案包裹着，鹿和虎均是单线刻成的符号化图像，造型逼真而又具有抽象美感，足见汉代花纹空心砖制作之水平。

综上，从汉函谷关出土的大量瓦当和空心砖可知，该遗址曾经拥有精致的装饰。并且遗址出土的同一文字纹瓦当（“关”字纹瓦当）拥有多种图案组合方式，自然需要为同一主题设计多种图案和烧制瓦当用的模范，花费更多的人力，从侧面佐证了这座汉代关卡的规格之高和建筑之美。

（三）洛阳汉河南县城

1. 洛阳汉河南县城遗址的基本情况

汉河南县城位于洛阳市西的小屯村（现称西小屯村）一带，是汉代河南县城的遗迹（图 3-40），在 1954 年的大规模考古发掘中，发现该遗址处在一个文化地层丰富的区域，遗址下层有殷代、周代乃至仰韶文化遗迹，说明汉时的河南县城已经是一座具有规模的聚居地，但汉以后的遗迹却极少，可见这座县城在两汉繁荣了 400 年后就荒废了，城址内还发现有大量的汉代墓葬，并发现有不少墓葬遗址，这些墓葬大多是在未建城或城市遭荒废后建造的，说明汉河南县城被荒废后再未兴起过。

---

① 洛阳市文物考古研究院、新安县文物管理局，河南新安县汉函谷关遗址 2012 ~ 2013 年考古调查与发掘[J]，考古，2014（11）：20。

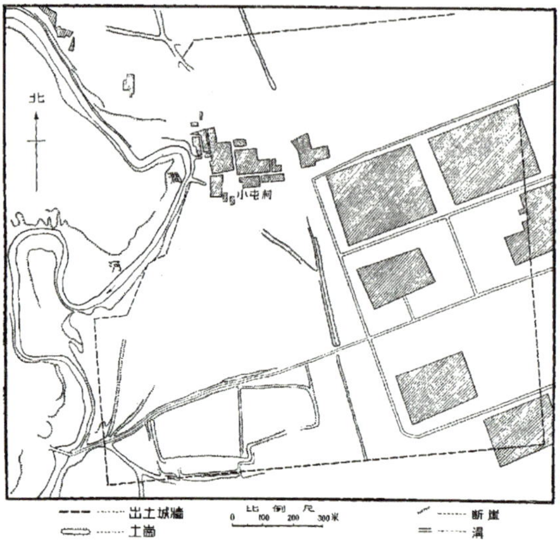

图 3-40 汉河南县城位置图

汉河南县城遗址的城基周垣总长约 5400 余米，南北两墙距离为 1410 米，东西两墙距离为 1485 米，城池方向接近正南正北，城墙的墙基宽约 6.3 米，残墙至高为 2.4 米，发现时均掩埋于地下。[①]

在 1955 年的考古工作中，考古工作者又在遗址的东区进行了大规模的探掘，该区域位于遗址中心偏东区域，故称东区。这里发现有房基、粮仓、石子路、水井、水道、制石场等设施，并出土了大量文物，这些文物包括砖瓦、陶器、铁器、钱币、石具等，说明这里是汉河南县城的平民区。[②]

东区的房屋建筑遗址较为充分地反映了汉代平民住宅的基本结构，住宅规模均不大，大部分房屋为长约 6 米、宽约 4 米的长方形建筑，一般为一间或两间，房屋之间没有明显的排列次序，各自分散建造，空间较为独立。西汉住宅多半为在地下修建起来的夯土墙或生土墙筑成的土屋，东汉住宅仍有沿袭西汉制式的，但也有在地上修建的，且出现了使用条砖砌墙的砖墙屋，这些砖墙均使用单行平铺错缝的修砌方法，这种砌墙方法现代仍流行。屋顶多用板瓦和筒瓦铺成，并嵌有瓦当。值得一提的是在遗址内还普遍发现有空心砖，说明空心砖不是一种专用于墓室的砖型。

在住宅区还发现有水井和粮仓。水井颇深，井壁还砌有砖，取水用辘轳，在水井处发现有辘轳石，磨损严重，说明使用频率很高。粮仓颇大，直径一般在 3 米左右，都是半地下建筑，这种结构对室内保温较为有利。仓有圆囷和方仓两种，其中圆囷也使用条砖垒砌。井壁使用斗角砌法，既反映了当时的

① 郭宝钧、马得志、张云鹏、周永珍，一九五四年春洛阳西郊发掘报告[J]，考古学报，1956（02）：1-31。

② 考古研究所洛阳发掘队，一九五四年秋季洛阳西郊发掘简报[J]，考古通讯，1955（05）：25-33。

建筑工艺水平，也反映出汉人普遍使用砖来建造房屋的建筑科技水平。

城内发现有属于战国时期的制石场，内有大量加工过的石片，应是当时为平民提供石器的工厂，在此不做赘述。

城内还发现有石子路和水道，其中石子路保存较完好，可能是某个大型建筑的回廊；而水道紧接水井西面，由砖铺砌而成，说明井水可被引导至它处使用。

2. 遗址的代表性文物

在汉河南县城出土了大量的空心砖、瓦当以及各类器皿、钱币，但大多器皿为实用器，瓦当主要为半规和圆瓦，多为汉代常见的云纹瓦当。值得注意的文物有两件，其一为解注瓶，其二为虎纹空心砖。

（1）解注瓶

解注瓶是汉代用符咒驱病驱邪的道具，是墓葬中的明器，汉河南县城出土的这件解注瓶是我国考古发现的最早的解注瓶（图 3-41），结构和普通的陶瓶无异，平底鼓腹，瓶颈矮而略粗，不同之处在于瓶身有用朱书写成的符箓一道，其文字系专为符箓使用的特殊汉字，符文后有"解注瓶，百解去如律令"九字，尤其"令"字最后一画作为符箓的收尾一笔，下笔宽阔，书风流利。这件解注瓶是"汉人以符驱病习俗的实物遗存"①。

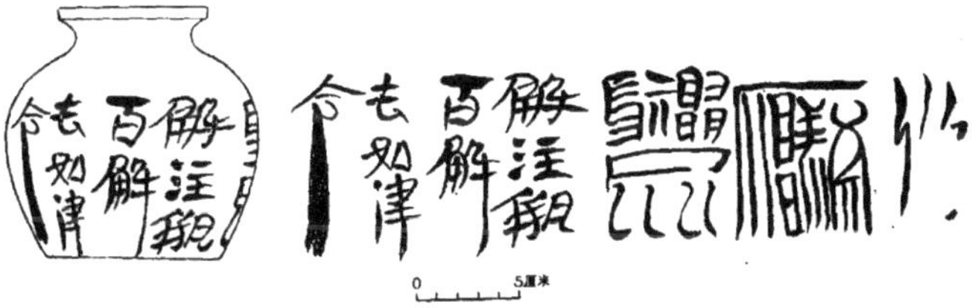

图 3-41　解注瓶摹绘图

（2）空心砖

汉河南县城出土的诸多空心砖中最为独特的有两件，它们皆出土于遗址的东区，都是空心砖残件（图 3-42）。其中一件被考古报告称作"直柱大斗

① 郭宝钧、马得志、张云鹏、周永珍，一九五四年春洛阳西郊发掘报告[J]，考古学报，1956（02）：24。

图 3-42　花纹空心砖拓片

纹”[①]空心砖，其纹样外形如方斗，内部绘有横竖相交和菱形相交的直线，看上去如同斜放的棋盘，应是几何纹样的地砖。另一件是虎纹空心砖，发现于一处水井遗址中，表面可看到两只虎的图案，分属于砖面上下两格中，上格的右侧还装饰有方框内镶三角形、斜线交叉的几何形纹，下格的右侧则有方框内镶点状纹样的图案，这些点状结构是否有具体寓意尚待考证，这类花纹砖也出现在汉代其他遗址中，可见花纹空心砖在东汉时期应属于较为普遍的装饰物。

第三节　华中地区其他遗址美术

（一）升仙图

升仙图（图 3-43）是洛阳卜千秋墓中的壁画。洛阳卜千秋墓是 1976 年发掘的西汉壁画墓，其建造时代应在西汉昭帝至宣帝时期，是一座夫妻合葬墓，由主墓室和四个耳室组成，墓室坐西朝东，主墓室是一座大型的空心砖室墓，由于墓室内发现一方上刻篆书“卜千秋印”四字的铜印，故知其墓主人名为卜千秋。墓葬壁画分布在主墓室西壁（即后壁）、脊顶和门额内部上方，即西壁壁画和东壁壁画通过脊顶壁画首尾相连，但又各自具有不同的内容主题。[②]有学者认为这些成组的壁画还与“非衣”的概念有关。

卜千秋墓的三面壁画均画在空心砖上，因此壁画表面有间距均衡的砖隙，而几乎所有图像的重要部分皆未绘制于砖隙之上，说明壁画作者在创作这些作品前已经将砖室壁画的结构特点考虑进其设计中，有学者认为这些壁

---

① 黄展岳，一九五五年春洛阳汉河南县城东区发掘报告[J]，考古学报，1956（04）：21-54。

② 陈少丰、宫大中，洛阳西汉卜千秋墓壁画艺术[J]，文物，1977（06）：13-16。

画很可能是在空心砖尚未砌入砖墙之前就平铺在地面上画好的，从而才保证了画面主题的清晰和完整。[①]

图 3-43　墓顶壁画线图

在三面壁画中以西壁和脊顶壁画最为丰富精美（东壁门额上方绘有一小段壁画，内容为朱雀、玄武和其他超现实形象）。其中脊顶的壁画为著名的升仙图，表现的是墓主人夫妇羽化升仙的过程，脊顶共有壁画 20 块，全长 4.51 米、宽 0.32 米，画面以上北下南、自西向东的形式横向展开，是长卷式作品在汉代美术中的典型案例。画中表现了丰富的神怪形象，自西向东分别为黄蛇（有学者认为与汉高祖刘邦斩白蛇的故事有关[②]，也有学者认为是《山海经》所说的鱼妇，和灵魂复苏、生命形态的转化有关）、日、伏羲、乘风乘蛇之人、九尾狐、蟾蜍、玉兔、人物、白虎（图 3-44）、朱雀、青龙、持节羽人、月、女娲、祥云，全作品配有流云纹，关于这件壁画的解释有很多，有将其解释为墓主人夫妇灵魂升天后与天神、神兽相伴出行的景象，也有解释为全图只描绘了以玄冥为代表的一组北方神[③]，目前普遍认为这件作品表现的是墓主人升仙后与诸神为伴的场景。墓室西壁的绘画（图 3-45）则存在一个更为持久的争论点，即其中一个面部表现为猪的形象的“猪头神”所具体指代的身份，在壁画西壁的山墙上有不

图 3-44　墓顶壁画局部——白虎

① 陈少丰、宫大中，洛阳西汉卜千秋墓壁画艺术[J]，文物，1977（06）：13-16。
② 本刊编辑部，关于西汉卜千秋墓壁画中一些问题[J]，文物，1979（11）：84-85。
③ （日）林巳奈夫，对洛阳卜千秋墓壁画的注释[J]，华夏考古，1999（04）：90-106。

图 3-45　西山墙壁画——猪头神

同形制的五块空心砖，构成一件梯形的壁画，其内容主要表现四象中的青龙、白虎和不明身份的“猪头神”，这一图像自发现以来至今，诸多学者对其所指代加以了分析，有学者认为其指的是“方相氏”，也有学者认为其指的是“豕韦”，即古帝王重黎的后裔，又或有认为其为雨水神“封豨”，还有认为其所指为“蓐收”，即秋神、金神、刑杀之神，最新的学术研究认为其很可能是汉代北斗星的化身。① 以上种种观点各有其依据，使得卜千秋墓壁画更富一层神秘色彩，也使我们进一步发现汉代文化之丰富、内容之深邃。其中出现的超现实图像是汉代文化研究的重要依据。

洛阳是汉代壁画墓分布数量最多的地区之一，因此，该地区的墓室壁画也是反映汉代美术成就的重要文物。卜千秋墓室壁画就是洛阳汉墓壁画中年代最早的一件。其年代虽较早，但内容却非常丰富，表现技法尤为熟练、生动。

从构图来讲，该墓室壁画将东壁（门额内部上方）、脊顶、西壁看作一件整体艺术品，具有“非衣”的寓意，从而使平面的构图变为立体的构图，反映了设计者将绘画的视野突破平面，将壁画与墓室内的棺椁看作一个互相联系的整体的构思。在脊顶的绘画中，构图还以长卷的视觉表现原理，以砖块为构图单元进行创作，可见其设计之谨细，而在脊顶“长卷”的内容中，各个形象呈现高低起伏之状，加上形象本身的方向感和造型的流动性，使得画面内部有一种自西向东的鲜活动感，这是设计者在构图中有意刻画出来的，各种造型似乎都在飞动，作者想要表现的是一个理想的“仙界”。

洛阳汉墓壁画中的人物头像的表现已具有一定程式化，有学者发现其头

① 阎安，洛阳卜千秋墓西山墙壁画试说[J]，新美术，2020，41（03）：34-50。

像表现有三种基本固定的模式①，这是壁画绘制高度成熟，并趋于行业化的反映。卜千秋墓亦在此列，从造型和用笔来看，壁画中除去表现人物造型的角度、身形比例外，对各类超现实形象的描绘均能突出其身份特征，如伏羲、女娲的人身蛇尾，日中的金乌，月中的蟾蜍、仙树（即月中的桂树），羽人周身的羽毛，西王母所戴的"胜"（西王母特有的头冠），反映出汉代美术中善用典型符号表现特定身份的表现模式。各种模式化的特征说明这些壁画是在一个高度成熟的行业基础上产生出来的。

而汉人对用笔的追求也反映在该墓室壁画中，画面用笔吸取了汉代隶书的行笔特征，表现了一种宽博而又秀润的笔法，颇具美感。从其线描技法还能看到后来在纸本绘画中常被提及的几种经典技法的影子，可以理解为这些技法的早期形态，如朱雀的羽翼、白虎身上的纹理类似"柳叶描"；在表现日、月的轮廓线时，线条则纤细有力，具有"高古游丝描"和"铁线描"的风格；而伴随全图的流云纹则具有"兰叶描"的特征，"兰叶描"这一流行于古代工笔人物画中的技法相传为唐代的吴道子所创，但从墓室壁画来看，很多在汉以后才盛行的描法实际应用可能在汉时已成规模，只是当时没有定名而已。综上，整幅作品的线描具有一种流动而又稳定、细节表现和大体块塑造相互平衡的成熟画风，其表现技法可谓精湛。

卜千秋墓画面的色彩保存较为完好，可以反映汉代墓室壁画的用色习惯，其中朱色是主要的用色，同时配合使用的是蓝色，而白色则是整个画面的基底，和画面架构所用的墨色相配合，形成鲜明的形象。总体而言，其墓室壁画的配色具有冷色和暖色搭配、黑白搭配的特点，从而使画面清晰可辨。其用色不追求通过色彩表现细节变化，而只追求色彩的冷暖对比关系，这种用色方法也是汉代墓室壁画设色的常规模式。

综上，卜千秋墓壁画的造型、线描技法和色彩布置都反映出西汉中期的洛阳已经形成了一套成熟的墓室壁画绘制模式，这种模式一旦成形，便具有强有力的传播性，在洛阳发现的大量西汉壁画墓都能看到与卜千秋墓类似的壁画制作模式。除此之外，卜千秋墓还有其特别之处，即其在画面布置中反

① 杜少虎，洛阳汉墓壁画风格辨析[J]，美术观察，2003（09）：82。

映出的对墓室空间的关注，其将前后壁画与脊顶壁画相联系，并作为“非衣”与墓室的棺椁形成组合关系的壁画创作方法，在目前发现的汉代壁画墓中实属罕见。

（二）二桃杀三士图

二桃杀三士图是洛阳烧沟 61 号汉墓壁画中的一幅，该壁画发现于洛阳的一座西汉晚期墓葬，年代大约在公元前 48 至公元前 7 年，是一座砖室墓，其墓室结构和洛阳卜千秋墓相类似，但更复杂，墓室内增设有斜坡墓道和隔墙，从而将墓室分为前室和后室，室内壁画分布在墓室的后壁、脊顶、门额和隔墙上，保存较完好。其中内门额绘有一幅《神虎食旱魃图》，其礼仪功能应为辟邪，该图上方还有一高浮雕塑造的公绵羊头像，寓意吉祥。墓室后壁山墙上有一幅由两块长方形空心砖组成的壁画，壁画总体轮廓呈梯形，绘有八个人物和一个类动物形象的超现实形象，应为某种瑞兽，以山水为背景，被认为是早期山水画的雏形。[①] 二桃杀三士图（图 3-46）位于墓室隔墙外壁的门额上，是该墓葬中表现技法颇为成熟的一件，尤其是其人物造型对人物内心世界的反映，具有高超的水准。二桃杀三士图描绘的是春秋时期发生在齐国的史迹，描述了号称“齐国三杰”的田开疆、公孙接、古冶子因受齐景公礼遇而持功自重，齐相晏婴向齐景公进言曰此三人为“危国之器”，并献“计功而食桃”之计，以齐景公所赐的两个桃子来利用三位勇士争强好胜的心态使三人互斗，从而以诛杀三人之事。画面中表现了这一典故的高潮部分，晏婴位于画面左侧，以双手作揖的恭敬姿态站立，其口微张，做言语状，面部表情自若，应是正在向三位勇士传达“计功而食桃”的旨意，似乎对其计谋的实施已胸有成竹，在晏子的左侧有一位露出半身的士大夫形象，应为侍者，正做出与画面左侧交流状。三位勇士位于画面中央至右侧，靠左第一位为公孙接，他正一手伸向盛有桃子的托盘，一手高举过肩，作者将公孙接抓桃子的手特意表现了出来，以突显其内心对得到桃子的渴盼，公孙接的表情还传达出其内心的不安，似乎在为自己获得桃子的理由寻找合理的借口，也表现出在利欲

① 石岩，地平线下的风景——从洛阳烧沟 61 号汉墓探析早期山水画的观念与形态[J]，文化月刊，2018（04）：144-145。

图 3-46　二桃杀三士壁画与线稿

面前其精神的愚昧和弱小。公孙接右侧倚剑而立者为古冶子，这位勇士正在声嘶力竭地为自己是桃子的合理获得者而争论，头部歪斜，双臂高过肩膀，双手紧握剑柄，右眼圆瞠，左眼看向右侧的田开疆，其浑身使力，为求功名利禄而不顾丑态的蛮勇特征被形象地表现了出来。画面最右侧的则是田开疆，他的表情表现出暴怒后的凶狠与狰狞，他双目大瞪，牙关紧咬，怒发冲冠，田开疆的动作描绘也颇为生动，其双臂呈“弓”形，双手紧握宝剑，正和面前的古冶子争论着，对对方的无礼和可能无法分得桃子的结果充满愤慨，这些场景刻画使观众感到故事正在高潮爆发的前夕，三位勇士之间的矛盾已到了不可调和的地步。

画面中对线条的应用也同样娴熟，其用笔能结合人物的精神状态，比如勇士周身的用笔具有飞动、迅捷、放松而有力的行笔特点，从而可以更为契合地表现勇士的内心世界，古冶子衣服上的几条长线条粗犷而浓重，对强调人物强悍的性格具有视觉上的启发性。但作者对武士表情的夸张和变形，对武士眉目、胡须的符号化阐释，使画面表现出武士的集体性肖像。反观晏子的造型，其线条的行笔平稳有度，造型宁静沉着而有内敛之感，人物面部微闭的双眼、恬静的神情，都与典故中晏子的形象相匹配。对不同形象的人物使用不同风格的行笔和造型方式，是汉代美术人物画“以形写神”的杰出案例。

图 3-47 迎宾拜谒图

（三）迎宾拜谒图

迎宾拜谒图（图 3-47）现藏于美国波士顿美术馆，系出土于洛阳八里台汉墓，该图绘于一件画像砖上，从人物的仪态神情来看，画中表现的是几位士人在墓主人葬礼上相见迎拜的场景，因此得名。

高居翰认为这件作品“不能代表汉代绘画的最高成就”，但又说它“也已经开始超越某种真正观念艺术的局限”[①]，说明此时期的汉代美术已经独具艺术性，但我们仍需注意这些由画工合力完成的墓室壁画和后来由艺术家独立完成的绘画作品的区别，前者是巫鸿所说的中国早期美术的范畴，它仍是在一种高度统一的丧葬礼仪美术观念创作目标下完成的作品，不能过多地加入绘画者本人的见解。

迎宾拜谒图和洛阳烧沟 61 号汉墓出土的二桃杀三士、洛阳卜千秋汉墓升仙图的绘画风格颇为相像，作者可以熟练应用毛笔的提按来表现流畅而富有变化的线条，利用线性的美感来塑造人物，并在画面上施以简单的颜色，使画面具有质感、氛围等特征，使场景更加贴近现实中的状态，从而使场景从画面的基底上脱离出来，作为一个高于基础平面的“有价值体”而存在，和那些纯线性的作品相比，这样的作品占据了更多可被观察到的维度，所以从这个层面讲，它们更实在，也更好被理解。同时，这些壁画都表现出一种横向开展画面的“长卷式”创作风格，虽然烧沟 61 号汉墓的二桃杀三士也是画像砖，但卜千秋墓的升仙图却是画在整个砖石墓的顶部的，因此，这种风格不只受画像砖的结构影响，在一定程度上也是自觉的。这种横向创作的绘画习惯要求作者有对图像进行叙事性描写并善于连贯前后人物关系的能力。

① （美）高居翰，图说中国绘画史 [M]，北京：生活 · 读书 · 新知三联书店，2014 年，第 4 页。

在烧沟61号汉墓出土的二桃杀三士壁画中，作者对画面人物关系的建立除了人物的造型互动外，还可以依靠图像外既已建立的叙事情节——面对历史题材作品，观众只要通过画中人物的身份特征辨认出图像所要描绘的是哪一个历史典故，就能依靠典故的内容确认并联系画面中的各个人物，画面的叙事从而很快被建立起来。八里台出土的迎宾拜谒图不具有这种图像外的构图基础，而且拜谒图表现的是一个丧葬礼仪中很常见的场景，因此，作者需要依靠画面的内部关系来建立起图像的叙事。在这件作品中，拜谒的主题要求所有人物都肃穆地站立着，人物的姿态差异主要表现在上半身，可以用来让创作者联系人物关系的主要是人物的眼神和手势交流。显然，这件著名的汉代砖画在人物关系塑造方面是成功的。图中的二人，依靠面部表情的联系表现了一场生动的交流，我们可以通过二人的形象观察出他们之间的问答关系和主客关系，左侧面部表情悲伤的士人正拱手对答，他应该是刚刚失去亲人的主方中的一员，右侧士人问询的表情和抬起的右手确切地表现出一个来访者向主方问询抚慰的状态。在这种生动的问答场景中，一种横向的图像联系就此建立了。

洛阳出土的汉代墓室壁画普遍具有较高的艺术水准，集中反映出汉代墓室壁画作为丧葬礼仪美术中的一员的重要价值，同时，这些墓室壁画的图像构成语言系统在一定程度上反映了后来流行于魏晋时期的卷轴画的形成历程。

（四）袁敞碑、袁安碑

《袁敞碑》是刊刻于东汉元初四年（公元117年）的一方碑刻，又称“汉司空袁敞碑”，无撰书人姓名，其书体属典型的汉小篆，碑刻现藏于辽宁省博物馆。①

石碑为灰白色石质，碑残缺，残高78.5厘米，宽72厘米，碑身阴刻篆书10行，每行存4—8字不等，共存70余字。② 碑文主要记述袁敞生平，袁敞是东汉末年的重要官员，其传见于《后汉书》，因此这件石碑是考察古史记载内容

① 韩天衡，中国篆刻大辞典[M]，上海：上海辞书出版社，2003年，第864页。

② 辽宁省地方志编纂委员会办公室，辽宁省志·文物志[M]，沈阳：辽宁人民出版社，2001年，第386—387页。

的重要佐证。在书法上，《袁敞碑》结体宽博，笔画瘦硬，流畅而厚重，与《袁安碑》极为相似，应为同一人所书。

《袁安碑》（图 3-48）也是刊刻于东汉时期的一方碑刻，无撰书人姓名，碑书为汉小篆写成的作品，现藏于河南省博物院。该碑残高 139 厘米，宽 73 厘米，厚 21 厘米，碑文阴刻，共 10 行，主要记述袁安的生平，袁安亦为东汉末年的重要官员，其传见于《后汉书》。《袁安碑》与《袁敞碑》的书法风格颇为相似，故此二碑常被合称为“汉袁安袁敞碑”，其以能代表汉代的小篆的面貌而著名。

图 3-48　袁安碑拓片

（五）嵩山三阙

嵩山三阙即少室、太室、开母三阙，位于河南省登封市嵩山脚下，是东汉元初五年（公元 118 年）至延光二年（公元 123 年）建造的三座庙前石阙，也常称“汉三阙”，又因嵩山为五岳的中岳，也称为“中岳汉三阙”。

太室石阙位于嵩山太室山前中岳庙南约 500 米处，分为东阙和西阙，通高 3.92 米，东、西阙距离为 6.75 米，是一对子母阙，阙顶为四阿式顶，阙身以条石和块石砌筑而成。阙身有两段隶书铭文，主要内容是对中岳神君的赞美和阙的施资人吕常等人建阙事迹的记载。铭文之外的阙身上刻满了各种姿态生动的人物、动物、植物、车马等图像。这些文字和图像是研究东汉中原地区文化和艺术的珍贵文物资料。

少室石阙位于登封市城西 6 公里邢家铺西的嵩山南麓，是汉代少室山的少室庙神道之石阙。少室庙别称少姨庙，据传说夏禹之妻涂山氏之妹居于少室山，因称少姨庙。少室阙于东汉延光二年（公元 123 年）由当时的颍川太守朱宠所建，分为东阙和西阙，东阙高 3.37 米，西阙高 3.75 米，两阙相距 7.6 米。阙身上刻满了铭文和图案，著名的《少室庙石阙铭》刻于西侧石阙的南面，为篆书，现存文字 20 行，每行 4 字。西阙的北面，有双钩的阴文篆书，阙额刻有“少室神道之阙”六字，东阙北面有隶书 4 行，无记年。少室石阙的形制和太室石阙相似，除刻字外，阙身的其他面刻画有反映各种社会活动的图像，包括了赛马、狩猎、斗鸡、角力等图案。少室石阙所刻篆书虽为汉篆，但其风格拙朴，仍具秦以金石铭文的奇古之风。

图 3–49　开母庙石阙

开母庙石阙（图 3–49）位于登封市东北 3 公里嵩山万岁峰开母庙前，“开母庙”本名“启母庙”，相传启母阙北曾有一开裂的巨石，《淮南子》言大禹之妻涂山氏化为巨石，石破而生启，此巨石即涂山氏所化，称启母石，因此其庙称启母庙，又传武帝为避景帝（刘启）讳而改其名为开母阙。开母阙同样是颍川太守朱宠在延光二年（公元 123 年）所建，但保存状况不如太室、少室石阙良好，西阙高 3.17 米，东阙高 3.18 米，两阙相距 6.8 米，开母阙的刻文皆在西阙北面，为篆书，一为著名的《开母庙石阙铭》，共 36 行，前 12 行为记名，每行最多 7 字，后 24 行为骈文和赋，每行最多 12 字，是对夏禹和鲧治水之事的记述和对启母功绩的赞美，其书风宽博大气，略带先秦金石文字的古奇风格，但已是较为典型的汉篆，是体现汉小篆风格的精品。在《开母庙石阙铭》的下方，还有东汉灵帝熹平四年（公元 175 年）所刻的《请雨铭》，为隶书。阙额无刻字。可见该阙与启母所联系的大禹治水这一历史紧密相关，是反映汉代对三代文化继承解读观念的物证。除铭文外，阙身亦有大量的石刻画像，题材多为汉代画像石主题中常见的内容，并且有大禹化熊的主题画。

嵩山三阙的碑文是研究秦汉书法的重要文物，反映了汉代篆、隶的发展情况和艺术成就，同时此三阙也印证了嵩山在秦汉时期所具有的重要文化意义，是研究中国古代五岳概念的重要文物。与以高颐阙为代表的四川雅安地区的东汉西南石阙相比，嵩山三阙反映出东汉时期中原石阙建筑的特点，其阙身整体下宽上窄，且结构变化较小，阙身少有西南石阙常见的高浮雕装饰，而以满布的平整铭文和石刻画像为主，气势恢宏厚重，具有宏大、壮观的古朴美感，在相同时期、不同地域的遗址对比中，可以看到汉代的地域文化和审美的差异，反映出我国地广物博、文化内涵丰厚而多元统一的特征。

时隔近两千年，嵩山三阙还与嵩山的其他时代遗址相辅相成，形成了嵩山的大遗址。这些遗址涉及各个时期，位于嵩山的各个区域，共同反映了中国历史文化中人们对嵩山这座重要山脉的集体认识。这些在空间上处于不同方位、时间上处于不同时期的遗址形成的整体艺术，为深入研究我国古代文化的整体面貌提供了重要的价值。

第四章

华东地区遗址美术

第一节　丧葬文化的图像宝库：华东地区墓葬遗址美术

华东地区的汉代墓葬遗址美术以山东、江苏、江西最为重要，其中山东和江苏的汉代墓葬数量多、规模大、艺术风格突出，而江西发现了著名的海昏侯墓，所以华东地区可谓研究汉代丧葬礼仪美术的宝库。

山东以东汉时期的画像石墓和画像石祠著称，苍山汉墓、沂南汉墓均反映出空间布局上强烈的方位和次序感，是研究墓葬空间美术特征的有力依据，而武梁祠、郭氏石祠等墓祠则代表了山东东汉时期石祠艺术的成就，这些流行于山东地区的石祠侧重于依靠室内空间的层级关系来表现具有鲜明的历史和政治寓意的思想观念，这些石祠的图像内容包括车马出行、乐舞百戏、历史典故、帝王圣贤、孝子烈女、仙界神祇等内容，且所有作品来源于汉代墓葬已成系统的图像宝库，石祠的设计者可以在固定的图像系统中替换、调整其局部，从而微妙地传达作者独特的历史观、宇宙观。山东的汉画像石还是信立祥关于汉代画像石风格进行的四个分区之一，这里的画像石以减地平雕加阴刻线为主要技法，造型工整，技艺精湛，内容丰富，并且追求绘画的主题性，强调图像的整体组织。

江苏徐州是发现西汉楚王陵墓最多的区域，多座大型洞室墓（如北洞山、狮子山、龟山汉墓）皆是反映西汉时期楚国诸侯王丧葬礼制和墓葬艺术的重要遗址，这些洞室墓的空间结构复杂，已不同于椁室墓的井干式空间。徐州的西汉楚王陵墓和河南永城的柿园汉墓类似，是观察汉代竖穴土坑墓向砖、石室墓演变这一过程的重要依据。墓葬中出土的大量陶俑陪葬品规模仅次于陕西的西汉帝陵墓群出土的陶俑，艺术风格和西汉帝陵的陶俑又有所不同，这些陶俑的制作皆精美异常，陶俑的类型丰富、人物姿态多样，神情内敛，道具追求细节表现，服饰多为布衣，而少见铠甲，整体上不见帝陵陶俑肃杀的庄重之风，更多地体现出陶俑作为仪仗队的礼仪性特征。

此外，徐州作为汉高祖刘邦故里，受到西汉朝廷的额外优待，文化艺术的发展高度成熟，白集汉画像石和徐州地区出土的青铜镜、玉器都是集中反映汉代艺术成就的重要文物。值得注意的是，江苏连云港的孔望山汉代遗址还是目前唯一一座汉代宗教遗址，是研究汉代道教、佛教文化艺术的珍贵资料。

江西因南昌海昏侯墓的发掘而成为汉代考古的重镇，大量精美的文物、保存较为完整的墓室和海昏侯本人特殊的身份使这座内涵丰富的列侯级墓葬成为汉代考古研究中重要的课题。

综上，华东地区的墓葬遗址美术以类型较为多样、内容丰富、制作精良且保存完整而成为研究汉代墓葬艺术的宝库。

（一）苍山汉墓

1. 苍山汉墓遗址的基本情况

苍山汉墓（图 4-1）于 1973 年发现于山东省临沂市兰陵县（旧称苍山县）城前村，该墓葬为东汉元嘉元年（公元 151 年）修成，墓葬发现时受到了一定程度的损毁，但墓室内部的画像石壁画保存较为完好，墓室分为前室、后室、前室西侧耳室、东侧小龛，共出土有 11 块画像石，其中大部分位于墓室前室。① 画像石的内容是汉代美术中常见的主题，大致可以分为四神图像、墓主人升仙图这类主要表现汉代神话中的诸神祇和异兽题材，还有表现墓主人灵魂在冥界起居的宴饮舞乐图、车马出行图。较为特别的是两件以送葬为主题的画像石，表现了送葬队伍跨越渭河将墓主人送往冥界宅邸的过程，是反映汉代丧葬礼仪观念的重要文物，墓室前室中立柱上还出土了刻有双龙盘结的图像，而墓门立柱上则出土了刻有四龙盘结的图像，该图像同样具有

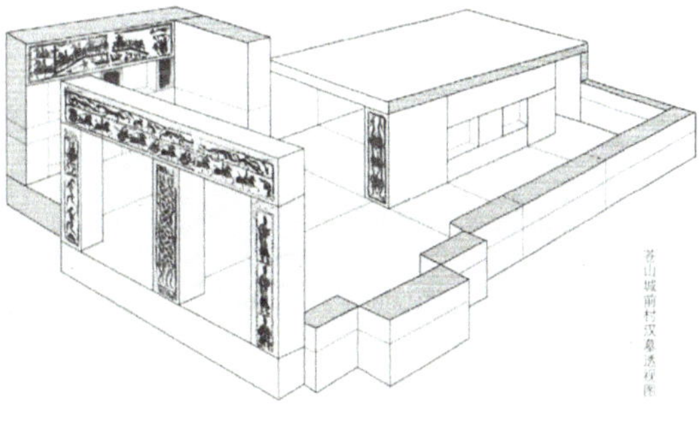

图 4-1　墓室透视图

① 张露胜，山东苍山城前村汉墓题记与画像石考[J]，大众考古，2020（03）：19-24。该文指出墓室中除去西主室顶部有青龙、白虎画像石外，其余画像石均位于墓室前室。

宝贵的价值，它一方面反映了丧葬礼仪美术升仙图像中盘龙的象征意义，位于盘龙上方的图像是西王母，盘龙图像说明升仙需要乘龙而上，和西汉时期流行的双龙穿壁图案有异曲同工之妙；另一方面，盘龙图像反映了古代的结绳艺术在汉代的发展情况。

值得注意的是，该墓葬的画像石内容虽不出汉代画像石常见主题，但其画像石的布局却突出反映了墓葬建设者对墓葬空间的整体认知，墓室内各部的画像以其在室内所处的位置和相互关系，组织成了一个叙事空间。这种对叙事空间的认知还可见于该墓室出土的题记[①]，从题记的内容可发现，这篇题记是由墓室的建造者而非赞助人题写，题记中有不少别字，很可能出自工匠之手，其描述墓室画像石布置的顺序是从后室开始，经过前室至墓门结束，巫鸿认为这种视角反映了创作者是“从死亡到再生、从后室到前堂的顺序……体验了死者的（假想的）经历”[②]，在这一叙事中，后室的画像皆为神话内容，盘龙图像刻画于后室门侧，神仙瑞兽则刻画在后室的顶部和墙壁。前室则以人物为主，并在东西两壁刻有送葬和过渭桥图，体现的是墓主人被送往墓地的场景，在前室东侧的墙壁上还有一处小龛，其内镶有画像石，表现的是墓主人在玉女（题记内对该处人物的称呼）的陪伴下宴饮的场景（图4–2），这里表现了墓主人在地下家园的生活。再向外就来到了墓门，这里的画像石表现了墓主人出游和举行大型宴会的场景，车马出行和乐舞百戏即刻画于墓门

图 4–2　宴饮图拓片

① 张露胜，山东苍山城前村汉墓题记与画像石考[J]，大众考古，2020（03）：19-24。

② （美）巫鸿，中国古代艺术与建筑中的“纪念碑性”[M]，上海：上海人民出版社，2017年，第403页。

横梁上。可见苍山汉墓画像石是依靠空间的次序来进行布局的整体艺术，在观察其单件作品的内容时应注意作品在空间中的方位，从而领略汉人丧葬礼仪美术的设计思路。

2. 遗址的代表性文物

（1）过渭桥画像

过渭桥图（图4-3）位于前室西壁横额，与该画像石相应的铭文中写道："上卫（渭）桥，尉车马，前者功曹后主薄（簿），亭长骑佐胡便（使）弩，下有流水多鱼者，从儿刺舟渡诸毋（母）"，表现的是墓主人下葬前经过渭桥跨越渭河去往墓地象征的冥界，即出殡图，其中"渭桥"一词在汉墓中尚有出现，有时也被称为"渭水桥"，即跨越渭河的桥梁。由于渭河河道宽大，水流充沛，又流经汉长安城北部，所以西汉几代皇帝都在渭河建桥，用以将长安城皇宫和帝王的陵墓联系起来，在举行丧葬大典时，死去皇帝的遗体由皇家侍卫和百官共同护卫着跨过渭桥抵达渭北原。据此，巫鸿认为渭河在汉代"成为死亡的一般象征"，丧葬队伍走过渭河桥其实就象征着将墓主人送往冥界。巫鸿还认为墓室的后室中表现的都是墓主人在死后世界的理想生活，因此，这件画在前室西壁横额上的出殡的车队"突出了从前者（前室、生前——本书作者注）到后者（后室、死后——本书作者注）的运动和转化"①。具体而言，这件作品描绘了两队接近平行的送葬队伍，画面的建筑主体是一座木桥，在桥上和桥下均有一支由右向左行进的队伍，桥上的队伍是车马队，桥下的

图4-3　过渭桥图拓片

① （美）巫鸿，黄泉下的美术：宏观中国墓葬[M]，北京：生活·读书·新知三联书店，2016年，第201页。

队伍则是船队，其中车马队伍中只有男性，船队的主体是一只小船和船上坐着的两位女性，她们是墓主人的妻妾，这可能是汉代阴阳观念的体现，即象征“阴”的女性和象征“阳”的男性需要分开，其中女性要通过同样象征“阴”的水面来抵达坟墓。这件作品中车队马匹的造型表现出昂首挺进的姿态，官员侍从面朝前方，如同行军般具有秩序感，而车队的旌旗逆风飘扬，使得整个车队的行进表现出跃动感，仿佛这并不是一场悲伤的葬礼，而是一件重大的礼仪活动。

（2）送葬画像

送葬画像（图 4–4）位于前室东壁横额，表现的是出殡的队伍到达墓主人位于冥界的“亭”时的场景，在此，墓主人的妻妾成为陪伴墓主人进入墓地的人，场景变得更为私人化。这里的铭文为“使坐上，小车軿，驱驰相伴到都亭，游徼侯见谢自便，后有羊车橡（象）其槥，上即圣鸟乘浮云”。这说明图像中的两辆车分别为軿车和羊车，其中西侧平顶者为軿车，軿车是汉代女性所用之车。拱顶且拉车的牲畜为羊的即羊车，羊车也称“祥车”，也称“魂车”，是死者灵魂所乘坐的车，但巫鸿认为苍山汉画像石墓中的“魂车”其实被用来象征柩车，即运送棺木的车。因此这件作品表现了骑马的侍从将墓主人及其妻妾引导至墓地的情节，车队在画面西侧的“都亭”前停下来，这是一栋有三门的宫殿式建筑，在画面中可以看到的两座大门都各自打开了一扇门扉，其中主要的大门内有两位侍者，而次要的大门内有一位侍者，门外站着一位鞠躬行礼的官员，都亭在汉代即指驿站，因此这位官员应是这座驿站的主管，他负责接待墓主人在这里暂做停留，以便之后进入他在地下的家园。画面的构图以左右对仗的内容表达了动和静的关系，也表现了旅途与终点的关

图 4–4　送葬图拓片

系，门口车队的顶上是遮盖着车队的云纹，表现铭文中所说的“浮云”，而在云彩的左侧，也就是都亭的屋顶上停着一只“圣鸟”，按铭文中记载，圣鸟本是乘着浮云的，可见图像表达的是圣鸟跟随送葬队伍到达目的地后在亭的屋顶停留的画面，从而使画面在和铭文的对比中表现出时间性和次序性。至此，画像石上表现生者对死者的送葬就结束了，在其后的画像石中还出现了墓主人出行的场景，但其寓意已是表现死者的灵魂在来世旅行的场景。

（3）双龙、四龙盘结画像

墓室前室中立柱上刻有双龙盘结（图 4-5）的图像，而墓门立柱上刻有四龙盘结的图像，这两件画像石及其周围的象征仙界的画像石内容寓意墓主人灵魂在死后升仙的情景，这些图像位于前室立柱和墓门立柱，说明了一种向外、向上的方向感，即墓主人灵魂在出行时向墓外、向上飞升，和瑞兽、神仙同居一个空间内，如双龙盘结图像旁即为白虎的图像，而四龙盘结图像旁则表现了西王母、玉人和帝王、官员，象征了仙界和来世的朝廷。此外，双龙盘结和四龙盘结的图像除去其在墓葬中作为整体艺术组件的功能价值外，其本身的表现技艺颇为精湛，反映了设计者和工匠对盘结技艺的高超表现，图中龙的身体盘绕在一起，呈现出繁复密集而又井井有条的形式感，颇为华丽美妙。据考，双龙盘结图像中的结绳形式被称为双钱结，而四龙盘结图像中的结绳形式是变化后的双钱结，现代将其称为“复双钱结”。这是中国古代结绳形式中的一种，即现代所说“中国结”的原形之一，由其可见中国结的悠久传统，这种精妙绝伦的结绳技艺很可能和我国古人的佩玉习惯有关，双钱结的技法最早可追溯到距今约 4000 多年的良渚文化晚期，而中国结中最为著名的盘长结的形成则可能在距今约 3000 多年的周代形成。从双龙、四龙盘结的图像中可以得知，这种悠久的结绳技艺在汉代晚期仍然盛行，王力认为，“中国结表达了中国文明的独特

图 4-5　双龙盘结拓片

性”，它“结构复杂紧密，不易松散开；大多数中国结的形状都左右对称，正反面对称；多种基本结的编法可以相互组合，使中国结具有了非常强的变化性和装饰性”。[①] 而这种古老的技艺在汉画像石中还可看到它的摹本，其中蕴含的对对称性、秩序感、复杂性、模件化的应用，反映了我国传统美术的高度成熟，是对中华美的高度抽象的表现。

（二）南昌海昏侯墓

1. 海昏侯墓遗址的基本情况

海昏侯墓位于江西省南昌市大塘坪乡观西村，是西汉第一代海昏侯刘贺的墓葬，该墓葬区也是西汉历代海昏侯的茔域。刘贺是汉武帝刘彻之孙，昌邑哀王刘髆之子，是西汉的第九位皇帝，也是西汉历史上在位时间最短的一位帝王，其在位仅 27 天即被大臣霍光与张安世合议废除，故称汉废帝。据《汉书 · 武五子传》记载：“王受皇帝玺绶，袭尊号。即位二十七日，行淫乱。大将军光与群臣议，白孝昭皇后，废贺归故国，赐汤沐邑二千户，故王家财物皆与贺。及哀王女四人各赐汤沐邑千户。”这段文献反映了西汉重臣霍光与群臣公议废除刘贺皇位的史事（此处虽未提及张安世，但据《汉书 · 眭两夏侯京翼李传》载，实为霍光与张安世二人向当时的太后孝昭皇后请奏废除刘贺帝位[②]）。由此可知，在位仅 27 日即以“行淫乱”之罪名被废除的刘贺并无葬入西汉帝陵区的资格，但其皇位被废除后，并未直接受封于现位于江西南昌的汉豫章郡海昏县，而是以其作为第二代昌邑王的身份返回其父昌邑哀王刘髆的封地昌邑，但此时的昌邑也因其罪被“国除”（被朝廷除去了作为诸侯王封地的“国”的称号）而改称为“山阳郡”。刘贺被封海昏侯是在汉宣帝刘询登基后的元康三年（公元前 63 年），即刘贺被废除帝位的第十二年，《汉书 · 宣帝纪》载：“三月，诏曰：‘……其封故昌邑王贺为海昏侯。’”而《汉书 · 武五子传》则记载“封故昌邑王贺为海昏侯……

---

① 王力，中国古代文化常识（插图修订第 4 版）[M]，北京：北京联合出版公司，2014 年，第 232—233 页。

② 原文为：“是时，光与车骑将军张安世谋欲废昌邑王。光让安世以为泄语，安世实不言。乃召问胜，胜对言：‘在《洪范传》曰“皇之不极，厥罚常阴，时则下人有伐上者”，恶察察言，故云臣下有谋。’光、安世大惊，以此益重经术士。后十余日，光卒与安世白太后，废昌邑王，尊立宣帝。”

贺就国豫章”。由于刘贺被废除帝位时朝廷将“王家财物皆于贺”，因此当其被封于海昏县“就国”（受封赴封地行使所封王、侯、爵位称为“就国”）时，仍拥有大量的来自昌邑王家的财富，这在海昏侯墓遗址的出土文物中得到了印证。

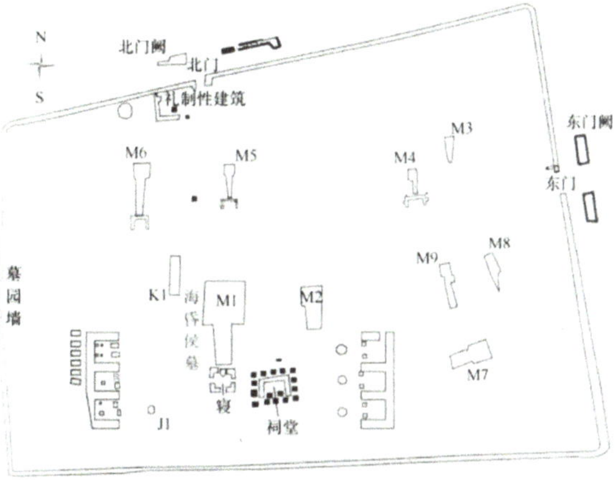

图 4-6　海昏侯墓园遗迹分布图

根据目前的考古发掘成果[①]，海昏侯墓园共 2 座主墓，7 座祔葬墓，1 座车马坑，以及道路和排水遗存。墓园以刘贺及其夫人的 2 座主墓为中心。墓园（图 4-6）发现有墓园垣墙遗址，垣墙遗址围成一梯形外廓，周长 868 米，宽约 2 米，占地面积近 4.6 万平方米。墓园发现有东门和北门遗址，并且东门、北门外疑似有门阙，园内还有道路和排水系统的遗存。主墓南侧还有寝和祠堂遗址。

根据考古报告[②]，海昏侯墓编号 M1，其封土高约 7 米，覆斗形，与侯夫人墓共建于墓园所在的墩墩山山顶。封土下有大型的夯土基座，并且基座有两层，下层基座与侯夫人墓共用。海昏侯墓坐北朝南，为拥有一条墓道的“甲”字形墓，墓室为西汉典型的木椁墓，其椁室体量庞大，分为主椁室、过道、回廊形藏椁、甬道和车马库，内部结构系统而较复杂（图 4-7）。甬道主要为乐车库，甬道东西两侧为车马库。北藏椁自西向东为钱库、粮库、乐器库、酒具库。西藏椁自北向南为衣笥库、武库、文书档案库、娱乐用具库。东藏椁主要为厨具库的“食官”库。主椁室内又分东、西室，主棺位于主椁室内东室的东北部，为内外双重棺，配有棺床，棺床下安 4 个木轮。外棺盖上有漆画痕迹，并放置有三把玉具剑。内棺盖上有彩绘漆画，并有纺织品痕迹。内、外棺之间的南部随葬有颇多金器、玉器和漆器。

① 江西省文物考古研究所、南昌市博物馆、南昌市新建区博物馆，南昌市西汉海昏侯墓[J]，考古，2016（07）：46。

② 同上：48-51。

图 4-7 海昏侯墓椁室正射影射图

除回廊形藏椁，海昏侯墓甬道内也放置了大量陪葬品，根据其内容主要为乐车库，乐车即诸侯出行时仪仗队伍需配备的重要车型，在甬道中发现的金车和鼓车说明西汉时期列侯出行时有乐车在前方，这种金鼓指挥车队进退的制度并非始于汉代，而可追溯到战国时期，《尉缭子·勒卒令篇》就有“鼓之则进，重鼓则击。金之则止，重金则退”之语，即所谓“击鼓进军，鸣金收兵”，可见鼓车和金车的功能是作为仪仗队伍出行时指挥进退的载具，因此这一发现也对考证西汉时期丧葬观念中对所谓的出行观念的认知提供了新的物证，也进一步为细化西汉向东汉丧葬制度发展中各部分礼仪观念的细微变化提供了考察依据。甬道的东、西两侧为车马库，同样是为出行的仪仗队伍而设计的。

海昏侯墓除墓葬本体外，其西侧还有外藏车马坑。该车马坑有一真车马陪葬，出土有 5 辆具有实用功能的高等级安车①，并有马匹遗骸 20 具，这些陪葬品很可能是刘贺生前实际使用的车马。

在海昏侯墓周边 5 平方千米区域，还发现有紫金城城址、刘贺之后的历代海昏侯墓园、贵族和平民墓地遗址。紫金城是汉代海昏侯的都城，遗址面积达 3.6 平方千米，该遗址显示紫金城分内城和外城。内城位于城区东部，应为宫殿区，面积约 12 万平方米。城址西面和南面为几代海昏侯的墓葬区，在这些墓葬区外围还发现约 13 处贵族墓地和大量的平民墓葬遗址。这些墓葬区的总面积约达 1.4 平方千米。这些遗址都显示出海昏侯作为汉废帝所拥有的一般诸侯所难以企及的财富，结合下文将提及的出土文物之精美和丰富，

① 安车之功能详见第二章第一节（七）：武威雷台汉墓。

可知史书所谓“王家财物皆于贺”应非虚说。

2. 遗址的代表性文物

由从 2011 年开始至今仍在发掘中的海昏侯墓遗址所出土的文物可知：海昏侯墓是一座保存较为完整、墓藏极为丰富、陪葬品规格极高的汉代墓葬，其中颇多陪葬品非诸侯可有，应与刘贺的生平有关，也正因此，通过海昏侯墓文物可以使我们更为贴近地看到汉代帝王陵墓内陪葬品的规格。在海昏侯墓数量惊人的出土文物中，其金器之数量与形制皆颇为惊人，尤其是其中的马蹄金、麟趾金这类金器虽在其他诸侯墓葬中也曾有发现，但却未见数量如此之丰的金器陪葬规模。

（1）金器

海昏侯墓出土的金器共计 378 件，其中的马蹄金和麟趾金、金饼共计 358 件，还有金钣 20 件，这些金器的出土是我国汉墓考古史上出土金器文物保存最完整、数量最集中的一次。马蹄金（图 4-8）、麟趾金（图 4-9）和金饼分别出土于海昏侯墓主椁室西室北部和内、外棺之间的南部，而 20 件金钣只出现于内、外棺之间的南部。

图 4-8　马蹄金

图 4-9　麟趾金

汉代的货币除铜钱外，也用黄金。这种铜钱、黄金并用的制度实沿用于秦，秦始皇统一中国后，“中一国之币为二等”，这是秦朝完成大一统后并施的多项统一政策中的一项，其目的是以统一的货币建立统一的经济制度。汉代沿袭了秦制，继续用黄金作为流通货币，但黄金仍是贵族、巨富间才偶用的高级货币。汉代将黄金作为通用货币使用的形制中金饼的形制应是出现最早的，金饼是战国晚期即已使用的黄金货币造型，这种形制在汉代十分流行，它一般分为大小两种，大者重约 250 克，小者重约 15 克，250 克和 15 克是汉代斤和两的重量。所以金饼往往由于其稳定的单位重量而充当着大额的流通货币，在海昏侯墓葬出土的金饼文物多为圆形，是以纯度极高的黄金铸造，其表面有着显著的浇铸痕迹，并且刻有“V”形符号，目前学界尚未发现确凿的证据来证实这一符号的实际用途，有部分观点认为这一符号和黄金纯度有关。但根据海昏侯墓出土的另一种以墨书文字进行标记的金饼可知，这种大小形制相近的圆形金饼很可能是当时刘贺献给宣帝的贡金，这种墨书金饼上的文字位于金饼中心，记为：“南藩海昏侯臣贺元康三年酎金一斤”，说明这些金饼是刘贺于元康三年（即汉宣帝将其封为海昏侯这一年）奉献给皇帝的酎金。酎金是汉代用于宗庙祭祀的贡金。《史记·平准书》云：“至酎，少府省金，而列侯坐酎金失侯者百余人。”裴骃《集解》引如淳曰：“《汉仪注》：王子为侯，侯岁以户口酎黄金于汉庙，皇帝临受献金以助祭。”可见身为王子的诸侯皆要以岁（年）为节点向皇帝进献黄金以助宗庙祭祀，而刘贺在元康三年受封为侯，因此也需献酎金。但是从墓葬出土的金饼来看，“V”形符号为铸印于金饼之上，而作为助祭的金饼却是墨书，很可能反映出这些黄金并非海昏侯刘贺自铸，而是其父或其本人作为昌邑王时所获赐的金器。目前关于海昏侯墓大量的金器的来源的论述已很多，但仍未形成定论，其中一部分观点认为刘贺拥有如此庞大数量的黄金，和他作为二代昌邑王的财富继承有关[①]，这些黄金很可能是武帝给刘贺之父刘髆的赏赐。但在墓葬出土的马蹄金和麟趾金中，则未见书有酎金字样的墨书记号，其原因可能仍与汉代币制有关。目前的考古发现中有将金饼和蹄形金分割为小块的现象，还有在金块上刻出计重的现象，所以人们一度将金饼和蹄形金看作汉代非通用的货币，而只是在交易需要时作为称量货币使用，但是金饼由于其较为统一的重量，结合文献记载[②]，很可能仍是一种通用货币。只有蹄形金由于还有马蹄、麟趾造型之分，且大小、重量差距均较大的原因而仅具有称量货币的功能。所以

① 刘瑞，海昏侯刘贺墓中多黄金的原因探析[J]，唐都学刊，2016，32（03）：5-9。

② 孙机，汉代物质文化资料图说（修定本）[M]，北京：中华书局，2020 年，第 109 页。详见该书第二十二章“钱币 I”，书中引述了汉代将金饼作为流通货币的多项文献记载。

完整的蹄形金应本是一种特殊的纪念物。据《汉书·武帝纪》载“(太始二年)三月,诏曰:‘有司议曰,往者朕郊见上帝,西登陇首,获白麟以馈宗庙,渥洼水出天马,泰山见黄金,宜改故名。今更黄金为麟趾、褭蹏以协瑞焉。’因以班赐诸侯王”,可见武帝将形制如同马蹄和麟趾的金器作为祥瑞的象征物赏赐给诸侯王,作为象征祥瑞的金器,蹄形金应仅仅是皇家铸造,用于赏赐或纪念的“纪念币”,其铸造的本质是一种贵金属制成的礼仪用器。海昏侯墓所见之蹄形金更为特殊,上面还铸有“上”“中”“下”不同字样,并且其中的马蹄金大小不同的两种形制又均各自铸有三种字样,因此很难断定这些字样是用以区分金器的分量、规格,还是别有它用的,这些符号为海昏侯墓内涵的解读增添了一份神秘色彩。

至于蹄形金中何为马蹄金何又为麟趾金,则众说纷纭。两种金器均为内部中空的高纯度黄金制成,一种底部为椭圆形,一种底部为桃心纹样的类圆形,金器的底部铸有“上”“中”“下”字样(还有一种底部有其他字样的类型),海昏侯博物馆将二者中椭圆形的定义为麟趾金,类圆形的定义为马蹄金,现从其说。麟趾金周壁向上斜收,口小底大,造型纤细,金器上周还采用花丝镶嵌等细金工艺精制,顶部花纹稍低的位置还有花瓣状凸起,造型设计与食草动物的蹄形颇有相似之感。而马蹄金造型虽仍为口小底大,但幅度不如麟趾金明显,且整体造型较平扁,凸显出马蹄一般的稳定之感,细观之,蹄形金的花丝镶嵌在形式上可谓极尽精工,以大号马蹄金为例,其上周金丝就有四组花纹连续环绕而成,器身从上至下分别为赶珠丝、赶珠丝圈、赶珠丝、码丝,这些花纹系为二次加工后镶嵌于金器上,马蹄金器身还制作有一种水波纹,用以模仿马蹄侧面的凹纹,应使用了戗錾技法。在一件小小的金器上将这些纹样展现出来,其单个的制作就已颇费人工,何况用于赏赐的批量生产的蹄形金对人力之耗费,想必如此精致的器物,应不会用来作为流通货币使用。根据文献提供的线索,蹄形金很可能就是汉武帝在太始二年(公元前95年)铸造的金器,这些金器主要用来赏赐重要的贵族和官员。

至于墓葬中出土的金钣(20件),则是汉代墓葬考古史上首次发现,这些金钣均为矩形,素面,尺寸大小略有不同但相近。和其他金器一样,它们也是以纯度极高的黄金铸造。但关于金钣的实际用途为何,学界尚有争议,有人认为它们是天子祭祀过程中用于书刻“祷辞”的“金牒”“金策”或“金简”①，也有人认为这些未经进一步精加工的金器就是海昏侯国的储备金。② 目前已知的金钣有上海博物馆藏的战国时期楚墓出土的金钣，其上记有“专锊”二字，专为地名，而锊为计量单位，这件文物是从金钣上切割下来的金块，说明其很可能已经被当作称量货币使用。而中国钱币博物馆藏的“郢称”金钣，成瓦形，正面有排列式的压印（在黄金溶液未完全冷却前用印压制）篆文“郢称”两字，“郢”是指战国时期楚国的国都，而“称”也是重量单位，故可知战国时期的楚地已有具称量货币功能的金钣。但海昏侯墓的金钣无压印文字，或许另有他用，其具体功能还需学界进一步考证。

（2）印章

海昏侯墓出土的文物中有大量的印章，这些印章不仅造型美观，而且在证实史料、考古的进一步发掘中都起到了重要的作用，其内容直接反映了墓主人的信息，并将墓主人的身份定位到第一代海昏侯刘贺。

印章中最为重要的一方应属刻有“刘贺”二字的螭纽玉印，这件玉印的出土证实了墓主人的身份，为墓葬的考古研究提供了至关重要的依据。这方印的印材为和田白玉，色泽光洁，局部稍有沁，和长陵出土的皇后印用料一致，印纽为螭纽，印身四方，为汉代常见的“方寸之印”。印面以阴文小篆书“刘贺”二字，两字左右等分，字迹线条粗细一致，风格疏朗而方正，是典型的汉小篆书风。

墓葬中还出土有一件重要的和田白玉印，其形制和“刘贺”印基本一致，同为方形印身，印面刻阴文篆书“大刘记印”四字（图 4-10），字腔较深，腔内还留有印泥的痕迹，应常被使用，该印篆书书风也与“刘贺”印不同，书体走刀窄细，笔画硬挺有力，疏密变化有致，书风相对更为活泼，并稍具春秋时期铭文文字的结体之风。印纽为龟形，龟首上昂，圆眼，龟背稍拱起，四肢扁平，每肢有两爪，龟背上满饰五边和四边形砣刻阴线龟背纹，龟腹下方有扁椭圆形的穿孔（图 4-11）。龟形印在汉代官印中颇为多见，由于龟背造型对于印章使用时的按压较为方便，所以这是一种兼具美观和实用性的纽印。“大刘记印”四字是证实刘贺皇族身份的重要文物，有学者认为这方玉印还有宣

① 耿庆刚，海昏侯墓“金板”小考[J]，考古与文物，2017（3）：101。
② 黄今言，西汉海昏侯墓出土黄金的几个问题[J]，史学月刊，2017（6）：21。

图 4-10 “大刘记印”龟纽玉印——印面

图 4-11 “大刘记印”龟纽玉印——印纽

告刘贺在皇室宗亲谱系中之地位的意涵[①]，也有认为“大刘记印”是一方专用于表明刘贺的皇室身份的特殊印记，认为这方玉印既非官印也非常规的私人名印，“刘”是汉代的国姓，而“大刘”专指皇室之刘姓，故只有汉代皇室宗亲才可使用。[②] 该印的具体言义为何，还有待定论。

“海”字青铜印（图 4-12）是一方尺寸较大的印章，其造型与玉印不同，无印纽，印面长方，印身为覆斗形，“覆斗”顶端亦为长方，并且向内深深地凹陷。印文为阳文的篆书“海”字，印面的四边有框，字口深而宽大。篆书的书风疏朗而古朴，南昌汉代海昏侯国遗址博物馆称该印为烙马印，是汉代诸侯国实施马政管理的实物，但该论仍有争议，有学者认为该印“无从看出与马相关联信息……不具备先秦秦汉烙马印典型特征”，而认为这枚印章是海昏侯国诸侯管理国政的行书印信，“海”字即海昏侯国的简称。[③] 海昏侯墓出土文物的具体功能仍在学界的热议中，很多

图 4-12 “海”字青铜印

① 王刚，海昏侯墓“大刘记印”研究二题[J]，江西师范大学学报（哲学社会科学版），2016，49（02）：20-26。

② 熊长云，海昏侯墓“大刘记印”小考[J]，读者欣赏，2016（06）：51。该文认为“大刘”二字的寓意是彰显刘贺姓氏之显赫。

③ 吴方浪，南昌海昏侯墓出土“海”字铜印考释[J]，文博，2019 (01)：76-81+48。

文物均未有统一的功能定论，但却可说明该墓涉及汉文化制度之广。

海昏侯墓出土的印章除此三枚外，还有一枚印面无文字的玉印，但仅此三面篆书印文的印章已反映出汉代印文化的丰富，这些印章的书风、行文内涵、印料的选用、印纽的形象均反映出汉人视觉艺术中对文字造型的巧妙应用，其寓意之丰富、设计之严谨是汉代艺术的结晶。

（3）铜器

海昏侯墓出土的文物极为丰富，且数量惊人，其中铜器的出土尤以系统性完整、类别功能丰富、数量庞大而著称，这些铜器包含了大量工艺精湛的金银错、包金、鎏金器物，功能方面包含了车马器、乐器、香炉、灯具、饮食器、厨具、铜镜、铜镇等。这些铜器还和其他类型的器物共同作用，阐释着汉人“事死如事生”的丧葬理念，如青铜的饮食器、厨具和木质的漆器共同形成了墓主人的饮食用具。而铜匜、铜镜、锦屏、漆奁等又形成了墓主人的盥洗、化妆用具。这些跨媒介组成的具有统一功能目的的器物组合成了墓葬中如同墓主人生前环境一般的地下家园，它们各自放置于其所属的功能区域——内椁或外藏椁中，使墓葬具有汉代丧葬所追求的礼仪功能。本小节即以这些功能类分的器物中的“重器”——铜器为视角，来介绍海昏侯墓铜器作为遗址美术的组件所具备的丰富功能，可以发现的是，铜器以其坚固耐用、材料贵重、造型精美的特质而出现在墓葬几乎所有类别的器具组合中。

墓葬出土的灯具类别主要分为豆形灯、行灯、釭灯、多枝灯（也称连枝灯）[①]，这些灯具各有具体的功能，如行灯多用于行动中的照明或作为临时放置于案头等处的灯具，而多枝灯则是汉时的大型立灯，一般放置于厅堂等开阔空间，提供良好的照明。仅灯具类别就如此全面，可见该墓葬葬具“象生”含义之详细。豆形灯是汉代灯具中最为常见的样式，其上方为盘，盘中有柱，形貌如同支钉，称为“火主”，用以插烛，下有底座。汉代灯具所燃烧的灯柱应有两种：一种是硬灯柱，由剥去皮的麻秸缚成束浸上油脂以点燃，油脂主要用动物油脂，这类火烛燃烧时需要用火主来固定；另一种为软灯柱，用其他较为柔软的纤维制作而成，这种软灯柱无法用支钉状的火主固定，而是由一个

---

① 孙机，汉代物质文化资料图说（修定本）[M]，北京：中华书局，2020 年，第 431—438 页。详细的功能分类介绍可参看该书第八十九章“灯Ⅰ”、第九十章“灯Ⅱ”。

灯盘中的突起物托起来燃烧的。海昏侯墓出土的豆形灯中只有部分灯盘有火主，其余盘内无任何放置火柱的结构，可能是仅仅用来作为明器的陪葬品。海昏侯墓的豆形灯结构简洁，造型朴实，显然是用以表达灯具作为实用器的功能的。

图 4-13　行灯

海昏侯墓出土的行灯造型同样朴实（图 4-13），浅圆灯盘，直口，平底，灯盘下有三个半圆形兽蹄足，盘一侧有执柄。行灯还配有圆形底盘，灯可与底盘分离。执柄和灯足都是方便灯具在点燃后挪移的构件。行灯的方便之处在于其夜行时从底盘上将灯具拿起，作为行路中的照明工具，而放在底盘上时其功能和豆形灯无异。

墓葬中还出土了两种造型的釭灯，一种造型较为简朴，另一种被做成动物形象。釭灯由器座、托盘、侧面灯罩、顶部灯罩和弧形烟管组成。这种灯具是汉代的创造，相比于汉以前流行的灯具，釭灯的优势在于侧面灯罩可用来控制灯光亮度，而烟管可将灯烟导入灯腹，灯腹中贮水，从而可以过滤烟煤，降低室内的烟污染。这种灯具属于高级灯具，很多被做成精美的动物形象或人物形象等，如河北满城出土的著名的长信宫灯，就将灯具设计为一宫女形象，烟管和灯盘分别为宫女的双臂，当灯点燃后宫女如同捧灯而跽坐，极富艺术色彩。

海昏侯墓出土的釭灯中造型简朴的一种为实用器型，其灯座为球形腹鼎，这种鼓腹的结构可以最大化增加灯具的贮量，灯腹下方为三个半圆形兽蹄足，肩部两侧各有一支圆弧形烟管，这种双烟管的灯相对于单烟管的灯具有更好的通风性。托盘为圆形，配有长条形的把手，内有同样为圆形的灯盘，灯盘和托盘之间有两片弧形灯罩，这种两片式的灯罩也较单片式的灯罩更为实用，可以更方便地控制灯光的方向和亮度。托盘底部有一个竖直的圆形圈足状套头，可与直口底座相套。由此可见，海昏侯墓中出土的灯具有很大一部分是象征用具的明器。同时，这些实用灯具的造型也反映出汉人的美术造诣，它们均具有简明、务实的功能性结构，在视觉上给人端庄朴素之感，同时在不影响实用功能的前提下，这些灯具又进行了适度的艺术加工，如豆形灯的底座和灯柱都进行了简洁的艺术设计，而行灯和实用型釭灯的灯足皆设计为兽蹄足。这种艺术设计上的“适度性”是海昏侯墓出土文物乃至汉代美术普遍存在的风格特征。

在海昏侯墓出土的众多灯具中，设计最为精美的是两件雁鱼灯和一件多枝灯，雁鱼灯是制作为动物形象的釭灯，其通高 50.8 厘米，长 17.5 厘米，重 8055 克，灯的整体呈雁顾首衔鱼伫立之状，汉代所言“雁”实为鹅，该灯将雁的身体设计为灯腹，雁嘴中所噙之鱼设计为灯罩。雁身即釭灯的灯腹，中空用以贮水，雁背部有一凸出的承接灯盘的圆形短直口。雁身两侧饰有羽毛，双足并立。类似造型的灯具此前已有出土，山西平朔、襄汾，陕西神木均出土雁鱼灯各一件，其中山西平朔出土的雁鱼灯表面还施有彩绘，可见雁鱼灯是汉代高级灯具中较为流行的款式。

图 4-14　多枝灯

多枝灯在汉代属于高规格的大型灯具，据记载点亮后有“华灯若火树，炽百枝煌煌”的效果。这种灯具在汉代出土文物中虽并不鲜见，但大多为陶制，铜制的多枝灯出土很少，可见多枝灯在汉代的贵族家藏中也不算普遍，可能与其结构复杂、制作成本高昂有一定关系，海昏侯墓多枝灯（图 4-14）的出土丰富了我国考古发掘的文物的记录，也证明了墓主人身份的特殊。这件多枝灯是一件组合灯具，其外貌正如古人所言“火树”的树形结构。其通体组合结构复杂，分为灯柱、灯枝、灯盘和灯座。灯柱为一整体，下方与圆形的灯座相连，灯座以镂空技法铸造出两组较复杂的兽纹，造型精美而华丽。灯具顶部为一盏可拆卸的顶灯。顶灯下为四盏以榫卯结构连于灯柱的侧枝灯，四盏侧枝又分为上下两层，每层对称分布，灯枝的造型呈S形，顶端装灯盘。灯盘均为八边形。多枝灯在汉代有着吉祥的寓意，象征着所谓“扶桑”一类的神树，扶桑是《山海经》中记录托起太阳的神木，所以这种代表扶桑树的灯具也指代光明和神仙界，与武帝以后汉代盛行的修仙思想相合。

海昏侯墓还出土有大量的铜镇，并且造型均为动物或人形。人形铜镇的形象为俳优（图4-15），即汉代的杂耍谐戏艺人，体态较敦厚。它体量虽小，却与四川成都出土的东汉说唱陶俑有异曲同工之妙，这些俳优人物穿双层交领衣，戴帽，跽坐，面部做嬉笑状，憨态可掬。其手部动作分为两种：一种为左手放于膝侧，右手抬至耳边做聆听状；一种为双手皆放下，左手扣于膝侧，右手微伸于膝前，双手一前一后做演说状。若将两种俳优人物形象并置，其表演时的活跃场面可谓活灵活现，尤似今日之“相声”。动物造型的铜镇有兽形、鹿形、雁形和凫形铜镇（图4-16），其造型同样较为写实，尤其鹿形铜镇将鹿角进行了高度写实的表现，技艺不可谓不精湛。而雁形铜镇和凫形铜镇均在造型上生动地表现了两种禽类动物的体态特征，雁形铜镇所做雁回首状与同址所出的雁鱼灯之雁（汉代所言雁即鹅）的造型尤为相似，而凫为野鸭，鸭颈短，凫形灯将野鸭颈短身鼓的造型表现了出来，使其动物特征活灵活现，两种禽鸟形象的镇均有圆形的底座，结合雁与凫（鹅与鸭）的生活特征，让观者见之如观水禽游于水中。铜镇是汉代席地而坐的习俗中用压住席子的四角防止其扬起的工具，这种小型工具被设计得如此精美并且入葬，可见

图4-15　俳优铜镇

图4-16　凫形铜镇

海昏侯墓葬葬具之奢，同时大量铜镇在该墓的出土也反映出海昏侯墓葬“象生”功能之齐备，和对宴会（宴会需列席）功能的重视。

墓葬中还出土了大量的铜鼎、铜车马具，其中铜鼎多实用器形，而车马具中很大一部分来自外藏坑的真车具，这些车具多为错金银或鎏金，也有一部分造型精致的青铜器，足见其随葬铜器之规模。而出土的乐器以礼乐器为主体，保存较完整的有两架编钟、一架编磬，其中尤以编钟保存完好，甬钟（舞部有甬柱之铜钟）和钮钟（舞部有悬钮之铜钟）皆为鎏金龙纹，外观上金色和黑色的对比形成的庄严富丽的视觉效果与礼乐之器的“庙堂气”正相合。

海昏侯墓葬的出土文物目前仍有大部处于修复清理状态，其墓葬陪葬品最终的面貌和反映的史实、历史文化成果仍未有定论，但目前的考古成果已反映出海昏侯墓是一座高规格厚葬的列侯墓，其出土的文物根据功能被分别放置于不同的外藏椁，而棺室中又设有帷帐，内椁室被设计出门窗的造型，这些所有的葬具互相配合，其目的是达成汉人的丧葬礼仪追求，形成一件囊括了“衣食住行”的具有强烈的象征意义的宏大整体艺术品。

（三）高邮汉广陵王墓

1. 汉广陵王墓遗址的基本情况

汉广陵王墓即高邮天山汉墓，是西汉广陵王刘胥的墓葬。1979 年 5 月，在距离江苏省扬州市 45 公里处的高邮市天山乡神居山上，当地居民在采石炸山的过程中发现了这座墓葬。[①] 该墓以高超的墓葬建造水平闻名，尤其是墓葬中的“黄肠题凑”，拥有少见的可以互相组合的榫卯结构和单用于确定题凑整体结构的木框架。

汉广陵王墓所处的神居山是一座因 150 万年前火山喷发而形成的堆积熔岩，海拔 49.55 米，也是扬州市辖内唯一一座石质山，因此汉广陵王墓是一座在火山熔岩中建造而成的竖穴岩坑墓。[②] 由于神居山历来为当地的采石、采沙场，所以造成山石松动，不利于墓葬的保护，所以 1982 年江苏省政府决定将该墓迁至扬州，用原墓构件，按原墓式样复原重建，并在重建的遗址处建

① 南京博物院，梁白泉文集 · 博物馆卷[M]，北京：文物出版社，2013 年，第 168 页。

② 杨懿，高邮天山汉墓与海昏侯墓的比较[J]，秦汉研究（第十三辑），2019（00）：49-53。

成汉广陵王墓博物馆，用于展示该墓葬。[1] 墓葬共有两座大型木椁墓，编号为M1、M2，分属于广陵王和其王后；祔葬墓两座，应是广陵王家族其他成员的墓葬，编号为M3、M4。广陵王的墓葬（M1）深24米，属于西汉诸侯王墓中距地面较深的竖穴墓，墓葬以斜坡墓道与地面相连，其上原有封土，但保存情况较差，高度不详。墓坑内为西汉中期典型的椁室墓，外藏椁、题凑、梓宫、便房俱足，可见其规格之高。

刘胥是汉武帝刘彻之子，为广陵国国主，其在位64年，颇受历任皇帝礼遇，汉宣帝封其四子为列侯，又封其小子为高密王，但刘胥最终却因在汉昭帝时对帝位有觊觎之心而听信巫女，祝诅历任皇帝，后来祝诅事发，“天子遣廷尉、大鸿胪即讯”，广陵王刘胥认罪后自杀，但“天子加恩，赦王诸子皆为庶人，赐谥曰厉王”。从墓葬结构来看，广陵王墓具有西汉诸侯王墓的规格，可见其死后墓葬确如史料记载仍按诸侯一级墓葬对待，但一般诸侯墓葬中并不应有梓宫、便房、黄肠题凑，这些葬制在广陵王墓中的存在也佐证了史料所载的“天子加恩”之事。

广陵王墓最著名的文物即其墓葬中856块以金丝楠木组成的“题凑”（图4-17），所谓“黄肠题凑”是使用柏木的黄心来制作，属天子葬制，但有时天子也赐给诸侯王或重臣随葬，如西汉重臣霍光死后就受赐“璧珠玑玉衣、梓宫、便房、黄肠题凑各一具”，然而广陵王墓中的题凑并未使用柏木，而使用了金丝楠木，所以按史料，广陵王墓的题凑虽使用了名贵木材却并非典型的“黄肠题凑”，而是其他木材组成的题凑。广陵王墓使用其他木料组成题凑的原因并无文献支撑，有人认为这是就地取材[2]，但史料并未记载天子赐给刘胥黄肠题凑一事，所以也可能反

图4-17　汉广陵王墓黄肠题凑

① 张绍华，汉广陵王墓与“黄肠题凑”[J]，中国工会财会，2006（09）：51。

② 同上。

映了其墓葬要按制建造，不能使用柏木而只能使用其他木材。并且该墓墓室的地板上有预先设立好的立柱作为框架，题凑木均有不同形状的榫卯，这种榫卯结构有利于题凑的整体牢固性，建墓时用框架确定题凑的整体格局后，再用整段题凑木来填充①，可见该墓建造时设计之周到，用工之精良。

按西汉时诸侯墓葬的葬制，广陵王墓原应有陵园，但由于墓葬发现时其周边的原始环境保存情况较差，因此其地上建筑遗址几乎荡然无存，不过考古工作者在M1岩坑坑底到封土表面的填土中发现了大量的汉代陶片和建筑材料，说明其地面原应存在过汉代建筑，很可能是便殿、寝殿等陵园内常具的礼制建筑。

2. 遗址的代表性文物

史料载刘胥死前曾对其世子言“上遇我厚，今负之甚。我死，骸骨当暴。幸而得葬，薄之，无厚也”，因此该墓的随葬品本即可能不如一般诸侯王墓葬丰富，再加上汉广陵王墓在发现时即已遭到了严重的盗掘，因此出土文物较少。

该墓出土的文物共600余件，其中较多的是木器，占了出土文物总数的一半，这些木器从用器到兵器一应俱全，具备较完整的象征意义。值得注意的是该墓出土的五铢钱、麟趾金为陶泥质地，麟趾金大量发现于江西南昌海昏侯墓中，但海昏侯墓中的麟趾金全为金器，而广陵王墓中的钱币和金器全为陶制，说明这些陶器只是具有象征功能的明器，这种用陶泥仿制金器随葬的情况在西汉诸侯墓的考古中尚属少见，可能反映了刘胥墓“薄之，无厚也”的史实。

（四）泗阳泗水王墓

1. 泗水王墓遗址的基本情况

泗水王墓位于江苏省宿迁市泗阳县三庄乡，该墓因其封土被当地俗称为“大青墩”，因此也称泗阳大青墩汉墓，它是西汉泗水国王的陵墓。大青墩汉墓还隶属于泗水王陵古墓群，这处古墓群在泗阳县三庄乡北至橡树村，南至李庄村，东西宽500米、南北长7000米的长方形范围内，其间分布有汉代土墩墓

---

① 杨懿，高邮天山汉墓与海昏侯墓的比较[J]，秦汉研究（第十三辑），2019（00）：48-56。

40余座。这些土墩墓大致分为5组，每组均以大墓为中心，大墓由南向北排列，南端靠近泗水国首邑凌城遗址，所以该古墓群应是历代泗水王的茔域。①

2002年11月至2003年1月，由于泗阳汉墓群的盗掘情况严重，为了抢救文物，考古队对大青墩、陈墩汉墓进行了抢救性发掘，这次发掘在墓葬已经遭到盗扰的情况下，仍发现了大量文物，其中大青墩汉墓出土文物660多件，这些文物以木器为大宗，出土了大量的木俑和木质明器，是观察汉代雕塑艺术成就的重要文物，考古队还在木椁室的椁板上发现"王宅""泗水王□"刻字，这些刻字有力地证实了该墓为泗水国国王的陵墓，也为学界对大青墩所属的墓葬群为王族茔域的推测提供了重要的佐证。陈墩汉墓保存完好，未被盗掘，出土文物100件（套），其中的漆器颇为精致，并发现了一架1.2米长的古瑟，出土的龟纽铜印上刻有"张廷意"、漆器上有"张氏"、铜器上有"大张"刻字，因此考古工作者推测其墓主人是泗水国贵族，或王室亲属。②陈墩汉墓位于大青墩汉墓南侧，属于古墓群由南向北分成的5组中的第3组，而大青墩属于由南向北的第4组，据2003年举行的大青墩汉墓论证会专家的推论，两座墓葬所处组群的墓葬排列顺序很可能反映了泗水国历任国王的次序。按照西汉历代帝陵的方位排列规则，汉高祖的长陵在长安城正北，距离汉都城最近，高祖之后惠帝的安陵、景帝的阳陵逐次渐远，那么泗阳这5组南北朝向的古墓群中最南侧的大墓紧临泗水国都城遗址，应是第一代泗水王的墓葬，其他4组墓葬由南向北应是按顺序排列的泗水王墓。③

泗阳泗水王墓是一座竖穴土圹木椁墓（图4-18），南北朝向，墓坑平面呈正方形，长宽各约18.5米，墓道在墓坑正北，宽4.2米，长10米以上，地面有7层夯土筑成的封土层，封土高约8.5米，墓内有厚度超过4米的青膏泥，青膏泥也用夯筑法，夯层每层约20厘米。墓室由主墓室，正南外藏椁，东、西外藏椁，正南外藏椁和主墓室之间的夹层构成，其中正南外藏椁内藏有大量木俑，包括立俑、坐俑、骑马俑、木车、陶器、铜器和一座木质房屋模型，应象征着地下家园中的一个生活场景。东外藏椁分为南北两部分，东南外藏椁内有

① 江苏省大青墩汉墓联合考古队，泗阳大青墩泗水王陵[J]，东南文化，2003（04）：26-29。

② 江苏泗阳三庄联合考古队，江苏泗阳陈墩汉墓[J]，文物，2007（07）：39-60。

③ 泗阳大青墩汉墓论证会纪要[J]，东南文化，2003（04）：30-35。见焦南峰发言部分。

图 4-18　大青墩汉墓

一大型木质院落模型，院落结构高度写实，内容丰富，有庭院、回廊、厨房等空间，并有大量陶俑，包括侍女、武士、侍从等，可见东南外藏椁应和正南外藏椁的功能类似，也是象征了一处重要的生活空间；东北外藏椁为粮仓，出土了一些谷物，应象征着院落的食物储备空间。西南外藏椁和西北外藏椁埋藏了不少铜器和陶器，应象征着厨房。在墓道西侧还有一陪葬坑，分为上下两层，这里出土了大量的骑马俑和木车、木船，应是墓葬的车马库。作为诸侯王墓，墓室并未构筑黄肠题凑，也未见玉衣，而在墓葬群的其他墓葬发现过玉衣的残片，可见该墓葬和大部分西汉王墓的规格不同，具体原因尚未得出结论，还待学界进一步研究。该墓的墓室内埋葬了一男一女，应是泗水王和其夫人，流行于东汉的砖室墓可以开启墓门将后死去的家族成员合葬入墓室，但西汉诸侯王习用的土圹墓不同于砖室墓，填土后难以再次开启，所以这种夫妻合葬同一墓室的西汉王墓颇为少见。又由于西汉时期已经极少见殉葬，所以有学者认为这种情况可能是“厝葬”制度的体现，即在夫妇一方先亡后，将死者先停柩于专门之室，或浅埋于野，待另一方死后再合葬入墓室中。①

泗水国是西汉武帝元鼎四年（公元前 113 年）建立的封国，共 5 代 6 王历时 123 年，至王莽始建国元年（公元 9 年）最后一代国王被废为公，次年废泗水国。泗水国是西汉江苏地区几个同姓（刘姓）王国之一，除泗水国外，徐州的楚国（狮子山楚王墓）和扬州的广陵国国王墓（高邮天山汉墓）均已发现，这些古墓共同反映了西汉时期江苏地区诸侯国的发展情况。关于泗水王墓墓主人是第几代泗水国国王，由于没有出土直接的物证，目前尚无定论，据出

① 泗阳大青墩汉墓论证会纪要[J]，东南文化，2003（04）：30-35。见高崇文发言部分。

土文物，学界普遍倾向于墓主人为泗水国第四[①]、五任国王[②]。

2. 遗址的代表性文物

（1）木俑

泗阳泗水王墓出土文物中占比最大的是漆木器，这些漆木器占出土文物总数的83%，其中以木俑为最多。这些木俑既有人物俑也有动物俑。木俑皆为圆雕，用泡桐木雕成。大部分俑是整雕而成，只在部分人物俑的双手、下肢作分段雕刻后再和主体拼接。马俑可分为大、中、小三种，都采用分段雕刻，大马以四部分组成，中、小马以五部分组成，分段雕刻可以较好地克服整木雕刻过大雕塑时容易发生断裂的问题。人物俑可分为骑马俑、立俑、伎乐俑、跪俑，动物俑以马为大宗，并有虎、狗、猪、鸟、鳄等多种动物。[③]这些姿态各异、造型生动的俑构成了泗水王墓地下家园中的"生命体"。雕刻采用整雕加局部细雕的手法，先用较为粗犷的刀法刻出俑的整体造型，再以较细致的线刻手法刻出一些反映对象身份、性格等特征的细节，如发丝的纹理。人物头部的表现则是在手法较为一致的五官塑造的基础上用彩绘进行再加工，从而强化人物性格，使其更加生动逼真。在这些人物俑中有一些可能是表现俳优形象的头像雕塑颇引人注意，其造像夸张，巧妙地利用了木料的天然肌理和扭曲造型来表现人物夸张的面部表情（图4-19），该人物眼睛大而圆，未表现瞳仁，鼻头大，鼻梁歪，下巴向脸的一侧夸张地偏离，如同在竭力呼喊或者表演某种谐戏，其造型之独特令人诧异，乃至联想到北欧表现派蒙克笔下《呐喊》中的人物形象，然而这一形象却是两千年前汉代的工匠所刻。马俑的造型与西汉同时期出土的立马造型颇为相似，但其用木雕天然具有的光滑感对马的体肤的塑造是汉代石雕中较为少见的，一些马头（图4-20）的塑造甚至超越了出土的人物俑的精妙程度，马嘶鸣的状态被惟妙惟肖地表现了出来。

作为墓葬整体艺术的一部分，这些俑原本是放置在一个具有主题的场景中的组件，在墓葬中发现大量木俑的区域内还发现了木构建筑模型，尤其有

① 严怀勤，揭开泗阳三庄大青墩汉墓的墓主人的面纱——关于《史记》、《汉书》中的泗水国史料问题的研究[J]，剧影月报，2010（06）：146-148。

② 泗阳大青墩汉墓论证会纪要[J]，东南文化，2003（04）：30-35。见焦南峰发言部分。

③ 庄天明、吴为山，泗水王陵出土西汉木雕[M]，天津：天津人民美术出版社，2003年，第11—13页。

图 4-19　木俑人物

图 4-20　木马俑

一座大型的庭院模型，联系人物俑所具有的多种身份类型和动物俑的丰富类别来看，这些俑在原始的场景中应共同构成了多个气势宏大、内容丰富又互相联系的主题。这些主题旨在生动而逼真地反映墓主人理想生活中的各个场景，从而传达汉人丧葬理念中“象生”的观念。

整体而言，这些木俑和汉代石刻雕塑中流行的“循石造像”有异曲同工之妙，工匠通过对表现对象整体特征的把控和少数细节的表现来寓精妙于拙朴，反映了汉代雕塑的艺术追求和成就。

（2）弩机

该弩机（图 4-21）是墓葬出土的兵器中制作最为精致的一部，为鎏金错

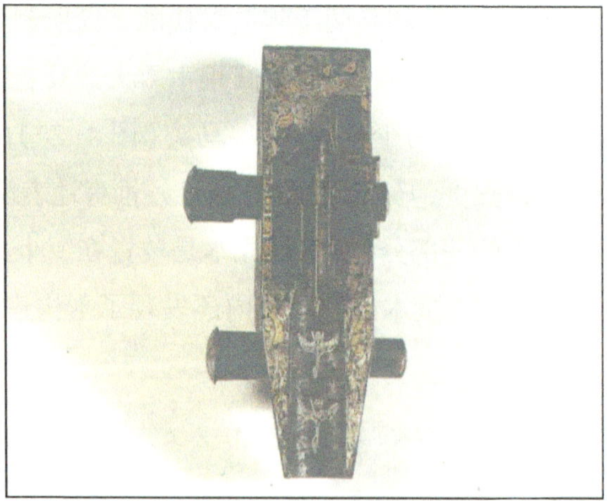

图 4-21　鎏金错金铜弩机

金铜弩机，器身上的凤纹颇为精美，在西汉墓葬中出土的弩机中颇为少见，作为兵器，一般只有贵族的佩剑或作为礼器的长柄武器会被如此精致地制造，但弩机一般不作为礼器，却有礼器曼妙的错金纹理，实属少见。

（五）徐州北洞山汉墓

1. 北洞山汉墓遗址的基本情况

北洞山汉墓位于江苏省徐州市铜山县茅村乡洞山村内，是西汉楚王的墓葬，发现北洞山楚王墓之后，徐州又发现了其他汉代楚王的墓葬，徐州狮子山、驮篮山汉墓等皆在其列，这些墓葬的发现为研究徐州地区汉代楚国的历史提供了重要的依据，也为证实史料记载的历代楚王的世系提供了实证。据考，北洞山汉墓的墓主人应是西汉楚国第五代楚王刘道① 或第一代楚王刘交②的墓葬。

北洞山汉墓是一座大型石室（洞）墓，是西汉时期典型的“凿山为藏”的墓葬，在陕西江村汉墓发掘之前，学界普遍认为汉文帝的霸陵为西汉最高规格的石室墓，但在江村汉墓发掘并明确了其为汉文帝的墓葬（竖穴土坑木椁墓），至此，徐州地区的石室墓以及河南永城地区梁王墓地、广州南越王墓等西汉诸侯王墓即切实反映了汉代石室墓的最高规格。

徐州是汉高祖刘邦的故里，古称彭城，也是两汉楚国和彭城国的都城，由于徐州地区多山，这些山体量不大，其上山石的石质普遍不甚坚硬，这些小山符合汉代丧葬的择地要求，因此，在徐州地区发现了不少诸侯王及以下贵族、官吏的墓葬，也使徐州成为汉代考古的重镇。

北洞山汉墓因所在的山名为北洞山而得名，该山为石灰岩小山，海拔 54 米。墓葬原有高大的封土，但由于附近村民长年在此取土和自然流失，据 2003 年的考古报告，只剩约 11 米的高度，可见原封土颇高大。③ 该墓历史上遭到过盗掘，并自 20 世纪 50 年代以来，屡次有村民在原先的盗洞偶然发现

① 详见徐州博物馆、南京大学历史学系考古专业，徐州北洞山西汉楚王墓[M]，北京：文物出版社，2003 年，第 180 页。

② 详见刘瑞，徐州北洞山楚王墓墓主考[J]，考古，2008（10）：62-70。

③ 同①，第 3 页。

铜印、陶俑等文物。1986年9月2日至11月12日，考古工作者对这里进行了72天的发掘，发现了这座规模巨大、结构高度复杂的汉代墓葬[①]，该墓葬一经发现，就引起了学界的广泛关注，对于汉代考古研究具有多方面的意义。

该墓依山而建，坐北朝南，由墓道、主体墓室和附属墓室三大部分组成，其中主体墓室为八间洞室，附属墓室为十一室十三间石室，墓道两侧的石壁上还有七个小龛。由于所依附的北洞山体量不大，实际上墓葬只有主体墓室“凿山为藏”，附属墓室全部北依山崖，以石材砌筑而成。整个墓室可谓一座规模宏大的地宫。

该墓室（图4–22）的墓道颇长，是在山体斜坡上露天开凿，逐渐深入山体。墓道现全长56米，可以分为三个部分，分别为前段、中段、后段，其中前段和中段之间有一对长方形土阙界隔，中段和后段之间以通往墓葬东部附属墓室的甬道北壁为界隔，墓道由前至后逐层变窄、变短，前段宽5.73—5.83米、残长20米，中段宽3.5—3.65米、长13.27米，后段宽2.4米、长5.5米。双阙位于墓道前段和中段之间，为一对长方形土墩，土墩的间距为2.35米，这种土墩在汉代墓葬中并不多见，考古报告认为它们象征了一对阙。[②]土阙北侧，即是墓道中段，中段墓道的两壁上共有七个小龛，其中东壁四个，西壁三个，这些龛是放置仪卫陶俑的空间。这些陶俑加土阙的布局，似乎是东汉以后墓葬地上建筑流行的神道两侧石阙（柱）、神道兽的雏形。墓道后段原填满了塞石，塞石均被切割为长方形石条，每块重达3—7吨。根据塞石的出现和墓前、中段墓道的结构可知，墓室后

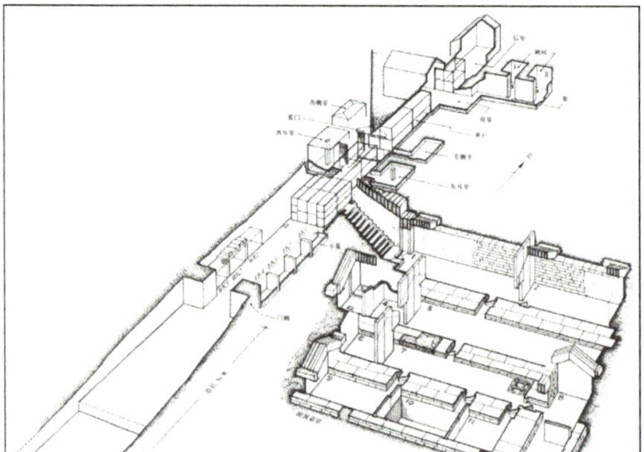
图四 北洞山楚王墓透视图

图4–22 墓室透视图

① 徐州博物馆、南京大学历史学系考古专业，徐州北洞山西汉楚王墓[M]，北京：文物出版社，2003年，第4页。

② 同上，第6—13页。

段以北和以东是象征墓主人地下家园的主体空间，但墓门实质上位于墓道后段北侧，并未将墓室东部的附属墓室囊括其中，说明墓葬设计有意将这两段空间进行了进一步划分，从而让它们在墓葬中有着功能和地位上的区别。在墓道后段东西壁中段略偏北的位置开有东西耳室，两耳室均为平顶，门道与墓道相连，在耳室内发现有大量的钱币，还发现有大量漆器残迹。综上，该墓葬墓道结构之丰富、功能之特殊，在整个汉代墓葬中亦罕见。

主体墓室可以分为墓门、前甬道、东西侧室、前室、后甬道、后室、走廊和走廊北部的东西厕间。[①]墓门为石质门框，门楣为两块梯形石对放而成。门框内原应有木质大门，但只残存一些杉木块。前甬道颇长，长 8.15 米，宽 2.14 米，高近 2 米，是墓门通往前室的通道，在该甬道前部的顶上涂有朱砂，即所谓“涂朱”。在未央宫一处宫殿遗址（可能为“椒房殿”）发现有地面台阶涂朱，被认为可能是史料中记载的“赤墀”，即涂朱红色的台阶，可知在室内涂朱色是高级贵族的身份体现。朱砂具有杀菌防腐的作用，北洞山汉墓的涂朱还同时在朱砂中加入了生漆，即所谓“丹漆”，永城邙山汉墓的保安山二号墓也采用了这种涂朱的方法，而在北洞山汉墓的墓室壁上习见髹漆涂朱的丹漆，反映了该墓葬的规格之高和用料之奢。东西侧室位于甬道的东西两侧，两室均有门道和甬道相连，室内平面呈长方形，顶为四坡顶。每个侧室原均有木门，在室内发现有金器、铜器和玉器以及大量的漆器残迹。玉器以剑饰为主，而金器和铜器以带饰为主。前室位于甬道北，有门道，门道处原有墓门，四壁和顶部皆涂朱，在这里出土有陶俑、铜印章和玉衣残片、玉饰件。前室北侧为连接后室的甬道，高 2 米，长宽皆 2 米余。后室有门道，门框内原亦应有木门，四壁和顶部亦涂朱。棺椁和随葬品被盗掘一空。走廊位于前室东侧，在前室北壁东端开口，廊道四壁和顶部涂朱。厕间有二，四壁和顶部涂朱，原皆有门，厕间内有凸字形坑。厕间在西汉的石崖、石室、石洞墓中较为常见，可见西汉的“凿山为藏”墓葬已形成了较为具体的模式。

附属墓室位于主体墓室东侧[②]，并且低于墓道和主体墓室近 3 米，用东西

---

① 徐州博物馆、南京大学历史学系考古专业，徐州北洞山西汉楚王墓[M]，北京：文物出版社，2003 年，第 13—20 页。

② 同上，第 20—29 页。

向台阶式甬道相连接，是在山坡上开凿石圹后再用石材砌筑而成，共有十一室十三间，除编号为 8 的墓室为南北向人字坡式屋顶外，其余均为东西向人字坡式屋顶。这些附属墓室可以分为四进，总体上象征的是墓主人地下家园的宅院，每一进又有其各自的功能，其中 1、2 室位于第一进，1 室发现铜弩机、箭镞、铁剑等兵器和仪卫陶俑残件，为侍卫室；2 室发现大量陶制容器残件，还有大量漆器遗迹，主要为盘、案等，为仓库。3、4、5 室位于第二进，3 室发现有长方形坑，为厕间；4 室发现有漆卮铜鋬和带状漆器，考古报告推测其为更衣室；5 室位于附属墓室的中心位置，发现有成组的玻璃杯、小型铜编钟、陶瑟、石磬、铜镜残件和大量乐舞俑残件，为宴乐室。第三进和第四进为 6 室至 11 室，它们为一组，象征一个以炊厨为主要功能的院落。其中 6、7 室位于第三进，6 室发现有土坯砌成的灶基，为厨房；7 室有一水井，是院落的天井；8 室为以南北纵深空间，占据了三、四进的东部，但其门道位于三进的东壁上，这里被隔为两间，其南有一小间，地面有凹坑，为厕间，北部地面发现大量炭薪，应为薪炭库和仆从用的厕室。9、10、11 室位于第四进，合用一个人字坡顶，9 室发现灶基，并发现有陶釜甑和动物骨骼，釜甑是汉代流行的炊煮器，结合发现的动物骨骼，这里仍然是厨房，并且可能是制作肉食的专门厨房；10 室为半地穴式室，较为幽深，这里应是“凌阴”，即古代的冰窖；11 室内有灶基遗迹和陶器、板瓦，地面还有一个口大底小的圆坑，坑周围发现有陶器残片，应是放置陶臼之处，臼是舂米用的捣缸，所以这里仍属于厨房，并且可能专用于制作谷物类饭食。① 像北洞山汉墓这样的附属墓室在汉代墓葬中颇为罕见，反映了墓葬设计者利用空间的结构变化反映墓葬内各室的功能和等级的独特视角。

综上，北洞山楚王汉墓是一座规模系统而庞大的地宫式的石室（洞）墓，其空间布局以主体墓室和墓道形成具有明显对称性的主体空间，这一空间有鲜明的中轴线和层级的递增关系，并且具有“前堂后寝”的形制。同时，墓葬东侧又有附属墓室，使墓葬整体上不完全对称，附属墓室实际上具有“外藏”的概念，它和主体墓室构成的“正藏”形成对比，“外藏”也称“外藏椁”，以往这种“正藏”和“外藏椁”只出现在高等级的竖穴土坑木椁墓中，正、外用

---

① 详见徐州博物馆、南京大学历史学系考古专业，徐州北洞山西汉楚王墓 [M]，北京：文物出版社，2003 年，第 6—46 页。

以区分随葬器物和其空间所代表功能的重要性或内外关系，北洞山楚王汉墓将这种观念延续到了石室墓中，并且依据凿山建墓的现实情况将其构筑在了墓葬主体空间的东侧，从而形成一座主次鲜明、内容丰富而系统的地下宫殿。这座宫殿各室顶部多为模仿地面宫室的尖顶，宫殿前有门阙和侍卫把守，一侧有闲宴休息的宅院，正面是前有堂后有寝的主殿，墓葬中出土的大量彩绘陶俑各司其职，显然其丧葬理念已经颇为详细清晰，这也是北洞山汉墓所代表的徐州地区汉墓的重要特征之一。

2. 遗址的代表性文物

彩绘陶俑

在徐州地区发现的楚王汉墓中皆有陶俑出土，其中狮子山汉墓以其出土的 2300 多件步兵为主的兵马俑而著称，但未出现体形较大的陶俑和乐舞、侍女俑，而北洞山汉墓和驮篮山则出土了体形较大的陶俑，并有许多乐舞、侍女俑。其中北洞山出土有 430 件陶俑，体形均较大，且该墓葬曾遭严重的盗掘，因此考古报告推测墓葬原有的陶俑远远超过 430 件。[①] 在这些出土的陶俑中包括侍立俑、跽坐俑、乐舞俑、仪卫俑，它们大部分出土于原所在的墓室，对于确定墓室的功能具有价值。侍立俑和跽坐俑多表现侍从，而乐舞俑专表现宴乐场景。乐舞俑中又分舞俑和乐俑，舞俑造型较为生动，多表现“袖舞”这种西汉流行的舞蹈；乐俑表现的是演奏乐器者，乐俑所持的乐器对了解汉代乐器的内容具有重要价值，其中的鼓瑟俑在汉俑中罕见，是证明瑟这种弦乐器在汉代仍流行的重要文物。

陶俑中仪卫俑最多，共 224 件[②]，其体形比其他墓室出土的陶俑体形稍小，应为壁龛空间特制，其形制又可细分为戴帽拱手俑、戴冠拱手俑、戴帽执兵俑、戴冠执兵俑、双襟长袍背箭箙俑、曲裾深衣背箭箙俑，大部分发现于墓道后段土墩阙北侧的东西壁小龛内，发现时位置未经打乱，这些陶俑对研究西汉诸侯王仪卫队伍规制具有重要的价值。仪卫俑皆为整塑彩绘，大部分保存完好，其色彩丰富，包括了白、黑、朱、绿、青、浅绿、淡黄诸色，主要的绘制

---

① 徐州博物馆、南京大学历史学系考古专业，徐州北洞山西汉楚王墓[M]，北京：文物出版社，2003年，第 61 页。

② 同上，第 77 页。

方法是先塑成大形，再用彩绘表现细节，人物表情具有西汉陶俑的典型特征，面部端庄宁静，面部以墨笔绘出眉、眼眶、瞳仁、胡须，再用朱色涂口唇，尤其仪卫俑中有一部分背上有箭箙陶俑，其箭箙描绘细致，反映了汉代物质文化的丰富，在陕西咸阳杨家湾兵马俑坑曾有相似的背箭箙俑出土，但该类陶俑在汉代陶俑中仍颇为罕见，尤其像北洞山汉墓如此大量的背箭箙俑出土，在目前的考古发现中仍属个案。这些背箭箙俑原皆握有木质的弓模型，但弓已朽，只在部分陶俑的俑身上留有握弓的痕迹。值得一提的是，这些陶俑所背的箭箙是另外加工而成后黏合于俑身的，部分箭箙发现时已从俑身掉落，这些箭箙的工艺非常精美，在方寸的小物之上，工匠分别表现了几十种纹样（图 4-23 至图 4-25），部分箭箙还以勾金的形式表现，充分反映了汉代物质文化之发达。背箭箙俑（图 4-26）造型皆为立俑，但其气息与秦皇陵所出土的兵马俑或阳陵、杨家湾出土的兵马俑截然不同，这些陶俑皆为布衣，神形内

图 4-23　彩绘箭箙

图 4-24　彩绘箭箙

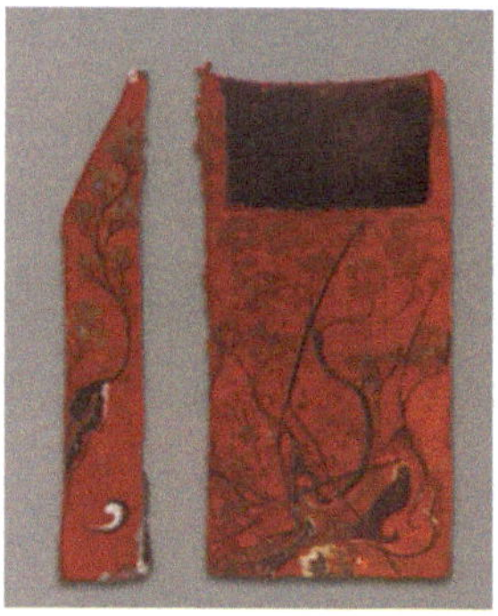

图 4-25　彩绘箭箙

图 4-26　彩绘背箭箙俑

图 4-27　彩绘俑背上的箭箙

敛，其形象更多地反映了箭镞俑作为仪仗队成员的礼仪功能。此外，北洞山汉墓出土的陶俑服饰表现细致，花纹丰富，对于研究汉代服饰和装饰艺术具有重要价值。

（六）徐州狮子山楚王汉墓

1. 狮子山楚王汉墓遗址的基本情况

狮子山楚王汉墓位于江苏省徐州市东郊，是西汉时期楚王的墓葬。徐州地区发现有多座西汉楚王墓，这些墓葬可以排出较为清晰的西汉历位楚王次序，据研究，狮子山汉墓可能是第三代楚王刘戊的陵墓。[①]

狮子山是一座东西走向的小山包，海拔高度为 62.15 米。1984 年 12 月，考古工作者还在狮子山的西麓发现了兵马俑坑，系该墓的随葬俑坑，这批兵马俑是研究汉代军队规制和秦汉时期陶俑的重要文物，后来因其建成了“徐州汉兵马俑博物馆”。1991 年，考古工作者在狮子山主峰的南坡发现了这座西汉楚王墓。该墓坐北朝南，由外墓道、内墓道、天井、耳室、甬道（筒道）、侧室、后室、陪葬墓等部分组成，是一座大型石室（洞）墓。[②] 但值得注意的是，从该墓的发掘情况来看，其墓葬并未建完墓主人即匆忙下葬，导致墓室内很多部分建设较为简陋，也正因此，研究者结合墓葬出土文物推断这座墓很可能属于因参与七国之乱后失败而自戕的第三代楚王刘戊，七国之乱后楚国被“国除”，因此刘戊的墓葬并未按计划建设完成。[③] 同时，学界还有认为墓主人是第二或第三代楚王、第二代楚王刘郢客、第五代楚王刘道等观点，因此，狮子山汉墓墓主人身份究竟如何尚无定论。

墓葬的墓道颇深长，总长达 67.1 米，由外向内可分为三部分：最外部分为斜坡墓道，长约 42 米，并在 30 米处收窄，收窄后的墓道宽 3.45 米，收窄处的墓道口两侧有土台，土台上有彩绘陶俑竖排，这种在墓道某个“路口”区域设置陶俑的葬俗也出现在北洞山楚王汉墓中；墓道的中间部分长约 8.5 米，宽约 3.45 米，其东侧底部还发现有一座陪葬墓，出土有玉器、印章、铜器等，其中

---

① 韦正、李虎仁、邹厚本，江苏徐州市狮子山西汉墓的发掘与收获[J]，考古，1998（08）：1-20+97。

② 狮子山楚王陵考古发掘队，徐州狮子山西汉楚王陵发掘简报[J]，文物，1998（08）：4-33。

③ 同①：9-10。

一枚印章上书“楚食官监印”，应是负责墓主人饮食官员的墓葬；墓道的最内部分长约20米，宽约2.05米，这一段墓道的东侧有一耳室（E1），西侧有两耳室（W1、W2），这些耳室皆有短甬道和墓室相连，其中东侧一耳室内发现有陶釜、陶盘等陶器，并发现有动物骨骼，应属墓室中的“厨房”，西侧南部耳室（W1）内发现有兵器、玉器和漆器，还出土有封泥，应是墓主人的“府库”，该段西侧北部耳室（W2）内发现有炊具和盥洗具，并发现有炭化的粮食、鱼骨，并同样出土有封泥，应为“贮藏室”。该段最内部分的上方为天井，长20米，宽13.2米，高10.9米，天井东南角有盗洞盘旋而下，在盗洞中出土有金缕玉衣的玉片、玉佩饰、铜钱、印章等。[①]

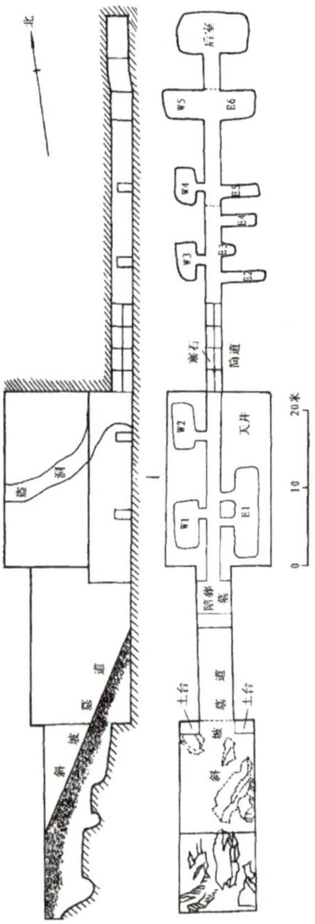

图4-28 墓室平、剖面图

墓室（图4-28）的主体空间由墓道塞石上铭文为“简道”的甬道、侧室和后室以及四道墓门为主要组成部分，以甬道南端的第一道墓门为界，该门北侧空间即主体空间，从该门向北依次为：第一部分为塞石，塞石由十六块长方体石条构成，上有朱书文字，标明了塞石的方位和次序。第二部分为东耳室三间（E2、E3、E4），西耳室一间（W3）。其中南部东耳室（E2）出土有玉璜和铜镜，功能不详；中间东耳室（E3）甚小，应属施工方始即停，没有完工的耳室；北部东耳室（E4）发现有玉舞人、玉佩等玉器，还发现牙齿三枚，该墓墓主人为女性，应是一座陪葬墓。西耳室（W3）发现有铜镜和铁甲片等，应为“贮藏室”。主体空间的第三部分有东西各两耳室，其中南部东耳室（E5）室内残存空心砖多块，发现有陶器残片和铁凿，但墓室遭盗掘严重，功能不详；北部东耳室（E6）地面高出甬道25厘米，应为棺床所在，出土有玉璜、玉鼻塞等遗物，并发现有死者骨骼，据鉴定为35—37岁男

① 韦正、李虎仁、邹厚本，江苏徐州市狮子山西汉墓的发掘与收获[J]，考古，1998（08）：1-2。

性，应为墓主人；南部西耳室（W4）出土有铜印、铜带钩，并发现有两件玉龙，应为贮藏室；北部西耳室（W5）出土遗物较为丰富，且以玉器为主，包括有玉璧、玉璜、龙形佩，有漆棺上所镶碧玉组成的图案，并发现有墓主人的骨骼，这里出土的器物多为玉礼器，应是墓室中最为重要的空间之一。主体空间的最后一部分是位于甬道北端的墓门和门后的过道以及后室，这里出土的文物以乐器为主，这种乐器出现在后室的布置方式在西汉墓葬中较少见，应象征着墓主人私人的宴饮场所，结合东汉时期墓葬流行的在后室或主室的墙壁上表现乐舞场景的情况来看，狮子山汉墓的后室出现乐器可能也是反映墓主人“重生”后在仙界举行宴会的场景。①

从狮子山汉墓的墓室结构可以看出西汉时期楚国诸侯墓葬的系统性，其形制基本和徐州地区其他的楚王汉墓结构相似，并与徐州北洞山汉墓的结构有诸多相似之处，如深邃的墓道，随墓道逐层加深而分列两侧的侧室、耳室，以及封石填塞的墓室中段区域。

狮子山汉墓早期被盗，并且盗掘严重，据推论，其遭严重盗扰很可能在新莽时期。② 但墓葬虽被盗掘，仍出土有大量文物，这些文物以玉器、青铜器、兵器、金银器、印章封泥为主，对于研究汉代的物质与文化仍有重要价值。

2. 遗址的代表性文物

楚王汉墓兵马俑

兵马俑坑在楚王墓西 400 米的狮子山西麓的小山包上，当地人称这座小山包为“羊鬼山”。③ 俑坑共有 6 条，其中步兵俑坑 4 条、骑兵俑坑 2 条（1 条骑兵俑坑于 1981 年被破坏）。俑坑中共发现陶俑 2200 余件，是继西安临潼秦始皇兵马俑、陕西咸阳杨家湾西汉彩绘兵马俑之后，第三批重要的秦汉时期兵马俑坑④，对于研究汉代军队的布置具有重要的意义，也是研究汉代雕塑艺术的重要资料。

---

① 韦正、李虎仁、邹厚本，江苏徐州市狮子山西汉墓的发掘与收获[J]，考古，1998（08）：2-3。

② 狮子山楚王陵考古发掘队，徐州狮子山西汉楚王陵发掘简报[J]，文物，1998（08）：4-33。

③ 徐州博物馆，徐州狮子山兵马俑第一次发掘简报[J]，文物，1986（12）：1。

④ 王恺，徐州狮子山兵马俑研究，秦始皇兵马俑博物馆，秦俑博物馆开馆三十周年秦俑学第七届年会国际学术研讨会论文集[C]，西安：三秦出版社，2010 年，第 284 页。

俑坑中的兵马俑数量众多，并且兵种达到10种以上，[①]但俑的埋葬方式较为简约，出现了陶俑摆放、组装较为随意的情况，可能与狮子山楚王汉墓墓主人埋葬时较为匆忙、墓葬建设不够完备有关，这种情况也在一定程度上影响了考古工作者对这批文物的研究。[②]

在4条步兵俑坑中，一、二、三号坑为东西向并列，俑坑的间距为5米，坑长27.5米，底宽1.4米。四号坑位于一、二、三号坑东端，为南北向，距一、二、三号坑约4米余，该坑的南端被一座砖室墓打破，俑坑残长为2.6米，宽1.65米。坑中出土了一种与其他三坑出土陶俑不同的“警卫俑”，因此四号俑坑也被称为警卫俑坑。[③]

1985年，为了更好地保护和研究这批规模宏大的兵马俑，徐州市成立了徐州汉兵马俑博物馆，并于1985年10月10日正式对外开放。

图4-29　一号兵马俑坑东段

以一、二号俑坑为例，一、二号俑坑呈长条形竖井式，其构筑方法是在平地上挖出一个长方形的深沟，深沟口大底小如斗状，坑壁和坑底稍加修整，但修整并不精细，坑壁和坑底还有一些裸露出的石块未加清理，俑的排列虽然较有秩序感，但并不整齐，整体上陶俑的倾斜是由外向内，因此坑土填埋时应是从坑的两侧向中间填埋，从而造成了俑体倒卧或位移（图4-29）。

关于这批兵马俑所象征的军队形制，一、二、三号坑形成的3条步

① 王恺，徐州狮子山兵马俑研究，秦始皇兵马俑博物馆，秦俑博物馆开馆三十周年秦俑学第七届年会国际学术研讨会论文集[C]，西安：三秦出版社，2010年，第284页。

② 同上，第287页。

③ 同上。

兵俑坑，其中的陶俑是作为部队主力军而存在的。步兵俑可以分为两大类，一种是立式俑，一种是跽坐俑。立式俑数量多，分布范围广，可以分为头戴平顶盔的立式俑和头束发辫的立式俑，以及发髻俑和警卫俑。

头戴平顶盔的立式俑又分大小两种，大者高 47.5 厘米，小者高 42 厘米。其衣着又可以分为四类。[①] 这四类俑的衣着虽各不相同，但差异不是很大，一种穿双层深衣，长袍，袍下垂至膝，外罩齐腰短裤，上身穿圆领衣，上衣的下摆垂至臀部，左臂下垂，肘部向内弯曲，上衣为短袖，袖较宽，下垂，左臂肘部向上勾曲，手露于袖外，做半握拳状；另一种俑衣着与第一种俑相似，但内襦下摆两侧有三角形裾，双手合握于胸前，手有圆形孔，原应持有某种长柄武器；第三种为头戴平顶盔的立式俑，穿双层战袍，外罩短襦，并穿甲衣，甲上绘红彩，应象征着士兵装甲上的红色连线，这种俑有的身上还背有箭镞，形制类似的箭镞俑也在徐州北洞山汉墓发现，反映楚地部队中普遍配用弓箭的军制；第四种头戴平顶盔的立式俑数量比较多，一般高 45.5 厘米，着右衽长襦，外罩短袖长衫，裤较肥大，其手部亦有孔，做握状，原应持有武器。

立式发辫俑共有 446 件，主要分布在一号坑和二号坑的西段。它们的特征是头梳有发辫，头发从前端分为左右两股并在脑后编成三股长辫上卷至顶部形成发髻，再在发髻插有璜状器物（即汉代的发簪）。发簪两头上翘，即形成山形发饰。这种俑的面部又可分为两种：一种颧骨较高，鼻下凹，眼睛圆睁；另一种脸宽，下巴较尖，眼微睁，眉骨较高，这种类型的俑出土相对较少。

发髻俑数量很少，仅在一号坑内出土 5 件，其中有一件为跪式俑，这种俑整体造型和杨家湾出土的巴人士兵俑颇为相似。[②]

警卫俑是四号坑特有的一种陶俑，它的数量不多，20 余件，高 48.5 厘米，头戴平顶盔，着双层深衣，手中圆孔相通，原应握有长柄武器。[③]

跽坐俑近 600 件，皆属于车兵，它们分为车上的御手和战士，御手即驾马

---

① 王恺，徐州狮子山兵马俑研究，秦始皇兵马俑博物馆，秦俑博物馆开馆三十周年秦俑学第七届年会国际学术研讨会论文集[C]，西安：三秦出版社，2010 年，第 286 页。

② 同上。

③ 同上。

车的车夫，战士即“车士”，是一种跽坐的甲胄俑，有174件，他们头戴风字盔，盔垂及肩部，这种俑身着甲胄，只露面部，五官表现较为精细，其形象威武，身背箭镞，说明他们是军队中等级较高的，可以想见，这样的士兵既可以在战车上远距离射击，也可以在靠近敌人后参与近距离战斗，是作为军队强有力作战单位的重甲兵。御手俑头戴平顶盔，身着长袍，高27厘米，额头较宽，二目平视，似乎正专注于驾驶战车，有一种端庄之感，他们双臂下垂，双手前屈，左手向下半握呈持物状，原应抓有缰绳或者赶车用的皮鞭。这种俑的造型与秦兵马俑出土的铜车御手俑颇为相似。[①]

狮子山汉墓的兵马俑坑虽出土了不少的车兵俑，但未见相应的马车，仅在一号坑东段西侧发现有一辆指挥车，由四马、一车、一个官吏俑组成。陶马体态肥硕，四肢直立，是西汉时期较为典型的立马造型，车为木质，已朽。官吏俑位于车的中部，高54厘米，因车已腐朽而仰卧于车后的随从俑上，这位官吏俑头戴平顶盔，双手拱于胸前，身着三层深衣，显然一位长官形象，研究者猜测其手中原持有笏板。[②]这样的马车及相关的兵俑出现在步兵俑坑的前端，应是象征这支军队的高级将领，甚至可能代表了这支部队的统帅。这和秦兵马俑中车兵位于部队前端的模式有一定的相似性。

综上，步兵俑、骑兵俑、警卫俑以及指挥战车构成了这支作战部队。可见这支兵马俑队伍象征的是一支步骑皆备的军队。

除以上形制外，还有一些造型较为随意的俑，研究者认为，由于这批俑作为陪葬品埋入随葬坑时较为匆忙，所以出现了同一种衣着而头部造型不同的组装混乱的情况，导致兵种的类型划分也略显混乱，为各种俑的职能解读增加了不确定性，但整体而言，它们依然表现了汉代军制的一些内容，对研究汉代军队的规制具有一定的价值。

结合秦兵马俑、咸阳、杨家湾兵马俑以及狮子山兵马俑，我们可以看到兵马俑作为秦汉时期墓葬随葬品具有重要的意义，它往往出现在诸侯、重要将领和帝王的墓葬中。

---

① 王恺，徐州狮子山兵马俑研究，秦始皇兵马俑博物馆，秦俑博物馆开馆三十周年秦俑学第七届年会国际学术研讨会论文集[C]，西安：三秦出版社2010年，第286—287页。

② 同上，第285—286页。

从制作工艺来看，这些兵俑均为模制，即先以手工雕塑出各个类型陶俑的原胎，并依胎做模。为了提高模范的准确性和制作效率，工匠将陶俑原胎的上、下肢在适当位置截断，从而分部件做模。这样制作出来的模型较为准确，同时也可以高效生产，并在组合过程中产生一种拥有整体秩序感的细节变化，使宏大的兵马俑主题具有一定的个性特征，这种个性特征依靠并接模型时的细节差异而产生，反映出古代工匠对技术的熟练应用和对艺术表现方法的谙熟。

（七）徐州龟山汉墓

1. 龟山汉墓遗址的基本情况

龟山汉墓一般指龟山二号汉墓①，位于徐州市市区西北约 9 公里的一座石灰岩山上，该山因外形似龟背而得名龟山。龟山汉墓共经历过两次重大发掘，第一次发掘时间在 1981—1982 年，根据出土文物，原报告将其墓主人推定为西汉中期楚国诸侯王，但认为此墓属楚襄王刘注或楚节王刘纯的可能性较大，且属楚节王的可能性更大②，但在随后的文物征集中发现了该墓出土的一方龟纽银印，印面刻“刘注”二字③，刘注是西汉第六代楚王，于武帝元朔元年（公元前 128 年）至元鼎二年（公元前 115 年）在位，谥号襄王，即西汉时期的楚襄王，这方银印证明原考古报告的判断颇为准确，该墓主人确为西汉时期的楚王刘注，龟山汉墓为徐州西汉楚国诸侯王墓之一。该墓第一次发掘时发现了两条墓道和对应的甬道，但其中位于墓室南部的甬道未发掘。由于龟山二号汉墓受到过严重的盗掘，因此首次考古出土文物较少，但厘清了墓葬的空间结构，并明确了该墓葬南北各有一条墓甬道，两条墓甬道东西向并列平行的布局，反映出龟山汉墓特殊的墓葬结构。1987 年，考古工作者对这座墓葬进行了第二次发掘④，主要发掘了墓南部的甬道，这次发掘推翻了第一

---

① 龟山一号汉墓即小龟山西汉崖洞墓，小龟山是龟山的别称。一号墓考古报告公布于 1973 年，该墓应为西汉楚王的家族墓之一，详见南京博物院，铜山小龟山西汉崖洞墓[J]，文物，1973（04）：21-35+48。二号墓考古报告公布于 1985 年，详见南京博物院、铜山县文化馆，铜山龟山二号西汉崖洞墓[J]，1985（01）：119-133。

② 南京博物院、铜山县文化馆，铜山龟山二号西汉崖洞墓[J]，1985（01）：130-131。

③ 尤振尧，《铜山龟山二号西汉崖洞墓》一文的重要补充[J]，考古学报，1985（03）：352。

④ 徐州博物馆，江苏铜山县龟山二号西汉崖洞墓材料的再补充[J]，考古，1997（02）：36-46。

次发掘认为该墓南侧墓甬道耳室形制和北侧墓甬道一致的看法，因为在南墓甬道的中段发现有三间耳室，而此前发现的北侧墓甬道只有一间耳室。由于南侧墓甬道未遭到盗掘，因此甬道内塞石上的文字、甬道中段耳室的结构、耳室内的器物都较为完好地保存着，尤其其中的器物保持了原始布局，这一情况使墓室内布局的材料成为珍贵的汉墓资料，对于学界研究汉代墓葬中的空间性具有重要意义。

龟山汉墓（图 4–30）由墓道、甬道和墓室三大部分组成。[①] 墓道为墓外部分，属露天空间，开凿于龟山西麓的山脚下，墓葬坐东朝西，有两条形制相似的墓甬道分列于墓室的南北侧，即南墓甬道和北墓甬道，两条墓道较短，形制开阔，平面呈梯形。甬道则皆深邃，北甬道长 56 米、宽 1.06 米、高 1.77 米，南甬道长 51.2 米、宽 1.06 米、高 1.78 米。在南北甬道的中段，皆有耳室将甬道分隔为东西两段。以墓室的编号为依据，墓葬共有十五间墓室，分为南、北两大部分，其中一室为耳室，位于北甬道中段南侧，将北甬道分为东西二段；第二室位于北甬道后，为墓葬最北部的侧室，室内有中柱；第三室位于北甬道之后，室内有中柱，并与第四、五室东西向连成一线，这三室之间依次有过道相连，第一至五室属于墓葬的北墓室；第六室位于第三室之南，与第七、八室东西向连成一线，三室之间依次有过道连接，位于墓葬整体的东西向的中轴

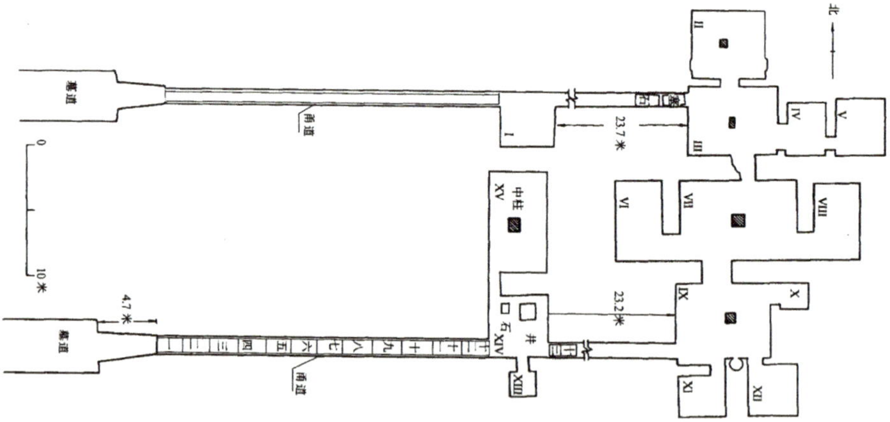

图 4–30　龟山二号西汉崖洞墓平面图

① 该段依据考古报告，详见南京博物馆、铜山县文化馆，铜山龟山二号西汉崖洞墓[J]，1985（01）：119-125。

线上；第七室是十五座墓室内最大的一座，处于第六室和第八室的中间，有中柱；第九室位于南甬道之后，属于墓葬的南墓室，室内有水井和一些果品残留物；第十室位于第九室的东北角，是最小的一间墓室；第十一室位于第九室南壁中部；第十二室位于第九室东南角，第十、十一、十二室皆有过道与第九室相连，第二至第十二室皆有排水系统，说明墓葬经过了较为缜密的设计；第十三至十五室发现于第二次考古发掘，位于南甬道中段，三座墓室皆为耳室，依南北向排列，十三室位于南甬道南侧，有过道与甬道相连，发现有3件陶俑、4件陶马，皆面北而立，还发现有一些车马器；第十四室位于甬道中部，该室将南甬道分为东西两段，发现有陶盆和陶俑各1件；第十五室位于第十四室北部，有过道与之相连，发现有陶俑1件、陶马6件，皆面西而立，并发现有车马器和弩机等铁器。第六至十五室属于南墓室。[①]从墓内各室发现的遗物可大致推测其功能，其中第五室和第八室应为棺室，第二室和第九室有天井，应为墓室的“庖厨”，第十三室和第十五室由于出土了陶马、陶俑和车马器，可以推测为墓葬的车马库，第十四室位于两车马库之间，但未见车马器，而有陶俑和陶盆，应为马厩，除此之外，该墓葬其余墓室皆为放置礼器、乐器等物的藏室。龟山汉墓各室内原皆有木结构的瓦顶，象征了房屋建筑，并且墓室顶部类型丰富，北面墓室除一室为平顶，其余皆为拱顶，南面墓室位于南甬道中段的第十四室为四坡顶，第十三室和第十五室为盝顶，第十室为平顶，其余皆为两坡顶。十五间墓室共有五种屋顶，可见该墓室的原始空间布局应是要象征一座结构复杂而系统的地宫，但由于缺少文物支撑，各墓室的空间功能难以细分，但这些墓室的顶部结构反映了汉代建筑屋顶的丰富性，这些墓顶不仅是墓葬研究的重要材料，也对汉代建筑研究具有一定的参考价值。

2. 遗址的代表性文物

（1）龟纽银印

龟纽银印发现于此墓的第六室[②]，印为方形，边长2.1厘米，通高1.7厘米，

---

① 后发现的南甬道三耳室使得墓室的南北之分存在着墓室数量差距大的情况，因此墓葬也可能具有南、中、北的分法，即北为一至五室，中为六至八室，南为九至十五室，但墓室划分上需要更多的文物材料支撑，因此本文尚采用该墓第一次发掘的考古报告将墓室分为南北两部分之说。

② 该印为发掘过程中一电工所捡，发现于第六室，但未必原位于第六室，详见尤振尧，《铜山龟山二号西汉崖洞墓》一文的重要补充[J]，考古学报，1985（03）：352。

龟纽，龟的造型为汉代龟纽印常见的姿态，做昂首四肢直立状，龟背甲壳的纹理刻画清晰，龟腹下镂空，可穿绶，印面有阴刻的小篆“刘注”二字，印文清晰，书法风格是典型的汉小篆，行笔均整而方正。

该印的发现对于墓主人身份的确认弥足珍贵，刘注为西汉第六代楚王，其身份的确立使徐州地区楚王墓葬的次序更为完整清晰，同时银印龟纽还和西汉时期诸侯王的官印等级不符（持龟纽银印者级别应低于诸侯王），说明此印为楚王私印，可能有其他用途，反映了史料未记的汉代制印实际情况。

（2）塞石刻铭

南墓甬道的塞石刻铭（图 4-31）保存完整，其内容分为两种，一种是记录塞石尺寸和位置的铭文，如“第十”、“第八十三”、“第一下”（第一组下层）等；一种是记录西汉楚夷王刘郢（汉书称“刘郢客”）提倡“薄葬”的遗训，其内容虽较简，却是反映楚夷王薄葬观念对汉文帝薄葬观念之影响的重要材料，其原文每行 3—7 字不等，但似不按原句分行，其内容可解读为“楚古（“古”通“故”）尸（“尸”通“夷”）王通于天，述葬棺椁，不布瓦鼎、盛器，令群臣已葬去服，毋金玉器，后世贤大夫幸视此书□，目此也仁者悲之”，其中“不布瓦鼎、盛器”“令群臣已葬去服”“毋金玉器”等薄葬观念与晚于楚夷王刘郢遗训发布的文帝遗诏中关于薄葬观念的行文颇为相似，且汉文帝刘恒与刘郢之父刘交为侄叔，关系密切，而刘郢长期在长安为官，因此，这段刘注墓中对刘郢遗训的铭文记载是研究文帝薄葬思想的重要依据之一。[1] 此外，这些铭文不同于该墓出土的龟纽银印上的小篆，是具有篆书风格的“古隶”，比典型的汉隶更

图 4-31　塞石刻铭拓本

① 徐州博物馆，江苏铜山县龟山二号西汉崖洞墓材料的再补充[J]，考古，1997（02）：39-45。

为古朴，是汉代篆书向隶书过渡时期的书体，也是研究我国书法史的重要实物材料。

（八）盱眙大云山江都王陵

1. 大云山江都王陵遗址的基本情况

盱眙县大云山江都王陵即大云山汉墓，是一座墓葬群遗址，它是西汉第一代江都王刘非的陵园，遗址位于江苏省盱眙县马坝镇云山村大云山山顶，西距盱眙县县城 30 公里。考古工作者在 2009 年 2—3 月对该墓葬群进行了调查和勘探，并于是年 9 月对其进行了全面勘探、发掘，至 2012 年，共发掘主墓 3 座、陪葬墓 11 座、陪葬坑 4 座，以及其他遗迹 5 处，发现了较完整的西汉诸侯王陵园遗址，出土文物 10000 余件，其中包括大量的漆器、铜器、金银器、玉器。①

江都王陵陵园平面近方形，边长 490 米，陵园四围原皆有园墙，但只有东墙保持相对完整，地表尚存长约 150 米的残墙，墙残高 3.5 米，底宽 23 米，顶宽 15.5 米，墙体的内外皆以石块垒砌形成护坡，外侧护坡较陡，内侧护坡较缓，除东墙外，其余三面园墙仅存夯土墙基。据研究，陵园的园墙在修筑时直接建造在岩基之上，并先在计划好的墙体内外砌筑护坡，之后再在护坡中填土夯筑，通过反复增高护坡和填土将园墙夯筑至最终高度。② 陵园内共3座主墓，皆位于陵园南部，11 座陪葬墓，皆位于陵园北部，4 座陪葬坑，其中两座车马坑位于陵园南部，两座兵器坑位于陵园北部紧靠园墙的区域，此外，还发现有东司马门道和其他陵园内道路，园内还铺设有石砌的暗排水沟（水沟上有石盖板），可见陵园在建设之初即经过详细的布局设计。东司马门道位于陵园东侧，从陵园所处的山顶绵延 800 米延伸至山脚，路段皆夯筑，路宽 45 米，南北坡面皆有石护坡，护坡外又有宽度达 25 米的排水道，考古工作者还在东司马门道下发现排水明沟一条，可见该陵园道路、排水系统之便利与发达。③

---

① 南京博物院、盱眙县文广新局，江苏盱眙县大云山汉墓[J]，考古，2012（07）：53。

② 同上：53-54。

③ 详见李则斌、陈刚、余伟，揭开江都王陵——盱眙大云山汉墓发掘纪实[J]，中国文化遗产，2012（01）：75。

图 4-32　M1 全景

江都王陵三座主墓的形制颇为类似，皆为有两条墓道的“中”字形竖穴土坑木椁墓，只是大小不同，以其中第一代江都王的墓葬（图 4-32）为例，可知江都王陵墓葬的规制特征。该墓编号 M1①，位于陵园东南部，该墓发掘前地面原有大型封土，但因开山采石取土，封土被破坏，残留封土虽仍有 150 米以上，但其形制已无从考证，考古工作者通过对封土的解剖发现墓葬建造时先在墓口用碎石块进行平整，之后在其上一次性夯筑成封土堆，在墓口层还发现有柱础等遗迹，有几十个石柱础由南向北等距排列，柱础平面多呈方形，边长 40 厘米。M1 平面呈“中”字形，墓室与墓道的墓壁每向下 5 米均向内收，形成台面，每层台面宽 70 厘米，从而使墓室在平面上形成多个逐层缩小的“中”字形。墓室平面呈长方形，墓口大，墓底小，墓室南北均有斜坡墓道，考古工作者发现，该墓的墓室壁面加工颇为精细，建造者先在土坑凿出墓室与墓道的轮廓，之后用干土砖坯与打磨过的石块对墓壁的表面进行修砌，使墓壁平整，之后再用灰白泥敷墓壁和墓道底，从而使墓壁和墓道光洁。这种修筑方式显然比在椁室和墓圹之间敷青膏泥或白膏泥更为复杂，但也更为精致，同时也能对墓室内部的密封起到良好的隔绝作用。

M1 墓室为黄肠题凑墓，包括外回廊、题凑、前室、中回廊、内回廊、内椁、外棺、内棺等，其结构保存较为完好。该墓虽曾遭盗掘，但仍有大量文物出土于墓室内，共计 8000 余件，这些文物发现时，大部分位移不明显，可以很好地反映该墓葬随葬品的摆放位置，对于研究西汉诸侯墓葬制具有重要价值。

---

① 后文M1 主墓信息皆依据李则斌、陈刚、余伟，揭开江都王陵——盱眙大云山汉墓发掘纪实[J]，中国文化遗产，2012（01）：55-56。

外回廊保存最为完好，分为上下层，上层发现有作为明器的马车20余辆，车厢内发现有大量兵器，可见这些车辆象征了战车，外回廊东部上层发现有作为明器的编钟、编磬等，反映了西汉诸侯王一级贵族的车马仪仗队的队伍结构。外回廊东部上层的南侧出土的马车最为精美，其车厢的伞盖、伞柄皆为银质，并镶嵌有诸多宝石，装饰纹样以云纹为主，和金属、宝石相结合，形成颇为华美的器物造型，车辆内还发现了大量高规格的实用兵器，是研究汉代兵器和装饰艺术的重要文物。

外回廊下层的随葬品按区划分，每个区的随葬品反映了所在区域的功能，根据器物功能，各个区域分别象征盥洗室、乐器库、车马库、钱库、厨房。其中位于回廊西的下层中部和南部的乐器库发现有完整的编钟和编磬，并发现有其他乐器，其中作为乐器架的鎏金龙纹铜虡业和鎏金铜虡兽座是此前的考古中未发现的器物类型，这些乐器除了精美的造型对于美术研究具有重要意义外，也是研究汉代音乐、乐器发展情况的重要文物。钱库区出土了10万余枚半两钱，出土时摆放整齐，但铜币是汉代丧葬礼仪中等级较低的货币，墓葬内原可能有其他更高规格的货币。

椁室内分为前室和内椁，这一区域遭到了盗墓活动的严重破坏，出土了大量的金缕玉衣残片，从现场的残留物可知，内棺为镶玉的漆棺，做工精美。虽遭盗掘，前室仍出土了大量珍贵文物，以精美的玉器为主，其中两套玉贝带做工精湛，几十片贝壳形的玉片由金丝穿成，除玉器外，还有一件水晶带钩，制作精美，在汉代文物中属少见。前室还出土了不少铜器，其中的鎏金铜象和鎏金铜犀牛以及和它们配套的驯兽俑的出土对研究汉代中外物质文化交流具有重要意义。

2. 遗址的代表性文物

（1）鎏金铜象及驯象俑、鎏金铜犀牛及驯犀俑

鎏金铜象及驯象俑、鎏金铜犀牛及驯犀俑（图4-33）出土于墓室的盗洞内，原位未知。这是两组组合圆雕，犀牛俑长19.8厘米、宽8.4厘米、高9.8厘米，嘴微微张开，耳朵高耸，呈站姿，驯犀俑高4.7厘米、宽3.2厘米，蓄八字胡，双手交叉于胸前，表现的应是西域人的形象；象长30.5厘米、宽14厘米、高20厘米，表现的是一头正将鼻子弯至嘴部的站立大象形象，其身体上皮肤的褶皱

图 4-33 鎏金铜象及驯象俑
鎏金铜犀牛及驯犀俑

表现准确，驯象俑高 7.2 厘米、宽 3.8 厘米，着汉服，一手插入袍内，人物造型表现出一种放松自如的状态。①

这些动物俑皆能生动地表现出动物的形象特征，并能对其形象细节进行表现，如大象颅骨的结构特征，脖颈后方和头顶后方的皮肤褶皱以及身体的腿部的比例等皆准确而传神，犀牛的表现亦具有同样的艺术水准，反映了作者对这些动物形象的谙熟，两个驯兽俑为整体模铸，形象地概括出驯兽者自如放松的状态和他们的地域文化特征。这些铜雕不仅是研究汉代雕塑的重要材料，同时也是研究该时期西汉和西域或其他地区文化交流情况的重要材料。

（2）水晶带钩

水晶带钩（图 4-34）出土于墓室回廊南侧东部上层，其形制简约，钩首上扬如同象鼻，腹部有一圆形纽，应用于系带，带钩通体无纹饰，利用一块质地纯正的水晶雕琢而成，器物的结构比例关系均衡，转折处皆打磨为钝角，其造型颇具“极简主义”美感，是该墓葬出土文物中风格较为独特的一件器物。

（3）编钟

编钟是古代的大型乐器，由成套的钟组成，钟按照不同的音准逐个增大，编为一组，因此称为编钟，我国考古文物中最著名的编钟是战国时期的曾侯乙墓编钟。经过研究，考古工作者为江都王陵一号墓出土的编钟和编磬制作了复原图（图 4-35），通过这些复原图，观者可以得窥汉代乐器的面貌。编钟出土于M1 墓室回廊西侧南部下层，由编钟架、钮钟、甬钟组成，其中钮钟 14 件、甬钟 5 件，编钟架制作极为精美华贵，由横梁、立柱、底座、包首、托架、龙

---

① 南京博物院、盱眙县文广新局，江苏盱眙县大云山西汉江都王陵一号墓[J]，考古，2013（10）：35-36。

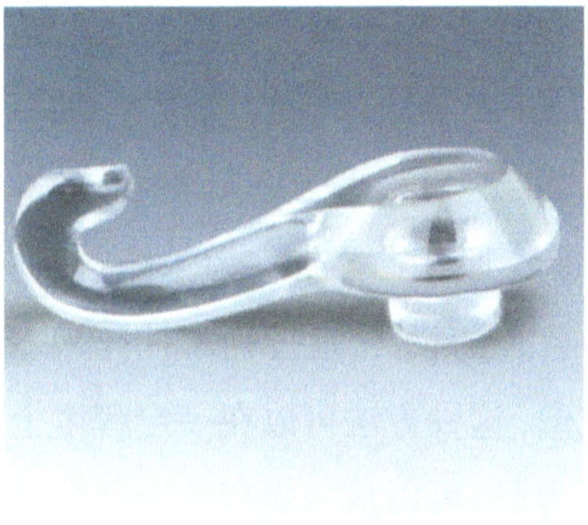

图 4-34　水晶带钩

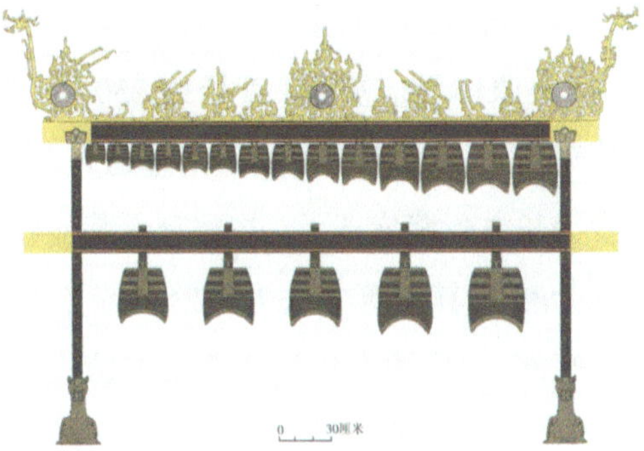

图 4-35　编钟复原图

纹插饰组成，其底座为动物形象，以两头卧地的骆驼为形象，骆驼的形象表现生动传神，龙纹插饰分为三个主体部分，位于钟架中轴线上的是表现仙山形象的纹饰，其中央有一银质璧，位于钟架顶上两头的是两组龙纹，龙头向外，高高抬起，在龙身部位亦为银璧繁复的装饰纹样，这组插饰组合在一起形成了编钟架顶部华丽的装饰物，使整组乐器颇显华美。

该墓室还出土有一套经复原后形制和编钟类似的编磬，其器架底座为通体错金银的辟邪形象，其制作蔚为华贵。编钟和编磬的组合构成了西汉时期专为高级贵族演奏音乐的乐队中的主体乐器，这两组大型乐器复原后的样貌反映了西汉诸侯一级贵族所用乐器的形制和其生活中场景的一角，这些成组的乐器也是研究古代礼乐制度的重要文物。①

（九）临淄西汉齐王墓

1. 西汉齐王墓遗址的基本情况

西汉齐王墓位于山东省淄博市淄博区大武乡窝托村，东北距齐国故城遗址 23 公里，是西汉时期齐王的墓葬。1978 年，山东省淄博市博物馆考古工作者在这里进行了勘探发掘，发现墓室 1 座和随葬坑 5 座，其中墓室未打开，通过钻探可知其墓室位于封土中央下方，南北方向，墓圹平面近方形，边长 41—42 米，墓室距地表深达 17—20 米，墓室南北各有一条斜坡墓道，应是一座

① 编钟、编磬相关信息依据南京博物院、盱眙县文广新局，江苏盱眙县大云山西汉江都王陵一号墓[J]，考古，2013（10）：19-23。

“中”字形竖穴土坑墓。该墓封土高达 24 米，通过钻探测量了该墓封土的范围，封土原体量应更大，直径约 250 米，显然是一座等级颇高的墓葬。① 随葬坑位于封土下北墓道西侧和南墓道东西两侧，共 5 个，被编为一至五号，随葬坑皆为长方形竖穴土坑，并配有承装器物的木椁（原考古报告称为木椁，似亦可称为厢），其构筑方法为先挖出方形土坑，再在坑底紧密地排列木柱作为木椁的底部，之后再在坑圹四壁用木枋叠筑成坑壁，这种方法可以在一定程度上起到密封作用，但在随葬坑的木椁四周未发现膏泥，可以从一定程度上反映汉代丧葬建筑方法中膏泥主要用于主墓室的密封，应是防止墓主人尸体腐朽的专门技术。通过考古发掘，这些随葬坑出土了数量惊人的文物，总体而言，随葬坑可以分为用器坑、动物殉葬坑（殉狗坑）、兵器仪仗器物坑和车马坑。各坑出土器物有明确的功能区分，反映了西汉诸侯王一级墓葬的葬俗。

一号坑发现有大量的陶器、铜器、银器、铁器、漆器等，多达 200 余件，并发现有动物骨骼和木炭，说明该坑象征厨房。②

二号坑为动物殉葬坑，发现有大量的犬骨骼，因此被称为殉狗坑，共发现有 30 只狗的骨骼，骨架较粗壮，其中 28 只狗的脖颈上有圆形铜环，因此这些狗很可能是墓主人生前的猎犬，该坑的功能应代表了墓主人地下家园用于“出行狩猎”猎犬的犬舍。

三号坑为兵器仪仗坑，发现有 5000 余件武器、仪仗工具、乐器等，显然是墓主人的仪仗队伍所使用的器物。

四号坑为车马坑，是随葬坑中体量最大的一座坑，这里发现有殉葬的马 13 匹、狗 2 只、车 4 辆，这四辆车形制各异，应代表了一支完整的仪仗队伍所需车辆。三、四号坑分列于墓室南墓道两侧，在几座随葬坑中布局最靠外，因此很可能是墓室的车马库和仪仗库，也在墓室的正面，反映了该墓室朝向为坐北朝南。

五号坑仍出土有大量兵器，也有一些生活用具，并出土有不少铁质兵器，可能是类似于兵马俑坑一类的象征墓主人的私人军队的随葬坑，五号坑与殉葬大量狗的二号坑分列墓道左右，也可能和二号坑合并象征墓主人出行狩猎的队伍。五号坑的东端发现有一夯土台，其上有一漆盒，漆盒已朽，盒内铺铅

---

① 山东省淄博市博物馆，西汉齐王墓随葬器物坑[J]，考古学报，1985（02）：223-224。

② 同上：224-232。

条，上置铜剑两把，目前尚不知该土台的象征意义。

由于齐王墓的主墓室尚未发掘，因此该墓葬的整体结构和墓葬内文物的组织关系尚未得知，但从其随葬坑的数量较多、随葬器物分类明确的情况来看，该墓随葬坑在一定程度上反映出西汉诸侯王木椁墓边厢的功能向外迁移的倾向，但具体情况需待该墓主室发掘后尚能确定其随葬器物的空间关系。

2. 遗址的代表性文物

矩形青铜镜

矩形青铜镜（图 4-36）长 115.1 厘米，宽 57.7 厘米，厚 1.2 厘米，重达 56.5 公斤，是我国考古发现的最大的铜镜，被称为“铜镜之王”。[①] 该镜表面平整，背面有凸起 1 毫米的花纹，四角及中间有共 5 个拱形三弦纽，如此大的铜镜，将其竖立较为困难，这些弦纽应是用于将铜镜固定于某处的部件。

图 4-36　矩形青铜镜

铜镜背面的花纹为龙纹，龙身卷曲，做飞身腾挪状，其面目形象和马王堆一号汉墓T形帛、永城柿园梁王墓墓顶壁画上的龙纹形象颇似，应是同一种类型的图像，这种龙身形多呈现波浪状曲线，爪部有翼，即所谓“应龙”的造型。应龙是象征飞升的腾龙形象，这种形象在马王堆汉墓和永城柿园汉墓均出现在墓室的重要位置，而在齐王墓随葬器物坑中则发现于重要的器物上，反映了“应龙”形象在西汉丧葬礼仪中重要的象征意义，应与“墓主人死后御龙飞升天界”的观念紧密相关。

（十）东海尹湾汉墓

1. 尹湾汉墓群遗址的基本情况

尹湾汉墓群[②] 位于江苏省连云港市所辖东海县温泉镇尹湾村西南约 2 公里的高岭上，是一处西汉中晚期到新莽时期的墓葬群。1993 年 2 至 4 月，

① 谭春林，齐王墓青铜方镜[J]，环球人文地理，2017（05）：112。

② 详见连云港市博物馆，江苏东海县尹湾汉墓群发掘简报[J]，文物，1996（08）：4-25。

考古工作者在这里发掘了墓葬6座，编号为M1—M6，这些墓葬结构类似，皆为长方形竖穴石坑墓，建造在距地表5—8米的基岩上，有棺、椁、边厢、足厢，并有白膏泥介于圹壁和椁室壁之间，因此，这些墓葬是西汉时期典型的楚地风格墓葬。具体而言，这些墓葬有单人葬也有合葬，其中4座为合葬墓，2座为单人葬。墓葬之间的距离很近，如M3距M2只有3米，而M4距离M3虽远，也仅15米。6座墓葬方向一致，出土文物的形制也较为类似，应是一座家族墓地。墓葬群中以M6规模最大，出土文物最丰，该墓为合葬墓（图4-37），由一椁、二棺、一足厢构成，足厢为二人共用，木椁室有盖板，共计5块，南北向排列，每块木板之间有榫卯组合在一起，这一层盖板被称作“椁顶板”，在其下又有数十块小木板组合而成的椁内的“天花板”，这种葬俗是连云港地区西汉中晚期墓葬中稍具规模的木椁墓的常见模式。该墓椁室东西长3.2米，南北宽2.26米，两棺东西向并列，男性墓主人的棺木稍大，足厢位于椁室外的西部。该墓葬出土了近4万字的简牍，内容类型大致可以分为集簿，关于东海郡的吏员定簿、吏员除官升迁簿、吏员考绩簿，占卜法、年历谱、日书、衣物疏、名簿等，其中的各类官员簿册说明墓主人生前所任的东海郡功曹的官职职能是史料所载的“主选署功劳”，是当时东海郡管理官吏任免职、调动职的官员，在郡内拥有很高的权力，并且集簿中的武库兵器集簿说明功曹在西汉中晚期还掌管郡内的军械，很可能也管理郡内的军事力量，是“郡之极位”。墓群中其他墓葬也出土了少量简牍。按形制，这些简牍中的木简133枚，可分为大小两种，大简宽0.8—1米，小简宽0.3—0.4米，大小简长度基本一致，为22.5—23厘米。木牍24件，均长23—23.5厘米，宽6—9厘米，厚0.3—0.6厘米，只有1件（M2出土）非M6出土，是一件遣策。

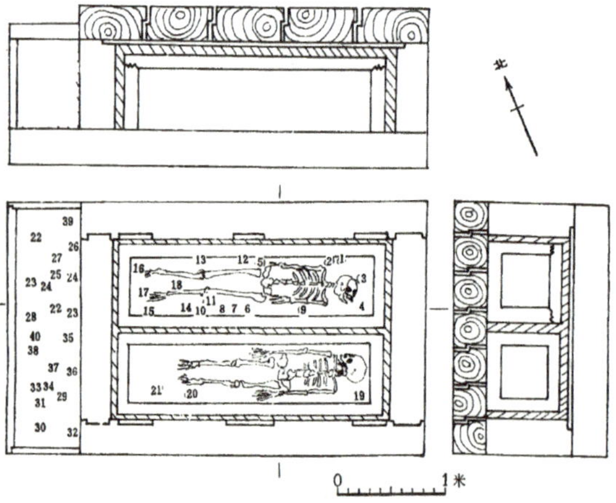

图4-37 墓室平、剖面图

2. 遗址的代表性文物

（1）八乳神兽规矩纹铜镜

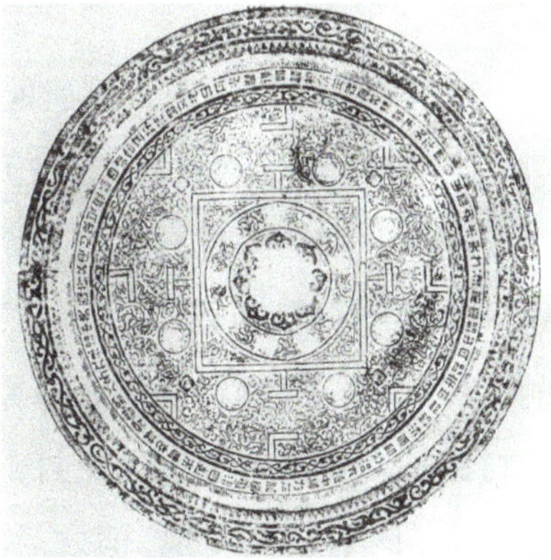

图 4–38　八乳神兽规矩纹铜镜拓片

八乳神兽规矩纹铜镜（图 4–38）出土于墓葬群 M4 墓葬，直径 27.5 厘米，圆纽，纽座饰八瓣花纹，纽座外为双弦纹构成的纹饰带，其间有 9 个乳钉纹，并配有禽兽图案。再外有方形框，框外为镜背主要的纹饰带，有八个乳钉纹和一组规矩纹①，其铭文为“汉有善铜出丹阳，卒以银锡清而明，刻治六博中兼方，左龙右虎游四彭，朱爵（雀）玄武顺阴阳，八子九孙治中央，常葆父母利弟兄，应随四时合五行，浩如天地日月光，照神明镜相侯王，众真美好如玉英，千秋万岁长乐未央兮”。这段文字反映了该镜背面刻绘六博博局盘的图案的目的，是希望家族成员长久地依照四时五行的运作规律生活，从而“千秋万岁长乐未央”，可见，六博图在汉代不但具有棋类游戏的对弈功能，同时具有趋吉避凶的寓意。这一寓意在 M6 墓葬中出土的神龟占卜法木牍的内容上可以得到进一步证实。

（2）M6 墓葬木器

尹湾汉墓群 M6 墓葬除出土了大量的木简牍外，还出土了颇多木器，这些木器不仅有汉代墓葬中常见的漆器，还发现有木面罩、木枕 1 套、木蝉 4 只、木梳、篦 10 件、木板砚 1 件、木雕虎头 2 件，尤其以木面罩、木枕、木蝉和面罩镶嵌的玻璃壁、琉璃片为汉墓出土文物中所鲜见②，在西汉时期的诸侯墓中常发现有玉衣残片，但却只有很少几处墓葬发现有以木器为死者的贴身葬具的，这种具有系统性的木质葬具应该具有与木材属性相对应的特殊意义。此外，木板砚在汉代墓葬中出土亦非常少见，大量木器的陪葬显然反映了墓主人、东海地区丧葬礼仪美术对死后世界的地域性解读，其多用木材的

① 即博局纹，博局指汉代流行的一种棋类游戏的棋盘图案，这种图案也是汉代占卜中流行的占卜图的形式，由于其上形似 T、L、V 的符号类似我国古代的规、矩两种测量工具的造型而得名规矩纹。

② 连云港市博物馆，江苏东海县尹湾汉墓群发掘简报 [J]，文物，1996（08）：15-17。

原因还待学界进行深入的解读。

（十一）沂南北寨村画像石墓

1. 沂南北寨村画像石墓遗址的基本情况

北寨村画像石墓（图 4–39）位于山东省临沂市沂南县界湖镇北寨村，是一座东汉时期的画像石墓。界湖镇因其紧临界湖山而得名，界湖山是临沂地区一座盛产石料的石山，至今仍在开采石料，因此临沂自古即有建造石室墓的天然优势。北寨村画像石墓原有高大的封土，被当地人称为“将军冢”，附近村民长期在这里采土致使封土逐年减低减小。1947 年，墓室的墓顶石条露出地面，该墓随被发现，但之后墓室又被填埋。1953 年，考古工作者再次得知此墓的存在，于 1954 年对墓葬进行了发掘，墓室中出土的文物甚少，但墓室建筑结构保存较为完好，并有石刻画像 73 幅，这些画像石以镌刻精美、内容丰富系统而使该墓闻名，现建有沂南北寨汉墓博物馆。

北寨村画像石墓为石室墓，坐北朝南，墓内东西宽 7.55 米，南北长 8.7 米，分为前、中、后三室，三室南北向列于墓室的中轴线上，每室分为两间，前室和中室各以一根粗大的八角柱及其上的斗拱和斗拱之上的过梁将室内空间分隔，分隔后的开间又各有对应的墓顶，墓顶为抹角[①] 结构的藻井，藻井内皆有几何纹样的石刻花纹，后室以无柱的石斗拱和过梁分隔。每室的南面开有

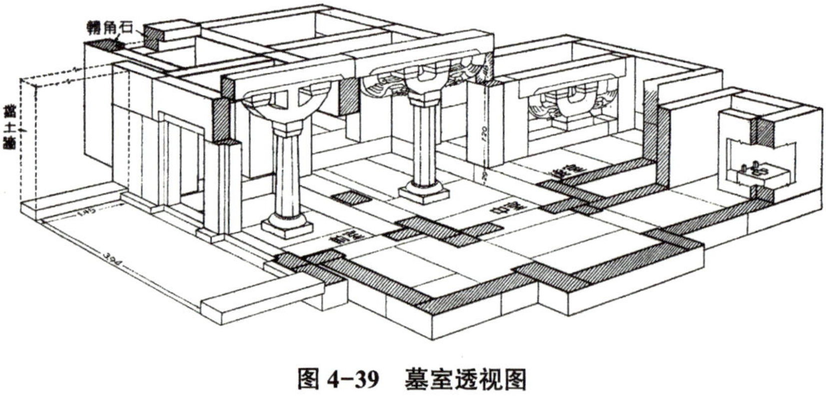

图 4–39 墓室透视图

① 这种墓顶以石条构成方形，再以方形错落叠加形成层层递进的墓顶，每层方形的四边中段都遮挡住上一层方形的四角，因此称为“抹角”。

图 4-40　墓室前室及石柱

双门道的室门，前室南面为墓门，墓门高 1.44 米，以三根石柱将门分为两个门道，每个门道宽 1.14 米，墓门上尚有安装门枢用的窝洞，可见门上原有门扉。[①] 前室和中室皆有侧室，前室有东、西侧室各一间，中室则有西侧室一间、东侧室两间，两间东侧室中靠北的一间的北部有隔墙，隔墙后为厕间，这种带厕间的墓室结构曾在徐州地区的西汉诸侯王墓室布局中流行。该侧室的室门开在另一间中室东侧室的北墙。三组分隔前、中、后室的斗拱结构可分为两类：一类为中室和后室以一斗二升拱加双龙倒衔石雕为辅助拱的结构，其上的双龙雕刻精美，细节刻画较深入且造型尚方正，凿刻磊落，棱角转折硬朗而厚重，这种石柱和斗拱的组合使建筑颇具雄壮的气势；另一类为前室八角石柱（图 4-40）上的一斗二升拱加散斗之间的蜀柱的建筑结构，该类型柱和拱的组合更加质朴，气势宏大而沉稳。

北寨村画像石墓的墓室结构已呈现出强烈的仿木结构和“第宅化”建筑特征，四川地区的汉阙也表现出这种仿木结构特征，可见这种仿木结构的石构建筑在东汉后期颇为流行，反映出东汉后期我国石室建筑的建筑技艺已较成熟。

沂南汉墓共有画像石 73 幅，分布于墓门、前室、中室和后室，墓门横楣上为一幅表现战争场景的图像，该图以一座木桥为画面的中段，呈横向分布，其图式和符号与苍山汉墓的“过渭桥图”颇为相似。墓门两立柱上表现的是伏羲、女娲、东王公、西王母，以及羽人、神兽等仙界图像。

前室画像上段所表现的是墓主人死后受到谒拜、祭祀的场景，这一图像位于前室的东壁、西壁、南壁的横楣上，是三段互相关联的图像。此外，在前室北壁横楣和其他墙壁的下段还绘有大量仙界图像。

① 南京博物院、山东省文物管理处，沂南古画像石墓发掘报告 [M]，北京：文化部文物管理局，1956 年，第 3—10 页。该墓其他相关信息亦参看该考古报告。

中室画像上段表现的是乐舞百戏、宴会、丰收等场景，东壁横额为乐舞百戏图，内容颇为丰富，是研究汉代社会礼仪、民俗活动的重要材料，可分为四组，包括杂技、乐队、鱼龙蔓衍、戏车马鼓四部分；南壁则表现丰收和飨宴图；西壁表现车马仪仗队伍出行图；北壁同样为车马仪仗队，这里出现了迎接队伍的人，说明西壁和北壁的车马出行图具有连续性。中室下段壁画刻画的是大量的历史故事画。

后室即棺室，这里出现了大量的人物、生活场景（如侍女、衣履、家居）图像，并有诸多异兽祥瑞图像，但该区域空间不再区分上下段，反映出设计者认为这一空间中的墓主人已居住于仙界或天界的观念。

总体而言，沂南画像石墓中的画像石具有明确的层级关系，其中上层壁画表现了现实生活场景，代表的是墓主人生活的过往，从墓门的战争图到前室的死后受祭图，再到中室的车马出行图，该图的车马队伍很可能是墓主人灵柩通往冥界的仪仗队伍的象征，其中的高大建筑象征的应是冥界的宅邸、都亭。后室则是上下段内容的合并，这里出现了大量的室内生活场景和神灵异兽。巫鸿认为东汉时期的山东石室墓葬存在着一种从死后进入冥界，从冥界进入仙界，再从仙界进入西王母、东王公所在的昆仑的递进的空间层级关系，而沂南汉墓的图像即反映出这种空间和时间概念，这可以解释何以在一些墓葬中位于后室壁画上的西王母、东王公在沂南画像石墓中位于墓门，很可能该墓的建造者认为当墓主人的灵魂安息于后室的“寝”内之后，将进一步向墓外出游，乘龙抵达至高神西王母、东王公所在的仙境，这也可以解释双龙雕塑为何出现在墓室的后室和中室中柱斗拱上，双龙前爪后有翼，是“应龙”的形象，这种飞龙在西汉时期的墓葬绘画中即以流行，在马王堆一号汉墓的T形帛画中，它已作为携墓主人灵魂飞升天界的神兽而存在了。

2. 遗址的代表性文物

（1）画像石藻井

该墓各个室内开间的墓顶皆有藻井，藻井内容可分为几何纹、莲花纹和柿蒂纹等，其中几何形花纹（如绶带穿壁纹）为单元的连续纹样，在南阳汉画像石墓中已大量出现，并且这种装饰纹样还和具有主题的画像石刻一同出现在南阳汉画像石中，并占据了墓室壁画中大部分区域。藻井图案（图4-41、

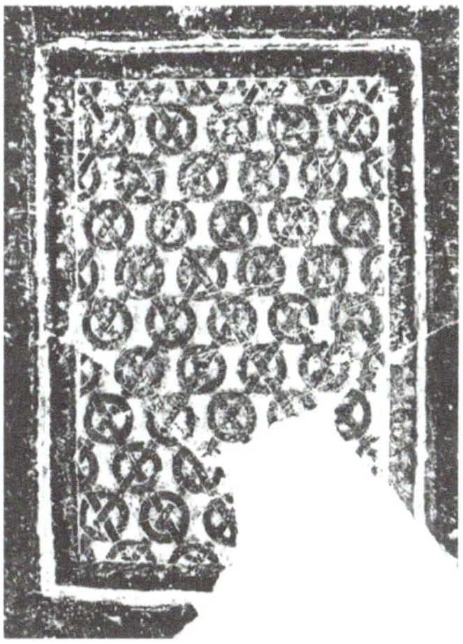

图 4-41 前室藻井拓片

图 4-42 前室藻井拓片

4-42）具有高度的抽象性，反映出东汉后期墓室顶部图像的主题变化，在西汉末即建立起来表现天文图像的墓顶壁画模式，东汉的墓顶被几何纹样所取代，从而使墓室空间的上下代表“天地”的功能消失，这是东汉石室墓将空间进行重新解读，从而产生出一种新的时空顺序下的丧葬礼仪美术表现形式。

（2）战争场景画像石

战争场景画像石（图 4-43）位于沂南画像石墓的墓门横楣上，分为三部分。第一部分为画面右侧，一辆战车，战车内坐二人，一人为御手，另一人应是墓主人，战车前后各有两位骑士，四骑和一车应是作为军队长官的墓主人和其近卫队的象征，再向左靠近桥梁上坡处有四位手持长柄武器的穿短裾的军士。这一图像的存在也和墓葬被附近的村民称为“将军冢”的名称来源相合，该墓或是东汉时期一位武职官员的墓葬，此外，一车四骑的图像位于画面的最右侧，亦可能代表了汉军军队的近景。战争图的中段出现了一座木桥，该桥的两头皆有作为路标的木柱，左右皆有斜坡，中段平直，桥有两墩，桥下有乘船和捕鱼者，桥上为正在穿过桥梁的人数众多的军队，组成桥上军队的

图 4-43 战争场景画像石拓片

是手持剑、刀、盾的军士。激烈的搏斗场景发生在桥梁的左侧坡道上，这里出现了戴三角形尖帽、蓄长须、高鼻深目的士兵形象，他们手执弓箭，身穿长袍，其中位于桥柱后的一个军士已经被击杀，这一场景说明这幅作品可能反映的是对墓主人或其家族参与过的汉匈战争或汉和西域王国的战争的纪念；画面左侧朝向木桥而来的是从画面下部的群山中穿出的骑兵队伍，这里共出现了六名骑士，其中一名只有头部出现于画框内，其余五人皆骑马，或持弓，或持环首刀，正向汉军冲去，值得注意的是其中有一骑士做回首射击状，其驾马正逆向大部队朝画外奔跑，这一场景或许反映了汉军部队处于战争的优势，促使敌军开始撤离战场，也可能反映了作者对西域或匈奴骑士擅骑马射击的形象的生动表现。

总体而言，这件宏大的战争图一方面反映出了汉代画像石艺术对大场景绘画的熟练表现，另一方面则反映了“过渭桥图”这一图式在山东汉画像石中的普及和当时画像石制作中对图式的灵活应用。“过渭桥图”以横楣壁画中央的桥、两侧方向相对的人物为主要结构，但在苍山汉墓中表现墓主人穿过渭河所象征的冥河抵达墓室的“过渭桥图”在沂南汉墓中则以同样的图式表现了宏大的战争场景，脱离了图式原先对冥河及其对死亡、重生的母题的直接指代而具备了新的含义。

（十二）巢湖汉墓

1. 巢湖汉墓遗址的基本情况

巢湖汉墓[①]是1996年6月和1998年1月发掘的两处西汉墓葬遗址的集合，由于两处发掘点所在的“放王岗”和“北山头”皆在安徽省巢湖市区，相距仅1000米，且墓葬规制和出土文物的艺术风格较为相似，故合称为“巢湖汉墓”。

具体而言，巢湖汉墓分为两处，一处为位于巢湖市东郊约2公里的亚父乡“放王岗”上的放王岗一号墓，一处为位于巢湖市朝阳门外的“北山头”土岗上的北山头一、二号墓。放王岗一号墓所在的土岗据考古报告[②]可知还有

① 详见安徽省文物考古研究所、巢湖市文物管理所，巢湖汉墓[M]，北京：文物出版社，2007年，第1—2页。

② 同上，第4页。

五六座封土堆，除一号墓外其余墓葬未发掘，北山头一、二号墓所在的土岗亦有未发掘的墓葬。据考证，这些墓葬的封土形制相似，皆为丘形封土，且墓葬布局排列有致，汉人有子孙、亲属死后葬入祖墓的习惯，所以两处土岗可能曾是家族墓地。

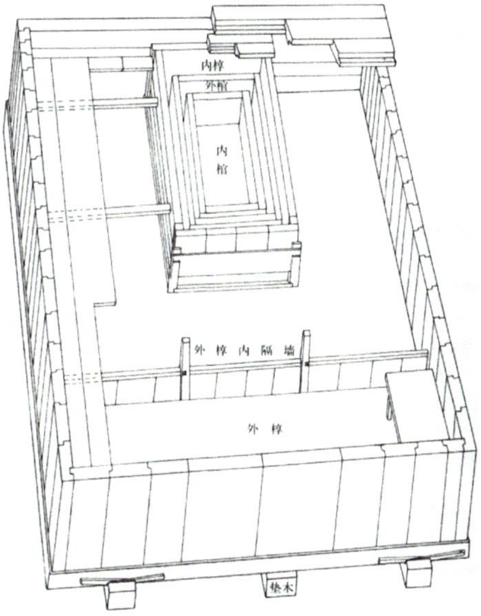

图 4-44　放王岗一号墓棺椁透视示意图

三座墓葬形制相似，皆为西汉楚地流行的竖穴土坑木椁墓。在发掘时每处墓葬皆遭到一定程度的破坏，但整体保存度较为完好，以放王岗一号墓（图 4-44）为例[①]，该墓的封土发掘时已不存，墓坑口东西长 9.2 米、南北宽 7 米，坑底长 8.88 米、宽 6.8 米，圹深 7.4 米，坑形似斗，墓葬平面呈“甲”字形，斜坡墓道在西圹壁正中。墓内有椁室，椁室和圹壁之间用木炭和青膏泥密封，是典型的汉代楚墓葬法。椁室分为外椁和内椁，外椁又分为两部分，一部分为位于外椁西部的前椁室，一部分为外椁东部的边厢。内椁位于椁室东部，其东壁和外椁东壁紧密贴合。内椁长 3.14 米，宽 1.72 米，高 2.02 米，值得注意的是，该墓的内椁内有双层棺，而在棺木的下方南北两边各发现有 3 个可转动的木轮，因此，考古报告将这一结构称为载柩车，认为它是运送棺木通过墓道进入内椁室的工具，这一工具的发现对于研究汉代的丧葬礼仪制度、葬具内容具有重要的价值。发现此载柩车之前，只有河北满城汉墓出土过类似的车构件，但却未见如此完整的结构。该墓的棺为双层棺，外棺外髹黑漆，黑漆底上又有朱漆绘制的勾连云纹，外棺内髹红漆，棺木五面互相以榫卯结构固定，合缝严密。内棺结构和外棺同，内外皆在黑漆底上又髹一层红漆。巢湖汉墓三座墓葬形制虽相似，但规格不同，据考古报告，放王岗一号

① 放王岗一号墓信息依据安徽省文物考古研究所、巢湖市文物管理所，巢湖汉墓[M]，北京：文物出版社，2007 年，第 12—20 页。

墓规格更高，为重椁重棺，北山头一号墓为一椁重棺，二号墓为一椁一棺。[①]

从出土文物来看，放王岗一号墓出土了3000余件文物，以铜器和漆器为精；北山头一号墓出土了文物160余件（套），以铜器和玉器为精；北山头二号墓出土了40余件兵器[②]，该墓墓主人可能为武官。从文物出土情况看，墓葬掩埋可能较为匆忙，反映了墓主人可能非正常死亡，墓葬准备不完备的情况。放王岗一号墓的出土文物类型丰富，包括铜器、铁器、漆器、玉器、陶器等类型，在前椁室南北两侧各有一置物架，架上下皆有器物，器物包括了各类漆器、滑石器，还有人俑、马俑、陶灶、陶釜等，说明这里是集合了厨房和车马库功能的空间，北边厢内文物以铜器为主，铜器类型较全，有的铜器内还有动物骨骼，说明可能是宴会场所的象征。南边厢扰乱较严重，出土了不少植物种子和粟类等食品，还有一些兵器、席镇等，可能为府库，具体象征的空间功能不详。此外，南北厢位于内椁室的壁板外各有10余件木俑，形制为守卫俑。以放王岗一号墓文物的放置情况可知该墓葬的空间部署和马王堆汉墓类似，处于椁室内空间功能划分较为明确，但第宅化概念上不明确的时期，巢湖汉墓的三座墓葬在墓内空间划分方面皆反映了这种观念倾向。

2. 遗址的代表性文物

（1）朱雀饰件

朱雀饰件（图4-45）为青铜器，出土于放王岗一号墓南边厢，该器为模铸，表面鎏金，朱雀呈直立昂首飞翔状，喙弯曲而微张，双目圆睁，头后有角，双翅横向伸展而上扬，尾部高高翘起，双足站立于一柿蒂纹的铜铸件之上，朱雀整体姿态昂扬，生动地表现了一只正在高鸣的神鸟造型，将华丽和逼真寓于一体。该饰件下方有方插榫，应是某种木之器物的组件，可能为一件杖首。

（2）漆罐

该漆罐（图4-46）出土于北头山一号墓北边厢，直口，平沿，弧肩，鼓腹，平底，圈足。器身外髹黑漆，内髹红漆，这种髹漆模式和该墓葬外棺的内外分

① 放王岗一号墓信息依据安徽省文物考古研究所、巢湖市文物管理所，巢湖汉墓[M]，北京：文物出版社，2007年，第13+91+136页。

② 同上，第22+93+138页。

图 4-45　朱雀饰件

图 4-46　漆罐

别髹黑、红漆的模式一致。该漆器最与众不同的艺术特点在于其器身用料的复合性，其口沿和圈足均是以铜铸后安置于器身上，口沿外的铜扣以线刻八只凤鸟纹，凤鸟两两头相对或尾相对，铜扣外还套有水晶环，肩部和腹部各有镶银饰带一周，饰带上各有八个半球形蓝色的料器镶嵌物，肩部的环耳为玉质的铺首环，在肩部和腹部银饰带之间又有一组占据了漆罐主体部位的饰带，饰带上方为六只桃形蓝色料器装饰物，下方为八只头朝上的桃形玉片，上方每个桃形片又镶嵌有半圆形料珠十余个，下方桃形片则有浅浮雕。这件器物集合了金、银、铜、玉、水晶、料器等物，色彩对比鲜艳而丰富，蕴含了金色、蓝色、黑色等色彩，其制作之精良、工艺之繁复在汉代漆器也绝无仅有，既是反映汉代工艺水平的代表作，也是反映汉代器物以复合材料进行制作的实证，并能在一定程度上说明汉代物质文化之发达。

第二节　齐鲁大地上的两汉名城：华东地区古城遗址美术

华东在汉代具有重要的地位，是诸侯国和郡县林立的地区，但目前发现的保存较为完好的汉代古城遗址并不丰富，例如福建的城村汉城遗址、山东临淄齐国故城遗址，均存在考古发掘有限或与现代城市叠压的情况，而位于山东济南的汉代东平陵故城是难得的考察汉代地方城市的考古发现。这座齐鲁大地上的名城是当时重要的工业城市，以冶铁业发达著称，多部史料都记载了这座城市。考察这座古城遗址的空间布局、出土文物分布、城市建筑基址是了解汉代地方大城市结构特征的重要依据。

（一）济南东平陵故城

1. 东平陵故城遗址的基本情况

东平陵故城遗址位于山东省济南市章丘区龙山街道东北，是汉代重要的地方城市，在《汉书》《后汉书》《水经注》等史料中屡见对其的记载。西汉在这里置县，汉文帝前元十六年（公元前 164 年）建济南国，设东平陵为济南国都。东平陵城还是汉代重要的手工业城市，是西汉朝廷在全国手工业发达地区设置十处工官中的一处，同时它还是汉代重要的铸造业城市，西汉朝廷在这里设置了铁官。从考古发现的城市范围和出土文物来看，东平陵城的实际情况与史料记载基本符合。考古发现的文物中有大量的铁器、钱币、钱范等与铸造业、手工业相关的实物。

东平陵故城的城址平面图呈正方形（图 4-47），每边长约 1900 米，城内占地面积约 3.6 平方千米。城池的四周皆有残墙，其中西墙保存最为完好，可以较好地反映东平陵城城墙的原貌，西墙为夯土墙，夯土层清晰可见，每层夯土厚度在 12—22 厘米，墙基宽约 40 米，墙宽 24 米，地面以上残高约 5 米，其厚度与高度在汉代城墙中均属高大，残存的西墙在较远的区域仍可被看到，可以想见原周长约 7600 米的济南国国都东平陵城在建成时的壮观

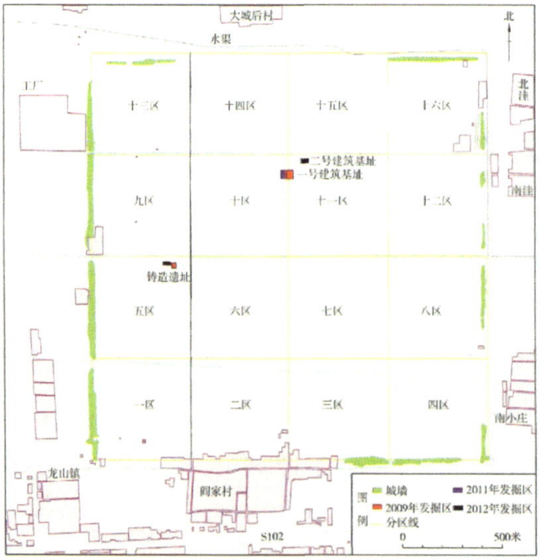

图 4-47　东平陵城遗址平面图

程度。故城遗址城内地势呈南高北低状，相传有十二个城门，这是汉代国都的城门数量。考古成果显示，故城遗址中有两条古沟：一条在城西墙南段穿过城址，暴露出宽 7.6 米、厚 1 米的路土；一条在北城墙穿过城址，暴露出宽 8 米、厚 1.3 米的路土，应为城池西南门和北门所在区域，但尚未发现城门的门阙基址。①

2009 年的考古工作将东平陵故城遗址分为十六个区，并对部分区域进行了发掘。1975 年的考古调查中已发现这片区域距地表 0.85 米以下处，有厚 20—40 厘米的紫色土层，在南北约 200 米、东西约 210 米的范围内的地面上有散落的铁屑、炉渣，说明这里是东平陵城的冶铁区域，这里在当地也俗称为“铁十里铺”。其中在城内西南区域（即第五区）的发掘中发现了东平陵城的铸造区。2009 年的发掘工作进一步确定了这里的区域功能，发现了多处熔铁炉、锻炉等设施遗迹，证实了东平陵城铸造工业的核心区域所在。② 在城内中北区域，有俗称“殿基地”的夯土遗迹，共有九组夯土基址曾出土有汉代砖瓦等建筑材料，应为宫殿区。城内西北区域为制陶区域，但范围尚不明确。综上可知，东平陵城确如史料记载，是一座集合了手工业和铸造业的工业城市，城市内区域划分明确，占地面积庞大的工业区反映出这座城市在建设时有着较为系统的规划和繁荣的城市经济。

2. 遗址的代表性文物

东平陵城出土的铸范

在东平陵遗址的铸造区发现有大量古代铸造业相关文物（图 4-48），其中出土的两种铸范（共四件）可以反映当时的铸造水平。其一为一件陶锄范，是铸造锄头使用的模范，该陶范为砂质，由上范和下范组

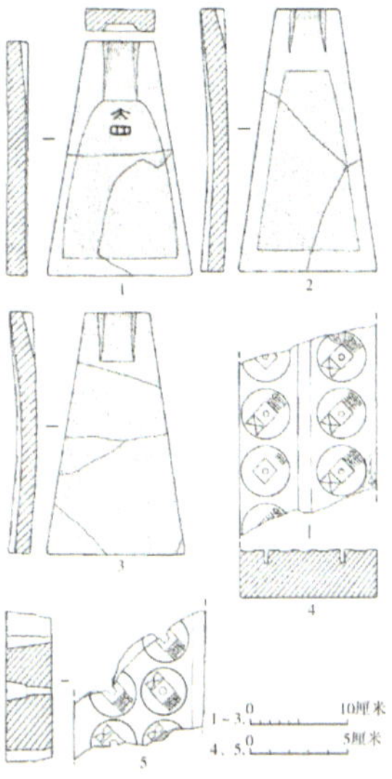

图 4-48　东平陵城出土的汉代铸范

① 山东省文物考古研究所，山东章丘市汉东平陵故城遗址调查，王仲殊，考古学集刊 11[C]，北京：中国大百科全书出版社，1997 年，第 154—186 页。

② 山东省文物考古研究院、北京大学考古文博学院、济南市考古研究所，济南市章丘区东平陵城遗址铸造区 2009 年发掘简报[J]，考古，2019（11）：49-66。

成。整体造型平面呈梯形，范腔呈钟形，在范腔上部刻有“大四”字样，考古简报中提出“‘大四’指泰山郡第四号冶铸作坊”①。其二为三件形制类似的滑石钱范，它们均是汉时流行的五铢钱范，在其范腔还能看到清晰的“五铢”二字的凹印，钱模的穿部均有圆孔，从残件可知，一件范可以制作至少8枚钱币（实际上应更多）。这些造型质朴、结构严谨的铸范是汉代工艺水平的实证。

第三节　华东地区其他遗址美术

（一）嘉祥武氏石祠

嘉祥武氏石祠属于嘉祥武氏墓群，是山东嘉祥东汉晚期武氏家族墓葬的石刻建筑，其中最著名的是武梁祠。该墓群原有多处石祠，但自宋代以后除墓前石阙外，其余石刻建筑均已坍塌，现仅存两座石阙（一组）、一对石兽雕像、两座石碑、四组零散的石祠画像石。这些文物原本属于一座拥有四座墓葬和墓前石祠的墓葬群②，但各墓葬共用一条神道，神道前端为双阙和石像。

由于画像石祠是东汉时期墓葬建筑群中颇为重要的礼制建筑，其内容是由祠堂内成序列组织的画像石形成的，所以这些由一件件单幅石刻绘画组成的大型绘画通过图像反映着墓主人的思想，是研究汉代艺术和文化的重要文物（图4-49）。也由于画像石祠对汉代文化与美术研究的重要性，所以该遗址在石祠倒塌后的漫长岁月中，总有学者希望恢复其原貌，宋代欧阳修所著的《集古录》收录了墓葬建筑群中两位武氏家族成员的墓碑铭文。约60年后，宋代赵明诚又著有《金石录》，记录了武氏墓群的石阙和另外两座石碑以及祠堂画像石。但《金石录》收藏的画像石拓片已失传，目前可见的最早的石祠画像石图像是在《金石录》印行约60年后成书的洪适的《隶叙》。此后直到清代金石学家黄易开始再次关注到武氏墓群时，武氏祠的复原工作才取得巨大进

① 山东省文物考古研究院、北京大学考古文博学院、济南市考古研究所，济南市章丘区东平陵城遗址铸造区2009年发掘简报[J]，考古，2019（11）：49-66。

② （美）巫鸿，武梁祠：中国古代画像艺术的思想性[M]，北京：生活·读书·新知三联书店，2015年，第43页。

展。黄易不仅记录遗址的信息，还对遗址进行了发掘，并对石祠画像进行就地保护，尝试复原武氏祠堂。这次保护性的发掘共发现有 36 块画像石，黄易和李克正、刘肇镛两位乡绅对画像石进行了编号，其中 25 块画像石被嵌入墙壁，形成新的“石祠”，其余画像石则被留在屋内地上。此后相继有多位学者对石祠进行了研究，进一步发现了画像石的布置顺序等内容。1941 年，美国学者费慰梅针对残存的画像石展开研究，再一次针对武梁祠进行了布局复原的尝试，并发表论文《汉武梁祠建筑原形考》，希望复原武梁祠的画像石在建筑中的布局原貌，这一项研究使为武氏墓群中家族第二代长者武梁而建的墓室石祠的原貌更加清晰，但仍未全部复原祠堂的画像石结构。新中国成立后，武氏墓群被列入国家重点文物保护单位，遗址得到了更好的保护，武氏祠文管所新建了保管室，将画像石全部安置其中，新的房间内还保有墓群的两座石阙和一对雕像。20 世纪 80 年代初，学者蒋英炬和吴文祺继续深入地研究武氏墓前的石祠，对石祠的画像石进行了重新测量，从而以新的考古资料重新分析和定义了各画像石所处的石祠和在石祠中的位置，提出了一系列的新观点，20 世纪 80 年代末，当代学者巫鸿对武梁祠的研究取得了新的进展，其研究不仅继续充分分析了武梁祠作为武氏墓群石刻中一间祠堂的原始内容，还进一步论证了这些图像的思想性，从而为汉代画像石研究提供了新的视野。

以上就是武氏祠研究的大致历程，目前学界普遍认为该地区有四座祠堂，其中画像石保存最为完好的即是武梁祠。这座代表东汉墓葬艺术之大成

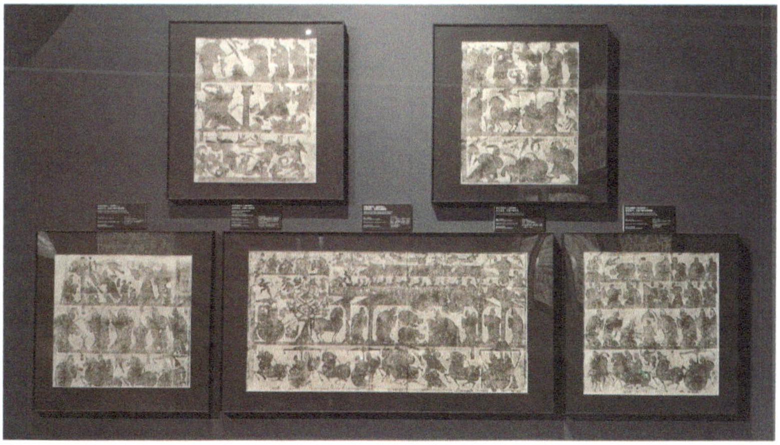

图 4-49　展览中的武梁祠画像石拓片

的画像石祠承担了今人解读汉人思想与艺术的重要功能。

武梁祠作为武氏墓群石刻中最为重要的一间石祠，其画像石保留最为完整，学界对其研究也最为深入。因此，本小节将对该石祠画像石进行简要介绍，一方面着重从画像石祠中不同题材类型画像石所处的序列，以及这些序列构成的空间层级进行介绍，使读者了解画像石祠图像的“整体性”；另一方面则是对其中几件精彩的画像进行介绍，使读者了解汉代画像石的表现方法、造型、构图美感。

武梁祠的画像内容分别布置于石祠内的屋顶、墙壁和山墙上，每个图像旁都有榜题，并且分为不同的层级，每层由若干画像横向排列。其中屋顶两面共计五列，墙壁四列，山墙一列（山墙画像结构较为特殊，暂称一列）。

屋顶的祥瑞图像：分为两部分，一般被称为祥瑞石一和祥瑞石二，其中的主要内容是各种奇特的动植物、具有奇特作用的器物，还有一些神仙形象。现存的祥瑞石画面损毁较为严重，有很多图像已经模糊不清，不能识别，仍可读的图像只剩 20 件，但从这 20 件画像可知屋顶画像的主题是描述各种“祥瑞”。祥瑞在汉代是一种重要的视觉符号。所谓祥瑞，即是各种预示着吉利的征兆，这些征兆在汉代被大量以图像的形式表现出来，尤其在东汉时期，已经有专门记载各类征兆的图籍存在，其中记录祥瑞图像的图籍被称为“瑞图”（也有记录灾异之象的图籍，有学者认为《山海经》在汉代可能就具有作为灾异之象索引的功能①）。《后汉书》中载有班固的《白雉诗》，诗云“启灵篇兮披瑞图，获白雉兮效素乌”，而这种以图录记载各类神秘事物的现象可以追溯至西汉武帝时，《汉书》记载了武帝在得知甘泉宫生长出“玉芝”时赋诗一首，内有“齐房（属于甘泉宫）产草，九茎连叶，宫童效异，披图案谍”之语，玉芝的图像应该就记录在所谓的“图”中，可见当时已有一种图籍用于记录各类奇物。武梁祠屋顶上原先存在的祥瑞图应逾 50 件。当观者来到石祠中时，仰望上方的屋顶，将看到大量象征天意的图像。

既然武梁祠的祥瑞图是反映天意的征兆图像，所以从这一角度观察，可以发现这些图像表现“天意”的形式特点。在屋顶的一件件图像中，脱离场景的

① （美）巫鸿，武梁祠：中国古代画像艺术的思想性[M]，北京：生活·读书·新知三联书店，2015 年，第 98—99 页。

概念性表达尤为明显，如其中的“神鼎”图像（图4-50）。该图表现了一只三足鼎，鼎身的纹理为阴纹，整个神鼎的形象由减地平雕法形成的空白背景托出，鼎的表现并未有过多细节，而是突出表现鼎的功能性特征，即三足，有盖、鼎耳等结构。榜题文字为“神鼎（不）炊自熟，五（味）自（成）”[①]。因此在榜题的说明下，这件鼎所指代的正是象征王朝正统的神鼎。汉代已有大量文献记载所谓的“神鼎”，较早的一条记录在《左传》中，即“桀有昏德，鼎迁于商，……商纣暴虐，鼎迁于周”的“九鼎”。在其他文献中神鼎又时而以单件的形式出现，如《史记》就记载武帝时期汾阳出土了一件“鼎大异于众鼎”的大鼎，在“迎鼎至甘泉（即甘泉宫）”时还发生了“黄白云降盖”的瑞象，大臣们根据古史认为这件鼎就是九鼎之一。又如“白鱼”图像，图中仅表现了一只样貌颇为普通的鱼的形象，雕凿技法一如其他祥瑞图，用减地平雕的方法突出物象，并用阴线刻突出物象的基本细节，但榜题内容说明了鱼的特别之处，“白鱼，武王渡孟津，中流入于王舟”，《史记》载白鱼跃入武王舟中时在武王伐纣前夕，引《史记》裴骃《集解》马融云“鱼者，介鳞之物，兵象也。白者，殷家之正色也，言殷之兵众与周之象也”，武王伐纣时殷商的部队发生了大规模的倒戈。因此，白鱼成为武王伐纣天意的象征。可见，武梁祠的祥瑞图像采用的是以图像为基础，依靠文字和其背后典故的含义来表现其图像的象征意义。

图4-50　神鼎拓片

在这样一个象征着天意的“密码”序列中，如同墓主人武梁一般具有学识的读者将可以一探墓主人或石祠设计者选定这些瑞象来装饰墓祠的用意。

山墙的神仙世界：石祠内东西壁的山墙表现的是一系列安排紧密的人物形象，这些形象是居住在仙界的神仙，其中主神位于三角形山墙的中轴线上端，

① （美）巫鸿，武梁祠：中国古代画像艺术的思想性[M]，北京：生活·读书·新知三联书店，2015年，第256页。

图 4-51　西山墙拓片

身形较大，其他神仙形象围绕着主神排列。东山墙表现的主神是东王公，西山墙表现的主神则是西王母（图 4-51），其中西王母在汉代的神话中具有重要的地位，并且其来源悠久，而东王公却并未具有西王母同样的意义，很可能是晚于西王母出现的神仙形象，有学者认为东王公只是西王母的一个镜像。[①] 由于东汉"阴阳五行"学说已颇为成熟，所以西王母和东王公在汉代已分别代表"阴"和"阳"[②]，因此东汉画像石中对这两位神仙的表现主要是通过不同的饰物和陪同出现的神灵来完成的，其中的饰物均旨在于反映他们的性别特征，武梁祠也不例外。汉代认为西王母居于西方世界的神山昆仑山上，昆仑山的形象一般有两种：一种是如三个高低不同的山峰形象构成的"山字形"结构，这一图像在马王堆漆棺中即有表现；另一种是把昆仑山表现为蘑菇状的宝座造型，西王母就坐于其上。山东嘉祥宋山出土的东汉画像石上就用此形象表现昆仑山，但武梁祠画像中并未在西王母的周围表现昆仑山的形象，因此画像所处的方位（西山墙）是确定神仙身份的重要信息。西王母一般都戴华丽的冠，这种冠称为"胜"，即一种冠的两侧突出的形式，有时这种冠也表现出华丽的特征，武梁祠的西王母形象即头戴一种汉代称为"五凤冠"的华冠，这也是汉代贵族妇女所戴的冠。此外，主神两列的其他神灵也通过"阴阳"属性反映了主神的身份，西王母身旁所立的是穿长裙的女性神仙，她们背后有翅羽，是汉代的羽人形象。在西山墙画像的最左侧边角，有一只形象似凤的神鸟。这些"阴"属性的图像都反映出此墙所绘主神为西王母。相比之下，东山墙的主神头戴小冠，显然为男性形象，其身旁的羽人穿短袍，头部为向后束的发髻，亦为男性形象。东王公两侧的神兽为龙和虎，龙在古代往往是男性帝王的身份象征，而虎也同样和男性所代表的"阳"相关。所以，武梁祠的山墙代表的是掌

① （美）巫鸿，武梁祠：中国古代画像艺术的思想性[M]，北京：生活·读书·新知三联书店，2015 年，第 125 页。

② 同上，第 128 页。

管阴阳万物的神仙所在的空间，这里也是汉代丧葬观念中认为人死后所要去往的空间。

墙壁上的人类历史：墓祠的三面墙壁是所绘内容最为丰富庞大的空间，这里的内容相比凸显出概念性表现手法的屋顶祥瑞图像而言，要写实得多，画面中除去人物造型外，还具备了丰富的场景和叙事性。四层连续的图像占据着三面墙壁的主要部分，在四层连续图像之间和墙壁的上下还有装饰带，用以隔开这些序列，同时装饰带本身也在一定程度上强调了各层序列之间的主题区别。

墙壁的上两层画像内容可以分为两大组，以人物肖像和故事画为主要内容，西壁首先描绘了 11 位古代帝王，这些帝王的图像表现虽仍有概念化的部分，但已至少能通过图像来分别其大类，当然依靠榜题来辨识这些图像则更为容易。其中由右向左分别是伏羲和女娲（图 4-52），这两位人身蛇尾的人类始祖共处同一画像中，蛇尾相交，伏羲手中执曲尺，女娲头戴华冠，由于他们的形象非常特别，因此识别起来较为容易。在伏羲、女娲之后，分别为神农和祝融（图 4-53、4-54），伏羲、女娲、祝融皆穿短裳，而神农穿贴身的短裤紧衣并做犁地状。再向左为五帝，其顺序分别为：黄帝、颛顼、帝喾、尧、舜。五帝的形象具有统一的特征，他们皆有帝王的冠冕，且穿长袍，《周易》载“黄帝、尧、舜垂衣裳而天下治”，当五帝的穿着与三皇有明显变化时，他们作为两组连续而不同的上古帝王的概念就体现了出来。再后出现的是夏禹和桀，夏禹是夏

图 4-52 伏羲女娲拓片

图 4-53 祝融拓片

图 4-54 神农拓片

朝的开国之君，武梁祠将其表现为身穿及膝的短袍、手持农具的朴实形象；而桀则是上古著名的暴君，也是夏朝的亡国之君，手持兵器戟，身材高大，屈膝弯腰的桀才刚刚能融入画框之中。《后汉书》载“桀驾人车”，桀的身后还有两位侍女形象，反映了古史记载的桀之残暴无度，所以作者对夏朝帝王的表现是极为缩略式的，似乎试图通过两位帝王反映王朝的兴盛与覆灭和君王自身的关系。值得注意的是在这个序列中，每个序列的开端人物均回首，而后序人物皆面朝开端人物一侧，从而用图像为观者呈现了一个连续而又分段的序列，这种每个人物为一个单元，但每个单元之间又互相联系的绘画形式是武梁祠画像艺术中又一种巧妙的处理构图的分段和连续的手法。在武梁祠的历代帝王图中并没有表现商和周的君主，这可能与墙壁尺幅有限有关，但更重要的是，这些图像反映了作者的观念，图像是作者经过精心选择而确定的，每个分段中开国帝王的回首和后续帝王的追随反映了一种理想式的崇古思想，而对夏朝帝王的缩影式表现，则似乎反映了一种具有隐喻性的训诫观念。

继续向左，后壁和左壁的最上层描绘了 7 件叙事性绘画，均为列女故事，取材自汉武帝时期的大臣刘向所著的《列女传》。这是一部专为宫廷贵族编写的道德手册。[①] 列女图是东汉时期颇为流行的绘画类型，具有所谓的“教化”功能，但值得一提的是，《列女传》有 7 个章节，描述了 90 位女性，而武梁祠的列女图像全部取材于书中“贞顺”“节义”两个章节，再次说明作者的选材是有明显寓意的。

这些叙事性绘画除去观念的表现，还反映了东汉山东画像石艺术的高超表现能力，如第一幅是关于“梁高行”的典故（图 4-55），该故事讲述了一位梁国妇女在其夫死后拒绝再嫁，即使有颇多贵族追求者，乃至国君也在追求者之列，亦不为之所动，并且为了防止再嫁的命运，甚至不惜割掉自己的鼻子，自毁容颜而成其志，最后国君大为赞赏其贞节义行，尊称其为“高行”。《列女传》中标榜的这种“德”对女性无疑是残忍的。但当我们从画像的视觉语言构成角度去分析时，可以发现武梁祠画像制作者的精妙设想，该画像画于相当宽阔的一段画面中，最左侧为一乘停靠的马车，两匹膘肥体壮的驾马作站姿，

---

① （美）巫鸿，武梁祠：中国古代画像艺术的思想性[M]，北京：生活·读书·新知三联书店，2015 年，第 125 页。

图 4-55　梁高行拓片

右侧一位使者站立等候梁高行对君王求婚的回复，梁高行和一名榜题为“奉金者”（即奉送聘金之人）的使者同坐于屋内，屋内的画面为上方有垂下的帷幔，梁高行正端坐于室内，面对使者送来的黄金，这位女性右手执镜，左手持刀，正要割去自己的鼻子。而其身后的家仆和室外的使者面对这一令人惊愕的行为皆不约而同地做出举手制止的动作，画面停留在这一故事的高潮阶段，悲剧性的一幕马上要发生，所有人吃惊地看着梁高行，只有停靠在屋外的君王马车处于静态，君王尚不知屋内发生的事件。这件作品将室内的悲剧性情节和高潮性场景与稳定平缓的室外场景形成的剧烈对比结合表现了出来。和四川画像石一样，汉代画像艺术是善于表现故事的关键性情节的集大成艺术。

在墙壁的第二层画像序列中，描述了包括义士、孝子、忠仆等故事，值得注意的是，这些故事集合和墙壁上层的列女故事集合最主要的区别不在于其故事内容，而是在于其性别差异，第二层故事全部以男性为主角。这些故事中著名的有曾子孝母、闵子骞卢衣顺母、老莱子孝亲、曹沫劫持齐桓公、荆轲刺秦王、要离刺庆忌等。这些图像均善于表现文学作品中的高潮部分，绘画中重视通过道具对人物身份、所处环境和内心世界的表现，并且巧妙地利用图像特有的视觉功能，描述文学作品所无法传达的场面。

图 4-56　博物馆展览中富有创意的武梁祠图像动画展示

武梁祠画像石艺术反映出设计者依据

典故和图像进行整体艺术设计，借用公共艺术题材内容来反映个人视角的思想观念。整个石祠从“天顶”象征天意的祥瑞图像到山墙的神仙世界，再到宏大的、选题富有思想性的历史人物肖像和故事画，突显出了设计者宏大而系统的世界观。作者试图借图像的从“天”至“地”，谈论其对世界的过往和其所处的时代的见解。尤其其中的墙壁绘画，强调历史顺序和典故寓意，从一代代帝王到紧随其后的列女、义士，通过“殿堂”中呈现的人物图像，作者的道德观念得到了总结。例如对夏朝开、亡国之君的特写似乎正反映了作者对东汉末年政局极度混乱、国将不国的情况的担忧和对朝政的失望。

（二）孝堂山郭氏墓石祠

孝堂山郭氏墓石祠[①]也称孝堂山石祠，位于山东省济南市长清区西南25公里的孝里镇孝堂山上，是一座墓地石祠，相传为东汉时期孝子郭巨墓前的祠堂。郭氏墓未发掘，因此目前尚不知该墓葬的整体结构，其墓前石祠以完整的建筑形制和丰富的画像石而闻名。画像石祠在东汉时期的山东颇为流行，著名的嘉祥武氏祠中的武梁祠画像石原即属于武梁祠，但武梁祠在清代金石学家黄易发现时建筑结构已毁，所余石祠画像石散落于遗迹的地面。孝堂山郭氏墓石祠是现存唯一一座保存完整的汉代地面房屋建筑，它不仅是研究汉代墓葬的重要文物，也是研究分析我国古代建筑的重要依据。不同于四川乐山崖墓开凿在石壁中的家族祠堂，山东地区的石祠是建筑在平地之上的单独房屋，与墓室在结构上分离，其结构具有一定的闭合性，内部的画像石组成了一组较为完整的、具有强烈空间性的整体艺术。

孝堂山石祠（图4-57）是一座单檐悬山顶建筑，南向，平面呈长方形，东西宽约3.8米，南北深约2.1米，石祠前面正中有一八角石柱，石柱和石祠后墙承有三角石隔梁，石隔梁将建筑内部空间分为东西两部，室内北部有东西向的石台，原应是用来供奉祖先牌位的祭台。石祠顶为双坡顶，东西山墙和坡顶夹角紧密契合，石祠墙厚20厘米左右，由石块砌筑而成，石刻画像就刻画在内墙壁上。由于石祠所用石板厚重，屋顶重达20吨，故建造者在屋前檐

---

① 罗哲文，孝堂山郭氏墓石祠[J]，文物，1961（Z1）：44-51。

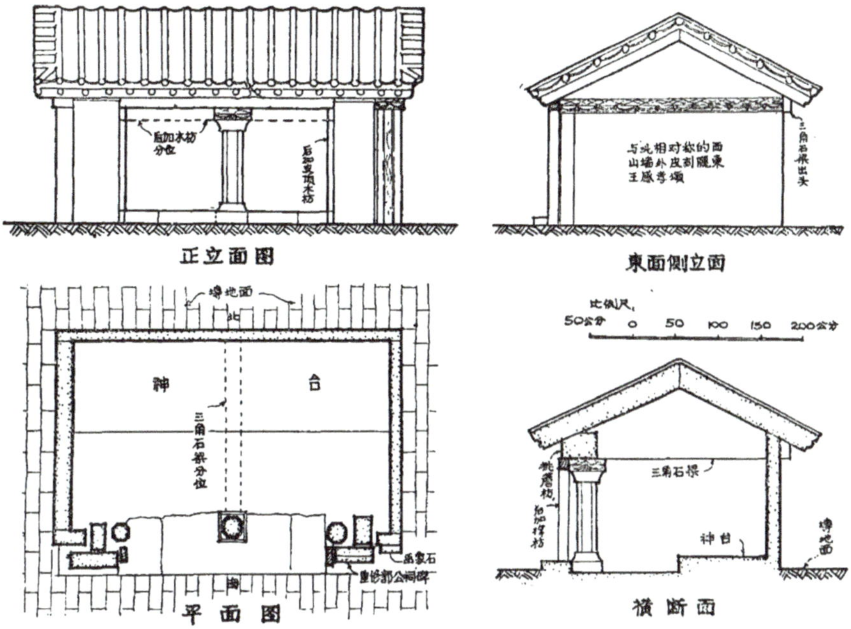

图 4-57　石祠测绘图

设计了三根石柱，分别位于正中和东西端。正中石柱即八角石柱，该柱甚为粗壮，石柱上下端皆有石斗，柱和斗由整块巨石凿刻而成，该石柱和后墙共同顶起三角石隔梁，石隔梁又顶起屋顶中部，从而使宽度近 5 米的重大屋顶不至于因中心没有支点而坍塌。可见东汉时期山东地区的石祠建造已经颇为成熟，应已规模化、产业化。

画像石刻分布于室内东、西、北壁和东西壁的山墙上，内容包括历史故事、车马出行图、宴乐图、百戏图、战争、狩猎、庭院、庖厨等，山墙上端三角形壁和三角石隔梁两面画像皆表现仙界形象，可识别的有西王母、伏羲、女娲、雷神等神仙形象，以及星宿、日、月、蟾蜍、玉兔等天体和神兽图像。庭院图位于祠堂北墙正中，三层楼阁占据了北墙中段的整面墙壁；而车马出行图环列于东、西、北三壁上，形成了连续的图像；其他人间图像分列于三壁各部。上层的天界或仙界和下层的人间以祠堂室内空间为载体，形成一座具有天、地象征性的空间艺术品。

郭氏墓石祠画像的布局和武梁祠有着高度的相似性，但据考证，其建造时间应在东汉前期，可见这种石祠艺术在山东地区应有过一段较为漫长的繁荣时期。它们和山东地区其他的石祠画像石艺术一起成为研究汉代遗址美术空间性的重要材料。

（三）朱鲔石室

朱鲔石室是一座东汉墓葬的墓前石祠[①]，原位于山东省金乡县西三李庄村东，也有称位于李楼村的，根据考证，这两村实际紧密相连，只有一路相隔，现已基本连为一体[②]，两村在当地俗称“石屋李村”或“石屋李楼”，可能与朱鲔石室曾位于此有关。1934 年美国学者费慰梅考察时，该石室已经拆除，当时的墓葬遗址尚存，为洞室墓，但墓室已外露，保存状况并不理想，墓室在石祠原位之北，与石祠皆面南（图 4-58）。时至今日，朱鲔石祠和其墓葬皆已不存，只留有部分墓室石材和石祠画像，所余石祠画像 17 块现存于山东省石刻艺术博物馆内。

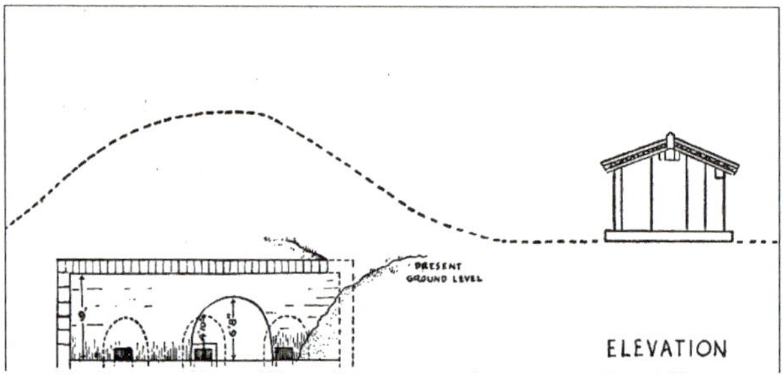

图 4-58　费慰梅绘石室与墓室关系图

2015 年发表的考古报告中，学者们根据实地调研和残存石祠画像石的研究对朱鲔石室进行了复原，石室残存画像石表面的图像磨损虽较为严重，且石板数量不全，不少石板还有断缺，但经过复原的朱鲔石室仍表现出强烈的一体性，其绘画形式高度统一，内容主题纯粹，反映了东汉晚期墓葬石祠的艺术内涵和高度。

由于原石室面南，所以石室内的绘画以东、西、北三面墙壁内容为主，三面墙壁的绘画和仿木构建筑的高浮雕互相组合，形成了一幅内容统一而立体、结构上象征了生人居住的木制建筑的整体艺术品。三面墙壁的绘画内容有一定的相似度，均是以占据面积较大的各墙的主壁表现具有透视特征和立体感的宴会图，并在构图上高度统一。

---

① 蒋英炬、杨爱国、蒋群，朱鲔石室[M]，北京：文物出版社，2015 年。

② 同上，第 9 页。

图 4-59　西壁画像石下方（拓片）

值得注意的是，朱鲔石室并未像山东地区的其他墓祠石室那样细致地区分壁画空间上下层的内容，而是在除仿木构浮雕外的所有壁画中均表现了宴会场景，每组宴会图又分为构图对称的两部分，在三面墙上形成三组立体空间，空间内各部分由向画面竖向中轴线内缩的两排对立屏风和屏风之间的案几、杯盘、食物等器物，站立或端坐于屏风内外的人物组成，表现的是人物众多、器物繁盛的热烈的宴会活动，其中的人物造型洗练，器物结构感强烈。人物画以标号为第十四幅的画像为典型（图 4-59），该画像很好地反映了朱鲔石室对空间前后人物的大小对比关系的表现，说明东汉晚期绘画艺术中表现透视现象、空间立体感相较于东汉中期以前的进步，画像中立于屏风前的是一位戴武士冠的勇士形象，该冠造型特殊，形似冕。据研究，这是一种称为“樊哙冠”的冠帽，《后汉书·舆服下》载“樊哙冠，汉将樊哙造次所冠，以入项羽军。广九寸，高七寸，前后出各四寸，制似冕。司马殿门大难卫士服之”，说明该人物应为一位具有一定地位的贵族武士。在其站立的屏风后，有四人站立做交谈状，象征了墓主人的家仆，这四人和屏风前武士的大小差异准确地反映了宴会的空间深度，相比于画像石内容平面化的武梁祠壁画，这些图像说明了朱鲔石室作者对空间的高超理解和表现力。器物以标记为第十三幅的画像为典型，占据画面大部的斜向的案几桌面上摆放着大漆盘、漆耳杯、漆碗，在画面下方（案几前方）有一小几，几上有一鸭首承盘，盘内有樽，樽内有勺，这一酒器和对称的第十四幅画像内前景中的盂呼应，这两件大型器物左右对称，形成了宴会中的酒器，一方面反映了宴会的规格，另一方面反映了壁画空间强烈的对称感。除去宴会主题的壁画外，该墓室的仿木构建筑的浮雕立面上还表现了大量的装饰纹样，包括卷云纹、瑞草纹等，并在立柱浮雕表面刻画了东王公、羽人、鹿等仙人瑞兽。

图 4-60 西壁画像分布图

墓祠在汉代也被称为“食堂”“享堂”，是所谓的“鬼神所在，祭祀之处”①，因此，充满宴会场景的石祠象征的应是潜在的墓主人灵魂在这里长久地接受子孙和前来吊唁者的祭祀，是解释墓祠以“食堂”为名的实物依据。整体而言，朱鲔石室不仅内容在汉代石祠中少见，其刻画流利、以阴线刻法表现了富有写实性和现场感的宴会场景也反映了东汉晚期绘画艺术的高速发展。综上，该石室的画像内容是以丰富而宏大的宴会场景和汉代流行的仙界图像相结合，并以宴会图为主题（图 4-60）的整体艺术。

（四）乐舞杂技陶俑群

乐舞杂技陶俑群陶塑（图 4-61）1969 年出土于山东省济南市的无影山汉墓，是一件表现宴乐场景的雕塑，这件文物在起初的学术文章中被称为“乐舞、杂技、宴饮陶俑”，此后才逐渐被定名为“乐舞杂技陶俑群”。后来的作品名字反映出学界对其作为一个群体陶俑雕塑的整体性定义，而起初的名字则更直接地反映了群雕的具体内容。

所以我们不妨在扼要地陈述该文物的基本信息后，将该雕塑群先分为几个拥有同一主题的内容解读，之后再来联系主题与主题之间的关系，观察这件艺术品所要表现的场景和意涵。这是一件彩陶作品，上面的颜色虽有部分脱落，但其主要的色彩至今仍鲜艳，其中赭红色、白色和黑色是雕塑中最主要的颜色。陶塑以一个较为平整的，长 67 厘米、宽 47.5 厘米的陶盘为底座，底座上承托了 21 个人物形象，这些人的姿态衣着均反映出其特殊的身份，人物形象特征鲜明，除去人物外，托盘上还塑有多件器物，它们都是进行相关的宴乐活动的道具，如钟、鼓、琴。②21 个陶俑被分为几组分别进行不同的表

① 黄晖，论衡校释[M]，北京：中华书局，1990 年，第 972 页。
② 王力，中国古代文化常识（插图修订第 4 版）[M]，北京：北京联合出版公司，2014 年，第 223 页。

图 4-61　乐舞杂技陶俑群

演，表演主要有杂技、舞蹈、奏唱。杂技由四人完成，其中两人做面对面倒立动作，他们穿着一致，皆为白衣大褂，双腿相互探及，眼神互相对视，似乎在观察对方动作以与之保持一致，两件雕塑具有强烈的对称性和统一性；杂技队伍中的另外两人位于表演倒立者的后方，其中一人亦做倒立的动作，但是幅度更大，双脚已探及自己的头部，而该人物的右侧，表现的是一个正在表演反弓动作（现代俗称该动作为“下腰”）的赤膊、肤色深红的杂技演员。这四人组成的杂技团反映出西汉早期的艺术已可以普遍地表现一些复杂的人体动作，且能保持身体比例的基本准确。和杂技团将陶盘的“前台”一分为二的是舞蹈队伍，这里有三位舞者正在表演，三位舞者皆站立，穿长袖交领衣，其衣袖之长反映出这些衣服并非日常所穿衣物，而是特制的舞蹈服，其所表演的舞蹈应是汉代已非常流行的袖舞——一种以长袖为主要道具进行表现的舞蹈。这种长袖舞在古代文献中经常被提到，也可以在很多汉代壁画中看到，表演者往往身着纹彩华丽的衣服，动作舒展而跃动，《西京杂记》即称汉高祖宠幸的戚夫人“善为翘袖折腰之舞”，所说的舞蹈应与袖舞有关。但根据这件陶俑的内容可知，汉代的袖舞似乎并非女性专属，而有男女共舞的形式，陶俑中着赭红色花纹白衣的舞者为男性，而其侧前方着白点花纹赭红色衣者为女性。奏唱队伍分为演唱和奏乐两部分，其中的演唱者在汉代被称为讴员，即进行大合唱的歌手，也有认为这些人物并非演唱者而是宴会宾客的，但是这种解释似乎不甚合理，因为宾客不必对杂技和舞蹈者做袖手礼，而讴员演唱某种较为庄重宏大的歌曲时做袖手礼显然更为合理。讴员共有七人，其中三人着黑衣排为一列，四人着白衣或褐衣排为一列，两列队伍在陶盘两侧遥相对望，组成了演唱队伍，制作者在对这些歌手的表情进行表现时可能对这种歌唱场景有着较为深入仔细的观察，讴员的表情多为瞠目而望，眼瞳被表现得较大，似乎进入一种讴歌时的出神状态，再根据他们的衣着和神情、姿势，可以感到其所演唱的歌曲具有较为严肃、庄重的气氛，可见其写实水平之高超。奏乐者共有七人，其中一人击建鼓、一人击钟、二人吹竽、一人弹瑟、一人击小鼓、一人击编鼓。在这些乐器中，建鼓和钟是主要的打击乐器，而竽是唯一的吹奏乐器，瑟是唯一的弹奏乐器，编鼓一般用以表现较为细腻的鼓点节奏，而小鼓则可以表现复杂的鼓乐或进行伴奏。乐器的演奏不可谓不丰，在这些乐器的配合和讴员的合唱下，舞者翩翩起舞，杂技队伍表演着精彩的绝技，21 个人物陶俑和多种器物共同组成了一台宴乐的现场。

作为一件整体艺术品，舞蹈、杂技、奏、唱活动虽各有千秋，却按照一定的布局塑造于陶盘上，这种布局的空间方位反映出一种更为立体和抽象的美术理念，即依靠陶俑之间的空间关系来呈现的宴乐现场。在空间关系下，陶俑们所形成的现场拥有一个理想的“正面”视角，即当观者位于杂技、舞蹈者陶俑所处一侧时的视角时，杂技、舞蹈队伍不会被其他陶俑遮挡，而所有奏乐者和歌唱者皆正对或侧对观者，而在以陶盘其他侧面为“正”的视角下，总有一部分陶俑是背朝观者的。在“正面”视角下，奏、唱队伍的 14 人被塑造于陶盘的边缘上，奏乐者位于“正面”视角后方，歌唱者位于“正面”视角两侧，而进行舞蹈和杂技的人物则位于陶盘的前方，将奏乐者遮挡在其身后。这样的场景形成了一个对称而有纵深感的空间，支撑这种对称关系的最明显结构即是陶盘左右的两列讴员，他们不仅“面面相觑”，而且在衣着上有明显的对仗关系，一侧为白衣和褐衣，一侧为黑衣红带，对比之下，两个队列显示出一亮一暗、一黑一白的对比关系。如果观者仔细对比还能够发现这些讴员的造型相对较大，和奏乐、舞蹈、杂技人员相比，此七人更加壮硕，衣袖也更加宽大，冠帽端正。他们的造型和衣着色调形成了场景中严肃的秩序感，为跃动的前景确立了一个稳定的基调。在正面视角下，这些分列左右的讴员建立起来的空间使观者的视角集中在空间的内部，在这一空间中还存在着一些细节上的对仗，如两位袖舞舞者的衣着为白底赭色花纹和赭底白色花纹，二人衣物的花纹造型虽不同，但用色却互为对仗，正好与两位舞者的性别差异相呼应，难免让人联想到汉代对阴阳调和理念的重视。这种细节的对比关系可以进一步加深观者对空间的阅读，从而将现场的意义升华。此外，值得注意的是，这一场景中并未出现墓主人的形象，即所谓的主要观者，也未出现典型的贵族形象与这一表演现场建立观与演的闭合空间。因此，观者在这一空间看上去是缺席的，但墓葬中的器物作为明器，并不为制作者或墓主人的家属所用，它并不是一件用来为生人提供观看的艺术品，而是为墓主人的墓室空间制作的“组件”，因此，观者的缺席似乎正是反映了一种第一视角下的空间，暗示了一种进行中的现场感。墓葬艺术的整体性在汉代的丧葬礼仪美术中正是以这种惯用的对墓主人形象的“缺席”和墓主人概念的“在场”来反映的。

（五）绿釉陶楼

绿釉陶楼（图 4-62）1956 年出土于山东高唐县固河镇，是一件东汉陶塑，由于汉人“事死如事生”的丧葬理念，汉代上至帝王、官吏，下至平民百姓，在治丧时都有陪葬象征生活方方面面的明器的习惯。在这些明器中，代表地下家园中的建筑物的陶楼（也称陶院楼）就是汉代常见明器的一种，尤其在东汉贵族地位上升、大庄园林立的时期，陶楼更作为地方贵族地产财富的象征物而被普遍葬入墓室中。

图 4-62　绿釉陶楼

建筑中的“楼”在战国时期即已出现，属于井干式建筑，这种建筑发展至西汉虽已相对成熟，但仍以井干式为主，《汉书·郊祀志》说“立神明台井干楼高五十丈”，张衡《西京赋》则说“井干叠而百层”，所说的楼皆为井干式建筑，这种建筑是木材叠垒而成，因此结构变化较少，且非常耗费木料。及至东汉，斗拱这一重要的木建筑构件被广泛地应用于楼的建造，井干式建筑才开始退出历史舞台。斗拱最早可以追溯到西周初期，它的基础模型是一个形状类似倒置的梯形结构，由于其形状与古代盛粮食的器具斗很相似，因而用“斗”来命名。建筑中的“斗”一般坐落在柱的顶端，斗的顶部开有凹槽，拱就楔在这凹槽中，拱的基础造型是一种“弓”形的短横梁，其两头可以托起上方建筑，也称为弓形短木梁，由于其弧形结构而简称“拱”。由于斗拱是一个变化类型极为丰富的部件，所以它既可以大幅度地丰富建筑各个结构之间的组合方式、丰富建筑的功能，又可以将各个建筑部件组合在一起时的力分散到多个方向，减少建筑物受到的单方向的力，提高建筑中柱、梁等各部件的牢固性。将斗拱使用在楼的建造中会使高楼的稳固性和美感都得到增强。因此当斗拱出现后，东汉的楼就建得颇为高耸而美观。东汉的楼还常常会在建筑的柱子之间增加一条横方，横方即是从柱子上方横出的方木，可以用来放置斗拱，即穿斗式（也可以是抬梁式，即在横梁上再设置横梁）。从目前的各类汉代绘画、雕塑、文字记载可以发现，东汉的楼类型颇多，当时的人们不仅在住宅中广起高楼，还在城门上建有“谯楼”、仓储有“仓楼”、市场有“市楼”（即旗亭楼或鼓楼），还有高耸的用于瞭望的望楼，这种望楼在东汉墓室壁画中可以看到，如河北安平逯家庄壁画墓中就有一幅绘有望楼的城镇图，还有具有军事作用的“碉楼”，在佛教传入后，更因为“楼”与“塔”的结构相似性，一些楼还作为宗教建筑，出现了“楼阁式佛塔”。东汉这些丰富的楼的功能与楼对斗拱、横方的应用均有关。

这件山东东汉墓葬出土的绿釉陶楼表现的就是一件有斗拱的多层楼阁，这种白色陶楼半施绿釉是东汉陶楼典型的特征，陶楼通高 144 厘米，中空，从陶楼的结构可以看出这是一件典型的住宅高楼建筑，共分四层，顶层高度较低，长度、宽度较窄。第一层和第三层高度相当，属于四层中高度最大的两层，第二层高度较一、三层低，宽度和一、三层相当。陶楼每层正面皆有镂空花纹装饰的大花窗，三、四层的侧面也开有花窗，每层皆有护栏，可供楼中人在屋外观景，楼上斗拱是单檐一斗三升式斗拱。所谓一斗三升即在一个斗上设置一个横拱，拱上再置三个较小的斗的组合，这种较小的斗即称为升。这种斗拱的主要作用就是传导荷载，是汉代较为流行的斗拱形式，也是斗拱的早期形式。陶楼对真实建筑的细节再现可谓严谨，在顶楼（四层）的护栏下方还有一个没有“昂”（托起斗拱的类三角形横木）的一斗三升式斗拱，这是由于顶楼坐落在三层楼顶的“正脊”之上，因此在三层楼的屋顶上又增加了斗拱以加固这层顶楼。而楼的每层又皆用汉代流行的庑殿顶，其中三层和顶层皆可见屋顶的正脊，一层的入口处还塑有斜坡踏步，其仿真性不可谓不高。[①] 整件陶楼釉色变化自然，结构线条清晰笔直，良好地再现了建筑物造型上的整肃感，各结构之间比例关系协调，细节塑造精致，耐人寻味，也佐证了汉人陶塑艺术的高度成熟。

（六）孔望山汉代摩崖造像

孔望山位于江苏省连云港市海州锦屏山东北，相传孔子曾登此山而望东海，故而得名。孔望山汉代摩崖造像（图 4-63）位于山的南麓最西端，造像依山壁雕成，刻在东西长 17 米、高 8 米的山崖上，现存可识别并已被考古工作者编号的造像共 105 个。在造像群附近有三件圆雕，其东 70 米有一石象，其南 150 米有一石蟾蜍，还有一件被称为馒头石的顶部有人工凿刻的槽的巨石。[②]

在孔望山 105 件造像中，有不少图像表现出佛教造像的特征，也有一些图像被认为是汉代道教的造像，还有一些难以识别身份特征的图像。又由于孔望山的造像没有相关的文献提供的直接性材料支撑，而摩崖造像的题字也颇为有限，使得孔望山造像主题的确立变得颇为困难。

孔望山造像的内容引起学界重视是在 20 世纪 50 年代，“1980 年史树青先生到连云港考察，首次指出其中含有佛教内容，1981 年俞伟超、信立祥等人……确

图 4-63　摩崖造像实测图

① 王力，中国古代文化常识（插图修订第 4 版）[M]，北京：北京联合出版公司，2014 年，第 171 页。

② 连云港市博物馆，连云港市孔望山摩崖造像调查报告 [J]，文物，1981（07）：1。

定其汉代的时段和佛教、道教的属性”[1]。然而关于孔望山造像的内容主题究竟为何，至今仍众说纷纭，目前学界的观点大致分为两种，一种认为造像主题是佛教的，另一种则认为其造像主题是道教的。由于孔望山所处地区是汉代道教著名的东海庙所在区域，所以早有学者认为该造像是“东汉桓灵之时的道教寺院——‘东海庙’祭坛上供奉的神像及其附属建筑的雕刻”，在众多对孔望山摩崖造像的解读中，李淞先生的解释颇为清晰，认为其主题“佛教的倾向十分明确”，但也并不全然推翻其中造像可能和道教相关的内容，而认为“很难想象，在一片近乎百计的佛像、佛弟子、胡人的包围之中，只有两件人物身着汉装，我们却只能、仅能从道教的角度去理解这个整体”。值得注意的是，虽然孔望山造像的内容主题尚无定论，但其中的图像却反映了汉代佛教进入中原时的部分情况，也在一定程度上反映了汉代宗教石刻造像的美术特征，下面对其中部分较具代表性的造像进行分别介绍。

图 4-64　X2 石刻（左）和 X71 石刻（右）拓片

孔望山 X2 石刻（图 4-64）表现的应是立佛像，造像人物头部有肉髻状突起，右手似施无畏手印，左手执裙角，表现出与犍陀罗或马吐罗佛像类似的特征。但造像的雕刻手法颇简率，并且其他与此造像类似的图像中有佛像的头顶为发髻，和汉代画像中表现普通男性的造型相似。

图 4-65　X73—X75 石刻拓片

孔望山 X71 石刻（图 4-64）同为具有佛教造像符号的图像，其手部特征已难识别，但头部似戴冠，系腰带，且头部有背光。

孔望山 X73—X75（图 4-65）

① 李淞，神圣图像：李淞中国美术史文集[M]，北京：人民出版社，2016 年，第 27 页。

图 4-66　石象

图 4-67　石蟾蜍

是孔望山造像中较为著名的一件，刻画了三个人物，三人均以侧脸表现，其中左侧的人物头顶为肉髻，穿长袍，长袖，做起舞状，中间一位手持莲花的人物正向其介绍位于画面右侧席坐的老者，这一图像颇为生动，却反映出刻像者似乎并不清楚肉髻的功能，巫鸿认为刻工们只是把佛教中只有佛陀才有的肉髻“看成某种其他的发型或冠式”。

石象（图 4-66）是用一整块花岗岩以汉代典型的循石造像手法雕成，石象长 480 厘米、背宽 350 厘米、通高 260 厘米，在象身的东侧以阴线刻有一个高 1 米余、宽 0.62 米的方框，内有隶书“石象”二字，刻字与象腿之间还有一个浅浮雕“象奴”形象，高 92 厘米。石象体形圆鼓，造像浑圆有力，由于是整石雕出，因此其体形显得颇为壮硕，刻工仔细地表现出了大象五官的细节特征，刻出了大象的睫毛，象耳的纹理和薄膜的质感也被努力地表现了出来，象牙横向朝向鼻梁，被象嘴回卷包裹着，象鼻靠近象牙的部位满是褶皱，形象地表现出了大象的体貌特征。象在汉代是典型的祥瑞图像，很可能是作为祥瑞塑造于孔望山的。

石蟾蜍（图 4-67）在雕刻细节上稍逊于石象，但其体态却颇为写实，蟾蜍被突雕于一块较平坦的巨石之上，工匠表现了蟾蜍正趴在石上的状态，值得注意的细节是蟾蜍背部的颗粒状皮肤和宽阔的脚蹼被较为形象地刻画了出来，反映出汉代石刻寓细节于整体的艺术造诣。蟾蜍在汉代被称为“月精”，是汉代美术中颇为常见的瑞兽，其在孔望山中的功能应与石象类似。

综上，孔望山造像反映了汉代石刻表现佛教形象的情况，是考察佛教进入汉王朝视野后初被人们认知时其发展状态的重要依据，也是考察汉代雕刻艺术的重要文物。

（七）孔庙三碑

“孔庙三碑”即乙瑛碑、礼器碑、史晨碑[①]的合称，它们是东汉碑刻中的精品，由于三座石碑皆立于山东省曲阜市的孔庙内，故又被称作“孔庙三碑”。

乙瑛碑建于东汉永兴元年（公元 153 年），是一座方首碑，碑高 198 厘米，宽 91.5 厘米，厚 22 厘米，无碑额，碑文共 18 行，每行 40 字，记录了东汉时鲁相乙瑛上书请求为孔庙设置百十卒，使一人来掌管孔庙的礼器、祭祀等事。该碑是汉隶成熟时期的典型作品，其书风严谨，结字特点是行笔内敛，多回峰、藏峰，转折处较为圆和不露圭角，整体气质温雅端重，寓庄重于朴素。

史晨碑因碑前后两面皆刻字，故又称为“史晨前后碑”。其碑阳又名为“鲁相史晨奏祀孔子庙碑”，刊刻于东汉建宁二年（公元 169 年）；碑阴又名“鲁相史成飨孔子庙碑”，刊刻于东汉建宁元年（公元 168 年）。碑身高 173.5 厘米，宽 85 厘米，厚 23.5 厘米，为圜首碑，有碑额，额高 34 厘米，但无刻字。碑文的内容记述了史晨到任后谒拜、整修孔庙等事迹，是一件记事表功的碑刻，对于研究汉代社会文化、礼仪风俗等具有重要意义。该碑刻的书风同样属于东汉后期汉隶进入成熟期后的风格，其特征是结体疏密均衡，行笔注重内部张力，不露圭角，起笔、收笔尚圆而不尚方，这也是乙瑛碑和史晨碑皆具的行笔特征。

礼器碑（图 4-68）刊刻于东汉永寿二年（公元 156 年），不同于乙瑛碑和史晨碑的是该碑四面皆刻文字，文字皆为隶书。碑文记述了鲁相韩敕优免孔子舅族颜氏和妻族亓官氏邑中徭发、造作孔庙礼器、修饰孔子宅庙、制作两车的功绩，其功能和史晨、乙瑛二碑相似。碑额高 45 厘米，圜首。碑身高 173 厘米，宽 78.5 厘米，厚 20 厘米。碑文 13 行，每行最多计 36 字，只有第 8 行有一高出的“皇”字。碑阴及碑两侧皆有题名。其中除碑阳大部为记事外，碑阳末尾和碑阴、碑侧皆为施资建造礼器者的记名和捐钱数目。因此该碑除书法的研究价值之外，还是古代人文、经济等领域研究的宝贵资料，并对研究古代功德、记事碑刻的布局结构，刊刻书写习惯具有重要的价值。

礼器碑的书风在孔庙三碑中最为特别，其成就亦颇高，其书法不同于史

---

① 三碑信息均来自曲阜汉魏碑刻陈列馆官方网址。

晨碑和乙瑛碑的温稳，行笔较为瘦劲，长波尾部尖挑，捺脚粗壮而斜，行笔轻重变化对比强烈，庄重之中富有奇巧，秩序之中富于变化，被历代金石收藏家、书法家奉为汉隶书之典范。

图 4-68　礼器碑拓片

图 4-69　张迁碑拓片

（八）张迁碑

张迁碑（图 4-69）又名“张迁表颂”，全称“汉故谷城长荡阴令张君表颂”，是东汉晚期佚名书法家书丹、碑刻家孙兴刻石的一件以隶书行文的碑刻。此碑于东汉中平三年（公元 186 年）刻立，明代初年出土，现收藏于山东泰山岱庙碑廊。[①] 张迁碑是东汉隶书成熟时期的作品，其书法造诣颇高，自出土以来，为历代金石、书法家所推崇。在众多的汉代碑刻中，此碑以古朴、厚重、典雅的书风取胜，字里行间流露出率真之意，具有朴质的书风，格调峻实稳重，堪称古代书法中的神品。它起笔方折宽厚，转角方圆兼备，运笔遒劲而曲折有力，落笔稳健，因此又可谓汉隶方笔系统的代表作。[②]

---

① 贺云翱，中华国宝图典[M]，济南：山东画报出版社，2014 年，第 443 页。

② 潘善助、杨嘉麟，书法鉴赏（第二版）[M]，上海：上海人民美术出版社，2014 年，第 28 页。

（九）连弧纹、蟠螭纹铜镜，龙虎人物画像镜

华东地区以徐州出土的汉代青铜镜最为丰富，徐州作为汉高祖刘邦的故里，在汉代拥有特殊的地位，这里的文化艺术发展颇为成熟，也是我国考古发掘中汉代文物出土较多、较精美的地区。铜镜作为汉墓中常见的陪葬品，在徐州汉墓中多有出土，这种汉代贵族普遍使用的梳妆用品在一定程度上反映了汉人的文化和艺术。

西汉连弧纹日光镜（图 4-70），徐州东洞山汉墓出土，直径 17.5 厘米。[①]其背面中心为半球形纽，连珠纹纽座，纽座外廓为突弦纹，再外有八个连弧纹组成的日光纹饰带，纹饰带外为突弦纹，再外有铭文“间日之光，天下大明，乐未央，千秋万岁勿相忘，时来何伤，宜王”，“间日之光”与纽座外的连弧纹饰带相呼应，故名“日光镜”。据说该铜镜在阳光照射下可以将背面文字投射到墙面等可成像的基面上[②]，但事实上许多古代铜镜皆有此功能，这些铜镜是反映古人对光学的了解的重要文物，这种“日光镜”还在多地发现，各地出土的日光镜除背面典型的连弧纹和铭文“间日之光”外尚有纹饰和铭文的变动。日光镜是汉镜中的一大类型，应是当时流行的一种寓意吉祥的器物。

与西汉连弧纹日光镜纹饰相似的还有连弧纹昭明镜，二镜纹饰只有细微差异，铭文则完全不同，由于镜背有“内清质以昭明”等含“昭明”二字的铭文而得名昭明镜。这类型镜亦藏于徐州博物馆。可见汉代的铜镜有非常成熟的模铸制造工艺和形式系统。

西汉蟠螭纹铜镜（图 4-71）为徐州小猪山汉墓出土，镜背为桥形纽（即有穿孔、可系带的纽），直径 16.2 厘米，厚 0.6 厘米，重 311.8 克。[③]其镜背纹饰带内区有铭文，铭文设计巧妙，围绕着方形的类似纽座外廓的纹饰带铭刻，内容为“大乐富贵得所好，千秋万岁，延年益寿”，这类铭文是汉代铜镜上习见的吉祥语，该镜最引人注目的是其精美而具有几何秩序感的花纹，花纹外区以云雷纹为底纹，由四组蟠螭纹交织组合而成，这些蟠螭纹抽象而富有构

---

① 仇文华，徐州博物馆藏汉代铭文铜镜选介及研究[J]，文物天地，2022（11）：46-50。
② 周倩，浅析徐州博物馆馆藏铜镜[J]，文物鉴定与鉴赏，2019（10）：30-31。
③ 同①。

图 4-70　连弧纹日光镜

图 4-71　蟠螭纹铜镜

图 4-72　龙虎人物画像镜

成感，将动感和秩序感统一在一起，形式华美而不失庄重。

东汉龙虎人物画像镜（图 4-72），藏于徐州博物馆，直径 14 厘米，厚 0.42 厘米，重 297 克，其镜缘为斜坡式（即镜缘具有一定倾斜度），球形纽，外区有二周弦纹、一周辐线纹，中间一周有铭文，铭文为“尚方作镜真大巧，上有仙人不知兮”，内区有四颗乳钉，每两颗乳钉之间绘有一组形象，形成四个不同的主题，上方为“应龙”（有翼的飞龙），下方为“东王公、西王母”，左侧为马车，右侧为羽人，这些图像组合在一起，反映的是典型的汉代升仙思想。[①] 类似徐州出土的这种画有神仙瑞兽等仙界图像的铜镜也属汉镜中常见的类型。

（十）西汉金兽

1982 年，江苏省盱眙县发现一处汉代窖藏，出土了 38 件文物，其中有黄金铸币 36 件（“郢爰”金版 11 块、金饼 25 块），青铜壶（陈璋圆壶）1 件，金兽（目前我国文物中重量最大的金器）1 件，这就是当时引起学界轰动的南窑庄窖藏。[②] 这些器物制作精良、艺术水平高、历史价值大，是颇具研究价值的文物。

据考证，这些文物中只有金兽和金饼属于秦汉交际时期，其中金兽等文物为战国时期铸造，根据文物最晚的年份，秦汉交际时期盱眙是项羽尊楚怀王为义帝的建都地，并且在盱眙附近的东阳曾爆发过陈婴响应陈胜吴广起义的战争，这批文物被集体埋入窖藏很可能与当时盱眙周边频仍的战事有关，其中的大量从战国至秦汉铸成的黄金也与古人将贵重财产窖藏的习惯

① 仇文华，徐州博物馆藏汉代铭文铜镜选介及研究[J]，文物天地，2022（11）：46-50。

② 姚迁，江苏盱眙南窑庄楚汉文物窖藏[J]，文物，1982（11）：5-12。

图 4-73 西汉金兽

相符合。①

目前，学界普遍认为南窑庄窖藏出土文物证实为战国齐、燕战争的重要文物，因为其中的铜壶很可能就是齐伐燕时齐国名将陈璋所有，故称陈璋圆壶。②

西汉金兽（图 4-73）现藏于南京博物院，是南京博物院十大镇馆之宝之一。该金兽通高 10.2 厘米，身长 16 厘米，身宽 17.8 厘米，重达 9100 克，含金量达 99%，是迄今我国出土文物中最大最重的金器。金兽空腹，内部腔壁上刻有小篆“黄六”二字，这二字铭文是学界普遍认为该器物为西汉前期作品的主要考证依据。金兽厚壁，浇铸成形，呈豹形蜷伏状，豹头枕伏于前腿之上，颈部戴有三层项圈，头顶有一环纽，通体锤饰圆形斑纹，这种制造办法至今仍为孤例。这件金兽在原考古报告中被认为是陈璋圆壶的器盖③，但经过论证，学界普遍认为金兽并非器盖④，而应另有其他功能，但对于其具体功能，学界目前尚无明确公允的结论。

① 黄盛璋，盱眙新出铜器、金器及相关问题考辨[J]，文物，1984（10）：59-64。

② 这件战国铜壶的定名很多，原考古报告将其称作错金银梅花钉饰虬龙套铜壶，是根据其外有一层以 48 条长龙形梅花钉相连接的铜丝网、错金银镶嵌宝石的特殊结构造型定名的，原文参见姚迁，江苏盱眙南窑庄楚汉文物窖藏[J]，文物，1982（11）：5-12。也称重金壶、廿二壶等，是根据铭文而定。周晓陆在 1988 年发表的一篇文章中将这件青铜壶称作陈璋圆壶，主要原因是作者发现这件铜壶圈足上的铭文和现藏于美国宾夕法尼亚大学博物馆的“陈璋方壶”下部的铭文为同一篇文章，从而认为两件器物原是一对，是反映战国时期齐宣王五年伐燕这件史事的重要文物。铜器铭文中的陈璋即齐国名将田璋，也称章子。详见周晓陆，盱眙所出重金络𦉜・陈璋圆壶读考[J]，考古，1988（03）：258-263。

③ 姚迁，江苏盱眙南窑庄楚汉文物窖藏[J]，文物，1982（11）：5-12。

④ 吴蒙，盱眙南窑铜壶小议[J]，文物，1982（11）：13-14。

第五章

华北地区遗址美术

第一节　精品连连：华北地区墓葬遗址美术

华北地区的汉代墓葬遗址美术以河北最丰，并且北京、内蒙古皆发现了重要的汉代墓葬。

由于汉代的中山国在今天的河北省，所以这里发现的不少遗址、遗迹、文物皆与中山国有关，汉中山靖王刘胜的墓葬（满城汉墓）就在河北省保定市的满城区，这是一处以大型夫妻异穴合葬石室墓为中心的陵园遗址，墓葬所在的陵山具有特殊的地形，墓室所处的山前（山的东侧）有两个如门阙般的山峰①，两山之间有用于登山的神道，这种对地貌的借用显然与墓葬设计者的空间美术观念有关。除去外部空间，满城汉墓墓室对前、中、后室的划分反映出西汉墓葬由椁室墓向"第宅化"的多室墓转化的倾向。在墓室的中室内，考古工作者发现了很多用于搭建帷帐的器物零件，帷帐下方设有两个陶质的座位，大量的器物摆放在帷帐的前方，可见这里是一处用于举行宴会的厅堂，帷帐内是墓主人和夫人的座席，并且这一空间和墓室左耳室中还都发现了木构建筑的残迹，而墓葬的后室则未见木构建筑的残迹，取而代之的是对石材的使用，后室中墓主人的座位即是石质的，这种材料应用在不同空间的区别，说明满城汉墓的设计者对器物的材质在丧葬礼仪中代表的意义有着明确的认知，象征永恒的石材被应用于墓主人的私人空间——后室，这里属于死后获得永生的世界，而象征变化和短暂的活力的木材被应用墓葬的其他空间，这些空间均位于后室的前方，说明该墓葬希望通过建筑的结构和各空间的层次塑造出一种人死后在地下世界短暂停留和步入永恒空间的具有区别的叙事。

满城汉墓不仅有着系统而清晰的墓葬空间建设逻辑，还出土了我国汉代文物中最具代表性的器物，如著名的长信宫灯、中山王夫妇金缕玉衣、错金

---

① 巫鸿在其著作中提到了这一点，这一观点反映了满城汉墓的空间属性，详见（美）巫鸿，中国古代艺术与建筑中的"纪念碑性"[M]，上海：上海人民出版社，2017 年，第 223 页。

银博山炉等。石室墓是西汉诸侯王墓葬惯用的葬式，满城汉墓和徐州诸楚王墓、河北柿园梁王墓等共同形成了西汉丰富的石室墓遗存。河北定州出土的青铜伞挺可能同样来源于中山王的家族墓，其铜柱上的纹样具有鲜明的升仙思想。

北京的汉代墓葬以大葆台汉墓最为著名，该墓由于被盗掘过，所以出土的器物较少，然而这座大型的竖穴土坑木椁墓却保存有我国考古发掘中最早被发现的“黄肠题凑”，这种在汉代只属于帝王和高级贵族（如诸侯王）的墓葬设施的发现为研究中国古代墓葬提供了重要的史料依据和物证。

内蒙古地区则发现有著名的和林格尔汉墓，该墓以精美而宏大的彩绘壁画而闻名，其中一幅表现墓主人在生前治所宁城（今属内蒙古自治区赤峰市）图景的《宁城图》是研究汉代边塞治理和民族文化交融的重要资料。此外，河北地区还有不少汉代城址遗迹，并发现有游牧民族的墓地，其中西沟畔遗址发现的组石佩表现出强烈的汉式风格，反映了这片先秦时期燕赵之地长久存在着的民族融合。

（一）满城汉墓

1. 满城中山靖王墓遗址的基本情况

满城汉墓也称中山靖王墓，是对西汉第一代中山靖王刘胜和其妻窦绾的墓葬的合称。两座墓葬均为横穴式崖墓，位于河北省保定市满城区西南方的陵山上，墓葬面积庞大，出土文物丰富。陵山下有南、北陵村和守陵村，其地名应和陵墓关系紧密，其中守陵村应由汉时守陵人所住而得名。以刘胜墓和窦绾墓为中心，墓区还有 18 座小型墓葬，应为刘胜子孙的墓葬和其他陪葬墓。诸侯王和其妻葬在同一墓区但又分葬二穴，可见其模仿了帝王陵园中帝陵和后陵同茔异穴的葬制。在两座大墓所处的陵山东侧，也就是墓室朝向的正前方南北侧，有两座天然的小山，这两座天然的小山构成了墓区的“阙”，从而使两山之间通往陵山的主道成为“神道”，最终连接到墓室的甬道（图 5-1）。[①]

---

① （美）巫鸿，黄泉下的美术：宏观中国墓葬[M]，北京：生活·读书·新知三联书店，2016 年，第 89 页。

图 5-1　陵山地形及墓葬坑位图

满城汉墓的1号墓为刘胜的墓葬，是一座面积约2700平方米的大型石室墓，其平面图呈“早”字形，全长51.7米，最宽处37.5米，最高处6.8米。窦绾墓为2号墓，结构与1号墓基本一致，平面图亦呈“早”字形，全长40米，最宽处64米，最高处7.9米。两座墓葬的结构高度相似，皆坐西朝东，且均可分为墓道、甬道、耳室（南、北各一）、中室和后室；不同点在于两墓的后室位置，刘胜墓的后室位于中室西侧，也就是中室的正后方，大小接近中室，而窦绾墓的后室则位于中室的南端，且后室明显小于中室。两座墓葬均用铁水封门，1号墓在墓道口以土坯封门，土坯分为两层，两层之间的间隔用铁水浇灌，铁水冷却后即形成铁门；2号墓稍不同，用砖封门，铁门位于两道砖墙之间。这样的封闭方式使墓门异常坚固。①

1号墓的南耳室为“车马库”，与海昏侯墓相似，刘胜墓的“车马库”也葬有真车马，发现有车4乘、马11匹。北耳室为“食库”，出土了大量的陶瓮、陶缸，瓮内发现有食物残余，缸应为贮酒器，该耳室内还发现有磨盘，磨盘下还有一铜漏斗，磨盘旁有一具马匹骨骸，可见这是墓主人食库里专用的“磨坊”。在两耳室之间，中室之外，也就是中室的“门厅”处，还有两乘马车，应象征着等候墓主人出行的车队。中室颇为宽大，上方原有木构瓦顶，是一座气派的“堂”，依据汉代的葬俗，这里象征着墓主人面见下属的厅堂，宴会等公共活动就在这里开展。该墓室宽近13米，长近15米，出土有大量的铜器、陶器、铁器、漆器和金银器，且这些器物多为饮食器、灯具、熏香器，功能指向厅堂所象征的“堂”的功能。中室内还发现有陶俑，这些俑象征了地宫的“仆役”。此外，还发现中室内有帷帐的残件，可还原出两处帷帐，一处位于室内

① 中国科学院考古研究所满城发掘队，满城汉墓发掘纪要[J]，考古，1972（01）：8-9。

中央，一处位于室内南侧，中央帷帐外的前方和两侧还有俑、灯具、熏香器、容器，这里应是墓主人所处的空间。南侧的帷帐是为墓主人妻子提供的。有趣的是，在隔开后室和中室的石门前，是一组缩小的明器和一乘偶车，偶车明显小于真车，不能使用，是典型的葬具。巫鸿认为这种明显缩小的葬具象征着后室为一个特殊的空间，是只属于墓主人的象征永恒的“微缩空间”，如同仙界般不受人间法则的束缚。① 与中室不同的是，中山靖王墓的后室全用石材，而中室则以木材为主，这也是帷帐何以只剩余部分残件的缘由。后室之所以用石料，是因为“石”具有象征永恒的意义。② 这里出土的俑皆为石俑，共计四件，棺室也为石制。在后室的北侧，是墓主人的漆棺，该处出土有著名的金缕玉衣和大量的玉璧，还有一件玉俑。

2 号墓的布置与 1 号墓类似，在此主要对 2 号墓的特别之处做介绍，首先是 2 号墓的南北耳室所盛放内容与 1 号墓正相反，因此 2 号墓的“食库”在南耳室，而车马库在北耳室。2 号墓共出土 4 乘真车，13 具真马骨骸，“食库”被 7 道矮墙分隔为 6 个小间，每个小间放各种类型的陶器、漆器。2 号墓的两耳室特别深长，从平面图上可以明显看到“早”字一横的宽度和墓室东西长度相当。2 号墓的中室西北侧有矮墙，西南侧筑有一个夯土台；中室的中央和南侧放有大量随葬品，主要为铜器、漆器和玉器，铜器皆为缩小的明器；后室为石室，但后室另有一间侧室，该侧室有沐浴用的盛水器物和铜盆，反映了后室象征墓主人私人独有空间的功能性。

2. 遗址的代表性文物

两座墓葬出土有大量的文物，其中 1 号墓有 1500 余件，2 号墓有 1200 余件，文物制作水准之高，内容之丰富详尽，令人叹为观止。下面就其中一些最具代表性的文物和其相关文物反映的器物在遗址中的丧葬礼仪功能进行阐述。

（1）金缕玉衣及其他玉器

满城汉墓共出土有两件金缕玉衣，分别属于中山靖王刘胜和其妻窦绾，其中中山靖王的玉衣尺寸长度约 1.85 米，用玉共计 2498 块，玉衣用金丝重

---

① （美）巫鸿，黄泉下的美术：宏观中国墓葬[M]，北京：生活·读书·新知三联书店，2016 年，第 120—121 页。

② 同上，第 90 页。

图 5-2 窦绾金缕玉衣

达 1100 克；窦绾玉衣（图 5-2）体量较小，用玉 2160 块，金丝重 770 克，但窦绾玉衣在制作工艺上似乎更为精致，尤其是玉衣的头部，所用玉片大小变化较丰富，玉衣腹身的玉片整体偏大于其他部位的玉片，而胸前的玉片明显大于周身的所有玉片。此外，两件玉衣均在表现手指时采用了大小不同的玉片以符合人手的结构，玉衣腿部的造型也不像是一件桶状的衣服，而是表现出大小腿的造型变化，窦绾玉衣还表现了耳朵的形象。这种现象反映了汉代葬制中对玉衣的丧葬礼仪功能的理解，有学者认为这种随人体而变化造型的玉衣本质上不是“衣”或“匣”（玉衣也称玉匣），而是反映了玉化的人体，表示墓主人的尸身已进入一种不朽的状态。① 东汉时期中山靖王刘焉墓出土的玉衣甚至将头部五官均进行对应外观造型的表现。按照西汉的葬制，玉衣所用缕分为金、银、铜三个等级，其中金缕唯皇帝可用，但刘胜夫妻为诸侯王和王后，按葬制只能用银缕，因此这件文物的出土反映了中山靖王玉衣的僭越之嫌，是考证史料的直接物证。但如果是皇帝特准，或当时葬制尚未要求严格执行的情况也非无可能②，所以其玉衣使用金缕的目的尚待考证。与玉衣配套的葬玉还包括玉九窍器，玉九窍是用于堵盖死者九窍的，九窍即人体的两眼、两耳、两鼻孔、口、前阴尿道和后阴肛门，汉人认为堵住这些部位可以保证尸体不腐，即所谓“玉入九窍，以防尸之不腐”。此外，出土的葬玉还有墓主手握的“玉璜”，在刘胜棺内还发现了供穿有玉衣的墓主人头枕的玉枕，该玉枕是以青铜鎏金工艺打造的框架镶嵌玉片而制成的，这些玉片为玉璧等玉器重新切割加工改造而成。玉枕两头还镶有做昂首状的兽首，兽首造型生

① （美）巫鸿，礼仪中的美术：巫鸿中国古代美术史文编[M]，北京：生活·读书·新知三联书店，2016年，第 138 页。作者将玉衣解读为“玉人”，认为玉衣代表的是玉化的墓主人身体，象征墓主人已经升仙。

② 周南泉，满城西汉中山靖王刘胜夫妇墓出土玉器——古代玉器系列讲座之五[J]，收藏家，2001（05）：6-11。

动，玉枕四角还雕出兽爪，足见当时制玉工艺之高超。在中山靖王墓中还出土了一件小型玉人圆雕（图 5-3）。这件圆雕为白玉，表面十分光洁，高 5.4 厘米，表现的是一戴小冠的男性，他穿交领衣，凭一小几跽坐，双手安放于玉几案之上，神情平静，颇具仙风道骨，其底面刻有“古玉人”三字，位于两重棺木之间。与之一同出土的还有一件异常精美的玉璧，上面刻有抽象化的透雕双龙图案，双龙与玉璧的形象很容易让人联想到马王堆汉墓的T形帛画所绘的双龙穿璧图案，这一图案有墓主人借助“双龙穿璧”进入永恒获得新生的含意。因此，结合双龙玉璧可能具有的寓意，有学者将这一圆雕理解为墓主人得道成仙的象征物，即认为这件玉人圆雕是墓主人刘胜在仙界的缩影，这些玉器与墓中后室门前和后室内微型的明器相联系，共同形成了一个整体空间，象征着墓主人死后位于地下的永恒的家园。[①]

图 5-3 玉人圆雕

（2）长信宫灯、错金银博山炉等铜器

图 5-4 长信宫灯（下）和卧羊尊灯（上）

满城汉墓的两座大墓出土了大量铜器，灯具是其中的大类，共计 19 件（还有陶灯 44 件、铁灯 1 件）。这些铜灯不仅数量庞大，类型也非常丰富，不仅有常见的实用造型的豆形灯、钉灯、卮灯、行灯，还有极具艺术美感的特殊造型灯，其中最著名的即是窦绾墓出土的长信宫灯（图 5-4），该灯之所以名为长信宫

① （美）巫鸿，礼仪中的美术：巫鸿中国古代美术史文编[M]，北京：生活 · 读书 · 新知三联书店，2016 年，第 141—142 页。

灯，是由于其灯身刻有“长信尚浴，容一升少半升，重六斤，百八十九，今内者卧”，可知这是属于长信宫“尚浴”（秦置内宫官名，掌管宫廷沐浴之事，汉代沿用此官制）掌管的灯具，并且其位置是放在宫内的卧具旁的灯具。由于这件宫灯是一件人物造型的釭灯，因此用于在卧具旁调节灯光颇为适宜，它很可能是墓主人生前的常伴左右的用器，支持这件器物是用器而非葬器的其他依据是灯身还刻有 6 处“阳信家”字样的铭文，这些文字说明这件灯具还曾属于不同的主人，有学者认为这件灯具很可能本是武帝之姐阳信长公主宫内所有之物，也有人认为这件器物原是阳信夷侯刘揭所有，后因刘揭之子参与景帝时爆发的“七国之乱”，其侯位被废黜，其财产遭到朝廷没收，而成为窦太后长信宫内浴府所有之物。这件灯具的具体来源尚有争议，但目前学界普遍认为这件灯具最初可能并非中山国所有。由此也反映出这件灯具的价值在当时就已不菲，所以更换主人后仍然被当作重要的陪葬品随最后一位主人下葬。

长信宫灯是汉代灯具中将艺术造型与使用功能完美结合的典型例子，此灯通高 48 厘米，重 15.85 千克，体形较大，属于釭灯的一种，其造型是一位跽坐的宫女形象，灯具通体鎏金，色泽金黄而明亮，尤其宫女背部的鎏金保存颇为完好，可见器物当时风采。灯具的设计是将釭灯的灯腹设计为宫女的身体，宫女双手持灯，右手以宽大的衣袖覆盖于灯盘之上，左手紧握灯柄，灯管就是宫女的右手臂，这种浑然一体的造型好像真有一人持一豆灯跽坐一般，极具艺术色彩。此外，宫女的表情刻画也较为微妙，宫女眉目清秀，眉眼细长，表情恬静而眉头稍锁，在平静中带有一份严肃，反映出宫女内心世界精神状态的张弛有度，彰显出汉代艺术华美又庄重深沉的特质。除长信宫灯外，墓葬还出土有炉型釭灯、卧羊尊灯（图 5–4）、朱雀灯（功能仍属于豆形灯范畴）。这些灯具均反映出汉代灯具工艺的成熟和灯具在宫内极为普遍的应用，结合 40 多件陶灯具和 1 件铁灯的出土来看，如此丰富的灯具入葬，也反映出满城汉墓中墓室的“象生”功能，这些灯具象征了墓主人在地下世界继续保有“华灯灿灿”的宫廷生活。

除灯具外，墓葬还出土了一件举世闻名的铜香炉，即著名的错金银青铜博山炉（图 5–5）。博山炉是汉代常见的香炉造型，将“仙山”形象以立体的形式和熏炉的功能相结合。这件制作精良的博山炉以其保存完好的状态和华美精湛的制作工艺而成为汉代博山炉中的精品。铜香炉高 26 厘米，炉盖和灯盘被设计为仙山的形象，以错金和镂空（灯盖部分）技艺表现了仙山和山中的云气、动物和人物，具有结构繁复、工艺精湛、设计巧妙的艺术特征。灯座为镂空透雕的三龙出水造型，象征了浮于海外的仙山所处的海域仙界之环境。香炉出土于1号墓侧室，代表了墓主人的内部空间具有的卧、浴功能。

墓葬还出土有两件铜壶，这两件铜壶以其周身工艺精湛的错金银鸟虫书铭文和纹饰而闻名，全称为错金银鸟篆文铜壶（图5-6），鸟虫书（即鸟虫篆）是古代书法中类似“美术字”的具有装饰效果的字体，以其富丽堂皇的美感著称，这种书法自春秋战国时即已兴起，但在汉代并不多见。一只铜壶高44.2厘米，壶盖铸有三个云形纽，两纽之间各铭有四字，盖上共计12字，壶身圆腹，短颈，壶肩有铺首，底部为圈足，共铭有30字（壶颈8字、壶肩8字、腹部14字），铜壶的口沿部、铺首上下、足部均有龙虎和云纹纹饰带，将壶身隔成上下三段。铜壶通体的错金铭文和纹饰相互配合得秩序井然，形成铜壶华丽又端庄的艺术效果。另一只壶通高39厘米，除壶盖为环形纽、壶身铭文稍有不同外，两壶造型几乎一致，因此可知两只壶是一对，壶身的铭文经学界考证，其中一只壶上有铭文“心佳都壹（壹有‘聚会’之意），盛况盛味”，因此它们原应是摆在一起作为墓葬前室“宴饮”器具的饮食器。其铭文内容又有“延寿谷（通‘却’）病，万年有余”，主要反映了汉代贵族流行的追求长寿

图5-5　错金银青铜博山炉

图5-6　错金银鸟篆文铜壶

乃至求仙得道的奢靡期望。[①]

综上，满城汉墓出土的器物和墓葬结构说明这是一座前期设计充分、内容丰富、陪葬品“象生”寓意鲜明的诸侯王墓，当我们把墓葬出土的文物和墓葬各部的结构功能相互联系起来时，就会越发感受到汉人丧葬艺术中存在的整体艺术观念，这是汉代墓葬遗址美术在艺术理念方面的一大成就。

（二）大葆台汉墓

1. 大葆台汉墓遗址的基本情况

大葆台汉墓位于北京市丰台区黄土岗乡，该墓发现于 1974 年 6 月初，基建单位在此勘察时发现了大量木炭、木头、白膏泥，经过北京市文物管理处的进一步调查，证实了这是一座西汉木椁墓，随后的考古工作进一步发现了该墓葬中有史料所载的“黄肠题凑”[②]，北京大葆台遂作为我国现代考古史上首次发现、发掘“黄肠题凑”的墓葬而驰名。大葆台汉墓有两处墓葬，二墓结构略同，都是竖穴土坑木椁墓，墓主人分别为男性（一号墓）和女性（二号墓），两墓共用一座封土，封土残高 9—10 米，东西长 100 米左右，是西汉贵族夫妻并穴合葬的体现。一号墓虽遭到盗扰，但整体保存较完好，黄肠题凑就发现于一号墓中，二号墓曾遭到火灾，盗扰严重，遗迹颇少。[③]一号墓为“中”字形墓（图 5-7），坐北朝南，南北有两条墓道，其中南墓道为主墓道，残长 34 米，底宽 4.25 米。该墓道分

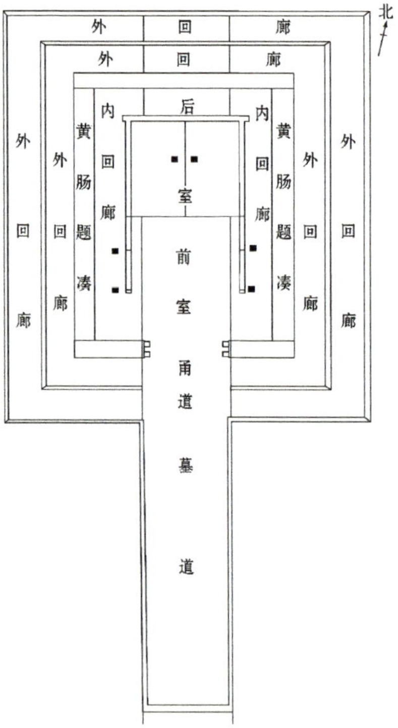

图 5-7 一号墓平面图

① 肖蕴，满城汉墓出土的错金银鸟虫书铜壶[J]，考古，1972（05）：49-52。
② 北京市古墓发掘办公室，大葆台西汉木椁墓发掘简报[J]，文物，1977（06）：23-29。
③ 同上。

为两段，其北段长 16.7 米，底与墓室底齐平，发现有 3 辆车和 11 匹真马的残骸，因此它不仅是墓道，也是墓室的车马库。在南墓道和墓室的接口处原为封闭空间，这一空间虽如同甬道，但实际上不是甬道，它没有甬道具备的顶盖，而只是一个临时的通道，西汉时期主墓道和墓室的接口在进行完谒拜仪式后就会进行填塞，从而使整个墓室处于封闭状态，有学者认为这一空间到东汉后才真正发展成为甬道，也就是说，大葆台汉墓的墓室和墓道之间并没有明确的表现“门”的部分，这反映了西汉和东汉墓室在结构上的差异。北墓道为斜坡墓道，墓道短，直线距离更靠近棺椁，所以应是造墓时运输材料的施工通道。墓葬主体由过道、外回廊、黄肠题凑、内回廊、前室、椁室、外椁、内椁、多重棺构成。墓室的圹底铺有一层白膏泥，其上又有一层木炭，木炭上又有垫木，垫木上再铺地板，从而将整个墓室的内部空间与土壤隔绝，形成一座地下的“家园”，墓主人尸体所在的椁室位于墓室北侧中央，形成了“寝”，前室位于椁室南侧，形成了“堂”。椁室和前室的外围是黄肠题凑包裹着的内回廊，再外围是两层外回廊。[①] 这样的多层空间显然在描述墓主人居所的空间层级。

从大葆台一号汉墓的结构可以看出西汉时期墓葬建筑中是如何利用空间和葬具表现那些已较为成熟的丧葬礼仪观念，如在主墓道北段以真车马为葬具填塞了这一段墓道，使其成为车马库，它和后来东汉墓室壁画上常见的车马出行图的功能类似，但却使用了实物而非图像。考虑到墓道在丧葬仪式举办时还作为生人入便房谒拜的通道，所以大葆台汉墓的南墓道在时空上还因其内容具有截然不同的功能，一方面它是迎接外来的生人的入口，另一方面是迎接死者灵魂驾车出行的出口。

所谓“黄肠题凑”，是汉代墓葬中规格极高的一种葬制，题即“头”，凑为“向也”，“黄肠”专指柏木的黄心，《汉书·霍光传》苏林曰：“以柏木黄心致累棺外，故曰黄肠。木头皆内向，故曰题凑”，对此种葬式的结构进行了清晰的解释。因此，结合大葆台汉墓的发掘，“黄肠题凑”是在木椁外部建造一层以柏木枋筑成的墙壁，将黄心柏木一头朝向墓室紧密垒叠成墙的葬

---

① 靳宝，关于北京大葆台汉墓墓葬布局的重新考察 [J]，北方文物，2016（03）：32-36+69。

式。这种极耗人力、物力的葬制一般只有天子和诸侯王可使用，汉代天子墓葬的级别据记载是“梓宫、便房、黄肠题凑”[①]。西汉诸侯王死后有时也会获得天子赐给的“黄肠题凑”等葬具。“梓宫”即梓木制成的椁室和棺木的合称，天子为“五棺二椁”，诸侯为“四棺一椁”。[②]这种葬制有时也可能因为诸侯王的僭越而出现在诸侯墓内，如广西南越王墓室发现的丝缕玉衣是目前考古发现的唯一一件丝缕穿连的玉衣，玉衣规制中无用丝缕，可见这件玉衣是地方政权自制。

在大葆台汉墓中发现“黄肠题凑”为这座墓葬的墓主人身份确认提供了重要的依据，除此之外，墓葬中还发现了“廿四年五月丙辰丞”漆器残底，为墓主人生活的年代划定了范围，1977年的考古报告推断一号墓主人为西汉燕王刘旦。[③]后又经进一步研究，有学者提出该墓的主人是西汉广阳王刘建。[④]因此，这是一座诸侯王级的高规格墓葬，并且高度集中地反映了汉代“广阳国”燕文化的墓葬艺术情况。

2. 遗址的代表性文物

大葆台汉墓出土的玉器

大葆台汉墓由于被盗掘过，所以出土的文物和其他同级别诸侯墓（如海昏侯墓、南越王墓）等相比较少，且文物的原始位置也已错乱，很多文物已残破，但即使如此，该墓仍出土了不少器物，类型包括玉器、漆器、铜器、陶器、丝织物、钱币等。在这些文物中，玉器的质量最高，制作精良，保存程度也较好。

玉雕象纹环（图5-8），该玉环为残器，出自一号墓，外径9.2厘米，厚0.1厘米，玉料呈现青白色，局部有褐色沁，仅存约原环体一半的部分，有多处折断，器物以镂雕加阴线砣纹制作了两头象，其中一只将长鼻向上卷起的象，为了迎合环状器物的结构，被雕刻成伏地爬行状，另一只象仅见头部，原器物应表现了两只对称的大象，器身刻工精致，形象生动。[⑤]

---

① 鲁琪，试谈大葆台西汉墓的“梓宫”、“便房”、“黄肠题凑”[J]，文物，1977（06）：30-33。关于梓宫、便房，《汉书》注进行了清晰的解释，如淳曰：“汉仪注天子陵中明中高丈二尺四寸，周二丈，内梓宫，次楩椁，柏黄肠题凑。”师古曰：“便房，小曲室也。如氏以为楩木名，非也。”

② 史为，长沙马王堆一号汉墓的棺椁制度[J]，考古，1972（06）：24+48-52。

③ 北京市古墓发掘办公室，大葆台西汉木椁墓发掘简报[J]，文物，1977（06）：23-29。

④ 王灿炽，大葆台西汉墓墓主考[J]，文物，1986（02）：65-69。

⑤ 周南泉，北京丰台区大葆台西汉墓出土玉器——古代玉器系列讲座之六[J]，收藏家，2001（08）：18-22。

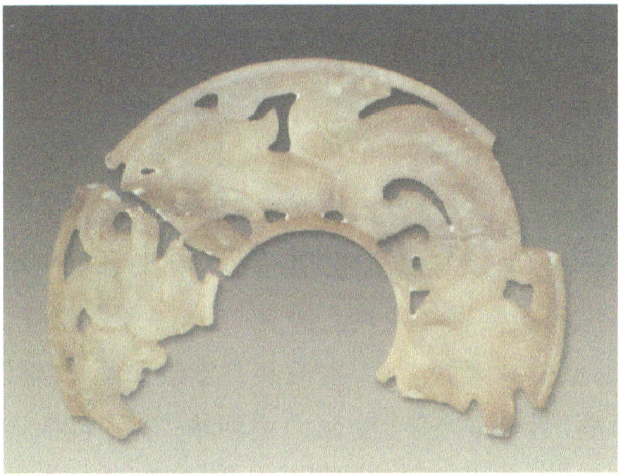

图 5-8　玉雕象纹环

图 5-9　玉舞人佩

玉变形夔龙纹璜，玉料呈白色，有浅褐色和白色沁斑。璜的两面形式和纹饰相同，以回纹式变形夔龙纹为主，纹饰富有几何纹样的秩序美感。有研究表明，这件器物的制作年代应在春秋时期，因此它是墓主人所收藏的一件古玉，并且很可能是由一件玉瑗或更长的玉璜改制而成，其上有两个穿孔，应是作为佩戴物使用。

玉舞人佩（图 5-9）出土于二号墓，玉料呈白色，间有褐色沁，体扁平，两面形式和纹饰相同，皆以镂雕和阴砣线纹表现一身着长袖束腰长服的舞者，其舞蹈应是汉代流行的袖舞，其舞者形象与汉宣帝杜陵出土的圆雕玉舞人相似，但圆雕玉舞人是用于摆放的玉器，而玉舞人佩在汉代更为多见，多用于随身佩戴，这件玉舞人佩身上有孔，应同样属于佩戴器。制作者用玉器的轮廓扼要地表现舞者的双髻、长袖和舞蹈的姿态，从而塑造出一位婀娜的舞者形象，只有长裙上的衣褶用阴线刻出，整个器物富有动感和卷曲的几何形式形成的张力，其雕工寓精细于朴实之中。①

北京大葆台汉墓出土的玉器不仅反映了当时人们的审美趣味和艺术加工水平，同时其中大量的和田白玉也反映出了西汉武帝以后开通西域的历史背景，在这种情况下，新疆和田白玉得以大量输入中原，成为贵族们追捧的贵重之物。此外，大葆台汉墓的玉器大量使用镂雕技术，能在极小的范围内实现穿孔，这是铁器在玉器制作中作为工具已臻成熟的体现。

① 周南泉，北京丰台区大葆台西汉墓出土玉器——古代玉器系列讲座之六[J]，收藏家，2001（08）：20。

（三）和林格尔汉墓

1. 和林格尔汉墓遗址的基本情况

和林格尔汉墓位于内蒙古自治区中部的和林格尔县小板申村，该墓葬建于东汉晚期，为穹庐顶多室墓（图 5-10），具有东汉多砖室墓的普遍特征，由墓道、墓门、甬道、前中后三室及耳室组成，其中前室南北各有一耳室，中室南侧有一耳室。墓室出土的铜饼残片上铸有“位至三公”字样，可见墓主人地位之显赫。墓室壁画颇为丰富，据载共有彩绘壁画 57 幅，共 100 余平方米，榜题 250 项，计 700 余字，壁画内容涉猎广泛，包括绘有车马仪仗队的出行图，宴饮图，表现汉代城镇景象的宁城图，绘于墓顶的天象、祥瑞图等，各类壁画还根据其内容分属不同的墓室，从而象征其在墓葬整体艺术中的意义，其中前室主要表现出行图（以东南西北四壁主体壁画表现墓主人任职多地官员时各阶段的情景，如前室西壁的“举孝廉时”“郎”“西河长史”、南壁的“行上郡属国都尉事”）、各类仓库（前室北耳室）、官署等墓主人生前的任职生涯和管辖内容，中室主要表现历史典故、人物肖像、祥瑞、异兽等内容，后室则表现官舍、卧帐、侍、婢等墓主人寝居场所的内容。①

这座墓葬将不同题材的壁画分别绘于墓室建筑的不同墙壁上，且壁画根据主题分布于墓葬的不同区域中，形成一个以描绘天象、仙界、历史、祥瑞、墓主人生活起居等内容为集合的叙事性空间，反映了东汉晚期壁画墓的结构特征。但由于墓葬经过盗掘的严重破坏，诸多壁画因保存条件不利而导致表面剥落，受侵蚀严重。目前保存较为完好的有墓室前室北壁上部、中室北壁右下部以及中室东壁的三处壁画，其中又尤以名为“宁城图”的壁画著名。

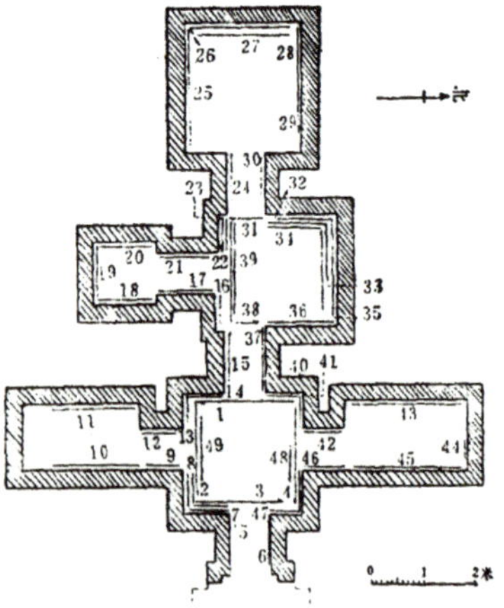

图 5-10 和林格尔汉墓及壁画分布平面位置示意图

① 依据盖山林，和林格尔汉墓壁画[M]，呼和浩特：内蒙古人民出版社，1977 年，第 2—11 页。

2. 遗址的代表性文物

宁城图

墓室的中室东壁所绘称为宁城图（图 5-11），即汉时宁城县的景观图。宁城县现属内蒙古自治区赤峰市，距离和林格尔 60 余公里，从墓葬中还绘有多处城池、居庸关的情况来看，这些城市均与墓主人生前历任各地区长官的履历有关，这些图像是对墓主人生平事迹的记录。在墓葬的多件城市图像中，宁城图是绘画内容最为丰富、形式最为精美的一件。该图以一座城池为主题，其城墙是看上去类似壁画外框的方形结构，壁画只表现城内的场景。城内的场景可以分为三部分，一部分为子城，即占据了画面中西侧核心区域的一座内城，也称为幕府，反映了墓主人曾任护乌桓校尉的事迹。护乌桓校尉是西汉时期设立的官职，其主要作用是守卫霍去病击破匈奴左地后乌桓人所居住的上谷、渔阳、右北平、辽东等地区，这里是汉时的塞外。位于画面北侧的为护乌桓校尉营舍，这里是内城的后方，是校尉府的军营。壁画东南侧的一部分是幕府的庖厨，这里正在为内城幕府举行的盛大宴会准备饮食。壁画内容最为丰富精美的是幕府所在的壁画中西侧，这里正在举行宴饮和乐舞百戏表演。该墓葬中有多处展现百戏图的壁画，百戏是汉时各种民间表演艺术集合展示的总称，墓葬中出现的多处百戏图反映出这种娱乐活动在东汉晚

图 5-11　宁城图

期的流行，并且反映出汉时的百戏往往和盛大的宴会有关，由于墓葬中有多处城池图，所以各处百戏图很可能象征了墓主人在各地区作为地方最高长官时所举行的活动和获得的政绩。在宁城图中，墓主人端坐于幕府内城的庑殿式建筑下，周围还有其他官员席坐，这些官员表现出不同的身份特征，其中面对墓主人肖像的三位官员做跪拜状，而庑殿内墓主人右侧的官员则神态自若做攀谈状。庑殿西侧有一稍低的殿，是庑殿主体的附属建筑，内有三人对坐交谈。在主殿的对面是开阔的庭院，这里各类杂戏正在上演，这些杂戏的内容是考察我国古代音乐、舞蹈等艺术的重要依据，同时百戏图的表现也颇具特色，百戏表演者均赤膊，肩臂披红色披肩，身份特征明显，画面中可以识别的有飞剑、飞弹、舞轮、倒立、反弓等杂技，并有双人舞，双人舞和反弓、倒立也可在山东出土的东汉乐舞杂技俑陶塑中看到，可见这种艺术表演形式在汉代的广泛流行。在百戏表演的周围，是站立观看的观众，他们以百戏图为中心，以类似圆环的形象环绕四周，在观看的过程中，观众之间还有相互的攀谈交流，从而形成了较符合现实场景中人们的交流习惯的宴会现场。幕府的东侧是一座两侧立有阙楼的三间单檐大门，门外有侍者侍立，大门对面是一鼓亭，用以通报来访者信息。在门外两侧的空地上还有骑士往来，可能反映了护乌桓都尉府作为军事堡垒的防御性特征。

综上，这件宁城图是一件在布局上善于利用动静关系的杰作，画面以方形的城墙结构将大城内部空间隔开，在内城的幕府表现了一派热闹非凡、几近奢华的宴会场景，宴会中的主宾、百戏表演者以眼神交流，肢体动作的“再现性”较为写实地反映了生活中的宴会场景。画面还利用人员站位形成的环绕百戏而成的圆形布局体现出百戏图在壁画情节中的核心地位，将杂技表演的热烈气氛借助布局烘托了出来。而百戏图本身的描绘也能较为生动地再现杂技演员的身体动作。相对而言，幕府外部则是一片秩序井然的景象，府外的庖厨、府营的守卫们都平稳有序地工作着，这种外部的静和内部的动形成了强烈的氛围对比，使观者能察觉大空间下不同场域气氛对比所构建出的场景的宏大之感，是对一座汉代城池空间的提炼式表现。此外，画面的表现技法也具有独特的风格，其行笔放松而结构井然，人物面部表情处理虽较为简单但情绪的表达却颇为真挚感人，尤其对于杂技表演者朴素的笑容的表达，反映出作者高超的观察能力和绘画技艺。

（四）望都一号汉墓

1. 望都一号汉墓遗址的基本情况

望都一号汉墓（图 5-12）位于河北省望都县所药村，是一座东汉时期的壁画墓。该墓为大型砖石墓，墓室坐北朝南，由墓道、墓门、甬道、前室、中室、后室、前室东西耳室、中室东西侧室、后室北壁小龛构成，其结构是东汉砖石墓发展至成熟时期的典型形制。[①] 该墓发现于 1952 年 3 月，一经发现就受到了学界的广泛关注，墓葬壁画保存较完整，且墓室结构清晰，布局繁复且颇具有对称性，对于研究汉代墓室壁画与墓室空间的关系有重要价值。

据 1954 年的研究[②]，该墓反映了东汉砖石墓建筑的成熟，其一为墓室所用的砖与常见的汉墓砖不同，望都一号汉墓所用的砖是用细致的泥土烧制成的大块砖，结实且厚重；其二是多道单券形成的墓室券顶，即墓室顶部由多道单券并排筑成，用来筑造券顶的是由大块墓砖磨制而成的上大下小的扇形砖，同时墓顶又都是双层券，双层券之间有 3—4 寸空隙，约 10—13.5 厘米。[③] 这样筑造墓顶显然可以使墓顶更为牢靠，但据推测，这样的筑墓方法颇为复杂，要经过提前的缜密设计才能实施；其三为砖券上部灌灰白浆，灌浆可以使墓室的防潮和密封更好，并且也有加固的作用，墓室中部分区域券和壁的衔接处还会用白浆垫高，从

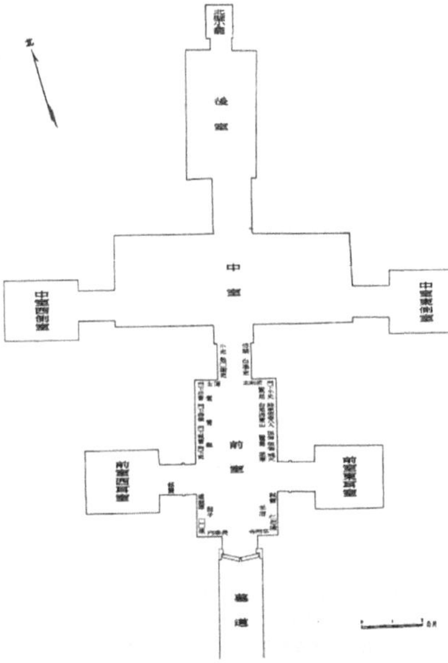

图 5-12　墓室平面图

① 北京历史博物馆、河北省文物管理委员会，望都汉墓壁画 [M]，北京：中国古典艺术出版社，1955 年，第 2 页。

② 姚鉴，河北望都县汉墓的墓室结构和壁画 [J]，文物参考资料，1954（12）：47-63。

③ 同上。

而左右砖券的倾斜度；其四为墓室底部中间凸起而四面低凹，从而将渗水积于墓室四面，而保持墓室中部相对干燥，墓室的底部用两层砖铺成，砖层下用沙奠基，显然同样是为了方便排水。

墓室的壁画较为完好，这些壁画不仅绘制较为精美，而且结合墓室空间，还是反映东汉丧葬观念的有力依据。壁画集中在前室墙壁和前室通往中室的甬道墙壁上，大多有榜题，这些榜题为壁画功能的分析提供了关键的作用，在前室通往西耳室的甬道南壁上还有一段隶书铭赞。

2. 遗址的代表性文物

壁画

望都一号汉墓壁画所表现的内容可以分为三个大类：其一为占据壁画大量篇幅的属吏图像，这些图像大部分位于墓室墙壁的上层；其二为祥瑞图像，大部分位于墓室墙壁的下层，与上层的人物画像有明确的界线；其三为位于前室通往中室的甬道顶部的仙界图。这三部分内容具有不同的象征意义，也因其方位对丧葬礼仪的墓室空间功能产生了划分。同时，属吏图像和祥瑞图像又可以依据其内容和所处的空间方位而进一步细分，更细致地反映了墓葬设计者的理念。

属吏图像代表了墓主人在地下家园继续作为官署长官所具备的下属情况，可以分为五个部分。[①] 第一部分是位于前室通中室甬道东西壁上的“小史”“勉劳谢吏”“白事吏”“侍阁”。“勉劳谢吏”应是描写下级官署的官吏勉励慰劳致谢小史的场景。“白事吏”也类似，“白”有阐明的意思，是表现低级官吏向其长官阐述公务的场景，“小史”和“侍阁”是汉代最低级的小吏，主其所在官署的各类杂事。所以这一区域的壁画表现的是下级官吏向上级官署的长官拜谢或呈报，但由长官的下属代为接受传达的场景。可见“小史”和“侍阁”在该画中就是墓主人的代表，他们应是墓主人的贴身随从，该壁画的设计反映了墓主人身份的高贵。

第二部分位于中室北壁和东西壁（图 5-13、5-14）北部，这里有七人，分别为“主簿”“主记史”“门下功曹”“门下游徼”“门下贼曹”“门下史”“门

① 张媛媛，试论河北望都一号汉墓壁画布局及其意义[J]，中国国家博物馆馆刊，2016（12）：18-27。

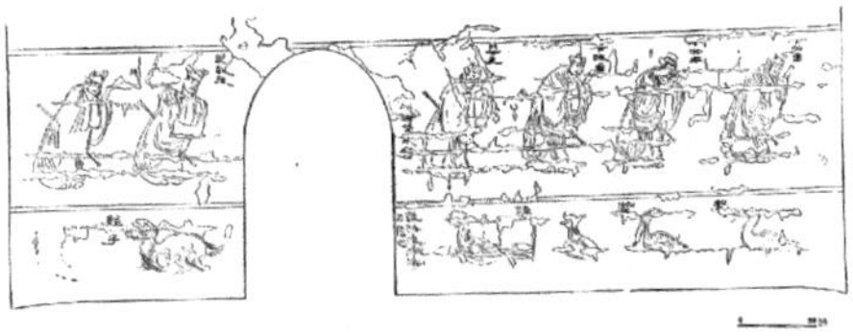

图 5-13　西壁线图

图 5-14　东壁线图

下小史”，这些官员皆属“门下”。据研究，东汉初开始出现“门下五吏”之称，而实际也可以是“门下六吏”，这些官吏为汉代官员的“内阁”成员，故称“门下”，有出则导车从、入则参机要的地位。[①]《后汉书·舆服志》载“公卿以下至县三百石长导从，置门下五吏”，可见门下五吏是东汉公卿至三百石县的县长官皆配备的僚属，在出行时位列车马仪仗队。其中主簿、主记史为文职，出行时为从车，跟随长官的车辆；贼曹和游徼为武职，负责抓捕强盗，而功曹负责考查吏绩，此三人在长官出行时为导车，位于车辆队伍的前端。“门下史”和“门下小史”虽不在《后汉书·舆服志》“门下五吏”之中，但仍属“门下”。从墓室壁画可知，“门下史”应为武职，和“门下五吏”地位相同，皆位于西壁，其中“主簿”和“主记史”身旁置文具，坐姿；“门下功曹”“门下游徼”“门下贼曹”“门下史”佩剑，站姿。“门下小史”位于东壁，是在“门下五吏”之外根据实际情况增设的官吏，如汉代的“书佐”即属此列。画面中的门下小史位于东壁，反映出和西壁官员的等级差异。所有门下的官员皆面朝北，即朝向墓主人所在的后室。

第三部分为“伍伯”，位于东壁中部。“伍伯”是汉代官员车马队伍出行时的护卫，和前一部分的“门下五吏”相结合，“伍伯”的出现一方面反映了墓主人地下家园中官署结构的健全，另一方面反映了前室作为墓主人出行时的车马仪仗队的隐喻。

第四部分为“追鼓掾”“□□掾”“贼曹”“仁恕掾”，位于前室东西壁的南部，这四人分别象征了官署下设的各职能部门，但官署下设职能部门并非只有四种，墓室壁画中的四人应为概指。和亲近的“门下”不同，这些官吏代表墓主人管辖地区的署外官员，和“门下”官员有亲疏之别。

---

① 张媛媛，试论河北望都一号汉墓壁画布局及其意义[J]，中国国家博物馆馆刊，2016（12）：18-27。

第五部分为“门亭长”和“寺门卒”，绘于墓室南壁，这两个形象表现的都是汉代官署的“守门卒”。“守门卒”在汉代壁画中颇为常见，一般位于不同空间的交界，即某室的门口。在前室南壁的门口的门卒显然是守护墓葬大门，也就是墓主人官署的守卫，因此这两个形象的存在使官署的空间功能完成了闭合。①

前室属吏图像中第四部分的官员和第五部分的“守门卒”皆位于前室东西耳室甬道分隔开的南北两个壁画空间中靠南的一部分，该墓是坐北朝南，南侧靠外，所以这些壁画内容反映出前室空间设计中的内外之分。可见东汉时期墓葬的空间观念之详细成熟。

祥瑞图像象征了墓室设计者对三类观念的强调。这些祥瑞图像大多和属吏图像的朝向不同，大部分朝南，即朝向墓外。其一为位于前室北壁西部的凤凰，凤凰在汉代是最为重要的祥瑞之一，在汉代墓室壁画中颇为常见，是墓主人地下家园蔚为壮观的象征，北壁东部原亦有图像，但已模糊不清，应具有同样的象征功能。其二为位于西壁、东壁北部的各类祥瑞，包括了鸡（一对）、鹭（一对）、白兔、鸾鸟、鸳鸯、芝草，这些图像的寓意本质皆为反映墓主人子孙的孝心，是“感孝”而来的祥瑞。这类祥瑞在汉代的图像语言中也大量存在，是汉代“重孝”的反映。其三为位于前室东壁南部的羊酒。羊酒图像在其他汉代墓葬中也有发现，在该墓葬中，羊酒指代前来谒拜的宾客，汉代有以羊和酒为礼的习俗，各类重要的礼仪活动中，来客都会以羊酒为贺、吊唁、拜见等，东汉时期墓葬建设完毕后往往会邀请亲邻来观看评价，所以有学者认为羊酒在此代表了潜在的前来墓室吊唁的观者，从而印证建设者的孝心、传达墓主人的思想等。

天象图位于前室和中室甬道顶部，表现的是大量的云气纹和瑞兽，象征了天界的景象，在墓葬的中室和后室未发现壁画，中室放有明器，而后室放置墓主人的棺木，在前室（包括前室和中室之间的甬道）和中室之间由墓门阻断，可见石门后即墓主人专属的仙界或天界，因此，在靠近前室的甬道顶部绘制天象图，而不在前室顶部绘制天象图，反映了设计者将中室以后定义为天界的理念。这座墓葬用由前向后、由内向外的方式，依靠空间的结构和壁画

① 官署形象的五部分内容参见张媛媛，试论河北望都一号汉墓壁画布局及其意义[J]，中国国家博物馆馆刊，2016（12）：18-27。

的内容逐层次地反映丧葬礼仪中空间的功能性，是大型砖室墓这一类纵深空间才能承载的表现方式。该墓室前室的壁画全部处于中室墓门之外，可见这里很可能作为类似“便房”的开放式空间使用，是墓主人、赞助人、设计者对谒拜、吊唁者传达其理念的集中区域。

第二节　名不见经传的两汉古城：华北地区古城遗址美术

华北地区的汉代古城遗址目前保存较为完好的并不多，以北京市海淀区清河镇的清河汉城、河北省磁县的讲武城保存相对完好，并有少量的考古材料可以依据。汉代的华北处在和草原民族接壤的汉王朝边境上，五原、云中、上谷等郡都是当时的战略要地，从考古发现对清河汉城和磁县讲武城的功能分析来看，也符合当时华北地区的地域功能。清河汉城发现了汉代的冶炼设施，并发掘出很多的铁器，这些铁器种类齐全，既有兵器也有生产工具，说明当时城市的冶炼业较为发达；城市中还出土了不少的汉瓦，这些瓦当的纹样较为精美，属于等级较高的建筑。城市的面积、城墙的厚度都说明这是一座具有工业性质的、人口较为稠密的城市。在靠近边境的区域存在着这样一座城市，反映出当时的边境军事保障较为完备。磁县讲武城的情况与清河汉城不同，这里的人口密度大，但出土的器物等级较低，也未发现制造陶器的窑址或冶炼业设施遗迹，这里的文化层可以上溯到新时期时代晚期，说明讲武城的人口是长期聚居逐渐增长的。这两处城市遗址的特点在一定程度上佐证了当时的河北地区军事活动频繁、人口稠密的地域特征，为研究汉代河北地区边防环境、军事布局和经济结构提供了一定的科学研究依据。

（一）清河汉城

清河汉城遗址的基本情况

清河汉城位于北京市海淀区清河镇西面，清河北岸的朱房村，城南有万泉河和清河相汇，有学者认为它是汉代的昌平城遗址①，也有学者据其

① 岳升阳，清河汉城与两汉昌平城[J]，北京史学，2020（01）：275-287。

出土的大量类型齐全的铁器和其地处蓟城通往居庸关的交通要道而认为它是一处以冶炼工业为主体的城市[①]。因其地处朱房村，也称朱房村古城遗址。[②]

清河汉城遗址平面呈方形，四面城墙每面均长约500米，总面积25万平方米，城墙残高1—1.41米，底宽10.2—12米，顶残宽0.8—3.5米。在20世纪50年代至今的10余次考古中，城内西区发现了汉代的铜、铁冶炼遗迹，而东区发现了房屋建筑台基和墙基，说明该城内的生产区、官署、生活区划分井然，城内还发现汉代井10多口，说明这里在汉代人口已经较为密集，该遗址还出土了不少汉代文物，其中铁器的种类丰富，包括兵器中的剑、戟、钺，以及生产工具中的锄、铲、耧等，并发现了大量汉瓦，这些瓦当中不乏“千秋万岁”文字瓦，显示这里原应有级别较高的建筑。此外，城址外还发现有诸多汉墓遗址，并有不少砖室墓，应与清河汉城居民生活质量紧密相关。[③]

值得注意的是，清河汉城在汉代文献中未见记载，却具有相当的规模，接近汉代一般的大县，在该城址中出土了大量的铜、铁器，并发现有铜铁冶炼坊遗迹，并且出土器物工具类型丰富，因此考古工作者认为这里很可能是汉代专为军事、经济、生活等各方面需要进行大规模生产的以冶炼工业为主体的城市，即汉代渔阳的官方冶炼场所之一[④]，其功能类似汉代东平陵城，但不同的是东平陵城作为当时济南国的都城，规模更加庞大，其冶炼的工具和钱币所要供给的区域也应更为广泛。

此外，清河汉城作为一座县级的汉代城址，其城墙甚厚，且保存较完整，反映了汉代县级城市和郡一级城市城墙高度、厚度规格一致，区别主要在于城墙四围长度上郡一级城市更长，清河汉城是研究秦汉筑城规制的重要遗迹。

---

① 北京大葆台西汉墓博物馆，北京地区汉代城址调查与研究[M]，北京：北京燕山出版社，2009年，第124页。

② 同上。

③ 岳升阳，清河汉城与两汉昌平城[J]，北京史学，2020（01）：275-287。

④ 北京大葆台西汉墓博物馆，北京地区汉代城址调查与研究[M]，北京：北京燕山出版社，2009年，第124页。

（二）磁县讲武城

讲武城遗址的基本情况

讲武城是一座位于河北省磁县漳河北岸的古城[①]，城址东南有讲武村。现存城址平面呈类方形，尚有残墙，墙残高最高达 6 米左右，墙基最宽处约 12 米。城南墙因漳水的侵蚀现已为断崖，墙已不存；北墙较为完整，长约 1140 米，中间有五处缺口；东墙只存北端残墙一段，长约 430 米，有一处缺口；西墙南端被漳水侵蚀，但大部分较为完整，残长 1277 米。城址总占地南北约 1.15 千米，东西约 1.1 千米，从占地范围和城墙高度可知该城址体量较大，在汉代应属较大的县城。城址出土有大量的战国和汉代遗物，以陶器居多，高级别的器物较少，汉以后的遗物则非常稀少，说明这里在战国至汉代人口应较为稠密，在汉以后城市逐渐被废弃。在讲武村的附近，还发现有一处龙山文化遗址和一处殷商时期遗址，可见这里在战国以前即有较为频繁的人类活动，讲武城的规模应是在长期的人类定居活动中逐步扩大的。

据研究，该城址很可能是汉代魏郡武城的所在地。被称作“讲武城”最早可知在宋代，《北辕录》载“讲武城、章河、纣之朝歌城，皆在境内”。唐宋以来，这里被传为曹操筑城习武之地，因名“讲武”，又因城池以北有传为曹操疑冢的北齐墓地，其“讲武”之名更固。该地区在战国时属赵地，《后汉书·郡国志》中魏郡有武城一县，《水经注·浊漳水》载“漳水又东经武城南”，所指应即此讲武城。[②]

第三节　华北地区其他遗址美术

（一）墓主人画像、城镇图

安平逯家庄壁画墓即安平东汉壁画墓[③]，位于河北省安平县逯家庄，该墓葬以丰富、系统、庞大的墓室壁画著称。墓室铭文显示墓葬的年代在公元

---

① 河北省文物管理委员会，河北磁县讲武城调查简报[J]，考古，1959（07）：354-357。

② 同上。

③ 河北省文物研究所，安平东汉壁画墓发掘简报[J]，文物春秋，1989（21）：70-77+145-151。

图 5-15 墓主人及男女近侍

176年，即东汉嘉平五年，墓主人的姓氏为“赵”，而河北为周代赵国所在之地，因此墓主人很可能属于当地地位最显赫的贵族。这是一座体量巨大的墓葬，包含了10个相连的墓室，墓室为东西向，包含了十室二龛，东西通长22.58米，南北最宽11.63米。墙壁上绘有大量的壁画，其中著名的有墓主人画像、城镇图、车马出行图，其车马出行图表现了骑兵、步兵和不同类型的车组成的壮观的出行景象。[①] 车马出行图是东汉墓室中颇为典型的一种绘画题材，一般只有高级贵族和官吏可以使用这样的绘画来装点墓室。

墓主人画像（图5-15）位于墓室中室南壁后的小房间，这里绘有一幅墓主人的正面肖像，画像显示出墓主人是一位中年男子，他面色白皙，身材魁梧，蓄络腮胡，身穿朱色交领服，席坐，双手握于腹前，体态自然而端庄，身旁的属下体形相比墓主人要小得多，说明了墓主人地位的尊贵。男子的身后绘有一座宫殿建筑，可能是它的主人办公或居住的地方，建筑的廊柱和殿顶均用朱色赋彩，和墓主人的一身红衣相匹配，这幅壁画中对人处于坐姿时的身体结构表现较为合理，且能用肩膀的微垂、斜方肌的圆鼓反映人物放松的精神状态和健壮的体格特征，是考察汉代肖像画、人物画的有力依据。

在墓主人画像的对面墙壁上，绘有一幅城镇图，图中城镇内绘有一座高耸的望楼（图5-16），说明这座城镇很可能是具有防御功能的堡垒建筑，结合墓室壁画中车马出行图大量的士兵和墓主人画像的形貌特征，壁画的内容似乎反映出墓主人是一位高级的地方军事首领，城镇图很可能是他生前镇守的城池的

① 河北省文物研究所，安平东汉壁画墓发掘简报[J]，文物春秋，1989（21）：70。

图 5-16　建筑图——望楼

图 5-17　建筑图——城镇

画像。望楼的功能性描述突显，是一座顶部为亭的高楼，楼顶有旗帜，亭内有鼓，说明它非常便于观望示警，和楼下的城内建筑比较，望楼的体量也被明显地夸张了。这种夸张的目的可能有两种功能，其一是表现这座堡垒性城市的防御功能，其二则可能表现人站在高楼瞭望时俯瞰到的城市景象。从后一种视角来观察，楼下建筑的体量整体缩小就可以得到解释。除去对望楼的突出表现，楼下的城市建筑反映出汉代城市的规整性布局（图 5-17），观者可以看到大小不一的方形建筑互相连为整体，形成一个个独立又相互依靠的小院落，院落内有回廊、亭台、水池等建筑。东汉后期也是军阀群起的时代，这座城镇可能还反映了地方贵族大庄园的内部情形，这些大型庄园可以居住大量的族人和庄园雇佣者，庄园自身集多种功能于一体，形成一座自给自足的小城市。为了确保庄园的安稳，东汉的庄园多设有望楼，所以该壁画可为研究东汉时期的社会环境提供依据。从绘画水平的发展来看，城镇图说明东汉末年的绘画已经能较为深入地表现城市的布局、内容和建筑物的比例关系，已能熟练地表现建筑的秩序感和立体感，是反映古人在绘画中尝试表现空间透视的实证。

（二）错金银青铜伞挺

错金银青铜伞挺（图 5-18）出土于河北省定州市三盘山。[①]1965 年，考

① 路懿菡、郭梅，定州三盘山汉墓错金银青铜伞挺纹饰涵义考察[J]，文博，2016（02）：60-64。

图5-18 错金银青铜伞挺

古工作者在这里发掘清理了三座汉墓，编号为120—122号，这些墓葬皆为大型竖穴土坑木椁墓，朝向南，三座大墓东西并列，显然属于高级贵族的家族墓地。在青铜伞挺出土的122号墓中还发现有“中山”字样的封泥，并在墓葬出土的铜器上发现有“中山内府”“刘骄君”“刘展世”等铭文，很可能与西汉中山王的家族墓有关。

伞挺是汉代常见的车马器，是用来将马车上的伞柄连接到车厢的直筒状支柱，许多高等级的汉墓均发现有这种车马器。由于汉代丧葬中“事死如事生”的观念，人们认为墓主人的灵魂会如其生前一般乘马车出游，往来于“仙界”或“天界”，所以汉代墓葬对葬入墓室的马车颇为重视，常常出现随葬真车马的情况，车身上的纹饰往往是具有神仙色彩的祥瑞符号，这些符号将马车转化为一架可以“仙游”的神车。位于马车中主人坐乘之上的伞盖就成了表现“升仙”“升天”思想的重要载体。高级的伞挺往往有华丽的纹饰，并常常采用错金银、宝石镶嵌等工艺制作，器身颇为美观。如盱眙县大云山汉墓就出土有镶宝石的银伞挺，日本东京艺术学院也藏有一件西汉时期的错金银青铜伞挺，可见伞挺是汉墓中较为常见的出土物，而三盘山出土的这件青铜伞挺不仅所用材料昂贵、制作工艺精美，并且所绘纹饰内容丰富，具有强烈的主题性，是研究汉代丧葬礼仪美术的重要材料。

青铜伞挺呈直筒状，长26.5厘米，直径3.6厘米，中空，分为上下两截，以子母口套接。通体装饰错金银花纹，纹饰间用绿松石和玛瑙石装饰。纹饰可以分为四段，由器身上的三道轮匝分隔，内容包括了大量的人物和动物，并具有强烈的神仙色彩，各类形象共计125个，形象之间用云纹环绕联系，形成四组主题明确、形式统一的图像。伞挺的四段图像中可识别出“羽人”“应龙”“天马”“象”“骆驼”“鹿”“虎”“熊”“凤”“羊”等各类形象，这些形象中还有羽人持弓箭射猎动物的内容，因此该伞挺纹饰一度被认为是表现狩猎场景的图像。[①] 但大量出现的羽人（还有六组羽人和神兽的组合图形，反映

① 史树青，我国古代的金错工艺[J]，文物，1973（06）：66-72。

了羽人能驾驭神兽或与之交流的神力)、应龙、天马、凤、胡人骑象(西汉时期认为昆仑山在西域,而西王母所居即昆仑山,所以从西域而来的胡人和象的图像寓意往往具有神仙色彩)等,显然使狩猎的场景脱离了现实生活而转入了超现实的境地,因此该青铜伞挺上的绘画可能更寓意了一处仙境。[①] 值得注意的是,有研究指出,武帝时一位方士曾劝告武帝将神明的形象描绘于日常用品上,才有可能与神明对话,武帝采纳了这一言论,并建造了一辆“云气车”。[②] 该伞挺画面全篇无处不见的云纹似乎即暗示了车辆即是云气车,它象征着墓主人已乘车进入了仙界或天界。

总体来讲,这件伞挺上的图像是汉代流行的祥瑞图像的一种集合,是表现升仙、升天观念的主题美术,这类主题在汉代的美术应用中颇为普遍,其风靡在武帝时期随着皇帝的求仙思想而达到高潮,并持续至东汉及魏晋时期。

(三)跽坐石人像

跽坐石人像位于河北省石家庄市新华区赵陵铺,现存石像有两件。据考证,它们是西汉第一代南越王赵佗在河北故地的先人墓前的石像。赵佗本是秦将,秦末大乱时他奉命攻下了“百越”,并乘乱割据一方,在楚汉之际更是引入中原先进的科技和文化,壮大了南越国的实力。西汉开国时期刘邦遣使劝其归顺,赵佗接受,刘邦遂封其为南越王,至文帝即位时,南越国国力充沛,赵佗的地位和权势亦盛,因此,为了缓和朝廷与当时强大的南越国的矛盾,文帝下令在赵佗的故乡为其重修已损毁严重的家族墓地,即赵佗先人墓。

跽坐石人像是赵佗先人墓遗址保存较为完好的文物,该遗址原应有 70 余座墓葬,但由于大部分墓葬损毁严重,所以现已难寻其详细范围和结构。目前该遗址已得到了保护,新建设的赵佗公园将墓葬遗址包围在内,并以其墓葬美术为主题进行建设。地面现存的遗址只有经过后代加修的封土和两座

---

① 详见(美)巫鸿,礼仪中的美术:巫鸿中国古代美术史文编[M],北京:生活·读书·新知三联书店,2016 年,第 143—166 页。

② 同上。

图 5-19　汉代石人像

未见后代修饰的石人像可据考证，石人像的石质为较为粗犷的砂岩。其雕刻风格具有典型的西汉石雕循石造像（图 5-19）的古拙艺术风格。从造型上看，这两件石人像应为一对，系表现一男一女，石像的五官清晰，造型多利用几何图形来表现，眼部和口部皆为梭状，鼻子成方体，苹果肌饱满，似乎表现了人物言说中的形象，石像双手抱于胸前，赤膊而坐，乳房明显，腹部圆鼓，全身除去头冠外，仅穿有一件犊鼻裈，因此，其表现的似为体态肥胖的俳优演员。两尊石像造型手法颇为一致，唯独不同的造型为石像头戴的圆冠和身体的性别符号，故可将石像分为男女，其中男性者比女性者体形稍大。

由于墓葬遗址难考其详，这对石人像具体的寓意成为难解之谜，但与西汉相近时期的石像比对考证可知，西汉时期的大型石人像似乎有一种普遍的模式，其一是大型石雕的造型皆较为古拙，一般不做精雕细琢，考察汉代的玉雕工艺可知，石雕工艺应可达到更加精细的地步，但西汉现存的大型石雕少有精雕之作，可见西汉时期对大型石雕的艺术追求本即如此，这或许和石材与玉料象征的不同寓意或材质先天给人的不同感官体验有关；其二是这组石雕和现存于西安的西汉昆明湖遗址的两件石像（牛郎、织女）有着类似的性别特征，皆为男女两件石雕组成一组，这似乎反映了西汉时期石雕人像具有一种两性组成一组的阴阳调和模式。

（四）秦君墓表

秦君墓表（图 5-20）即秦君神道石柱，1964 年出土于北京市石景山区的八宝山[①]，是东汉时期贵族墓地的墓前立石。出土时发现有神道柱构件 3 件，石阙构件 14 件，共 17 件[②]，其中神道石柱保存基本完好，因柱额刻“汉故幽

---

① 中共石景山区委宣传部等，北京市石景山区历代碑志选[M]，北京：同心出版社，2003 年，第 3 页。

② 闫霞，美石美刻：北京石刻艺术博物馆导赏[M]，北京：华文出版社，2018 年，第 80 页。

图 5-20　秦君墓表

图 5-21　秦君墓表柱额

州书佐秦君之神道”11 字而得名。此处的“秦君”指某位秦姓贵族，“书佐”是汉官名，《后汉书·百官志》载“诸曹各有书佐，干主文书”，曹是汉代官署基础的办公部门，曹下主管文书的官职名为书佐，所以这位秦君的官职并不甚高。该石柱的其他残件上的纪年文字反映其修筑的时间是“永元十七年”，即公元 105 年，属汉中期，石柱和阙的发现进一步佐证了此时即使级别不高的官吏也修建较为华贵的墓葬。石柱和残阙现均藏于北京石刻艺术博物馆。

秦君神道石柱为一对，二柱通高 2.25 米，柱上端周长 1.08—1.11 米，下端周长 1.27 米，柱额（图 5-21）四面为长方形，竖长 0.48 米，横宽 0.43 米，正面用减地刻字三行①，是我国目前发现的最早使用“阳刻”的石刻。该石柱也是已发现的最为完整的东汉时期石柱。石柱的柱体呈下宽上窄趋势，有清晰可见的槽纹，柱头和柱础上均有高浮雕的螭虎形象，柱头的虎做向上攀爬状，柱础的虎做绕柱游走状，虎的造型生动逼真，刻画细致，已经脱离西汉“循石造像”的雕塑模式，石柱整体形制庄重精美而有气势，和古希腊的科林斯式柱在造型上有异曲同工之妙。

神道石柱的记载最早见于《后汉书·光武十王列传·中山简王焉》章怀太子李贤注“墓前开道，建石柱以为标，谓之神道”，说明石柱是立于神道两侧“以为标”的，标有标记、标识之意，是向人们表明神道所属的墓葬的，这和秦君神道石柱柱额所刻文字的意义相符，石柱除可称标，也可称

① 林剑鸣、吴永琪，秦汉文化史大辞典[M]，上海：汉语大词典出版社，2002 年，第 551 页。

华表，但华表在上古时期还有其他功能，不同功能下形制也不同，如在宫殿建筑群中作为装饰物的华表就以交午柱的形式出现，是一纵一横的十字交叉的木柱，只是当其在墓葬建筑群中出现时，就成为石制的直柱了，只用来表明石柱之间的神道和其所属的墓葬。① 这种墓表建筑在东汉以后继续存在，虽然《汉书》载“墓前开道，建石柱以为标，谓之神道”，似乎说明石柱是神道的主要标识物，但从考古发现来看，东汉时期的墓葬有的只有石阙或只有石柱，又或如作为故幽州书佐的秦君之墓这样两者皆备，更多的情况下贵族墓葬是普遍有石阙而未必有石柱，如四川渠县就发现了不少汉代墓阙，而未发现石柱。石柱自东汉以后继续被沿用和发展，梁朝时期的墓表还出现了一对石柱分别用正书和镜像文字形成的反书来写相同文字内容的形式变革，直到宋代还能在史料记载中看到宋人墓葬中修筑墓表的相关内容。

（五）组石佩

图 5-22 组石佩拓片

组石佩（图 5-22）出土于西沟畔汉代匈奴墓地，西沟畔汉代匈奴墓地位于内蒙古准格尔旗大营盘西北 6 公里，这里是古代游牧民族的墓地。1979 年 5 月，考古工作者在准格尔旗西沟畔发现了 3 座战国墓，后编号为M1、M2、M3。② 当年的 8 月，当地农民又在这里偶然发现了一座古墓，即编号为西M4 的墓葬。这座墓葬发现时，墓内的器物全部暴露于地表，墓圹已被破坏。发现者根据遗物的分布位置，描绘了简单的草图。1979 年 10 月，考古工作者组成

① 孙机，汉代物质文化资料图说（修定本）[M]，北京：中华书局，2020 年，第 507 页。

② 伊克昭盟文物工作站、内蒙古文物工作队，西沟畔匈奴墓[J]，文物，1980（07）：1-6。伊克昭盟即今鄂尔多斯市。

文物工作队，对考古现场再次进行了清理，共发现了汉代墓葬9座（编号为M4—M12），还发现有一座可能是春秋战国时期的居住遗址[①]，从而印证了草原民族从战国至汉代长期在准格尔地区生活的史实，西沟畔古代墓地成为反映汉以前草原民族文化的重要遗址。

以出土组石佩的M4（即四号墓）为例，该墓为竖穴土坑墓，墓圹四周轮廓模糊，墓呈南北向，头向北。根据考古报告，墓主人应是女性，墓中的随葬品主要是死者生前的装饰物，其他陪葬品相对较少。墓葬出土了不少的金器，还有一些银器、铜器、玉器、石器、琉璃等。按用途这些器物可以分为装饰品、生活用品和随葬的明器，其中装饰品占大部分。根据考古工作者的复原，这些装饰品可以形成一件较为完整的头饰。头饰的全貌可以反映出当时草原贵族装饰物的风格特征，但是这些装饰物应是死者生前所用的饰物，而非死后专用的明器。

专作为明器的墓葬遗物可分为两类：一类是石佩饰，共46件；另一类是铜马，共49件。[②]经过复原，一些石佩饰可组成完整的组石佩，这种组石佩在墓葬中类似于汉代的组玉佩，但组玉佩和组石佩不同之处在于：组玉佩可以是死者生前的佩戴物，也可以是专门作为明器使用；而组石佩是典型的明器，在墓葬中作为组玉佩的替代品而存在。

观察这组石佩，可以发现当时游牧民族与中原地区紧密的文化联系，在这些石佩的造型上可以看到鲜明的汉文化影响。其中最为明显的是一对石舞人佩，石舞人佩的造型和西汉其他墓葬中发现的玉舞人佩结构高度相似，只是材质上不同，这些舞人佩在汉墓中出土很多，表现的均是正在表演袖舞的舞者形象。而西沟畔汉墓出土的这件石佩的舞人造型尤其和北京大葆台汉墓出土的玉舞人佩相似，也和永城芒山镇西山汉墓出土的玉佩相似，除去石舞人佩外，在这组石佩饰中的石璧、石璜、石觿等石器均反映出强烈的汉文化艺术特征。这组石佩的出土为汉匈文化交流的史实提供了佐证，是研究中国古代民族交流融合的重要实物。同时，这组石佩也为其他地区汉墓出土的玉舞人佩在组玉佩中的布置提供了实物依据。

---

① 详见鄂尔多斯博物馆，鄂尔多斯青铜器[M]，北京：文物出版社，2006年，第375—394页。

② 同上，第383页。

（六）玉座屏

该玉座屏（图 5-23）是 1969 年于河北省定县发现的东汉中山王刘畅墓出土的随葬品。[①]

玉座屏为青玉材质，由四件玉片组成，中间上下两层玉屏片的榫部插入左右两侧支架玉片的榫孔内，组合后的玉座屏高 16.5 厘米，宽 15.3 厘米[②]，玉器通体多黄褐色沁，用透雕、阴线刻的形式表现其内容，做工精致，能代表东汉制玉的水平。

玉座屏两侧支架玉片为两连璧形，其内容基本一致，每个玉璧内透雕一龙，围绕着方形榫孔。玉屏片的内容尚有争议，1969 年的考古报告认为其上层玉屏片表现的是东王公，下层玉屏片表现的是西王母[③]，但有学者认为上层玉屏片表现的是西王母，而下层玉屏片表现的对象可能是东王公或其他与墓主人求仙思想有关的人物[④]。

总体而言，两层玉屏片的图式颇为相近，均为中央人物在左右对称的仙人、神兽的拱卫下的场景，并且两层玉屏片表现的主体形象颇为相似，都是双手握于腹前、盘坐着的人物正面像，人物肩部都生有羽状的翼，头戴“胜”；不同点在于，上层人物头顶华冠，而下层人物头顶冠饰不明，但非华冠。华冠是汉代贵族女性佩戴的饰物，考虑到这一因素，上层玉屏片所表现的是一位女性神的可能性较大。东王公是一位晚于西王母出现的神祇，在汉代主要作为与西王母对称的神而出现，该墓主人所生活的东汉晚期，东王公的形象已经较为普及，因此下层玉屏片表现的是东王公

图 5-23 玉座屏

① 定县博物馆，河北定县 43 号汉墓发掘简报[J]，文物，1973（11）：11。

② 同上。

③ 同上。

④ 该论点认为下层玉屏片表现的主体人物的身份可能有三，其一为东王公，其二为周穆王，其三为墓主人肖像。详见徐琳，河北中山王刘畅墓出土玉座屏及“西王母”图像考[J]，中原文物，2008（01）：49-54。

的可能亦较大，但上下两层玉屏片中的其他仙人或神兽形象并不能直接证实他们所拱卫的中央神的身份。

值得注意的是，两层玉屏片中除中央人物的其他形象似乎还反映了玉座屏整体的图像设计理念，这或许是一件利用两段垂直分布的图像表达递进的升天、升仙场景的作品。在上层玉屏片中，出现了羽人、凤鸟、麒麟等形象，而下层玉屏片中同样出现了羽人，不同的是羽人与中央神的方位关系，上层玉屏片中羽人位于中央神的下方，而下层玉屏片中羽人和中央神居于同一高度。除羽人外，下层玉屏片中的神兽以龟蛇、熊为主体，龟蛇常常被认为是地下世界的神兽，在长沙马王堆一号汉墓出土的T形帛画中，画面下段“地府”图像中就有龟蛇的形象出现，而在该帛画的中上段，出现了凤鸟的形象。考虑到这些动物可能代表的空间差异，再结合中央人物与羽人的方位关系，我们虽不能确定两件玉屏片上的人物的具体身份（尤其是下层玉屏片上中央的人物），却可以发现一种空间差异带来的连续的、动态的叙事。下层玉屏片反映的可能是升仙思想中的地下世界，而上层玉屏片反映的可能是升仙思想中的天界或仙界，在两层玉屏片的人物和羽人组合中，人物的位置逐渐高于羽人，表现的可能是中央人物在羽人的拱卫下飞升的场景，而两层玉屏片中央人物形象上的微妙变化可能反映了穿越不同空间后人物状态的升华，但这一人物可能并非墓主人，而是前来引领墓主人的神祇，因为玉屏片上中央的人物形象是典型的西王母这样的神仙造型，所以在这件作品中，墓主人的形象可能是潜在的，这是一件第一人称的艺术品，可能具有引魂升天、升仙的丧葬礼仪功能。在汉代的升天、升仙图中，飞升天界或仙界的过程中往往要穿越一个个不同的空间，而空间的隔阂正是以玉璧的形式表现，玉璧上的龙正如同马王堆一号汉墓T形帛画中“双龙穿璧”中的龙，具有携引墓主人升天、升仙的功能。

基于这件玉座屏上各种表现升天、升仙思想的图像符号，该玉器显然是一件与汉代流行的求仙思想紧密相关的器物，其丰富的图像内容对研究汉代求仙思想具有重要价值，它画面整体的纹饰美感和对人物、动物形象的精致表现同时还反映出此时期玉器艺术的高度成熟。

（七）居延汉简

居延汉简因其发现于内蒙古自治区额济纳旗居延地区和甘肃省嘉峪关以东的金塔县肩水金关地区而得名。这些汉简多为木简，极少见竹简，由于其多出土于边关地区，又多是作为当时的文书档案而被古人保存起来，所以它们往往是今人考察汉代文化、历史、军事的重要文物。但边关记事只是这些简牍记载内容的一部分，简牍上的内容还广泛涉及汉代文化的方方面面，包括了大到国家政令、军事命令、经济制度，小到地方文书、往来信札、医方、历谱，甚至还包括记录诸子、六经典籍、车马行程等内容，可谓包罗万象，是考察汉代社会各方面发展状况的可靠资料，也是学界研究汉文化的重要课题之一。

居延汉简不仅有重要的考证价值，同时其书法也具有丰富的美感，其字体笔画大多以隶书、章草为主，有大量的波磔笔画和扁平的文字特征，并稍具篆书（小篆）风格，例如部分文字的笔画保留了篆书的圆转行笔姿态。由于这些汉简多出自普通书吏之手，而非汉代的书法名家所作，故而其书风多样，结体、行笔的变化可谓千姿百态，极大程度地丰富了古代书法艺术的内容，拓宽了人们观察古代书法艺术的视野。

第六章

西南地区遗址美术

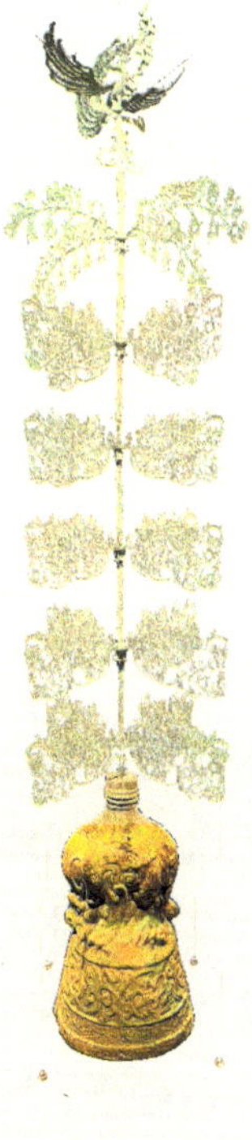

第一节　巴蜀与滇：西南地区墓葬遗址美术

西南地区的汉代墓葬遗址美术以四川和云、贵地区最具影响力。四川是东汉时期三个画像艺术的中心之一（还有华中地区的南阳、华东地区的山东），蜀地较为闭塞的地理环境和相对安定的社会环境为艺术的稳固发展提供了良好的基础。这里发现的墓室壁画和石棺画像反映出蜀地艺术的自由和包容，与对政治和历史表现出浓厚兴趣的陕西、山东等地区的墓葬艺术大相径庭，例如四川乐山麻浩一号崖墓的佛像浮雕，佛的形象被作为神仙系统中的一员引入墓葬美术，使这里的神仙系统既有西王母、东王公等传统神祇也有来自异域的神祇，而墓葬中习见的“荆轲刺秦”“孔子见老子”“白猿传”[①]则反映出蜀地艺术对各种不同来源的图像的吸收和应用。这里墓葬艺术中体现出的人们对表现生活场景的浓厚兴趣，是促成四川汉代美术的地域特征的重要元素之一。

四川的汉阙也是全国汉阙数量之最，著名的渠县汉阙、雅安高颐阙都在四川。石阙是东汉后期蜀地墓葬中流行的建筑类型之一，它的功能与山东地区墓葬建筑中流行的石祠类似，二者都是以图像和文字表述墓葬设计者思想的墓葬地表建筑，不同的是它们的表现形式和侧重点。山东画像石祠的表现重点是连贯的平面图像，图像内容大多以儒家哲学为思想主导；而四川地区石阙的图像语言以高浮雕和仿木建筑装饰结构组成，内容多以四川地区流行的神仙题材、历史故事为主体，是汉代巴蜀地区民俗信仰流行的体现。

相较而言，云、贵地区的汉代墓葬遗址美术则表现出强烈的滇文化特征，由于这里在汉代长期处于较为稳固的诸侯国统治范围内，所以古滇国的地域文化与汉文化得到了深入而长久的融合，李家山、石寨山出土的文物中有诸

---

① （美）巫鸿，礼仪中的美术：巫鸿中国古代美术史文编[M]，北京：生活·读书·新知三联书店，2016年，第186—204页。

如贮贝器、青铜鼓这样的少见于中原墓葬的器物，它们吸收了汉式风格，但又保持着滇文化的艺术特征。贮贝器上的大量青铜圆雕更是反映出滇文化对铜塑的喜爱，并且说明古滇国文化在青铜器制造方面仍保持着高度发达，尤其是对小型青铜圆雕的塑造能力，在汉代雕塑艺术中占有重要的地位。

汉代云、贵地区缓慢的经济、文化发展速度还使春秋战国时期流入这里的中原艺术在一定程度上得到了转化和保存，李家山出土的青铜牛虎案这样的汉代礼器还具有先秦礼器的艺术风格，这件高规格的礼器反映着先秦礼仪观念对古滇国文化和政治的影响，是西南地区少数民族与中原地区长期进行交流融合的实证。

（一）乐山麻浩崖墓

1. 乐山麻浩崖墓遗址的基本情况

乐山麻浩崖墓是指四川省乐山市九峰镇明月村的东汉至北魏时期的崖墓群，该崖墓群南临麻浩河，崖墓所处的地区名为麻浩，故称麻浩崖墓，共计有 320 余座崖墓[①]，其中著名的有 A 区 M1、M6、M8，B 区 M1 等（图 6-1）。该崖墓群体量庞大，其中以东汉后期所建的崖墓为最多，众多的崖墓连续分

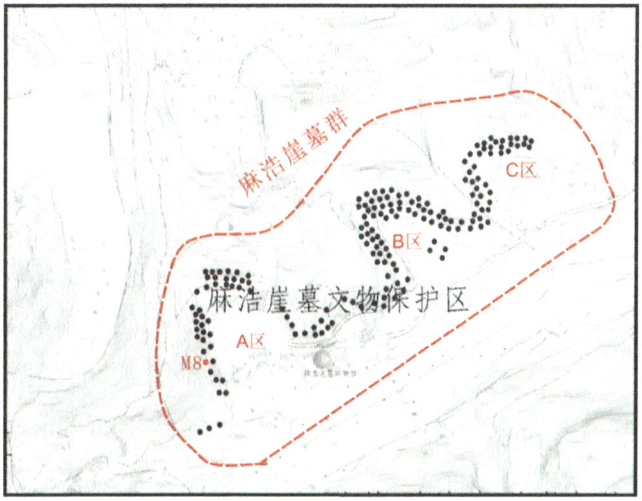

图 6-1　麻浩崖墓 A 区 M8 位置示意图

---

① 四川省文物考古研究院、乐山大佛风景名胜区管理委员会，四川乐山市麻浩崖墓 A 区 M8 调查简报[J]，2017（04）：5。

层排列于山崖上，平面呈横卧的“S”形延伸状，颇为壮观。值得一提的是，巨大的唐代所塑乐山大佛就位于麻浩崖墓群的A区，麻浩崖墓遗址现属于乐山大佛风景区的一部分。

在众多崖墓中，最为著名的是名为四川乐山麻浩一号崖墓（后简称一号崖墓）的墓葬遗址，该墓葬在1940年被发现后即受到世人的重视，墓葬中大量的画像石刻是汉代四川墓葬美术的代表性遗迹，一号崖墓画像石刻中还发现了一尊坐佛像，是我国现存最早的佛像之一。

麻浩崖墓大部分为多室墓（图6–2），并且“一墓多穴”，每穴内皆有后室，后室又有侧室和耳室，用以置棺和陪葬品。现就一号崖墓结构进行介绍。一号崖墓坐东朝西，位于乐山麻浩崖墓A区的北部，开凿在陡峭的崖壁上，崖壁的岩石为红砂岩，这是一种质地相对疏松的岩石，较利于墓葬的开凿，但是也较易受风化，而四川潮湿的气候又保证了这种岩石不会受到过度的风化影响，这种自然环境条件是四川崖墓得以保存大量画像石刻的原因之一。一号崖墓的建筑过程[①]应为首先在山崖的崖面上竖向开凿出一条短墓道，由于崖面具有一定坡度，因此竖向开凿的短墓道可以在崖面上形成一个微型的平台，之后再在垂直的开凿面施工，凿建墓门，并逐渐向山体内部深入。因此这些崖墓都是横穴墓。一号崖墓的墓门建造颇具智慧，墓门上方凿建有门檐，门檐挑出约40厘米，从而很大程度上防止了水流的侵蚀，同时门檐的后方还凿有明渠，形成排水系统，这条排水沟长15米多，均宽约30厘米，均深约30厘米，底部较窄，向北与麻浩二号崖墓的门檐相连通。[②]多座崖墓的排水系

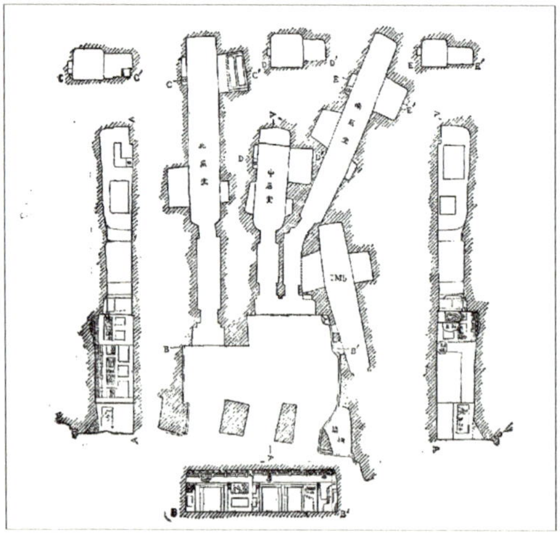

图6–2 墓葬平、剖面图

① 乐山市文化局，四川乐山麻浩一号崖墓[J]，考古，1990（02）：111-115+122+194。参该文可知这种建筑过程所反映的是麻浩崖墓普遍采用的开凿模式。

② 同上：111。

统互相连通，必须保持良好的高低差，从而防止排水的倒流，根据实际情况可知，这些排水系统至今仍能起到排水的作用，可见这些崖墓的修建充满了工匠的智慧。除去门檐的防水作用外，一号崖墓的墓门还被设计成上部略向外倾斜的造型，这样做也可以起到一定的防水作用，有利于对墓门石壁的保护。一号崖墓的墓门宽大，宽达 12.1 米，高 3.9 米，由于上部略外倾的设计，墓门在视觉上有一种庄严凝重之感。[①]

墓门（图 6–3）被两根宽厚的崖柱分为三个门洞，其中北门最宽，达 2.33 米，南门最窄，宽度为 1.9 米，三个门洞高度均为 2.48 米。中门和北门的侧壁上刻有画像石刻。[②]

图 6–3　墓门

图 6–4　前室

墓葬的前室（图 6–4）原应为家族墓室的“祠”，这里为一开阔的多穴共用空间，在前室的南壁上有一从石壁上凿出的圭首碑，碑上未见文字，而刻有画像石刻。前室的东、南、北壁上也均刻有画像石刻，墓壁皆上部朝内略倾。在前室的东壁上有三条甬道分别通往三个后室。

三个后室自南向北分别为南后室、中后室和北后室，后室皆有甬道、侧室、耳室，结构基本类似。后室的南壁东侧皆为棺室，棺室正对面的北壁东侧皆开凿有案龛和灶，并且案面均高于灶面，这里象征着墓主人的饮食空间。后室的南壁西侧均有一小耳室，对面（南后室为斜对面，目的是避开中后室的棺室）的北壁西侧均有一大耳室，占地与棺室大小相近。四个侧室的布置颇为对称，均为大小相对，南北相对。不同在于后室的大小以及局部结构的差异，三个后室中南后室深而窄，中后室最小，而北后室最为宽大，南后室和中后室共用一个甬道口，其后的甬道皆为双层门，南后室甬道先为正东向，但在连接后室的

① 乐山市文化局，四川乐山麻浩一号崖墓[J]，考古，1990（02）：111。
② 同上。

部位开始向东南侧弯曲，从而使南后室的方向为坐东南朝西北，这样的构造是为了防止南后室的开凿打破岩壁穿透至中后室的棺室。学者通过研究分析，发现一号崖墓中的画像以北面最详，而南面较草率，并且根据南后室向东南侧开凿以避开中后室的现象，认为一号崖墓的开凿并非一次完成，而很可能是从北侧向南侧逐步开凿，画像石刻也应是逐步制作，这或许和家族墓成员下葬的时间差有关，也可能和墓葬修建时的其他时代背景有关。①

一号崖墓的开凿显然反映出四川崖墓建筑模式的成熟，设计者和工匠可以熟练估算墓室的结构，成功地避开先有的墓室，基于麻浩崖墓群巨大的体量，一座崖墓的开凿有可能间隔多年，工匠也可能更换，但墓葬的建造却能高度统一，可见崖墓在乐山地区的流行应是一个颇为漫长且形成了规模和系统的地域性历史现象。

多后室和一座共用的前室是四川崖墓特有的建筑结构，这种结构很可能是应对四川特有的地方文化和宗族祭祀需要而形成的，它或许反映了一种建立于大家族聚居习俗之上的集体祭祀活动。千年以前，这里的祭祀与香火曾连绵不绝，巨大的崖墓群寄托了多个家族后代对已逝家族成员的思念。石壁上的石刻还反映出一种东汉流行的丧葬习俗，即墓葬建成后，墓室前应有一些较为公共的“展示”活动，这些具有不同含义的画像石刻组成的整体艺术反映的可能是一种以“孝”为标题，并加入其他道德题材图像的引起共鸣和讨论的社会活动。②

2. 遗址的代表性文物

麻浩一号崖墓的画像石刻颇多，这些石刻一则模仿木构建筑，在墓门和墓室的石壁上刻出仿木结构的屋檐、门框、斗拱等，使墓室既有木构建筑奇巧的结构感，又因石材的凿刻工艺而具有庄重稳固的厚重感，从而将轻巧活跃

---

① 乐山市文化局，四川乐山麻浩一号崖墓[J]，考古，1990（02）：111-115+122+194。

②（美）巫鸿，中国古代艺术与建筑中的“纪念碑性”[M]，上海：上海人民出版社，2017 年，第 404 页。该书讨论了以社会和道德含义解读画像石祠的文化内涵，这种内涵的支撑就是丰富的组合式画像石刻，四川崖墓丰富的组合式画像石刻和一个类似石祠的前室反映了与巫鸿所说的这种墓葬的社会公共价值功能的关联。类似观点也见于郑岩，逝者的面具：汉唐墓葬艺术研究[M]，北京：北京大学出版社，2013 年，第 153 页。该书还阐述了东汉晚期过度标榜“孝道”导致墓葬建造得过分奢华，并分析了这种放大墓葬建筑的社会功能的微妙原因。

与深沉肃穆的美感辩证结合。在仿木结构的四周，是刻痕清晰、内容明确的画像石刻，这些画像石刻多为浅浮雕，分布于墓葬的墓门和前室，共计 27 幅[①]，所涉内容丰富，艺术手法精湛，是研究汉代绘画、雕塑艺术和社会文化的重要材料，现就其中几件画像石刻进行介绍。

（1）坐佛像

图 6–5　坐佛像拓片

坐佛像（图 6–5）位于墓葬前室东壁石门额上，为高浮雕石刻，该佛像通高 37 厘米，佛陀呈坐姿，梳肉髻，头部有背光，身穿通肩大衣，应为袈裟，右手施无畏印，左手捏袈裟一角，这一形象与印度犍陀罗佛像颇为一致，说明东汉晚期印度佛教及其艺术已经传入四川地区。但如此孤立的佛教造像并不能解释四川崖墓何以要使用佛陀形象。巫鸿认为这可能与东汉时人们对佛教造像含义认知的模糊有关，汉人将“佛作为来自西方世界的‘外神’”，认为佛有“助人不死之力”，因此将佛与象征不死的东王公、西王母并列，将其作为墓葬中反映“死者期望死后升仙的个人愿望的象征”。

（2）荆轲刺秦王

“荆轲刺秦王”是汉代画像石中的常见题材，一号崖墓所刻的荆轲刺秦王（图 6–6）颇具戏剧性色彩，画面被分为三段，最右侧一段为伏跪的秦舞阳，面前是樊于期的首级和承托首级的匣，这一画面将秦舞阳助荆轲刺秦王，假意伏跪伪装臣服的

图 6–6　荆轲刺秦王

① 乐山市文化局，四川乐山麻浩一号崖墓[J]，考古，1990（02）：113。

画面表现得极为生动，观者甚至能感受到秦舞阳在这个戏剧性场景中表露出的克制与隐忍。画面向左进入荆轲刺秦王的主要场景，右手持剑的荆轲正奋力冲向画面左侧，一位武士正倾力拦截荆轲，武士将身体右倾，希望用自身的重量牵制住刺客，但其势单力薄，似乎已不能制止荆轲，这一场景的刻画不仅生动，而且对构图的利用尤为巧妙，向左冲刺的荆轲和向右倾斜身体的武士相互交叠在画面上，两人的身形形成了一个类“X”的形状，反映出这一场景下刺客与护卫的对立关系和力量的悖斥，可谓汉代绘画艺术精妙之体现。中段画面被位于画面中央的柱细分为两部分，其右为荆轲和武士，左侧为受惊逃避的秦王，一处细节反映了这件作品的设计精妙，秦王向后方撤退时长长的衣带还缠绕于柱上，这一细节表现了秦王此时如入瓮中一般，难逃危险之境地，危机中的秦王还一手持剑，但看上去却毫无上前搏斗之企图，传达了《史记》所载的秦王拔剑自卫的无助，与荆轲一往无前的形象形成强烈的对比关系。画面高潮之后，位于最左侧的一段描绘的是秦王宫中在场的“观众”——秦王的属臣，这两位属臣在这惊险的场合中的表现是软弱无力，一人抱头伏地，背对荆轲，似乎已被这一场景震慑至无力奔逃，另一人位于画面最左侧，正回首望向刺杀现场，工匠虽未刻画其面部，观众却可以从其前倾的身姿和双手的动作感知到其面部的恐慌之情。这里的艺术细节在于最左侧属臣的双手均超出画面的边框，这一刻画巧妙地反映了这位逃亡者慌不择路的内心状态。这件画像石刻虽尺寸不大，却藏有多处细节，通过动作、构图、道具将“荆轲刺秦王”的典故进行了戏剧性的表现，这种活灵活现的绘画图像位于一处崖壁上的墓葬中，不只证实了汉代美术的成就，还反映了汉人“事死如事生”的丧葬观念和东汉晚期借助画像石祠来反映修墓者对墓葬重视的普遍社会现象。

（3）挽马图

挽马图（图6-7）同样颇具设计之感，画面表现了一位马夫正用力拉拽壮硕的马匹，马的侧影显示出其力壮身强的体态，马匹除右前蹄外，其他三蹄全部用来抓地，试图抗拒后方的拉力，前蹄高抬，马嘴大张，马眼圆瞠，在其前方是一侧面形象的马槽，可见马儿正努力想要品尝马槽中的饲料。这一强烈的力量对抗场景被画面中的诸多细节表现了出来，马夫蹬地的双脚呈现出足尖朝上、足跟蹬地的状态，其身体如同现代拔河运动中可见的动作般向后下坠，臀部稍微

图 6-7 挽马图

高出地面，这一全身动作将人物的力量感和用力的重心准确地表现了出来，而马匹张嘴嘶鸣、脖颈弯曲前伸、腹部下陷将重心放低、尾巴高扬的状态同样颇具写实感，很难想象工匠没有深入观察过现实中挽马的场景。

综上，一号崖墓的壁画艺术对于动态图像的表现反映出工匠将事物真实状态和艺术表现相融合的高超造诣，这种精美的画像石刻在四川崖墓中实则并不鲜见，因此，在这些画像石刻背后，曾经应存在着一个人数众多、技艺高超熟练的石刻艺人群体，反映出劳动者的杰出智慧和汉代美术的巨大成就。

（二）雅安高颐墓

1. 高颐墓遗址的基本情况

高颐墓是一座东汉墓葬，位于四川省雅安市城市建设新区，根据墓阙上的刻字，可知该墓为“汉故益州太守武阳令上计史举孝廉诸部从事高君字贯方”的墓葬。该墓建于东汉建安十四年（公元 209 年），占地约 600 平方米。其封土、墓碑、神道、墓阙、墓前石兽俱在，是我国汉代墓冢建筑群结构保存最为完整的遗址之一。该墓封土高 1.5 米，长 14.8 米，宽 13.2 米，墓冢坐北朝南，冢上有石碑一座，字迹模糊不清，仅可见碑体正面刻阳文“孝廉高公墓”五字。墓前 165 米处，为著名的高颐阙。阙为子母阙，分东西两座，其中东阙残缺严重，仅剩阙身和基座，阙身题有“汉故益州太守武阳令上计史举孝廉诸部从事高君字贯方”；西阙较为完整，子母阙身与阙顶俱在，阙身题有“汉故益州太守阴平都尉武阳令北府丞举孝廉字贯光”。两阙相距 13.2 米，中间为神道，阙前为“天禄”“辟邪”石首雕像，从结构上看，这种墓葬建筑群是典型的东汉葬制。

2. 遗址的代表性文物

高颐阙

高颐阙（图 6-8）是我国目前已知保存最为完好的汉代石阙之一，其造型深

图 6-8　高颐阙右阙（西阙）

沉浑厚，结构复杂，是反映东汉建筑与丧葬礼仪美术的代表性遗址。其仿木结构的石阙建筑形式，也是研究汉代木构建筑的重要依据。此外，阙顶处的多层浅浮雕画像，是汉代建筑艺术与绘画艺术的精美结合。

高颐阙后有高颐墓，有墓碑，碑文有“汉孝廉高颐墓”。东西阙俱存，其中东阙只存主阙，阙身由四层石材组成，通高 2.6 米，西阙主阙子阙俱存，共由十三层石材组成，通高 5.9 米。由于西阙的阙楼保存较为完好，其上的各类高浮雕画像还清晰可见。本书所介绍的几幅作品就来自西阙。[①]

阙楼上的画像包含了历史故事、社会风俗等题材，内涵丰富。其画像内容包括高祖斩蛇、仙吏候门、周公辅成王、张良椎击秦王、季札挂剑、九尾狐与三足乌等。

“高祖斩蛇”（图 6-9）描绘的是汉高祖刘邦斩白蛇的典故，这一典故在汉代具有重要的意义，它象征着汉代皇权的正统性，《史记》云刘邦所斩之白蛇为“白帝子也，化为蛇，当道，今为赤帝子斩之”，因此这一典故中直述了刘邦为赤帝之子之事。图像反映的场景颇为简单，但却颇具巧思，画中刘邦做躺卧状，右手托腮，左手持剑，但并未做出斩杀白蛇的动作，而是将剑持握于腹前，面部表情平静，双目直视画外正前方，表现出一种镇定自若之态。这一自如躺卧形象的设计一则与《史记》所载高祖斩白蛇时处于醉酒的记录相符，另外则反映了一种对预兆类事件发展的必然性的揭示，刘邦作为这则典故的主角，似乎对自己的人生有着绝对的认知，其躺卧状态中即已毫不费力地完成了“斩蛇”的事迹。图像通过对刘邦日后称帝这一预言发生的必然性的昭示，从侧面喻示了汉王朝刘姓帝王的正统性。由此图可见汉代美术对历史典故的表现方式、方法，以及其常具的隐喻性表达之成熟。

① 张孜江、高文，中国汉阙全集[M]，北京：中国建筑工业出版社，2017 年，第 250 页。

图 6-9　高颐阙高祖斩蛇阁

图 6-10　高颐阙师旷鼓琴阁

“师旷鼓琴”（图 6-10）是墓阙中寓意与“高祖斩蛇”相异的典故，典故大意是卫灵公在去往晋国的路途中于“濮水之上……设舍以宿。夜分，而闻鼓新声者而说之”，于是命师涓习得此曲。当灵公到达晋国后，晋平公令师旷依据师涓的记录进行演奏。但因师旷认为这首乐曲是亡国之音而在曲终之前停止了演奏，并称此曲为商朝时的师延所作，“与纣为靡靡之乐……闻此声者，其国必削”。然而平公执意命其继续演奏，最终“师旷不得已，援琴而鼓”，演奏过程中出现了“玄鹤……延颈而鸣，舒翼而舞”之现象，结果当乐曲的所有段落都演奏完毕后，“大风至，大雨随之，裂帷幕，破俎豆……平公恐惧伏于廊室之间。晋国大旱……平公之身遂癃病”。观察墓阙的画像，其中师旷鼓琴的形象位于左侧，右侧有一掩面哭泣之人，或为晋平公。天空中有两只飞鸟（应代表玄鹤）向下飞行，并做“延颈而鸣，舒翼而舞”状，但这一“玄鹤”形象似乎只是用以确定这件画像内容所演示的典故是“师旷鼓琴”，因为图中听琴者的图像与文献记载的细节尚有所区别，首先典故中的平公并未掩面哭泣，也未描述席间有哭泣之人，平公在师旷鼓琴的曲末表现出的是“恐惧伏于廊室之间”。因此这一图像所反映的很可能不只是典故所昭示的帝王不节制欲望将导致国家遭受灾难的训诫，而似乎希望通过掩面哭泣的听琴者表达一种人们面对历史悲剧性事件时所表现出的无力与悲叹，从而引申出一种图像上的“怀古”之意和一种悲剧式美感。

观察高颐墓阙画像，会发现其表现手法往往源于典故而又自有其立场，如紧临“高祖斩蛇”东侧的“张良椎击秦王”中，并未出现这则典故的常规场景，即包括张良和秦始皇在场的画面，而仅见一人手持重器将要抛出之势，因此此持椎之人很可能并非张良，而是在表现文献所载的与张良同行的力士，因为据文献记载能举起刺杀秦始皇所用的重椎的是力士而非张良。在高颐墓阙的画像中，张良和始皇帝均成为“张良椎击秦王”典故中隐藏的角色，取而代之的是投掷重达“百二十斤”的铁椎的力士，成为画面中唯一出现而受到赞美的角色。

综上，高颐墓阙画像一如武梁祠画像，似乎均反映出东汉晚期士族阶层对时政和当时环境的自我认知。墓葬华丽的地面建筑群在东汉时期往往成为人们交流讨论各种观念的公共空间和图像承载场域[①]，因此，当时这些画像很可能作为公共图像而被人们所讨论。

（三）晋宁石寨山古墓群

1. 晋宁石寨山古墓群遗址的基本情况

晋宁石寨山古墓群遗址位于云南省昆明市晋宁区的石寨山上，是一座战国末期至东汉初期的墓葬群，也是滇文化代表性的遗址之一。从 1955 年至 1960 年，这里先后进行了四次考古发掘，共清理了 51 座墓葬，出土了大量的滇文化器物，尤其在第二次考古发掘中，这里发现了多座高规格墓葬，在出土的文物中发现刻有“滇王之印”四字的金印（即著名的滇王金印），从而证实了这座遗址曾经是古滇国王族的墓地，引起了学术界的热烈关注。[②]1996 年，石寨山又进行了第五次考古发掘，清理墓葬 36 座，发掘了 2 座大墓，被认为很可能是某代滇王的墓葬，出土文物 410 件，进一步丰富了石寨山遗址的内涵。[③]

石寨山古墓群遗址的墓葬是典型的滇文化墓葬，这些墓葬与滇池区域的其他青铜时代的墓葬结构一致，都是竖穴土坑墓，地面没有封土，大型墓葬有木椁和木棺，木椁有“井干式椁”，出土的器物类型丰富，数量多，功能齐全，但中、小型墓葬就相对简陋，有些墓葬没有棺木，出土的器物也多是生产工具。从整体上看，墓群随葬品以青铜器为主体，并包括陶器、铁器、漆器等。

---

① （美）巫鸿，中国古代艺术与建筑中的“纪念碑性”[M]，上海：上海人民出版社，2017 年，第 317—322 页。作者在此讨论了东汉墓葬是“社会的一个交叉点：它不仅是家庭中祖先崇拜的中心，而且也是家庭之外社会关系的一个焦点……汇聚了赞助人和建造者的思想”。

② 杨勇，石寨山考古的新成果和再认识——读《晋宁石寨山——第五次发掘报告》[J]，文物，2011（08）：90-95。

③ 同上。

值得注意的是，在石寨山遗址的墓葬中，即使小型墓葬一般也都随葬青铜器，这种现象也普遍见于李家山古墓群遗址，可见陪葬青铜器是滇文化葬俗的一大特征，也反映了滇文化对青铜器的重视。

石寨山（图 6-11）高出地面约 20 余米，西距滇池东岸约 1 公里，东面山脚下有石寨村，北有小梁王山，东有左卫山，东南有金砂山，这些山都是滇池边上的小山丘。[①] 石寨山又名鲸鱼川，相传汉武帝于长安凿池习战，池畔刻石作鲸鱼，即像此山。1955 年的考古报告中，作者指出"自滇池边上向东望去，此山极似一条鲸鱼"[②]。这里所谓的凿池习战、刻石作鲸鱼应该就是指武帝修建昆明池并在池中设石鲸之事。因此，这座小山与汉文化之关系由来已久。石寨山除去古墓群遗址外，还存着不少地面遗迹。在山顶中部的缓坡上有一座土城，大部分墓葬都位于土城之内，1955 年考古报告记载了当地农民传说石寨山有上校场、下校场，为元末梁王屯兵之地，但土城的具体来历尚不清晰。[③] 石寨山上也发现有早期人类活动的痕迹，有使用石器和陶器的遗址，可见这里在成为墓地之前曾有人居住过。此外，石寨山的西、北部还分布着较大面积的遗址堆积，过去虽做过勘探和发掘，但尚不清楚其具体年代、内涵、分布以及与墓地的关系等内容。因此，石寨山遗址尚有诸多待发掘和研究的空间，由此也可见滇文化在此区域应曾有过颇为辉煌的一段时期，才能形成如此丰富的文化堆积。

图 6-11 考古报告中的石寨山外貌（东面）手绘图

① 云南省博物馆考古发掘工作组，云南晋宁石寨山古遗址及墓葬[J]，考古学报，1956（01）：44。

② 同上。

③ 同上：62。

2. 遗址的代表性文物

（1）石寨山文化贮贝器

贮贝器是滇文化的代表性器物，多出土于贵族墓葬，由于古滇国远离海洋，所以贝壳在这里作为货币使用，贮贝器就是用于贮藏“贝”的铜器。贮贝器器形可分为四个大类，分别是束腰筒形贮贝器、虎耳束腰筒形贮贝器（即改束腰筒形贮贝器身上的小耳为虎形耳）、鼓形贮贝器、叠鼓形贮贝器。可见贮贝器的器形还与中国古代南方和东南亚地区流行的铜鼓有紧密关联。

据2020年的研究可知，“经科学考古发掘出土的青铜贮贝器共42件，且仅出土于滇池地区的晋宁石寨山、江川李家山和呈贡天子庙三处墓葬中”[①]。其中石寨山出土的贮贝器占绝大多数，共36件。贮贝器仅出土于大中型墓葬中，说明贮贝器是只有滇王、滇国贵族或重臣才可享有的贵重器物。这些器物统一的特征在于其器盖上的青铜雕塑，这些雕塑用圆雕的形式铸造人物、动物等形象，并组成群雕。群雕场面热烈，内容丰富，主题鲜明，形成了贮贝器精彩而独特的艺术风格。由于这些以圆形基面为底座的群雕所表现的内容以祭祀、战争等重大事件为主，而古滇国有关的文献记载又极为稀少，因此贮贝器上的一组组群雕也被人们称作“雕塑版的滇国史”。[②]

贡纳场面贮贝器（图6-12）发现于石寨山13号墓，是石寨山古墓出土的西汉时期铜器，原器应是叠鼓形贮贝器，上鼓已残，现在可见的是下鼓。该器物的独特之处在于下鼓的鼓面边缘一周铸有21个朝向一致呈顺时针方向的人物和动物，而一般的叠鼓形贮贝器只在上鼓的鼓面上铸造。其内容表现的应该是古滇国社会较低层阶级向贵族进贡的场景，人物、动物的造型和动作逼真，人们的日常面貌也被丰富地表现了出来，雕塑对人们日常所使用的工具、穿戴服饰、发型、面部特征、常见的饲养动物进行了表现。有研究认为这些人物形象中包括了滇池地区的滇人形象、滇西的“昆明人”形象，以及可能来自东南亚、南亚的“身毒人”形象。[③] 从这件贮贝器可以看到古滇国社会的

① 王志强，古滇青铜贮贝器考——以中国国家博物馆藏品为例[J]，收藏家，2020（07）：71。

② 蒋志龙，发现滇国：晋宁石寨山的惊人发现[J]，中国文化遗产，2008（06）：13。

③ 同上：16。

基本形态和民众的面貌。

图 6-12　贡纳场面贮贝器

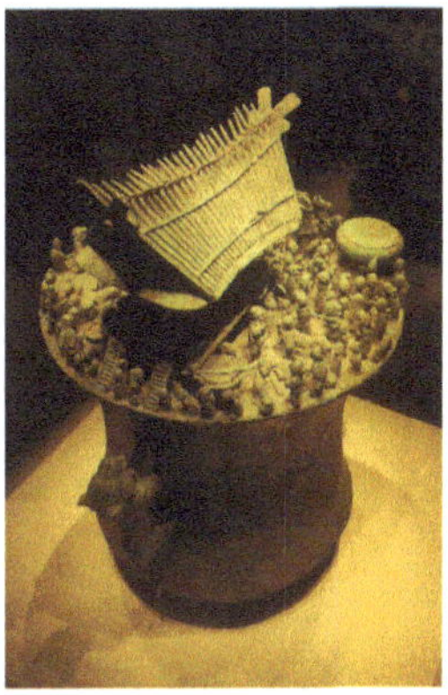

图 6-13　祭祀贮贝器

祭祀贮贝器（图 6-13）是石寨山古墓出土的西汉时期铜器，是一件虎耳束腰筒形贮贝器，器盖上表现的是古滇国重大的祭祀活动，即所谓杀人祭柱，其题材和石寨山 1 号墓出土的杀人祭柱贮贝器颇为相似，但是 1 号墓出土的贮贝器上未表现房屋，而 13 号墓出土的这件贮贝器上表现了一座滇文化建筑，建筑内有一妇人端坐于房屋楼上，反映了古滇国仍存在的母系社会结构残留。器盖上的群雕共塑造了 127 个人物形象①，表现的是一场宏大的祭祀场景（图 6-14），画面中铜柱位于房屋右侧，其周围人员最为密集，这里正在进行杀人、杀牲祭祀的活动。铜柱象征着破土而出的力量②，所以这场祭祀是与农业有关的祭祀活动，在铜柱的两侧，器盖的边缘处有两件塑造得颇为巨大的铜鼓形器物，石寨山 1 号墓出土的祭祀贮贝器上同样有两个铜鼓形器物，它们应是这类祭祀活动必需的道具。将如此宏大而丰富的场景融入一件器物之上，可见古滇国青铜铸造艺术之成熟，这件器物也是研究滇文化礼仪活动的重要文物。

图 6-14　祭祀贮贝器（局部）

---

① 蒋志龙，发现滇国：晋宁石寨山的惊人发现[J]，中国文化遗产，2008（06）：14。

② 梁英旭、李达仁、付昊、董晓京，古滇国贮贝器纹饰蠡测[J]，文物鉴定与鉴赏，2019（13）：23。

（2）滇王金印

滇王金印（图 6-15）出土于石寨山古墓群遗址 6 号墓，是 1956 年石寨山第二次考古发掘中出土的重要文物，现藏于中国国家博物馆。该印为金质，印纽为蟠蛇，蛇背上刻有鳞片。金印通高 2 厘米，印面为正方形，边长 2.4 厘米，刻白文篆书“滇王之印”四字。这枚印章一经出土就立刻引起了轰动，它使《史记·西南夷列传》所记载的滇国、益州郡的历史得到印证，《史记》载“元封二年，天子发巴蜀兵击灭劳浸、靡莫，以兵临滇。滇王始首善，以故弗诛。滇王离难西南夷，举国降，请置吏入朝。于是以为益州郡，赐滇王王印，复长其民”。可见汉武帝时期，滇国正式纳入汉帝国版图，成为汉王朝的属地，朝廷还在这里设置了益州郡，并“请置吏入朝”。已有研究论证了滇王在西汉时期是属于“列侯的待遇”，“是兼有内、外臣两种性质的‘中间王’，既受‘益州郡太守’的管辖，还能‘复长其民’”[①]，滇王金印是典型的官印。此外，还有“益州太守章”传世封泥和云南晋宁河伯所遗址出土的“滇国相印”存世，它们和“滇王之印”合称为“滇国三印”，是考见“郡县之设置，国家之统一，民族之交流融合”[②]的物证。

滇王金印的书风庄重而质朴，书法结体方正，气象疏朗，是汉代小篆的典型风格，这种篆书是汉代官方印章上主要的字体，其印面字腔内印泥仍鲜红，可以想见这方印或曾屡屡作为滇国最高统治者的象征行使着汉王朝地方管理者的权力，为使者、商队通过西南古道往返东南亚、西域诸国加盖出入境的印章。

图 6-15　滇王金印

① 李东红、陈丽媛，从“滇国三印”看西汉时期的西南边疆治理[J]，中国边疆史地研究，2021，31（03）：15。

② 同上：22。

（3）石寨山型铜鼓

铜鼓是中国南方和东南亚流行的一种铜器类型，其社会功能是象征拥有者的权力和身份地位[①]，是一种地域文化中重要的礼器。目前学界对铜鼓的研究颇为丰富，并划定了多个铜鼓类型，如万家坝型、冷水冲类型、遵义型、北流型等。石寨山型铜鼓是以石寨山古墓群出土铜鼓为标准器的滇文化铜鼓类型，它的特点是鼓胸膨胀明显，鼓腰部呈梯形，面径大于腰径而小于胸径；无唇，足沿无折边，体形小而略高。[②]石寨山型铜鼓存在的年代和石寨山墓葬的修筑年代一致，即战国至西汉时期，由于它的出土地点明确，年代清晰可靠，因此对于学界研究我国南方和东南亚的铜鼓提供了可靠的标准，被称为“标型器”。[③]

石寨山型铜鼓（图 6-16）常常装饰太阳纹、牛纹、船纹、羽人纹、飞鸟纹等纹饰，从装饰艺术特征来看，石寨山型铜鼓造型简洁，结构变化突显，纹饰类型系统而丰富，并且存在着纹饰的发展过程，早期的石寨山型铜鼓纹饰较为简单，以太阳纹、单弦纹、双弦纹、乳钉纹、三角纹等几何式纹为主，发展至中后期，纹饰中出现了牛纹、羽人纹等明确的形象，更具生活气息，因此，从石寨山型铜鼓的纹饰发展变化中可以看到石寨山文化装饰艺术的发展史，是系统观察石寨山文化内涵的重要文物。据研究，石鼓山型铜鼓的纹饰内涵和滇文化中的太阳崇拜以及对应的祭祀、礼仪活动有关，是滇文化受到东南地区东周时期的吴越文化影响而形成的，其形制起源也可能是受到吴越文化中流行的扁鼓腹三段式铜樽的影响而形成。

图 6-16　石寨山型铜鼓

（四）江川李家山古墓群

1. 李家山古墓群遗址的基本情况

李家山古墓群位于江川龙街镇温泉办事处早街村，是一处战国至东汉初

---

① 彭长林，石寨山型铜鼓研究[J]，南方民族考古（第十三辑），2016（02）：237。

② 余波，石寨山型铜鼓的装饰艺术，中国古代铜鼓研究会，中国古代铜鼓研究通讯（第 24 期）[C]，南宁：中国古代铜鼓研究会编印，2022 年，第 25—30 页。

③ 蒋志龙，发现滇国：晋宁石寨山的惊人发现[J]，中国文化遗产，2008（06）：17。

期的墓葬群，它地处云南中部高原盆地中，在其北约 40 公里处即是著名的石寨山滇王墓地[①]，它们都是集中反映古滇国文化的墓葬遗址。

李家山古墓群在 1972 年和 1992 年经过两次发掘清理，发现了古代墓葬 87 座，出土了大量滇文化器物，是继晋宁石寨山滇王墓地遗址后又一重大的反映滇文化的考古发现。该墓葬群已发掘的墓葬皆为竖穴土坑墓，大致呈长方形，大部分墓坑呈东西向。墓葬可分为大、中、小三个类型，其中大型墓的墓坑大，大部分深度超过了 3 米，随葬器物数量多，类型丰富，器物多至百余件到几百件不等；中型墓的墓坑较小，深度大部分超过 1 米，随葬器物的数量和质量相差较大；小型墓的墓坑小，深度浅，且随葬器物一般少则 10 件以内，多则 10 余件，器物类型亦少。大型墓中发现有木椁、木棺痕迹，部分中、小型墓也发现有木棺痕迹。木椁作“井干式”木框，木棺用厚木板构筑成长方形，放置在木椁内一侧，椁内另一侧作为边厢。大型墓葬的棺内常以黄金、玉、玛瑙、绿松石等贵金属、宝石制成各种珠、管、扣、片等饰物，并将饰物穿缀成多行横串，缝缀在长方形麻布上，形成“珠被”，考古工作者认为这种“珠被”很可能就是古代文献中所说的“珠襦玉柙”中的“珠襦”，“玉柙”即玉衣，是汉代级别最高的葬具，只有天子和诸侯才可使用，玉衣并未在该墓地发现。从“珠襦玉柙”可知，“珠襦”应也是一种高级的随葬品，只是级别较玉衣低，可能是滇文化由来已久的葬具。李家山古墓群出土的随葬品整体上材质多样，包括了铜器、铁器、金银器、漆器、玉器、石器、陶器、贝器、织物等，种类丰富，礼器、生产工具、兵器、日常用具等一应俱全。[②]随葬品尤以铜器最为精良，并且出土有大量富有鲜明的滇文化特征的器物，如滇文化特有的贮贝器就是其中的大宗，这些用于贮存滇国的货币“贝”的铜器以其顶盖上精美的青铜雕塑而闻名，这些青铜雕塑往往以群雕的形式出现，内容丰富，涉及祭祀、狩猎、纺织等社会活动，同时墓葬中也出土了大量具有滇文化装饰特征的兵器，还有滇文化风格的铜鼓，各种富有古滇国艺术特征的器物是观察滇文化的重要载体。这座古墓群据研究应属于古滇国贵族的墓

① 云南省文物考古研究所、玉溪市文物管理所、江川县文化局，云南江川县李家山古墓群第二次发掘[J]，考古，2001（12）：26。

② 同上：29-36。

地①，与石寨山的滇王墓地相比，李家山古墓群成为观察古滇国贵族生活状况的代表性遗址。

2. 遗址的代表性文物

（1）纺织场面贮贝器

纺织场面贮贝器（图 6–17）出土于编号M69 的墓葬，该墓葬年代约为西汉晚期至东汉初期，其器身呈束腰圆筒形，器盖和腰两侧铸虎形耳，底部为三个扁足。盖上铸 10 个人物，皆为女性，其中四人有二人理线、二人正在使用“腰机”织布。腰机是云南地区在历史上长期使用的一种织布机，也称“踞织机”②，它的特点是体形小，操作方便，适合小规模的织造。在群雕的中央，铸有一跪坐的人，她是群雕的主体，整个群雕的内容围绕该塑像展开，该塑像通体鎏金，体态端庄，面部表情安宁肃穆，是滇人贵族妇女的形象，体形相对其他人物较大，周身放有壶、盘、豆，并有人为其执长柄伞盖，其面前有一人正双手持圆盒跪坐做奉献状，另一人跪坐做仰望状，身后有一人跪坐做侍奉状，其左前方还有一双手放于膝前跪坐仰望的女性，体形较大部分人物要小，表现的应是女童。这些人物组合形成了一个膜拜的场景。贮贝器日常用来盛贝，也以贝供奉神灵，因此考古报告将这一场景解释为向专司织造的“织神”进行供奉。

（2）牛虎案

牛虎案（图 6–18）是 1972 年出土于李家山墓地中一座战国墓的文物，该器物以其精致的做工和独特的造型引起了学界的普遍关注，并以其功能和造

图 6–17　纺织场面贮贝器

图 6–18　牛虎案

① 张新宁，江川李家山墓地：再现滇国贵族生活 [J]，中国文化遗产，2008（06）：18-22。

② 云南省文物考古研究所、玉溪市文物管理所、江川县文化局，云南江川县李家山古墓群第二次发掘 [J]，考古，2001（12）：33-34。

型的高度结合、鲜明的滇文化美术风格成为李家山墓地乃至古滇国艺术的代表文物。

李家山古墓群出土器物的风格可以反映滇文化发展的两个阶段：第一个阶段是春秋末至西汉中期，此阶段滇文化占绝对主导，处于此时期的墓葬出土器物大多数是滇文化器物；而汉武帝元封二年（公元前 109 年）在滇及周围的云南中部设置益州郡后，中原文化对古滇国的影响加强，该时期墓葬出土的器物中虽仍以滇文化器物作为陪葬品的主体，但也出现了大量的汉式器物。[①] 牛虎案虽为战国墓葬出土的文物，但却和西汉初期、中期出土的李家山墓地文物具有风格上的统一性，可以作为理解滇文化在春秋至汉中期这段历史时期的有力依据。

牛虎案长 43 厘米，高 76 厘米，宽 36 厘米，出土于江川李家山 24 号墓。[②] 该墓是李家山墓地中最大、出土文物最多的一座，牛虎案即其中的一件。[③] 目前学界普遍认为这件造型特殊、做工精良的青铜器是一件祭器，就其功能而言，应是用于在祭祀活动中盛放祭肉的礼器。“虎”在青铜时代往往代表“帝”，即至上之神[④] 的形象，这种以虎为神的信仰在古滇国文化中依然旺盛，虎的形象在古滇国文化范围内出土的文物中屡见不鲜。牛是古代祭祀时使用的“三牲”（牛、羊、猪）中的首位，同时也是滇文化艺术中非常常见的符号，大量的青铜器上都有牛的形象作为装饰，反映了牛在古滇人生活中的重要性。从其器物造型来解读，该铜案很可能是专放“牛牲”的“俎”（礼器中的祭案统称为“俎”）。牛虎案以一头壮硕的成年牛为主体，牛头造型逼真，双角粗壮，牛角曲线自然写实，牛的四肢形成了案的四条案腿，牛背自脊梁最高点以后下陷形成一平展的案，案面延展至牛尾部再次翘起，在牛尾部塑有一只猛虎正用四爪钳制牛的后臀，逼真地再现了猫科动物捕猎大型食草类动物的场景。在成年牛的腹部下（案的正下方）有一站立的小牛，小牛造型完整而生动。铜案用来盛放祭肉的案处在一个下陷的区域，从器物整体造型

① 张新宁，江川李家山墓地：再现滇国贵族生活 [J]，中国文化遗产，2008（06）：18-22。

② 云南省博物馆，云南江川李家山古墓群发掘报告 [J]，考古学报，1975（02）：131。

③ 同上：99。

④ 林巳奈夫曾详细论述代表至上之神的“帝”与“虎”的紧密关系，详见（日）林巳奈夫，神与兽的纹样学——中国古代诸神 [M]，北京：生活 · 读书 · 新知三联书店，2016 年，第 7—51 页。

来看，这一区域就如同牛身缺失的一部分，而这一部分在祭祀时将被祭肉填充，似乎猛虎将要食用的就是牛背上的祭肉，这一设计可见作者的艺术想象力。该铜案的两头牛和一只猛虎均为各自单独铸造后再焊接而成，并且这种焊接技术在古滇国的青铜器工艺中十分普遍，而成年牛的牛头和牛尾部猛虎的重量相互制衡，使铜案的重心保持在器物中心区域，从而确保了器物的稳定。这些形象均反映出古滇国在青铜铸造方面高度发达的工艺水平。

第二节 巴蜀腹地的历史名城：西南地区古城遗址美术

西南地区最具代表性的古城遗址是位于四川渠县的城坝遗址，这座古城在 20 世纪 90 年代初期开始初步发掘，并在 2005 年正式发掘，发掘工作一直持续到 2018 年，并出土了证实这座古城就是见于史册的“宕渠”的文字瓦当，宕渠县是秦灭巴蜀后设的郡，汉继续沿用其置。宕渠在汉代巴蜀是最为重要的城市之一，是西周时期巴人分支賨人的聚居地，同时也是东汉宕渠郡的治所，对于当时巴蜀地区民族融合、地方管理有着极重要的意义，也是东汉名臣冯绲故里，其父冯焕的墓阙尚存，是著名的渠县六阙之一，渠县汉阙和宕渠在地理位置上相呼应，共同印证了宕渠在东汉时期辉煌的历史。

在宕渠遗址出土的文物中以文字瓦当、简牍为主，简牍的内容较为丰富，并且还发现了汉代的式盘，式盘是汉代占问吉凶的占卜用具，它一方面说明了当时谶纬之学的流行，另一方面反映出汉代天文的发展状况。

除了对历史史实和文化发展状况的印证作用，城坝遗址还是研究汉代地方城市的重要依据。据考，这座城池在汉代是一座集合了军事、政事和生活的城市，观察这座古城遗址的空间布局，我们能发现古人巧妙的空间布置。城市分为 5 个功能区，区域之间功能划分清晰，布置紧凑。城市整体结构设计巧妙，尤其城市中的津关遗址，坐落在由渠江环绕成的具有自然天险的高地上，是控制渠江水运的有力设施，也是辅助县城防御的强大工事。这些城市遗址的发现说明当时的宕渠不仅是地方治所，而且具有对川东水运良好的管控能力，也体现出四川地区水运交通发达的地理特征。

渠县城坝

1. 城坝遗址的基本情况

城坝遗址[①]位于四川省渠县土溪镇的渠江东岸，与土溪镇隔江相望，是一处时间线跨越战国至两晋的古城遗址，它西距现在的渠县县城约 26 公里，现隶属于土溪镇城坝村、天府村和洪溪乡的新华村。1992 年，重庆市博物馆对该遗址进行过小规模试掘。2005 年，四川省文物考古研究院对这里进行了首次正式发掘，发现了大量战国至秦汉时期遗存，并对遗址内的郭家台城址进行了初步探查。2013 年，考古工作者对郭家台城址的东城墙进行了解剖，发现这座汉代城墙有两次夯筑的痕迹。据研究，这些汉代城墙，应是东汉时车骑将军冯绲增修，渠县古称"宕渠"，是冯绲故里，其父冯焕阙至今仍存，该阙是著名的"渠县六阙"（亦称"渠县汉阙"）中的一座。2014—2018 年，四川省文物考古研究院联合渠县历史博物馆在这里进行了长达五年的考古工作，发掘面积达到 4000 平方米，清理出各类遗迹 445 处，出土了大量文物，其中"宕渠"文字纹瓦当的发现更是为确定城坝遗址为秦汉时期宕渠县城址提供了实证，揭开了这座两汉历史上川东地区政治、文化、经济中心城市的神秘面纱。此外，城坝遗址为秦汉时期"宕渠"县城城址的发现还为古巴蜀地区的民族融合、城市发展等研究提供了新的材料，有研究表明，作为"宕渠"的城坝遗址很可能也是商周时期巴人分支的賨人所建的国都"賨城"，秦灭巴蜀后在这里设宕渠县，"賨城"和"宕渠"实为一处。[②]

经过多年的考古工作，城坝遗址内的功能分区已较为明确，主要分为城址区、墓葬区、水井区、窑址区、津关区、一般聚落区六个部分（图 6-19）。

城址区位于遗址东北部的三级阶地上，被称为郭家台城址，该城址平面略呈方形，但不甚规则。城址南北长约 260 米，东西宽约 240 米，面积近 5 万平方米，发现有城壕、城墙、城门、街道、建筑基址、窖穴等遗迹，这些遗迹相互组合，形成了一座汉代古城。城壕位于城墙外侧，最宽处约 10 米，深约 3

① 四川省文物考古研究院、渠县历史博物馆，四川渠县城坝遗址 [J]，考古，2019（07）：60-76。

② 陈卫平、周科华，宕渠与賨城——渠县城坝遗址的考古发现与研究 [J]，四川文物，2021（03）：24-32。

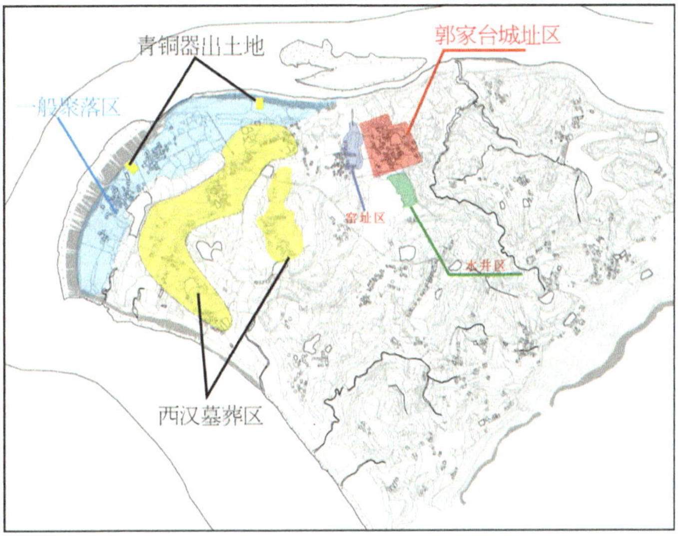

图 6-19　遗址功能分区图

米，城坝地区紧临水源，城址北面的渠江水可以很轻易地引入护城河，因此这样的城壕对于汉代的宕渠县城显然有非常实际的防御功能。城墙周长约 725 米，墙体残宽最宽处达到 18 米，东城墙部分暴露于地表，残高约 1 米，城墙二次夯筑迹象明显，早期夯筑采用的是版筑，时间应在西汉时期，夯层厚 10—20 厘米，晚期夯筑时间在东汉时期，是在原城墙的基础上在内墙或外墙堆筑大量含瓦片的灰黑土，上部再用黄褐色土夯打。城门仅发现西城门一座，位于城西墙的南端，即城址的西南角，城门经过三次修筑，占地面积最大的时段是在中期，南北宽约 4 米，长约 17 米，在城门与城内相连处的南部，还发现有门房遗迹一处，应是管理城门的官署。街道与城门相接，已揭露的街道长约 37 米，宽 9—12 米，在街道中还发现有三道车辙印，车辙间距为 1.4 米。遗址内目前已发现两处建筑基址，分别位于城址西南街道的南北两侧，也就是城内的沿街建筑，但这两座建筑在发掘中均未见出入口，但其中一处有附属的水井、窖穴等。城内还发现有一座文化层丰富的窖穴遗址，共五层填土，出土了约 80 件文物，包括了瓦当、木简、木器等，还出土有带有焚烧痕迹的鹿角，反映了这里古代的饮食习惯，该遗迹在西汉中晚期被废弃，成了垃圾坑。

墓葬区分为多个部分，其中西汉墓葬区位于郭家台城址的西侧；东汉至魏晋时期的墓葬则主要分布在城址以东的山梁，多为砖室墓或崖墓。已发掘的墓葬均为西汉墓，既有土坑墓，也有土坑木椁墓，其中土坑墓数量较少，随葬品多为陶器；而木椁墓数量较多，随葬品较为丰富，墓室内普遍使用青膏泥密封椁室，部分木椁墓中还有卵石铺成的渗水井或排水沟，木椁多有分厢，随葬品较为丰富，但没有带墓道或封土的墓葬。

遗址内发现水井 55 座，其中有一部分集中于城址南侧，被称为水井区，可能是用于灌溉。另一部分分散于城内，应是生活用水，从水井的分布可知这里曾经人口颇为密集。

遗址内的窑址在靠近城区处较为密集，应是专供城内工程所需的建筑材料，其余窑址则分散在遗址内。

津关遗址坐落于身处渠江岸边的回水区（回水区即是在河流边因地面下陷而形成的水流方向和河流方向相反的洼地），在高出水面 20 多米的台地上，对于军事防御和警戒瞭望皆极为有利。津关是古代位于水陆要冲地段的关卡，是水路和陆路转化的交界点，城坝遗址内的津关遗址是目前国内仅见的古代津关遗址，对研究两汉至魏晋时期的关卡具有重要价值。该津关遗址位于城址的西北，这里文化堆积丰富，从西汉至魏晋的遗物都有发现，可见宕渠县在历史上长期有一座重要的关卡保护，而津关紧临渠江，它的存在也反映了宕渠县城在川东地区水陆运输上的重要地位，这座城市的繁荣显然很大程度上依靠了其地理上的便利。

综上，城坝遗址是一座功能完整的古代遗址，它以古城址为中心，城外有为城内提供建筑材料的窑址和反映了大片田地存在的水井区，城西有沿江的聚落区和墓葬区，城西北有津关，这些区域互相合作形成了遗址的大空间，反映了繁荣于两汉时期的宕渠县的空间特点，这些遗址的发现对于汉代历史和四川、西南地区的历史研究具有重要意义。

2. 遗址的代表性文物

（1）“宕渠”瓦当

遗址内出土有“宕渠”字样的文字纹瓦当（图 6–20）10 件，这些瓦当皆出土于郭家台城址内，应是城内官署建筑所用建材，它们的出土对于确定该城址即汉代宕渠县城具有重要意义。瓦当“宕渠”二字为隶书阳文竖写，字样清晰，书体虽为隶书，但仍有秦汉篆书的书风，文字两侧各有一乳钉，其外有一圆廓将文字和两乳钉包括在内。圆廓外有四组各以三条短线组成的纹饰，其间又各夹一乳钉，结合书写方正的“宕渠”二字，瓦面纹饰整体布局端正而圆整，能突显出“宕渠”二字作为县称的庄重意涵。

图 6-20　“宕渠”瓦当拓片

图 6-21　式盘

（2）式盘

式盘是我国古代推算历数或占卜的工具，分天盘和地盘，天盘为圆形，地盘为方形，象征天圆地方，天盘中间有一圆孔，可以穿钉固定在地盘上，古人转动天盘，通过和地盘形成的不同解读内容来推演。城坝遗址出土的式盘（图 6-21）为木质，是一件残器，只余天盘，残器有明显的火烧痕迹。天盘的盘面分为内、中、外三区，内区绘有北斗，并且在北斗天璇、天枢二星相连的延长线上还绘有北极星，内区以圆形廓将内区和中区分开，中区原应绘有十二月神，在这件天盘上有魁、大一（即“太一”）等隶书，字为竖写。外区有二十八星宿名，可见奎、娄、胃、昴、毕、觜、参、井、鬼、柳、星、张、翼。式盘是两汉时期流行的占卜工具，这件式盘的出土反映了汉代巴蜀地区与中原文化的紧密关系。

（3）简牍

城坝遗址出土的文物中有竹木简牍 200 余件，这些简牍数量多，内容、类型丰富，包括木楬（用来揭示陪葬品内容的标示牌）、书信、爰书（古代的司法档案、文书）、识字课本、簿籍、户籍简、习字简，这些简牍继续丰富着我国出土汉简的内容，此外，城坝遗址还出土了一种新的简牍形制，即不对竹节和竹皮作刮削，甚至保留竹子的天然弧度，直接在其上书写的简牍，其竹篾虽较粗朴，书写却较工整，还发现有刻字并涂朱的竹片，为学界了解和研究汉代简牍形制提供了新的材料。

第三节 西南地区其他遗址美术

（一）击鼓说唱俑

击鼓说唱俑（图 6-22）出土于四川天回山东汉崖墓，现藏于中国国家博物馆，是一件高 56 厘米、坐于圆形台座之上的灰陶烧制的彩陶俑，但其俑身大部分彩色涂料已脱落。陶俑作为汉代雕塑中重要的类型，承载了汉代文化的方方面面，又因为其常常作为墓葬中的陪葬品，因此，相对于地面上的石雕，存于地下的陶俑的保存程度均较为完好，对研究汉代美术有着不可替代的价值。

四川天回山出土的这件击鼓说唱俑表现的是一位“俳优”，即古代的谐戏艺人。这种俑的出现与当时社会普遍流行的“俳优戏”有关，俳优戏是一种贴近民间与市井文化、杂糅了说唱与杂耍的谐戏。据考，这种谐戏在先秦时期已存在，至东汉时随着物质文化的急速发展和世俗生活中娱乐活动的日益丰富，俳优戏打破了在贵族间作为礼仪活动的高雅舞蹈的模式化特征[①]，而成为当时颇为常见的一项娱乐活动，其形象被以多种美术形式表现、保留下来，如陶俑、铜器圆雕（常见于席镇）、画像石中皆有俳优的形象出现。但在众多表现俳优的汉代出土文

图 6-22 击鼓说唱俑

① 邹乐、彭赞宾，从“汉代击鼓说唱俑”管窥汉代民俗与历史价值[J]，兰台世界，2014（11）：132-133。

物中，四川天回山出土的这件俳优最为著名，具有表现技法精湛、造型生动活泼的艺术特征，是汉代陶塑中的佼佼者。

作为明器的陶俑，其艺术成就在秦代时已达到了高峰，著名的秦始皇陵兵马俑以高度的写实性和规模化引起了世界的瞩目，反映了我国古代雕塑艺术发展的成熟。及至汉代，塑俑之风依然盛行，西汉的皇帝们均在其陵墓中随葬有大量的陶俑，但西汉前期的陶俑一变秦人风格，转而以小型的圆雕来表现，这些小型的陶俑在西汉时期表现出的主要特征是统一化的造型和表情、庞大的规模和系统的“职能”分类。也就是说，汉时的陶俑多以表现随葬品所代表的死后世界的人员功能为主旨，而不追求陶俑的个性化特质，因此，西汉前期的陶俑多以表情平静的“静穆”之美而著称，少见有表现现实生活中人们习见的鲜活表情的作品。但当西汉中后期至东汉时期社会物质文化进一步丰富后，陶俑的塑造逐渐体现出较强的个性化特征，西汉后期的江苏东阳、扬州等地已有百戏陶俑，东汉时期四川地区的艺术则更注重表现雕塑的细节和写实性，不再单纯追求西汉前期强调的陶俑的数量、规模、系统性。

击鼓说唱俑就是在这一时代背景下产生的，值得一提的是，汉代早期的陶俑由于数量多、统一性强，因此其制作方法是模制，即其身体、头部等部件往往是批量生产的，工匠不会对某一件艺术品制作投入过多精力，而只关注该件作品隶属“队伍”在墓葬中象征的功能性是否完备。但击鼓说唱俑却是以手工塑模的方法制成的，俑身上还存有手工制作的痕迹。[①] 这说明陶俑不再仅属于某个成组的群雕作品中的组件（该出土文物的墓葬原形并未见考古报告，因此其是否为某件群雕中的组件还需考证），而是一个可以自成一体的独立艺术品，因此，陶俑所表现的人物身份、形象特征也就更加集中在单件作品的塑造上。这件说唱俑即以深入的塑造表现了一位身份特征鲜明、造型细节丰富的俳优。他左手夹抱扁鼓，右手高举鼓槌做欲击鼓状，其两腿短于手臂，右腿伸直，右脚高抬，与其上的右手臂相呼应，左腿弯曲做蹲姿，高举的右臂、右腿和相对收敛的左臂、左腿使人物的四肢动作呈现一种现代俗称所谓“顺拐”的特征，从而用肢体动作使人物造型颇具滑稽之感，俳优在汉代

① 王皓铭，东汉遗风，第一陶俑——击鼓说唱俑的嬉娱人生[J]，艺术评鉴，2020（01）：22。

往往被塑造成矮小的侏儒状，这件作品的人体造型比例特征亦不出此例。此外，作者还用夸张的手法表现了俳优体态的肥胖，除了短而粗的四肢和紧绷在两臂上的璎珞饰物外，俳优的上身还表现为两胸垂于圆鼓的肚腩之上的形态，这种人物造型特征可能和汉代现实生活中的俳优多由一些体态肥胖讨喜者来担任有关，也从侧面反映了作者对现实生活的观察。而俳优的面部细节亦丰富，老人满脸的笑容中不仅表露出人物的豁达诙谐，还蕴藏了一些“性格”化符号特征，这包括其面部饱满的苹果肌、肥厚的嘴部、鼓圆的下颌部，还包括额头的几道深深的褶皱以及眼角的皱纹，作者用这些面部特征生动地刻画出了一位走街串巷、手艺娴熟的老艺人形象。除此之外，俳优靠近左眼的鼻梁根部还有一颗明显的痣，这些对面部细节的刻画使这件击鼓说唱俑成为汉代文物中不可多得的对个人化符号进行表现的案例。

综上，成都天回山崖墓出土的击鼓说唱俑是一件集合了夸张的表现技法、深入的对现实生活的观察、不同于群雕式陶塑的具有强烈风格特征和个性化表达的艺术品，也是汉代美术中雕塑艺术的典型代表。它所代表的是注重艺术品个体塑造深度的美术理念，这种理念和帝王、高级官员陵墓中出土的注重艺术品整体功能的成组群雕的塑造理念大相径庭，两种理念及其产物共同促成了汉代丧葬礼仪美术中陶俑雕塑的艺术世界。

（二）“荷塘渔猎”和“弋射收获”画像砖

“荷塘渔猎”和“弋射收获”画像砖均出土于四川成都附近，是东汉时期的文物。其中“荷塘渔猎”画像砖长 25 厘米，宽 44 厘米，为 1984 年四川彭县（今眉山市彭山区）三界乡收集，现藏于四川省博物馆。“弋射收获”画像砖长 39.6 厘米，宽 46.6 厘米，为 1972 年四川大邑安仁乡出土，现藏于重庆博物馆。

四川素称“天府之国”，这一称谓是因四川所处的“蜀地”地形闭塞，土地肥沃，物产丰饶，人民远离战乱，生活相对安逸而得。而出土文物的题材内容、艺术风格，也佐证了汉时蜀地的富饶和安逸。四川出土的汉代文物往往反映出人们对美好生活的热爱和追求。无论是成都出土的著名的击鼓说唱俑还是生活主题的画像砖都使人感受到等级制度森严的封建时代难见的活跃生活气息。这种地方美术的特征也可以从对比中发现，与西汉关中地区和东汉洛阳地区出土的文物所散发出的庄严凝重气质不同，汉代蜀地的艺术普遍具有一种表达现实生活的热情。“荷塘渔猎”和“弋射收获”两件画像砖正是汉代文物中反映蜀地艺术风格的经典之作。

“荷塘渔猎”画像砖（图 6–23）所绘如题，表现的是人们在满是荷花的池塘渔猎的场景，所谓渔猎，原意为捕鱼和打猎，也可以引申为捕猎水产或进行其他相关的狩猎活动。该画像砖构图别致，作者将画面一分为二，用类似俯视的视角表现了右侧的岸和左侧的水域，左右空间的分界即岸的边缘，左侧的水域中，两艘渔船正荡漾在荷叶密布的水面，其中靠前的一艘位于画面下方偏左，船上共有三人，船中部戴冠穿长衣的应是船主人，正高举右臂，左臂弯曲握拳，做呐喊指挥之状，他面朝一侧的船头有一人穿犊鼻裈[①]，一手扶船，一手高举，正躬身于水面上，手中握有一器物（器物图像已残，可能是渔叉），船的另一侧也坐一人，此人蓄有长胡须，应是年纪稍长的仆从，他正观看着船主指挥渔人渔猎的场景。作者虽未刻画任何人物的表情，却可以看出年长仆人内心悠闲宁静的状态。画中，各人物形象的刻画虽仍体现了他们之间的主从关系，但场景的中心仍是紧张的渔猎活动，这种画像和描述历史故事题材重大事件的不同，画面中不见“荆轲刺秦王”“秦王泗水捞鼎”等对人物等级关系的严肃表达。靠后的一艘船上有一人，穿交领服，短袖，短襦袴[②]，该人手握渔叉，持观望状，船头有一犬，正伏着两只前爪，伸长脖子去窥探水面，而水面上有一对水禽向岸边游去。这一场景将小狗、水禽、渔

图 6–23　“荷塘渔猎”画像砖

① 犊鼻裈，即短小的用以遮羞的裤子。见王力，中国古代文化常识（插图修订第 4 版）[M]，北京：北京联合出版公司，2014 年，第 234 页。

② 短襦袴，即汉代一种不合裆的短裤，方便行动。见孙机，汉代物质文化资料图说（修定本）[M]，北京：中华书局，2020 年，第 289—290 页。

人与水域的关系生动地联系了起来，表现出一种人与自然和谐活跃的关系。荷塘中除去水禽和荷叶外，还表现了游动的鱼类，这些鱼的形象虽然简单，却以其柔韧的姿态反映着水域的勃勃生机。再看画面右侧岸上的场景，这里的前景表现的是一位穿交领大袴的猎人，他正弯腰仰天做拉弓状，意欲射击其身旁大树的树顶，树顶上停落着五六只鸟，其造型颇似水鸟，可见作者对水域附近鸟类的形象有一定的认知。这一射击场景寓动于静，将猎人射击前的瞬间表现了出来，停落在树顶的飞鸟有的低头觅食，有的抬头眺望，全然不知树下猎人的存在，作者将鸟群悠然自得地停落树端的场景表现得颇为生动，具有一种写实性情怀。该图除去内容设计的成熟巧妙外，构图和透视技法亦体现了汉代美术的发展高度，画面既能清晰地将岸和水域进行划分，又能以斜线分隔的方式来使构图不至于死板，在画面右侧的岸上，作者还表现了一个位于树下、手持渔叉向水面做奔跑跳跃状的梳总角的童子，从而将岸与水域相联系。在透视表现上，水中的船只靠前的一艘较大，靠后的一艘稍小，说明汉人已对近大远小的透视现象有所认识。

“弋射收获”画像砖（图 6–24）所绘实为两幅作品，其上方的作品为弋射图，下方为收获图。弋射是一种古人常用的狩猎方式，即在箭矢（一种特制的短箭，称为“矰”[①]）尾部系上绳子（称为“缴”[②]），并将绳子缠绕固定在可转动的轴上，从而使捕得的猎物不至丢失，弋射图中表现的正是这一狩猎场景，这样的图像在四川出土的汉画像砖中并不鲜见，它代表了四川画像砖艺术的成就。其画面注重大场景的表现，善于利用夸张的造型、丰富的物象去渲染场景的热烈气氛，画中左侧前景表现了两位手持弓箭正做射击状的

图 6–24 “弋射收获”画像砖

① 王力，中国古代文化常识（插图修订第 4 版）[M]，北京：北京联合出版公司，2014 年，第 248 页。
② 同上。

猎人，二人皆跽坐，岸边一人坐姿端庄，其左侧一人动作幅度较大，弓箭方向与地面垂直，二人的动作具有一动一静的对仗关系，此二人发型皆为露鬟，即发鬟上不戴官帽的形象，是汉代男性在非正式场合下的形象。弋射的对象是天上的大雁，不同于荷塘渔猎图中的鸟儿，该图中的大雁似乎觉察到了危险，大雁的朝向大致可分为朝右和朝左两种，皆表现出奋力逃离画面中心的受惊状，大雁惊慌失措的形象和地上聚精会神的猎手形成鲜明对比，使得画面的弋射现场充满张力，也使不过盈尺的画像砖上似有一片旷阔到可供鸟类飞翔的天空，也使得画面的主角——猎手的人格魅力得以彰显。与这种猎手和猎物之间的对立关系相呼应的是画面右侧水域中的场景，位于前景处的巨大游鱼正平静地游向画面右侧，不同于“荷塘渔猎”中写意的鱼类造型，弋射图中大鱼的鳞片、鱼鳍、鱼尾等细节均被表现了出来，它们硕大而平稳的体态使画面的紧张感剧减，将画面上半部的动势缓和，促成画面构图整体的平衡，在鱼的周围的是平坦而同样巨大的荷叶，它们的造型与鱼类的造型在几何形状上相似，均为梭子状，但荷叶相对较扁。荷叶之上是开放着的荷花和莲蓬，垂直的荷花、莲蓬与平行的荷叶及鱼类形成了横竖关系（靠近岸边的莲蓬被设计为弯曲的朝向岸边，应是作者为破除横竖结构组成的呆板关系而为），使画面空间的稳定感加强，几只成群的水禽穿梭于荷塘之中，天空中飞禽的遭遇似乎全然不在它们的视野中。在这些物象的互相关系中，画面中的动与静被强化、平衡着，以紧张的捕猎关系、缓和的共生关系陈述着博大自然中各类生命的关联，使弋射的主题得到升华，颇具一种哲学辩证之美。

收获图位于弋射图下方，表现的是一段横长的画面，王力认为图中收获的农作物应是水稻。[①] 像这样的画像砖并没有言明画面的阅读顺序是左读或右读，但画面中却具有明显的分段表现特征。从右侧的两个人物开始分析，他们的形象是一老一少，他们手握的是有长柄的大镰刀，叫作钐，负责的是稻秆的清除。二人正在用力挥舞镰刀，长者看上去体态壮硕，动作和姿态反映出其对镰刀操作的娴熟，而年少者则表现出青年精力旺盛的特征，其动作幅度较大，镰刀已被挥舞至身体的另一侧，但也反映出其和右侧的老者相比在

① 王力，中国古代文化常识（插图修订第4版）[M]，北京：北京联合出版公司，2014年，第248页。

农事经验上的不足。画面左侧有四人，其中三人一组正在操作一种短小的镰刀——铚，其功能是割下稻子的稻穗，此三人皆做弓腰状，说明他们从事的是农活中的精细作业，他们身体的动作和适度的力量感同样反映了劳动者对农事的驾轻就熟，画面最左侧是一位身材高大的男性，他一手提盛放食物的器具，一手扶着肩上的担子，担上所挑似乎是被砍割下来的作物（具体指代为何还需学界考证），画面中，除去中间弓腰割穗的三人外，右侧和左侧的人物皆互相朝对方的方向观看，使画面停留在农活中即将做片刻休息的时刻，从挥舞镰刀并回首的农夫到割穗的农妇（其中也可能表现了男性）再到从左侧走来的送饭人，三组人物的联系使观者在读图后产生一种身临其境的既视感，几乎能听到田垄间传来的一声“开饭啦！”

（三）西王母画像砖

西王母是汉代墓葬中颇为常见的神祇形象，这位神祇广泛出现在墓葬艺术中，是因为汉人认为西王母是“仙界”的掌管者。在神话中，西王母住在仙山昆仑，这里还住着各类神人异兽，是一处象征永生的空间，因此汉人认为人死后灵魂将飞升仙界，最终和西王母处于同一空间，因此诸多的西王母图像中都会出现象征墓主人的凡人男女。

西王母画像砖（图 6-25）出土于四川省成都市清白乡 1 号东汉墓的墓葬遗址。根据构图可将画像砖的画面分为两部分，上部分为西王母肖像，下部分为神灵异兽及凡人男女。西王母位于画面中央上方，以一位中年女性的形象表现，她以正面形象面对观者，头戴称为“胜”的华冠，这种冠是西王母特有的头冠，西王母头顶有用两根支柱撑起的华盖，两根支柱的造型在平面上形成一个“壶”状的轮廓，承载着西王母的宝座——龙虎座。所谓龙虎座即在西王母左右绘有龙和虎形象的宝

图 6-25 西王母画像砖

座，图中，西王母西侧绘有龙，东侧绘有虎，所坐的有三角形纹理的平板和龙虎形成了宝座。这种专属于西王母的宝座也普遍见于东汉时期的四川遗址，但有趣的是，龙和虎的位置并不统一，李凇先生认为这种现象其实并不违背汉代青龙在东、白虎在西的四神方位规则，因为东西可以以观者的视角来确立，也可以以西王母的视角来确立。综上，西王母的图像符号一般包括中年女性形象、头戴的"胜"和龙虎座，但这些符号也可以替换，龙虎座也可以表现为类似蘑菇状宝座的昆仑仙山的形象，它们构成了汉代表现西王母形象的语言基础。

除了对西王母形象的明确，与西王母伴随出现的其他神灵形象也在东汉时得到了确立。[①] 清白乡出土的这件画像砖中在西王母的周围就描绘了蟾蜍、玉兔、三足乌、九尾狐、大行伯，其中蟾蜍位于龙虎座下方，和马王堆汉墓T形帛画中的蟾蜍对比可知，清白乡出土的画像石上的蟾蜍被拟人化了，蟾蜍面对观者，手舞足蹈，鼓腹赤膊，似乎正在表演杂技或舞蹈。蟾蜍的东侧有一男一女的凡人形象，应是象征了墓主人的灵魂，在墓主人的对面有一人正隔几跪拜。在墓主人的东侧有跪坐的玉兔掌着多枝灯，玉兔的上方绘有九尾狐，其尾部高耸，和画面右上角的祥云重叠。蟾蜍的西侧是一只三足乌，汉人认为三足乌是居于太阳中的神鸟，所以往往用三足乌代表太阳。三足乌的西侧则是《山海经》中出现的人物"大行伯"，《山海经》称"有人曰大行伯，把戈。其东有犬封国。贰负之尸在大行伯东"，即说有一位称作大行伯的人手持大戈，在其东侧有犬封国，贰负的尸首就在这里。图中并没有出现贰负或犬封国的图像，只出现了持戈的大行伯，可能与大行伯身处西方而西王母亦居西方有关。这些表现仙山诸神灵的图像的本质功能仍是寓意墓主人升仙，画面通过表现墓主人在西王母的主导下受到各种神灵礼遇的场景来象征墓主人在死后获得了幸福和永生。此外，在这幅作品中代表太阳的三足乌和代表月亮的蟾蜍、玉兔同处一个画面内，围绕在西王母的周围，还反映了汉代对

---

① 西王母和昆仑山曾经是各自独立的两个神话系统，在汉代逐渐合成为一个系统，而古人认为昆仑山住着各类神人异兽，当这两个系统在西汉逐渐合二为一后，西王母的图像中开始出现诸多神人异兽和昆仑山的形象。详见（美）巫鸿，礼仪中的美术：巫鸿中国古代美术史文编[M]，北京：生活·读书·新知三联书店，2016年，第466—469页。

阴阳调和观念的理解和重视。

除造型外，该画像的构图也具有典型性，它代表了东汉表现西王母所在的仙界空间的主要构图方法，画面将西王母设计为焦点，所有的神祇和人物形成一个外轮廓类似三角形的结构，西王母位于三角形的上方，她的头部位于三角形的顶点，俨然是画面中至高无上的统治者，与此同时，诸神灵虽围绕西王母，西王母却并未看向围绕她的神人、异兽，甚至墓主人，而是看向画外，面向潜在的观者，使构图具有“开放式”的特征，也使西王母的形象与每一个观看者形成联系，引发观看者对于仙界的认知和思考。

由于西王母画像在汉代非常普遍，因此巫鸿据此类广泛出现在墓葬美术中的西王母及仙界图像而称道：“这类作品反映出汉代‘天堂’观念的另一重要因素：不管是蓬莱或是昆仑[①]，‘天堂’总是人们幻想中朝拜的对象和旅行的终点。”[②]

（四）李冰像

李冰像（图 6-26）是东汉建宁元年（公元 168 年）雕塑的石人像，所塑的是战国时期治水的名人李冰。著名的都江堰由李冰和其子督建而成，这座拥有悠久历史的水利工程时至今日仍在发挥着它治水的功用。

李冰石像于 1974 年 3 月发现于都江堰安澜索桥下，石像的两袖和衣襟上共刻有隶书 39 字，其中衣襟上刻有“故蜀郡李府君讳冰”，这段文字是证明该石像所刻者即李冰的直接证据。石像左袖刻“建宁元年闰月戊申朔廿五日都水掾”，右袖刻“尹龙长陈壹造三神石人治水万世焉”[③]。这三段文字对确认石刻的所刻人物、刻成时间和赞助人信息均具有重要价值。

这件石像刻成于东汉中后期，其石刻特征已与西汉的石雕风格有所不同，是研究汉代雕塑艺术的重要文物。从石刻的雕塑风格可以看到汉代循石造型的艺术特征，但是也能观察到东汉相比西汉对石雕细节的进一步关注，

---

① 蓬莱和昆仑都是古人神话系统中最为著名的仙山。

② （美）巫鸿，礼仪中的美术：巫鸿中国古代美术史文编[M]，北京：生活·读书·新知三联书店，2016 年，第 254 页。

③ 周九香，都江堰李冰石像题铭浅释[J]，四川文物，2002（05）：51-52。

李冰石像通高 2.9 米，肩部宽 0.96 米，厚 0.46 米，重达 4.5 吨，作为古代的治水名人，汉时的蜀地已经将李冰作为神人崇拜[①]，以石雕高大的体量来看，这件雕像显然是作为偶像而被刻成的。其形貌整体上仍遵循利用几何形完成对雕塑的结构秩序感和稳定感的塑造，石像的身体呈类方体结构，头部两层平直，这种“几何”造型是西汉石刻艺术的典型风格。在此基础上，石像的面部特征注重人物的内心世界的表达，李冰像面带笑容，两边嘴角上扬，双目如弯月，双手端揖于胸前，双肩微向内收，背微拱，戴文官帽，穿交领衣，着翘头履，表现了其文官的身份特质。综上，石像的造型整体上展示出了人物平和、自信、慈爱而又温文端正的性格特征，可见，这是一件着重反映理想式人物形象的雕塑，也是考察古代雕塑中对偶像式雕塑塑造方法的重要依据。

图 6-26 李冰像及石像刻铭拓片

（五）渠县汉阙

渠县位于四川省东部的大巴山南麓，这里在汉代称宕渠县，是蜀地的大县，也是我国汉阙遗址最为丰富的地区，被称为“中国汉阙之乡”。渠县位于古时的米仓道上，米仓道是巴蜀地区重要的古道，它是汉中通往四川盆地两条主要道路之一（另一条为金牛道），因穿越巴山西段的米仓山而得名，该道路也是东汉、三国时期连接中原和巴蜀的战略要道。[②] 渠县境内还有渠江纵贯县境，渠江是长江的重要支流，也是巴蜀地区通往我国东南的主要水路之一。由于便利的水陆交通，渠县成为汉代川中重要的城市，这也是这里发现有大量汉阙的缘由之一。

① 母心，神秘石像揭秘[J]，西部论丛，2005（07）：33。

② 宋杰，中国古代战争的地理枢纽[M]，北京：北京科学技术出版社，2022 年第 335 页。

渠县共有6处7座汉阙（其中5处汉阙皆仅存一座，只有1处存有双阙），这些汉阙集中分布在以渠县土溪镇为中心、方圆不足10公里的范围内，包括冯焕阙，沈府君阙，王家坪无铭阙，赵家村东、西无铭阙，蒲家湾无铭阙。现对其中的沈府君阙、冯焕阙、王家坪无铭阙加以介绍，以管窥渠县汉阙之风貌。

沈府君阙①（图6-27，后简称为沈阙）是渠县六阙中唯一一处双阙俱存的汉阙遗址，位于渠县县城北34公里的岩峰场沈家湾。该阙为东西两座双出阙，但子阙皆已毁，阙高4.85米，东西两阙相距21.78米，可见当时墓葬的神道颇宽。阙由整块青砂石刻成，为仿木结构石阙。东阙正面刻有“汉谒者北屯司马左都侯沈府君神道”，西阙刻有“汉新丰令交趾都尉沈府君神道”，反映了墓主人生前在各地所任官职。沈府君阙双阙正面有大量浮雕形象，这也是四川汉阙的主要艺术特征，沈阙上为朱雀，下为饕餮，东阙有浮雕青龙，西阙则是浮雕白虎，阙枋层上有一兽面铺首，枋的四侧皆为力士形象，这种在阙枋镌刻浮雕力士的模式在雅安高颐阙也能看到，只是高颐阙的力士位于阙枋的四角。阙顶为仿庑殿顶、双层檐、筒瓦的石阙顶，阙周身绘有各类生活场景，对研究汉代的社会风俗、自然环境有一定的价值。

冯焕阙②（图6-28）是渠县汉阙中最为著名的一座，阙身刻有“故尚书侍郎河南京令豫州幽州刺史冯使君神道”，墓阙主人冯焕有传记于《后汉书·冯绲传》，是汉安帝时期的幽州刺史，其子冯绲是汉顺帝末重臣，曾“持节督扬州诸郡军事……征拜京兆尹……迁廷尉、太常”。史料载冯焕为人

图6-27　四川渠县沈府君双阙现状图

图6-28　冯焕阙现状图

① 张孜江、高文，中国汉阙全集[M]，北京：中国建筑工业出版社，2017年，第318—321页。
② 同上，第358页。

“疾忌奸恶，数致其罪”，其死后，“帝愍之，赐焕、光钱各十万，以子为郎中”。因此，冯焕阙是史料所记人物的实证，也是研究汉代史的重要文物。冯焕阙原为双阙，但西阙已毁，仅存东阙，东阙为子母阙，子阙不存，母阙较完好，阙高 4.6 米，阙身、阙顶由多块青砂石组成，阙基为整块青砂石制成，其造型与沈府君阙类似，都是仿木结构石阙，但阙身无高浮雕，而饰以绶带穿璧的几何纹样，整体装饰较为素朴。

王家坪无铭阙位于渠县青神乡王家坪，该阙无铭文，所以称为无铭阙。该阙原为双阙，现仅存东阙，阙高 4.62 米。阙身有浮雕的朱雀、青龙，并有高浮雕饕餮，阙枋四角有力士，阙后转角处有双螭浮雕，在阙楼的三四层石块上布满各类图像，包括祥瑞图（如玉兔、羽人）和故事绘画（如荆轲刺秦王），其风格和雅安高颐阙相似，但阙身整体比例较高挑。有研究认为这座阙的修建时间可能晚至西晋，如确为西晋建筑，则可反映出四川地区汉代建筑在较长一段历史时期都处在一种较为稳定的艺术风格中。[①]

渠县作为四川汉阙遗存的集中地区，高度反映了四川地区的历史文化风貌，在全国现存的汉阙中，四川的汉阙超过半数[②]，这和两汉时期蜀地经济、文化发展的程度均有关系，相对安宁的巴蜀地区为绘画、建筑艺术、手工业的发展提供了肥沃而温和的土壤，使这里的人们得以用形式上高度发展的艺术表达他们的思想和观念。

（六）郫县画像石棺

郫县画像石棺出土于四川郫县新胜乡东汉墓葬，该墓早年遭到盗掘，出土文物不多，主要为陶俑、四川地区常见的钱树及底座、钱币和石棺，其中石棺较完好，并且四个外立面皆有石刻画像。四川地区的东汉时期墓葬普遍流行画像石棺，这些画像石棺对汉代四川地区的历史文化特征等研究均有较重要的价值。郫县是四川画像石棺出土较丰富的地区，而新胜乡出土的这件石棺又以其几处能反映汉代文化、风俗的图像而著名。

石棺以青石凿成，长 223 厘米，上端宽 72 厘米，下端宽 77 厘米，高 86 厘

---

① 王建纬，渠县汉阙[J]，四川文物，1987（03）：70-72。
② 冯一下，四川汉阙的价值[J]，四川文物，1984（04）：58-59。

米。棺盖为素面，无纹饰，棺身四面均刻有浅浮雕画像。[1] 石棺前挡刻有伏羲、女娲画像，伏羲头戴山形冠，手持日轮，内绘金乌；女娲手持月轮，内绘蟾蜍，据分析，在蟾蜍身旁还有一似为蛇的形象，尚有待考证，用蟾蜍与蛇的搭配来表现月，在汉代并不多见。伏羲、女娲呈交尾亲吻状，显然与东汉时期形成的“阴阳”观念有关，四川地区出土有不少类似的图像，这类图像也曾在其他地区发现，但在伏羲、女娲形象的表现中这种模式则不多见。

石棺后挡表现的是阙门，一座以双出阙构成的阙门内表现有一位跪坐的侍者，其双手捧着似为盘的器物，此图像应是表现侍者在墓主人地下家园的大门迎接墓主人的场景，在四川地区的画像石棺上习见。该类图像在东汉时已形成了较为固定的图式，但其所处的方位却可能反映着其所代表的空间的不同功能，如在简阳鬼头山出土的画像石棺上阙门旁还绘有白虎，阙高于画面顶部，似表示天门。

石棺右侧面表现的是宴客乐舞杂技图（后简称宴乐图），其内容易于识别，表现的是正在举行着的大型宴会，墓主人所在的建筑位于画面中央，其主体建筑右侧的屋檐和立柱被叠压在次要的阙楼前，说明该图的主体是墓主人所在的空间。墓主人位于画面中央下方，处于厅堂内并坐五人的中间，其脸稍向左侧，朝向乐舞百戏的舞台，左侧有一人正倾身与之攀谈。宴乐图是汉代墓室壁画中常见的图像，也是汉墓绘画中重要的主题，主旨是表现墓主人在地下家园或仙界的生活。但根据已发掘的文物可知，宴乐图还有多类型的绘制模式，郫县这件画像石棺的宴乐图在布局上和内蒙古和林格尔东汉墓的壁画“宁城图”有着相似的空间布局，两图的叙事都是以城外或宅院外的来访者及其车马、坐于宅院中的墓主人和其宾客、院内正在进行着的乐舞百戏（宁城图的百戏图位于城内下方，被城内建筑包围着）组成；不同的是宁城图体量较大，画面类方形，空间的布局是由外向内的，而郫县画像石棺右侧面画像则是长方形基面，是由右至左侧绘制的，虽然基面的大小不同，但二者都将庭院的外围空间绘制在画面的右侧，因此可知这类图像有着较为明确的内外空间表现次序和内容。

---

① 李复华、郭子游，郫县出土东汉画象石棺图象略说[J]，文物，1975（08）：63-65。

石棺左侧面表现的是上下两个不同的场景，为“曼衍角抵和水嬉两组图像”（图 6-29）[①]，其中上方图像被称为“曼衍角抵图”，下方图像被称为“水嬉图”。

图 6-29　曼衍角抵和水嬉两组图像拓片

据研究[②]，“曼衍”一词有“变化，无极”之意，在汉代的舞戏中专指一种表演，其内容是“由人扮成鱼龙等巨兽……作一系列幻化，其核心内容是背上生出神山”，是专指一种以人装扮成巨型的鱼、龙来表演神鳌负山等神话故事的幻化戏，类似如上描述的图像在其他地区发现的汉画像石上已有发现。[③] 而“角抵常常作为杂技百戏的统称……包括曼衍在内”，“有时又作为竞技赛的特称，与曼衍并提”。因此，“曼衍角抵”实则是对杂戏之类舞蹈的统称，有学者已提出这种舞蹈实际应被命名为“象人角抵”，“象人”在此专指头戴假面进行表演的人，“象人角抵”即表示一种以戴假面扮演神人表演神话故事的杂戏，在山东沂南北寨村汉墓发现的画像中，类似的“鱼龙曼衍”杂戏出现在乐舞百戏画像中，说明类似的幻化戏是汉代宴会中表现的一类。

“曼衍角抵图”共表现七人，他们朝向画面左侧做前行状，中间一人为杂戏的主角，据研究，此人扮演的是“东海黄公”[④]，是神话中一位能“治蛇御虎”

① 李复华、郭子游，郫县出土东汉画象石棺图象略说[J]，文物，1975（08）：64。

② 胡蔚，说“曼衍”——四川博物院藏郫县汉代石棺“曼衍角抵”图辨正[J]，四川文物，2012（06）：36-41。

③ 山东沂南北寨村汉墓中室东壁门楣上有类似图像，详见蒋英炬、杨爱国，汉代画像石与画像砖[M]，北京：文物出版社，2001 年，第 56—57 页。

④ 李复华、郭子游，郫县出土东汉画象石棺图象略说[J]，文物，1975（08）：65。

的神人，画面中表现的是他正治服蛇、虎等兽的场景，腰间配有一斧。① 其前后各三人，为首一人所戴假面有长舌，应象征了龙或某种形象类似的神人②，其手持武器做前行回顾状。另外五个前行的人面部表现都较为特殊，工匠可以细化他们的面部，显然是要强调他们形象的特殊性，这些人应都是戴有面具的“象人”。值得注意的是，该图像中位于“东海黄公”前后的三人可以分为两组，两组人物的动作具有较为统一的造型设计，为了使行进的表演队伍富有现场感，工匠将每组第一人均表现为回头顾盼之状，从而使队伍组织富有内部的张力。

水嬉图位于石棺左侧面画像下方，该画面大致可分为两段，其一为画面中段，一人做站立状，其身周围有四人弓身而立，手持器物，左侧有一站立持伞者；画面右段有两支高杆，似为旗杆，杆顶有类旗的小方形。旗杆之间共五人，其中四人做弓身伏地状，身后有一人执鼓，鼓上有一伞盖，此人身后有一垂三旌的立柱，尚不知为何功能，或即为《西京赋》所说的“羽旗”。画面左段中心为一小舟，舟内有三人，中间应为主人，左侧为船夫，右侧为仆从，舟中立一仙鹤，小舟四周是鱼（两种）、鹤、蛙、莲等动植物。《西京赋》有“于是命舟牧，为水嬉。垂翟葆，近羽旗”的记载，所说与此图内容相近，但目前学界对该图所载内容的解读尚未定论，依其所在画面中有“象人角抵”的杂戏，应该也是当时川渝地区流行的某种表演。

综上，这件石棺上没有出现大量的祥瑞图像，只有头挡处表现了伏羲、女娲形象，可见其立意并非表现常见的升天或升仙的墓葬绘画，而是突出墓主人在地下家园的生活场景，对于研究东汉时期丧葬礼仪观念具有重要的意义。同时石棺左侧画面中的图像对于研究汉代社会风俗也具有丰富的价值。

---

① 按史料记载，“东海黄公”所配武器为剑，虽可能汉时该杂戏表演并非全与记载同，也可能反映该角色非“东海黄公”，详见胡蔚，说“曼衍”——四川博物院藏郫县汉代石棺“曼衍角抵”图辨正[J]，四川文物，2012（06）：36-41；李复华、郭子游，郫县出土东汉画象石棺图象略说[J]，文物，1975（08）：63-65。

② 李复华、郭子游，郫县出土东汉画象石棺图象略说[J]，文物，1975（08）：65。文中认为此人像猴，但猴不应表现出类似“蛇信”的长舌。

（七）鬼头山画像石棺

鬼头山画像石棺出土于四川简阳市董家埂镇深洞村西北鬼头山的崖墓中，该墓发掘时出土文物不多，但墓葬中有 6 座石棺，其中 4 座刻有画像，尤其 3 号画像石棺上的各种形象多伴有榜题①，对确认东汉时期各类画像的具体含义具有重要的意义。

3 号画像石棺呈黄灰色，四个立面皆刻绘了画像（图 6-30），据榜题，棺前挡刻有“朱雀”；后挡刻有“玄武”“伏羲”“女娲”“鸠鸟”；左侧面刻有“先人博”（也有解释为仙人博）、“先人骑”（也有解释为仙人骑）、“龙与鱼”、“日、月”（羽人）、“柱铢”（钱树）、“白雉”、“离利”；右侧面刻有“大仓”（太仓）、“天门”、“大□”（□类似“可”字，不识）、“白虎”。从这些画像可知，四神分别位于画像棺的四面，其中朱雀位于画像棺前挡、玄武位于后挡、左侧面的“龙与鱼”应是青龙、白虎位于右侧面。四神的形象在两汉丧葬美术中颇为常见，但鬼头山汉墓将四神安排在石棺的各个立面，从而为石棺的空间结构解读提供了理想图式。在马王堆漆棺彩绘中，类似的龙虎形象也出现在棺盖和棺立面上，但却并未形成完备的四神方位和形象，其对仙界或天界空间的表述仍较为模糊。而鬼头山的东汉崖墓画像石棺反映出东汉时丧葬理念已经形成了系统而清晰的天界图景和模式。

3 号画像石棺的后挡表现了伏羲和女娲以人身蛇尾形象相对而立，伏羲和女娲的形象此时已基本形成定式。在山东嘉祥武梁祠亦能看到类似的图像，不同的是，鬼头山画像石棺绘的伏羲、女娲虽左右相对，双手却不持物，这种不持物的伏羲、女娲造像较为罕见，玄武位于伏羲、女娲两尾之间，在女娲的左侧有一

图 6-30　石棺画像局部拓片

① 雷建金，简阳县鬼头山发现榜题画像石棺[J]，四川文物，1988（06）：65。

鸠（原刻文为“九”，同“鸠”），鸠在汉代为瑞鸟，赞美老人长寿、有德，且往往与孝联系起来，玄武主北方、主水，位于后挡位置的玄武似乎表现了墓主人进入天界的伊始，这里有伏羲和女娲来应征死者已处于天界，而鸠的出现褒扬了墓主人子孙之孝心。左侧面右上方有先人博弈图，即“先人博”，其左侧有“先人骑”，表现了一人骑于鹿背上，其前（左）有马车，再左侧有两羽人形象，羽人皆为人首鸟身，腹部为圆轮，右侧圆轮绘有金乌，为日，左侧圆轮绘有桂树和蟾蜍，为月，所以这两位羽人应为日神和月神，他们头戴羽冠，和“先人”头顶所戴羽冠一致。羽人神之间有一株根系粗壮的树干，榜题为“柱铢”，一般将该树解读为四川地区广泛出土的“钱树”的原型。据考证，“柱铢”为“钱树”的古称，本与“钱树”所言钱币无关，其在丧葬礼仪观念和古代神仙思想中的原初功能是专为墓主人升天准备的“天梯”。[①] 月神左侧有“离利”和“白雉”，据考，“离利”为麒麟的简写[②]，其形象也似麒麟，而“白雉”也是汉代常见的祥瑞，白雉的出现往往伴随祥云，该壁画未表现祥云，可能以白雉代言仙界的景象。

图 6-31 广汉三星堆博物馆藏的钱树

关于“先人”一词的解读目前较为流行的有两种：一种将其解释为“先”和“仙”通，“先人”即为“仙人”，那么此处的博弈和骑行图就都是表现泛泛的神仙思想；另一种解释则认为“先人”是对死去的父亲或祖先的称谓[③]，即指代的是作为已经升仙的家族成员的祖先，那么此图即特指墓主人死后配享家族后代的祭祀，居住于先祖所在的天界。“先人”一词具体当如何解读尚无定论，但两种解释并不干扰该面壁画的主旨，东汉时期“羽化升仙”的思想已颇为流行，所以画面表现的是羽化升仙的墓主人将要处于或已经处

① 林向，我国西南地区出土的汉魏青铜树——“柱铢”[J]，考古与文物，2008（02）：74-79。
② 马晓亮，“柱铢”及“离利”辨误[J]，考古，2013（01）：87-90。
③ 宋艳萍，四川简阳三号石棺“先人”考——兼谈汉代的先人观[J]，四川文物，2017（05）：90-96。

于的仙界空间，这里出现了和墓主人身份一致的“仙人”，或即代表墓主人本身的“先人”，在天空中有巨龙在横向盘桓，这种图像和马王堆一号汉墓T形帛画位于天界空间的龙形象颇为相似。

右侧面壁画表现的是一处位于画面右端的干栏式建筑，房屋左侧榜题为“大仓”，即太仓，太仓乃寓意天界府库充实的祥瑞图像。画面中部有一对单檐式阙，两阙顶各有一凤鸟，此处榜题为天门，门下立有一人，戴冠，着长袍，应为天界的方士或迎接墓主人的使者，结合马王堆一号汉墓T形帛画，画面中段有一人迎接正要进入天界的墓主人辛追，应与此人物形象的象征性一致。画面左侧上方为“白虎”，正做昂首翘尾、轻盈前行之姿，其猫科动物行走的动作颇为传神。

头挡壁画为残存的朱雀，其他形象已不存，在该石棺画像中太阳中的金乌和朱雀已经成为两种祥瑞，而在西汉前期，“朱雀”和“金乌”的定义尚模糊，直至四神的概念得以确立。

综上，简阳鬼头山东汉墓表现的是一组内容系统而丰富的升仙图像，其中包含了东汉时期四川地区丧葬理念中对天象的理解和羽化升仙思想的解释。该画像石棺是研究汉代文化、艺术以及思想观念的重要文物。

（八）钱树

钱树是东汉时期流行于西南地区的葬具，在四川地区出土最为广泛，数量也颇多，有学者认为，清代新年活动中流行的摇钱树即与汉代西南地区流行的这种随葬品钱树有关。[①]汉代的四川地区有着强烈的西王母信仰，并认为死后飞升西王母所在的仙界需要通过巨树才能抵达，墓葬中的钱树大多象征飞升仙界的天梯，因此其上的形象是观察汉代四川地区求仙思想的重要依据。

钱树的结构分为两大部分，分别是钱树本体和钱树座，大部分墓葬出土的钱树本体是由青铜制成，树干较细，树枝及树叶为青铜薄片。已知最大的钱树树枝有六层，这件钱树是一件传世文物，据悉出土于四川广汉，大部分近

① （美）艾素珊，东汉时期的钱树（上）[J]，民族艺术，2006（02）：69-75。

现代出土的钱树有三至五层树枝，整个钱树树干的出枝如同叶脉般对称。钱树的枝叶多为浇筑而成，枝叶的主题普遍表现为铜钱的形象，这些铜钱被放射状的线条围绕着，美国学者艾素珊认为这种结构是在描述一种动态，在放射状线条的装饰下，钱树的枝叶看上去在“有节奏地飘动，向各个方向弯曲，造成一种动感”[①]。除去装饰性线条外，钱树的枝叶上还常见各类仙人、神兽形象，从而反映这颗树木所处的特殊空间——仙界。鸟的形象也常出现在钱树的树枝上，这种在树枝上表现鸟的习惯也常见于东汉时期的墓葬画像石，各类图像上通用的艺术语言显然是为了让树木更具真切感。

树座的内容较为丰富，以指代仙界的各类符号，包括西王庙、龙、凤、羽人、玉兔、蟾蜍、辟邪、有翼的神兽等（图 6–32），有时也有熊（图 6–33）、羊等汉代流行的具有寓意的动物形象。钱树座有陶制和石制，相对于钱树本体，这些树座易于保存下来，完整树座的出土数量远多于钱树本体，这些数量丰富的钱树座为研究汉代西南地区丧葬礼仪观念和求仙思想提供了丰富的基础。

树叶的图形内容相对固定，大多与汉代求仙思想有关，涉及的形象包括了西王母、朱雀、龙、羽人、大象与象奴、力士、猿猴等。西王母形象是四川地区出土的钱树表现的重点，何家山出土的钱树中，西王母坐于龙虎座之上，头顶山形冠，上有一璧的造型，这组形象位于钱树的顶端，是整个钱树图像叙事的终点和重心，而其他钱树树叶则构成了层级开展的升仙叙事各段内容。朱雀多位于多层树枝的枝头，应是用于强调升天思想中的“飞升”概念。这种以垂直的结构展开叙述的飞升图普遍用有翼神兽的不断出现来表现“飞升”概念。

汉代四川地区的丧葬礼仪美术中，西王母图像非常普及，钱树座上也经常表现西王母或东王公，其造型有两大类：一类是在神祇的左右有龙虎相伴的钱树座（图 6–34），这是四川地区特有的图像符号；另一类是以表现昆仑仙山为主题的钱树座（图 6–35），神祇一般位于仙山的顶端，这种以西王母或东王公为核心的钱树座，充分反映了四川地区钱树艺术强烈的求仙思想，也说明了西王母在钱树的图像叙事中所具的重要意义。

值得注意的是，四川地区丧葬礼仪美术的图像叙事颇为灵活，一个重要

---

① （美）艾素珊，东汉时期的钱树（下）[J]，民族艺术，2006（03）：90。

图 6-32　陶制钱树座

图 6-33　石熊钱树座

图 6-34　表现龙虎座的钱树座

图 6-35　表现昆仑仙山的钱树座

的图像虽可能居于重要的位置，却未必局限于某种固定的媒介，因此我们可以看到西王母的图像出现在四川墓葬中的各个空间和媒介，从钱树组件到石棺画像石，再到画像砖、铜镜等，似乎重要的是这一图像在整个墓葬叙事中的功能，而非承载图像的载体。此外，从钱树树叶的造型特征来看，四川地区出土的钱树树叶的布局和河北定州三盘山出土的车马器铜伞挺上的错金银纹饰带具有相似的形式特征，它们均表现出横向排列人物或动物，并用弯曲绕动的装饰纹样来作为形象的陪衬，从而加强形象之间的联系和图像整体的动感，可能反映了汉代丧葬礼仪美术中一种跨媒介的美术风格。

（九）三段式神仙镜

三段式神仙镜（图 6-36）是汉代铜镜艺术中的代表作品，它是东汉四川地区流行的镜式，因铜镜背面纹样分为三段，每段内容分别为不同神祇形象的集合而得名。据考证，这种类型的铜镜大概在东汉后期由四川地区的工匠制造，并流传到陕西，至三国魏晋时期这种镜式还有零星生产。[①]

具体而言，三段式铜镜的纹样内容可以分为上、中、下三个层次，从目前已发现的几十面该类型铜镜可知，其装饰图案的基本图式是上段位于镜纽上方，表现的是位于中央的由玄武托起的华盖和华盖两侧的神祇，其中华盖右侧的神祇往往是一位端坐的、体形高大的大神，其身后和华盖左侧又有若干朝向他的站立的神祇；中段表现的是位于镜纽两侧的东王公和西王母，有时则表现一对神兽（天禄和辟邪）；下段表现的是位于中间的神树（连理树）和神树两侧的人物或神祇。

图 6-36 绵阳市何家山崖墓出土的三段式神仙镜

关于三段式铜镜纹样意涵的解读目前有多种，如林巳奈夫将其解释为天界（大神为天帝）、不死的神界（东王公、西王母）和地下世界三个空间的组合；巫鸿认为该铜镜与汉代四川地区五斗米道老子参拜活动有关，认为华盖是道教中老子的象征[②]；李淞则认为该铜镜是“天地秩

① 陈长虹，汉代铜镜上的“九子母”图像——对“三段式神仙镜”的再认识[J]，四川文物，2014（04）：63-72。

② （美）巫鸿，礼仪中的美术：巫鸿中国古代美术史文编[M]，北京：生活·读书·新知三联书店，2016 年，第 477 页。

序”“神仙”“古代圣贤”的三段式划分①；陈长虹认为该镜上段大神表现象征生育繁衍的女神“九子母”，其周围的诸多人物象征母神的多子。②此外还有多种解释并存，大体而言，除中段人物形象的解读较为统一外，该铜镜上下段纹样的内容解释颇为丰富，上段大神有天帝、女娲、九子母等，下段人物则为尧、舜、有虞二妃或泛指神仙的非特定人物等，但无论内容如何丰富，目前发现的多件三段式神仙镜在图式上均保持了高度的统一，说明该类型镜在汉代有着成熟的构图模式。其画面的基本结构以镜纽为中心，分为上中下三段，每段以横线隔开，镜纽处于中段，在纵向的中轴线上段中央为华盖，下段中央为神树。综上，学界对该铜镜的多种解释以及铜镜高度固定化的图式在一定程度上反映了汉代美术在四川地区所具有的丰富的寓意性和强烈的程式化。

（十）李君碑、裴君碑

李君碑（图 6-37）和裴君碑（图 6-38）是 2010 年发现的汉代石碑，出土于成都天府广场。

出土前，两座石碑深埋于地下 5 米的砂石层内，因此保存相当完好，石碑

图 6-37　李君碑碑阳

图 6-38　裴君碑碑阴

① 李淞，走回图像——从两个汉代实例看读图的误区[J]，南京艺术学院学报，2010（05）：14-21。

② 陈长虹，汉代铜镜上的“九子母”图像——对“三段式神仙镜”的再认识[J]，四川文物，2014（04）：63-72。

由碑座（李君碑碑座已佚）、碑身、碑首三部分组成，碑文清晰如新。

两座石碑的文字内容是对东汉时期蜀郡太守李君和裴君的歌功颂德，说明这是两座功德碑。两碑的碑文正面皆800余字，背面皆1400余字，碑文内容丰富，是研究汉代四川地区地方官制、社会面貌、文化艺术、经济发展状况难得的实物依据。[①]

据考证，裴君可能是东汉度辽将军裴晔[②]，而李君的身份学界尚无明确观点。裴君碑碑文书体方正有力，横向成行，竖向成列，整篇行笔稳重而有变化，碑文通体气势庄凝而又略带跳脱之感，行笔中隶书代表性的波挑已被弱化，略有楷书气息。李君碑字势多变，竖向成列，横不成行，是行笔较为洒脱的隶书，整体行文追求厚重，拙朴中见奇绝。

李君碑记录了当时蜀郡有关文教的重要内容，其中关于文翁石室的记载证实了西汉景帝时成都创办郡学、兴办官方学校的史实，说明成都在汉代文教的高度发达。成都是汉代蜀郡的郡治，李冰、文党（即文翁，文翁石室即其命名）都曾是蜀郡太守，在陕西还发现了"蜀郡太守"封泥（图6-39）。裴君碑碑文内容中"巍巍大汉""列备五都"等词是对两汉时期成都重要地位的反映。

图6-39 "蜀郡太守"封泥

这两座石碑的出土为汉代成都作为四川地区乃至当时全国最为重要的城市之一的历史添加了新证据，从石碑的文字内容可知，至东汉时期，成都的城市规模已非常庞大，城市建设完备，可以和其他大城市相媲美。

① 成都文物考古研究所，成都天府广场东御街汉代石碑发掘简报[J]，南方民族考古（第八辑），2012（00）：1-8。

② 方北辰，"裴君"当为东汉度辽将军裴晔——成都市区新近出土汉碑碑主考证[J]，南方民族考古（第八辑），2012（00）：33-46。

第七章

华南地区遗址美术

第一节　南越国与海上丝路：华南地区墓葬遗址美术

华南地区具有代表性的汉代墓葬遗址是南越王墓和合浦汉墓。南越王墓的墓葬艺术表现出南越国和中原文化融合的特征，这反映在两个方面：其一是南越王墓独特的墓葬形制，该墓穴是一座竖穴开凿的横向石室墓，石室墓是西汉时期诸侯王（如徐州地区的楚王、永城梁王）王陵常用的墓葬形制，而竖穴开凿显然是土坑墓的传统，南越王墓将这两种墓葬的形制结合了起来，但中原的墓葬中并无竖穴开凿横向建墓的先例。其二是墓葬中的出土文物，南越王墓出土的文物包含了很多地方的艺术形式，例如青铜提桶上的船纹、带有羽毛饰物的原住民形象和海战图像就是南越国本土文化中流行的图案。墓葬中出土的青铜器、玉器在风格上带有先秦、周文化烙印，其中有大量的酒器，而此时中原地区的汉墓大量使用漆器制作为酒器，说明南越国文化还保持着更早的礼制传统，而这种传统在汉代时已不被中原的墓葬所采用。

海上丝绸之路对华南地区的墓葬艺术也产生了一定影响，无论南越王墓出土的银盒、大象牙还是合浦地区出土的玻璃杯、金饰物，都证实了汉代华南地区对外来艺术品的喜爱，但这些外来艺术和本土艺术在华南地区的墓葬艺术中并未出现明显的美术形式上的融合，而是并存着，这种情况使华南地区的遗址美术呈现出丰富的内容和清晰的条理。

合浦是汉代岭南人口最为稠密的地区之一，据考，这里的汉墓达 1 万座左右。风门岭汉墓群是合浦最大的汉代墓葬群之一，目前在此发现的几座最大的墓葬是西汉时期的竖穴土坑墓，这些墓葬体量大，出土文物数量较多，属于等级较高的贵族墓，形制与中原无二。

合浦汉墓的出土文物也多为中原风格，其中的五联罐是具有地域文化特征的类型，这种器物也见于广州、粤北、粤西、桂东、赣南、湘南等地的墓葬，但以合浦和广州出土最多，从考古发现来看，它是汉代合浦最为流行的墓葬明器。除此之外，合浦汉墓还流行滑石器，这种器物在战国时即已出现，但并不流行，在汉代的北方多作为器范使用，而在汉代岭南和岭北墓葬出土的器物中较为常见，因此，合浦汉墓的墓葬美术特征在整体上和中原如出一辙，从侧面反映出合浦作为汉代海上丝路重要的地理价值。

（一）南越王墓

1. 南越王墓遗址的基本情况

南越王墓是西汉第二代南越王赵眜的墓葬，位于广东省广州市越秀区解放北路象岗山上，是一座石室墓。该墓墓圹采用竖穴开凿和横穴挖洞相结合的方法建造，这种石室造墓的方法并非来源于汉代南越地区的地方习俗，而是来源于北方诸侯的葬俗，建造这种来自朝廷所处的北方文化下的墓葬，其本意应是效仿北方诸侯横穴造墓的方法建造石室墓。南越王自身采用中原的葬俗，反映了南越国接受中原葬制，对中原文化趋同的倾向。①

南越王墓（图 7-1）平面为一“早”字形，内部结构系统而繁复，不仅分有前后墓室，并且开有耳室和侧室。② 由于石室墓的开凿所耗人力远大于土圹墓或砖室墓，因此可知当时开凿这座墓葬时南越国应处于国力雄厚、人力充足的状态。该墓共七室，建筑面积 100 平方米，可分为前后两部分，其中前部可分为前室和东西两耳室，共计三室，后部可分为主棺室和东西两侧室以及位于后方的后藏室，共四室，墓室南面为墓道。③ 墓室的建造方法颇为特别，不同于大部分石室墓为横穴挖洞建造的方法，该墓首先以竖穴开凿形成一“凸”字形墓圹后，再横穴向东西两侧挖洞，形成前室的两耳室。这是石室墓建造中仅有的竖穴与横穴建墓相结合的案例（图 7-2）。建成墓圹后，在墓坑底部的东西两壁开凿沟槽，用大小各异的青石块筑成石质圹壁，据学者研究，椁室前后及顶部均用木质挡板为隔，并在各墓室石墙上覆盖顶盖石共计 28 块。④ 其中主棺室为墓主人，主棺室两侧的侧室中，东侧室葬有 4 人，并发

---

① 刘骕，渐沐汉风：南越王墓形制与壁画来源考释[J]，贵州大学学报（艺术版），2022，36 (03)：74-82。

② 高小路、徐卫民，广州象岗西汉南越王墓形制试析[J]，文博，2022（02）：60-68。

③ 广州市文物管理委员会、中国社会科学院考古研究所、广东省博物馆，西汉南越王墓（上）[M]，北京：文物出版社，1991 年，第 8 页。

④ 同上，第 12 页。

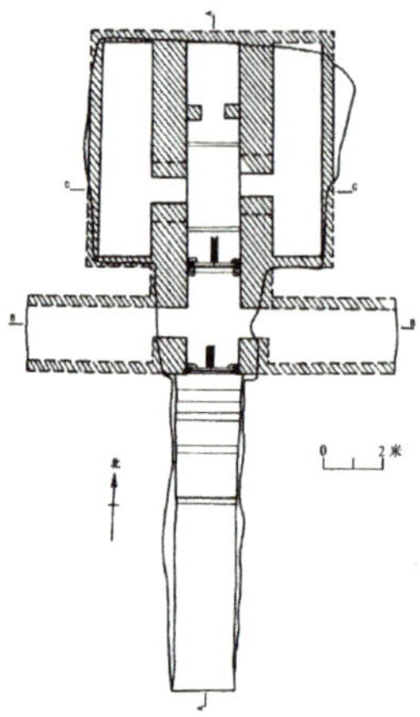

图 7-1　南越王墓平面图

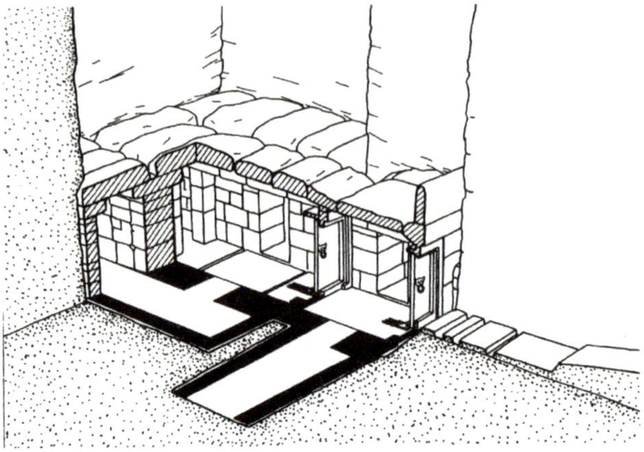

图 7-2　南越王墓墓葬结构透视图

现有 4 个“夫人”的印玺；西侧室葬有 7 人，室内后方放置有猪、牛等的动物大量遗骸，应是供奉、祭祀墓主的祭牲。①

前室四壁和顶上均绘有朱、墨两色云缎图案，东耳室藏有饮宴用器，包括青铜编钟，石编钟，提筒、钫、锫等酒器以及六博棋盘等娱乐用器，西耳室是兵器、车、马、甲胄、五色药石和生活用品、珍宝的藏所，其中发现有可能来自波斯的银盒、非洲的象牙、漆盒、熏炉以及深蓝色的玻璃片。这些文物证明南越国前期或更早年代广州已与波斯和非洲东岸有海上贸易。主室居于墓室后部中央，为墓主棺室，墓主身穿丝缕玉衣，随身印章 9 枚，最大一枚为“文帝行玺”龙纽金印，此外还有螭虎纽“帝印”、龟纽“泰子”金印以及刻有墓主姓名“赵昧”二字的玉印等。②

后藏室用于储藏食物和放置饮器、容储器，出土了 130 余件铜器和陶器，器物的封泥上多有“泰官”二字，这些器物主要是饮器、盛储器和盥洗器，并且其中有 30 余件器物内盛有动物遗骸，并以海产、贝类最多。③ 泰官即汉代官职中所谓的太官，是掌管皇帝膳食和宴饮的官员，因此这里应为象征墓主地下家园中的宴饮场所。

① 广州市文物管理委员会、中国社会科学院考古研究所、广东省博物馆，西汉南越王墓（上）[M]，北京：文物出版社，1991 年，第 149+220+259 页。

② 同上，第 199-202+204-207 页。

③ 同上，第 275-276+298-299 页。

综上，南越王墓是西汉列侯墓中墓室结构保存较为完整的一处墓葬，我们可依据其考古发现观察西汉墓葬中各空间的功能和位置关系，进而通过文物的赏析发现这些墓葬遗址背后的整体美术观念。

2. 遗址的代表性文物

（1）丝缕玉衣等玉器

在南越王墓的出土文物中，最为著名的一件就是丝缕玉衣（图 7-3）。玉衣是汉代特有的随葬品，是死者入殓时所穿的葬具，其级别颇高，只有帝王和诸侯王一级的贵族才能使用，但按《续汉书·礼仪志》载，根据身份的不同，玉衣所用缕线又分为金缕、银缕、铜缕三种，而奇特的是南越王墓的玉衣却用丝缕，与史书所记载的任何一种制作规制都不符，可见其并未完全按照汉代的礼仪制度来制作葬具。有学者认为玉衣在汉代往往由皇帝按礼仪制度赐给诸侯随葬，所以南越王所穿之玉衣很可能并非朝廷所赐，而是南越国自制的葬具。在目前所有出土的文物中，只有南越王墓玉衣为丝缕，因此这是一件弥足珍贵的文物，它提供了一个与中原礼仪制度相异的例子，玉衣究竟缘何采用丝缕，目前仍无定论，或许其材料的特殊还与南越国的地方文化有关。

这件玉衣保存颇为完好，由 2291 片玉片穿连而成，所用玉片颜色较杂，以黄褐色、黄白色为主，经过复原，玉衣是由头套、衣身、左右袖筒、左右裤筒、左右鞋子共 10 部分组成。全长 1.73 米。整件玉衣由丝线和丝带连缀，而

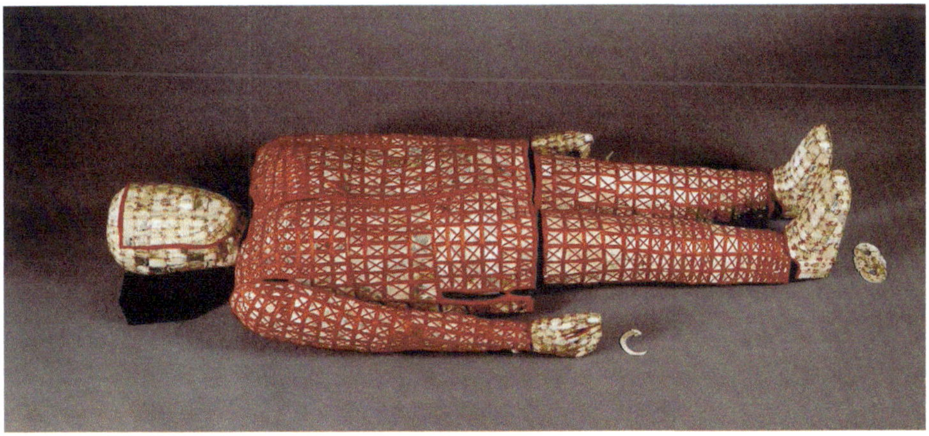

图 7-3　丝缕玉衣

未用金属丝。[1]制作一件玉衣需要耗费巨大的人力、物力和财力，玉片的研磨和穿孔都需要保持玉衣整体的统一感，这也是为何在西汉墓葬中发现的玉衣并不多，因为使用这样的葬具入殓耗费之巨是一般贵族所不能担负的，不过南越王墓的这件玉衣却反映出了“地方性”特征。经考古研究，玉衣中有不少玉片是制作玉璧等玉器的角料，还有一部分玉片的用料和玉衣的主要原料差距较大，类似于“替代物”，这些迹象均反映出这是一件由南越国模仿中原葬制而自造的葬具。[2]

南越王墓中发现玉衣还有一个重要背景，就是该墓中还出土了大量的玉器，其中有部分玉礼器和大量随葬用玉[3]，这些玉器皆具有复杂精美的纹饰，所以无论礼器或是用器，南越王墓的这些玉器都极具艺术价值，其突显的也不只是其在墓葬艺术“事死如事生”观念中所承担的“功能性”，而是其器物本身所象征的墓主人身份。

这些器物中最著名的一件是角形玉杯（图 7-4），该玉杯也是我国首批禁止出国（境）展览的 64 件（组）文物之一。该角形玉杯应为一整块玉随形雕琢而成，做工之精湛、造型之独特在汉代玉器中亦属首例，并且由于其与中原的玉杯形象大相径庭，因此可以反映出越人的地域性审美特征。角形玉杯如其名，造型上模仿犀角而雕琢，杯底为鱼尾一般的螺旋曲线形成的绳索式尾，这一卷曲的尾部结构由下而上绕于杯身下部。杯身由浅浮雕和阴刻线形成勾连云纹，其形貌让人想起商周青铜器上的纹饰美术特征，杯口稍有残缺，整个杯体由青白玉雕出，杯壁较薄，杯上部有较大面积的黄褐色浸斑，尾部则为青黛色浸斑。考其功能，角杯很可能是一件酒器，而由于其角状形制，玉杯本身并不具备直立放置的功能，若倒满酒，则需一饮而尽才能放下，因此这件玉杯很可能是一件用于宴饮活动的特殊酒器，加上这样形制的玉杯在墓中的发现属绝无仅有，因此它可能是作为南越王生前常用之物而随葬的。

除角形玉杯外，南越王墓还出土有一件玉质的高足杯，该高足杯还配有

---

① 广州市文物管理委员会、中国社会科学院考古研究所、广东省博物馆，西汉南越王墓（上）[M]，北京：文物出版社，1991 年，第 154 页。

② 王维一，汉玉大观——南越王墓玉器略考 [J]，收藏家，2018（03）：19-24。

③ 同上。

图 7-4　角形玉杯

图 7-5　铜承盘玉高足杯

一个承盘，玉杯和承盘全称为铜承盘玉高足杯（图 7-5）。事实上，这件高足杯不仅使用了玉和铜，还使用了金、银和木三种材质。玉杯造型与汉宣帝陵出土的玉杯相似，但宣帝陵出土的玉杯无托架，而有帝王才能使用的扣金（筘金）工艺，南越王墓的玉杯则有结构复杂的托架，而无扣金工艺。首先玉杯杯腹部处有一件玉质的花瓣形玉托，玉杯紧密地嵌入玉托中，玉托再由三支游龙形金首银身支架托起，三支支架下端固定在一件圆形的铜承盘上，在承盘中还放有一件木托座，用以承担杯底的分量。在玉托和木座的支撑下，玉杯稳固地立于承盘中。汉代文物中的玉杯并不多见，一处墓葬出土有两件高级的玉杯，反映出南越国当时制玉工艺和赏玉文化的成熟。

墓葬还出土有多件组玉佩（图 7-6）和大量的玉剑饰（图 7-7）。组玉佩也称玉组佩、杂佩，是由玉器为主的多件饰物组合而成的配饰，墓中共出土组玉佩 11 套，其中 1 套属于墓主人即南越王赵眜，7 套为“夫人”即婢妾的随葬饰物，另有 3 套属于其他的殉葬者。① 其中属于赵眜的组玉佩最为精致，该组玉佩原佩戴于墓主人所穿的玉衣外，包含了 32 件组件，但组件并非全用玉石打造，其中占主体地位的凤涡纹璧、透雕龙凤涡纹璧、犀形璜、双龙蒲纹璜、环、佩、翁仲以及部分穿连用的珠为玉质，而辅饰的穿连珠则用玻璃、煤精石、金、银来制作，整件组配放置在一起具有主次有序、色泽变换和谐、内容寓意丰富

① 王维一，汉玉大观——南越王墓玉器略考 [J]，收藏家，2018（03）：21。

图 7-6　墓主组玉佩

图 7-7　玉剑饰一组

的艺术特征。组玉佩并非源于汉代，而是春秋战国时期即已流行的佩饰，其流行在战国时期最盛，至西汉，这种大型玉饰仍出现在高级贵族的墓葬中，但到汉代晚期其流行之风已见衰退，此后的墓葬中组玉佩虽仍有出土，但考古发现显示这种佩饰形式已经不再是时代之流行了。因此，结合墓葬出土的角形玉杯上的纹样，以及这些组玉佩不难看出其文化中对周文化的继承。南越地区气候炎热潮湿，多山地林木，汉时这里仍属交通闭塞地区，因此这种对周文化的承袭很可能和南越国发展中国内与外界信息沟通交流缓慢的地域性因素有关，南越王墓出土的这些玉器似乎正反映了这种文化信息接收滞后的历史现象。

墓葬出土的玉剑饰有 58 件，是汉墓出土玉剑饰数量之最①，用玉器作为剑的配饰是古代贵族佩剑的习惯，汉代的玉剑饰大部分为 4 件一组，分别为剑首、剑格、剑璏、剑珌，但如此数量众多的玉剑饰就显得较为特殊，可能和南越国第一代国王赵佗及第二代南越王赵眜皆尚武有关，这也可以从南越王墓中出土的武备器物的丰富程度和宏大数量看出。用国王喜爱的玉器大量装饰武器，如此大宗的玉剑饰出土充分地反映了当时南越国尚武的治国背景。

（2）银盒

该银盒也称“裂瓣纹银盒”（图 7-8），是南越王墓出土文物中尤为重要的一件随葬品，在发现之初，银盒中还曾装有药丸，是一件“药品盒”。银盒发现于主棺足厢内，应是墓主人生前随身之物，该器通高 12.1 厘米，腹径

① 王维一，汉玉大观——南越王墓玉器略考 [J]，收藏家，2018（03）：21。

14.8 厘米，重 572.6 克，外形呈扁球形，器身、器盖用捶揲法压印出蒜瓣形纹饰，盖顶分立 3 个后加的纽座。根据考古研究，其制作工艺、形制和纹饰皆非汉代中原或南越国所自有，但在古代波斯国的金银器物中却能找到相似的类型，因此专家推定此物为舶来品。[①] 这一器物的发现可以反映出南越国与西域的交流，即西汉海上丝绸之路的存在，对于古代丝路研究具有重要的价值。墓葬中还出土了 5 支原支非洲象牙[②]，以及具有地中海沿岸（如埃及等地）流行工艺的金花泡。此外，南越王墓还发现有乳香，这种香料为红海沿岸的阿拉伯地区所特产。这些发现都是反映南越国当时与海外文明的贸易往来的实证。

图 7-8　南越王墓银盒

（3）船纹铜提筒

船纹铜提筒（图 7-9）是墓葬出土的 9 件铜提筒中最为特别的一件，提筒是典型的南越自有的器物，孙机认为其功能类似中原铜器中的尊，认为这一器物是南越国所惯用的酒具。广州先烈路龙生岗 4013 号东汉墓出土的陶提筒上有墨书“藏酒十石，令兴寿至三万岁”，说明提筒的功能正是盛酒，其造型呈直筒形，底部微窄于口部，与现代使用的提水所用之筒造型相似。联系南越王墓出土的角形玉杯、高足玉杯，可知

图 7-9　船纹铜提筒

① 广州市文物管理委员会、中国社会科学院考古研究所、广东省博物馆，西汉南越王墓（上）[M]，北京：文物出版社，1991 年，第 209—210 页。

② 王子今，西汉南越的犀象——以广州南越王墓出土资料为中心 [J]，广东社会科学，2004（05）：94-101。该文详细引证并论述了南越王墓出土的原支非洲象牙在考古研究中的应用，并引王将克、黄杰玲、吕烈丹《广州象岗南越王墓出土动物骨骼的鉴定》一文指出，“出土标本的形态特征和大小比例，与现生非洲象较为接近，而与现生亚洲象区别较明显。……但因标本保存不佳，故尚难确定其种名”，并认为据这种研究结果还不能直接推定象牙为非洲产物，但也认为根据出土时象牙的摆放形式，这些象牙“其原产地远在海外是极其可能的”。

图 7-10 船纹线图

南越国文化中对“酒”的重视。船纹铜提筒不同于常规的铜提筒，其特别之处在于其纹饰图案（图 7-10），提筒器身处有几何饰纹带，其间绘有船战场景的图案，这一图案绘制精致，内容是汉代少见的海洋文化题材，图像中可见 4 只载人的船只紧密相连地行驶于水面，每只船上载有头饰羽冠的人物 5 名，人物各司其职，动作丰富，反映了划桨、击鼓、手持兵器进行战斗的行船场面。船与船之间还有各类海洋生物图案作为装饰，如海龟、海鸟、鱼类等。整个图案环绕器身形成连续不断的循环画面，构图布置秩序感强，造型刻画生动而能表现场景细节，图像成像清晰。岭南地区沿海，表现海洋题材是该地区特有的图像，这种图像在中原文化中极为少见，可见南越国制造铜器不仅工艺精美，而且形成了地域性美术的创作模式。这件南越国墓葬出土的“地域性”文物是反映古代岭南地区南越国文化习俗和审美习惯的重要文物。

（4）铜虎节与金印

南越王墓出土的铜虎节与金印是反映墓主人身份和考古研究的重要依据。该虎节也称为“错金铭文铜虎节”（图 7-11），“节”是古代使者特持的通关信物，《周礼·地官·掌节》云“凡邦国之使节，山国用虎节，土国用人节，泽国用龙节”，该文献说明了古代使者持节的规制，饶宗颐认为南越国因“番禺在五岭以南，故被目为山邦，使者用虎节”[①]，可见这件虎节正是南越国对外出使所用之“节”，其出土佐证了南越国立国的历史现象。该虎节主体为青铜，呈深黑色，周身用错金工艺表现出老虎华丽的花纹，虎目圆瞪，虎尾呈“8”

① 饶宗颐，南越文王墓虎节考释，陕西省考古研究所、西安半坡博物馆成立三十周年学术讨论会论文，1988 年 11 月。

图 7-11　错金铭文铜虎节

字形，其造型反映出汉代青铜器制造中对写实性和抽象性的结合能力之高超，并反映出汉代工匠利用材料、工艺来表现事物特征之造诣。虎节正面有错金文：王命＝车驲，“＝”有重复上一字的意思，故而应解读为“王命命车驲”，是“受王之命调用车马”之意，文字书体为小篆，但又别具春秋战国时期青铜铭文的古奇美感，仍然反映出汉代南越国地方文化对周文化的继承和发展。

南越王墓共出土了 3 件金印，其中最著名的是刻有“文帝行玺”的龙纽金印（图 7-12），这是西汉出土文物中唯一一方帝印①，西汉只有皇帝、皇后之印可称“玺”，而南越王赵眜自号文帝，将自己的印章称为“玺”，因此这枚帝印是其僭越自铸帝王玺印的反映。但这枚帝印却与西汉皇帝用印的形式不同：一是西汉皇帝用印为白玉，而非黄金，南越王墓中还出土有一方螭虎纽玉印，印面刻“帝印”二字，虽用白玉，又与西汉皇帝印玺行文习惯不符。二是西汉皇帝一般不用自己的尊号，而用“皇帝”二字。皇帝有多枚印章，如“皇帝之玺”“皇帝信玺”“皇帝行玺”“天子之玺”“天子行玺”“天子信玺”，每方印各具不同功用，即所谓天子六玺。②赵眜的帝印却用自己的尊号，即“文帝”，

图 7-12　“文帝行玺”龙纽金印

---

① 程存洁，广州西汉南越王墓研究综述[J]，中国史研究动态，1994（07）：5-9。

② 《后汉书·光武帝纪》章怀太子李贤注引蔡邕《独断》：“皇帝六玺，皆玉螭虎纽，文曰：‘皇帝行玺’‘皇帝之玺’‘皇帝信玺’‘天子行玺’‘天子之玺’‘天子信玺’，皆以武都紫泥封之。”

并非照搬汉制，这与史料记载的南越国几代君主均以自己的帝号来铸印的信息相符，《汉书·西南夷两粤朝鲜列传》载“婴齐嗣立，即臧其先武帝、文帝玺”，这一史料和墓中出土的金印印文正相匹配，可见南越国几代帝王均自铸帝印而不传授。综上，这枚金印又进一步说明了南越国在制物时有自立规矩的模式。

金印除对历史具有重要的佐证价值外，其篆刻书风和金属工艺亦优。印体通高 1.8 厘米，长 3.1 厘米，宽 3 厘米，重 148.5 克，印面刻白文小篆“文帝行玺”四字，字体书风方正庄重而又有奇古之趣，是汉小篆吸收两周铭文书风的表现，四字分别刻于印面的“田”字形方格中，布局方正严整。龙纽造型精致，龙身以“S”形曲盘于印首（印体的上方），龙首上昂，龙身中段弯起，使印纽可穿系组绶，龙鳞、龙爪毕现，工匠在方寸之间的印首上将龙的形象表现得精准有力。这件器物出土时发现于墓主人胸部，印纽抓手处光滑，器身有磕碰痕迹，印面字腔内印泥色泽仍鲜艳，很可能是墓主人生前实际使用的玺印，而非特制的陪葬品。

第一代南越王赵佗并非越人，而是中原人（河北真定），河北发现的跽坐石人像原即属于赵佗先人的墓地，赵佗的中原背景在一定程度上影响了南越国对中原文化的吸取，从这些墓葬的出土文物可知，南越国是汉代少数民族中较多吸收中原文化的一支，其墓葬结构、随葬品的随葬形式均很大程度上依据中原丧葬礼仪设计，但器物的具体特征（如造型、材料）又具有地域性特征，说明南越国地方文化在汉时的勃勃生机，也反映出古代中国即已形成的多元而统一的文化结构特点。

（二）合浦风门岭汉墓

1. 风门岭汉墓遗址的基本情况

风门岭汉墓是汉代墓葬群遗址，位于广西北海市合浦县名为风门岭（也称丰门岭）的小山上。合浦在西汉元鼎六年（公元前 111 年）汉武帝平定南越国后设郡，自此两千多年一直作为郡、县、州、路、府的治所，以其水路交通便利而著称，不仅境内河流交织繁密，而且有南流江贯穿县境，能通过秦始皇开凿的灵渠北连长江，又能西南入海。该地在武帝时期就形成了出海港口，有合浦至印度、斯里兰卡的海上航线，是汉代海上丝绸之路的起点之一。作为贸易港和治所，这里存在着大量的汉墓遗址，据估算其地下汉墓多达 1 万座左右，已发掘的汉墓已超过 800 座，并形成了几个较为集中的汉墓群，而风门岭汉墓就是合浦地区汉墓分布密集的一个区域。截至 2005 年，风门岭地区已发掘有汉墓 50 座左右，这些墓葬的时期以西汉后期和东汉为主，在 2003—2005 年的发掘工作中，风门岭汉墓群发掘了汉墓 8 座，编号M21—M28，其中以M23、M24、M26、M27 保存较为完好[①]，又以M26 出土文物最丰且最具代表性，可以在一定程度上反映合浦汉墓的艺术风格和文化特征。

二十六号墓（M26）为竖穴土坑木椁墓（图 7-13），墓葬为有一条斜坡墓道的甲字形墓，墓室内由外藏椁和正藏组成椁室。墓葬地面原有封土，但在考古发掘时封土已遭破坏，几乎不存。椁室发掘时已坍塌，但在椁室内器物上覆盖有一层厚 14 厘米的白膏泥，原应位于椁室上方，而椁室下方也有一层 12 厘米厚的白膏泥，可见椁室原本被周身的白膏泥环绕。除白膏泥外，墓坑内填土均为层层夯实的花土，夯层厚约 25 厘米，夯窝清晰，为集束的木棒夯。棺椁已朽，但考古报告根据白膏泥的分布和板灰痕迹复原了椁室的结构，正藏的椁室长约 5 米，宽约 3.1 米，高约 1.9 米，底部有两纵向的枕木沟，沟宽 0.25 米，深 0.12 米。[②] 椁室内原设有边厢和头厢，但发掘时只有板灰痕迹，并有器物按不同的功能摆放，这些器物原应属于不同的厢内，椁室有一双扇门，门上有一对铜铺首，椁室前端原应有髹漆，发掘时有髹漆残迹，漆面绘有以云气纹为主的装饰图案。棺木位于墓室后方的右侧，棺木和墓主人骨骼已朽，从残存的骨骸可知为仰身直肢葬。棺木所在区域

图 7-13　M26 墓葬全景

① 广西壮族自治区文物工作队、合浦县博物馆，合浦风门岭汉墓—— 2003 ～ 2005 年发掘报告[M]，北京：科学出版社，2006 年，第 1 页。

② 同上，第 47—48 页。

出土有铜镜、陶壁、玉碗、鎏金的莲花瓶等器物，椁室的头厢出土有成组的铜器，包括了碗、钵、尊、灯、三足盘、格盒等，这些器物多为礼器和高级的用器，反映出头厢空间具有“寝”或“堂”的功能。边厢有诸多铜器和陶器垒放，多为实用器型，包括食器和日常用器，还出土有铜的人俑和鸟、狗动物俑，这里应是仓库、厨房、仆从所在的宅院的象征。外藏椁出土有两只铜牛，铜牛后有一陶瓮，说明外藏椁象征的是牛牲所在的房舍，在椁门两侧凸出的区域，出土有铜马、池塘、铜仓，这里和铜牛及陶瓮结合来看，应皆属于大型牲的厩舍。

综上，这座墓葬是较为典型的西汉竖穴土坑木椁墓，其葬制已和西汉时期中原地区普遍流行的竖穴土坑墓葬制高度一致，这种强烈的汉式风格墓葬也是合浦汉墓中在数量上占主体地位的墓葬。

2. 遗址的代表性文物

（1）铜动物俑

风门岭 M26 汉墓出土有一系列的铜动物俑，包括了铜马 1 件、铜牛 2 件、铜狗 2 件、铜鸟 2 件[①]，其中铜鸟形象颇似鸡，但由于与汉代墓葬中习见的鸡的形象有差别，其尾部翘起而无弯曲，体形和铜狗相似，应为某种家禽。将这些铜动物俑看作随葬品中的一个类型时，它们反映了墓葬作为墓主人地下家园所应具备的禽、牲、畜，但当这些动物被还原到墓葬内的各个空间时，它们分别标示出了墓内各个空间的具体功能，是整体艺术中的重要组件。

图 7-14　铜马

在这些动物俑中，铜马（图 7-14）体形硕大，制作难度颇大，由九节组件分铸后焊接而成，反映了墓主人应为该地区高级贵族。和该墓葬中其他动物皆为一对的情况进行比较，铜马仅有一匹，单匹马出现在墓葬中，在汉墓中并不多见，它是特指墓主人出行的工具和身份的象征。

该铜马为直立式，做嘶鸣状，鼻

① 广西壮族自治区文物工作队、合浦县博物馆，合浦风门岭汉墓—— 2003 ～ 2005 年发掘报告[M]，北京：科学出版社，2006 年，第 53—55 页。

孔张开，瞠目，双耳竖立，马头部的表情饱满，已不同于汉中前期表现马头时表情普遍较概念化，但相比于东汉时期如武威雷台汉墓的铜马，风门岭M26汉墓铜马对马的细节处理仍较稚嫩，如马的舌头在后期焊接时被安置在了牙齿的上方，马的姿态仍是西汉中前期流行的立马，体态略显概念化，其雕塑特征反映出两汉雕塑在发展过程中对写实性造型和戏剧性情节愈演愈烈的表现意图，是证实两汉马匹雕塑变化的有力依据。

（2）五联罐

五联罐（图7-15）是联罐的一种，其造型颇为独特，为四个大罐和中间一个小罐相互组合而成，五罐皆有盖，罐腹一般大于口部或足部，口部和足部宽度相近，材质多为灰陶，表面光洁。这种罐在风门岭汉墓群的多个墓葬均有出土，如M26、M23都发现有较为完好的该类器物。

联罐是汉代岭南文化中普遍存在的一种器皿，也是岭南地区具有代表性的汉代器物，它是由多个小罐联合而成的整体。这些联罐少则只有双联，多则可达八联，但除五联罐外，其他形制的联罐出土少，存在时间短，至晚到西汉中期，岭南地区就只有五联罐出土了，且此种罐出土较多，存在时间相对较长，从西汉晚期持续存在到东汉前、中期，分布范围较广，以广州、合浦出土数量最多，粤北、粤西、桂东、赣南、湘南亦有出土。这种五联罐在大部分墓葬中仅有一件，应是岭南西汉晚期至东汉中期陪葬器物较为固定的内容，该器物大多以灰陶制成，部分五联罐原本装有植物的叶片或果物，应是当时的果脯盒或香料盒，可能不仅作为明器，也作为用器。有学者认为五联罐的流行与五行观念在汉代的流行有关，但此说尚未定论，联罐由双联至四联（图7-16）、五联

图7-15　五联罐

图7-16　保存较完好的四联罐

的罐数变化也可能反映了岭南地区在社会发展过程中出现的饮食结构、习惯的变化，是岭南地域文化的实证。

（3）铜池塘

铜池塘（图 7-17）平面呈类方形，开口略宽，后挡板上有两处排水口，说明其注水后可自然形成水流，从而增加池塘的艺术效果。

池中表现了凤鸟、鹅、鱼、蛙等动物形象，在挡板的外侧有精美的纹饰，前挡板表现一龙，龙身呈波浪形曲线，龙和一辟邪相对望，一人位于二神兽之间；后挡板绘二龙相对，一龙尾部有龟，另一龙背部有鱼，鱼的上方绘有水草；左挡板纹饰已模糊不清，可见两瑞兽的局部，应为辟邪或奔马；右挡板部分纹样模糊，可见一龙的头部和尾部，龙嘴下方有鱼。总体而言，这些纹饰主体是瑞兽或瑞兽戏水的场景。

图 7-17　铜池塘线图

池塘中有凤鸟 4 只，皆为站姿，颔首而立，其头微低，似乎正在注意着水面，做欲捕鱼状；鹅（亦可能是指雁凫）6 只，分两种造型：一种直颈，头身呈“之”字状，做游弋状，一种曲颈，头藏于背部双翅间，做梳理羽毛状，两种鹅组合在一起，颇为生动地表现了水禽在水域中的常态；鱼 1 条，造型写实，鱼鳞、鱼尾、鱼鳍表现均细腻；蛙 2 只，蹲姿，平面造型较抽象，但前立面造型却生动地表现了青蛙双眼凸起，昂首于石间的生动形象。[①] 动物均为铸合或楔合在铜盘底面上，它们互相组合，联系铜器内注水后水流缓缓流动的情形，各类动物在铜池塘中以其典型的造型“生活”着，可以想见，作者旨在模仿人们在自然界真实的池塘中所曾观察到的一种经典场景。

① 广西壮族自治区文物工作队、合浦县博物馆，合浦风门岭汉墓——2003～2005 年发掘报告[M]，北京：科学出版社，2006 年，第 78 页。

（4）滑石器

风门岭出土滑石器最多的为M23墓葬，滑石器是用质地细腻而软的滑石制成，以其所制成的器物光洁如玉而常常作为玉器的替代品。

滑石器在战国时期即存在，但不普及，汉以前，渤海地区普遍使用滑石器，汉以后，滑石器在北方虽仍存在，却多作为器范使用，而不再作为陪葬或日常生活用具。但其在湖南、广州、广西地区却较为流行，成为墓葬中常见的陪葬品。总体而言，滑石器的流行时间短，作为陪葬品也主要发现于岭南和岭北地区，并以岭南地区为主，是汉代南方特有的器物种类。滑石器在南方各地区流行时段不等，广州在西汉早期至中期普遍使用滑石器，且器型丰富，至西汉后期即衰落。广西出现滑石器的时间则相对更晚，约在西汉中期稍晚，存在时间亦短，至西汉后期已较为少见。

图7-18　滑石器——杵（左）灯（右）

合浦风门岭汉墓M23出土的滑石器（图7-18）即是此时期岭南滑石器的典型，这些器物造型简洁而厚重，类型丰富，包括了仿制玉和青铜礼器的杯、鼎、壶、樽等，虽为仿制，但滑石器基本无纹饰，只是仿制了玉和青铜器的整体造型，除礼器外，也有滑石制成的模型，如仓、屋、灶、井、厕间等，形成了一套形式较为完整、内容较为丰富的滑石明器系统。M23滑石器的出土也反映了合浦作为岭南重要的贸易、政治中心，其文化与周边区域的紧密联系。

第二节　丘陵中的南越古城寨：华南地区古城遗址美术

华南地区最具有代表性的汉代古城是五华狮雄山，该遗址位于岭南的丘陵之中，被认为是南越王赵佗的“长乐台”行宫遗址，在该遗址中发现的一方“定楬之印”封泥上的文字“定楬”为遗址在汉代的名称带来了诸多解释，有研究认为“定楬”二字是由汉代的古越语记音而来，意为“有防御工事的山顶”。

狮雄山遗址由四级台地上的建筑构成，环绕一二级台地的壕沟将遗址分成南北两个区域，经过还原分析，南区建筑形成一个封闭的空间，防御功能突显，北区相对开放。大量的考古证据还表明这里在汉代并不作为城池使用，而是一座具有防御功能和礼仪功能却不供大量人口居住的建筑群落。遗址中有大量的陶器残片出土，却未见其他的生活用具，进一步证明它在汉代南越国具有的特殊功能。

五华狮雄山遗址的发现为丰富汉代南越国的历史提供了依据，它和南越王墓共同印证了南越国曾经的辉煌，是华南地区重要的汉代古城遗址。

五华狮雄山

1. 狮雄山遗址的基本情况

五华狮雄山遗址位于广东省梅州市五华县华城镇东南约 2 公里处的塔岗村西南的狮雄山上，是一座秦汉时期的遗址。狮雄山是一座由两座山岗组成的马鞍形山丘，其南岗海拔高度 157.40 米，北岗海拔高度 170.73 米。① 遗址主要分布于山的南岗之上，这里山势舒缓，高出南岗 13 米的北岗，可为遗址阻挡凛冽的北风，加之狮雄山西南有五华河，在河流的作用下山的四周形成了面积较大的冲积平原，平原外围多山，自成一处小盆地，因此这里地处高地而视野开阔，对于修筑具有防御功能的建筑具有天然优势，有学者认为这里是南越王赵佗的“长乐台”行宫遗址。②

狮雄山所在的五华县原名长乐县，但这里称长乐县始自北宋天禧二年（公元 1018 年），在秦汉时期这里为龙川县辖地，西汉高祖三年（公元前 204 年）建立南越国的赵佗即曾为龙川县令，当地民间长期流传着赵佗在这里筑长乐台的传说，长乐镇、长乐县皆因此而得名。③ 一些明清时期的文献多载

---

① 尚杰，广东五华狮雄山秦汉城址的发现与初步研究 [J]，东南文化，2013（01）：23-30。

② 邱立诚，《五华狮雄山》考古报告之我见 [J]，客家文博，2019（04）：10-15。

③ 广东省文物考古研究所、广东省博物馆、五华县博物馆，广东五华狮雄山汉代建筑遗址 [J]，文物，1991（11）：27-37。

有赵佗在此筑台的史料，并普遍将赵佗建台与“受汉封”“汉使至”的史事联系起来[①]，如《广东新语》即言“在长乐县五华山下者，曰长乐，佗受汉封时所筑。长乐本龙川地，佗之旧治”。

图 7-19 狮雄山航拍俯视全景

狮雄山遗址（图 7-19）面积约 1 万平方米，从 1982 年至 2011 年，考古工作者对这里共进行了 5 次发掘，发现有东周、秦汉、唐宋、明清等四个时期的文化堆积，其中以秦汉时期的遗存最多、保存最为完整。据发掘研究，狮雄山秦汉城址主要分布于狮雄山南岗的四级台地上，这些台地颇为平坦，是借自然山势由人工修整而成，总面积约 4.16 万平方米。整个遗址被环绕一二级台地的壕沟分为南、北两个区域，因其环绕遗址南区而被称为环壕。环壕全长约 300 米，并和山下的自然水域连接，形成了护城河，由此可知遗址的南区应属于这座秦汉遗址的中心区域，而北区应是相对开放的空间。

遗址的北区又可分为两部，其东侧发现有一南北残长 13—15 米、东西长 40 米的建筑基址，并发现有排水沟和围绕该建筑基址的环沟，并且在环沟的东段有与环沟方向相同的回廊遗址，这些结构互相构成一个整体，可见这里原有一处较大的建筑，并且该建筑曾经历过多次的维修和改建，但具体功能不详。北区西部出土了大量的纺轮、网坠、石磨盘等生产工具，还发现了铁矿石、矿渣、烧土、封泥，并发现有陶窑和房屋遗址，因此很可能是一处手工业作坊或为建筑提供材料的专用加工场所。

遗址的南区出土文物主要为建筑材料、陶器、石器和铁器等，其中以建筑材料出土最多，并且发现了“定楬丞印”“定楬”字样的陶封泥，是反映南越国历史的重要文物。南区发现的建筑基址一处位于第四级台地上，面积较

① 广东省文物考古研究所、广东省博物馆、五华县博物馆，广东五华狮雄山汉代建筑遗址[J]，文物，1991（11）：27-37。

小，这里发现有大量的建筑材料，另一处建筑基址位于第三级台地上，是一座大型夯土基址，该基址北依山体，将环壕划分为东西两部分，可能为门楼一类建筑。

综上，该城址发现有环绕内部建筑区域的壕沟和大型建筑基址，并出土有大量的建筑材料，这些建筑材料中不乏宫殿式建筑所需的筒瓦、板瓦、地砖和瓦当，同时整个狮雄山遗址建造在人工修整的四级台地上，台地极为平整，因此，有学者认为这里很可能是一座仿中原先秦以来的高台式宫殿建筑，即赵佗的长乐台①，这种高台建筑实际上是建造在逐层增高的土台上的建筑群。

2. 遗址的代表性文物

南越国“定楬之印”封泥、戳印“定楬”的陶器口沿

狮雄山遗址出土的文物中，有大量封泥，是南越国范围内一座遗址出土封泥数量之最，多达 50 余枚，其中以有“定楬之印”字样的封泥（图 7-20）、戳印“定楬”的陶器口沿（图 7-21）最为重要，这些文物对研究南越国早期历史具有重要价值。此外，该遗址还出土了“番”字封泥，是佐证岭南人文历史的重要文物。“定楬”戳印发现于陶罐残片上，“定楬之印”为封泥，都是以篆书写成，这些文字行文疏朗、方正，是秦汉时期典型的小篆。此外，遗址还发

图 7-20 “定楬之印”封泥

图 7-21 戳印“定楬”的陶器口沿

① 广东省文物考古研究所、广东省博物馆、五华县博物馆，广东五华狮雄山汉代建筑遗址 [J]，文物，1991（11）：27-37。

现有“定楬丞印”的封泥，丞是秦汉时期的官职名，如县丞即是县级管理者，可见，南越国曾有一地区名为“定楬”，然而在史料中尚未见秦汉时期有名为“定楬”的地名，因此关于“定楬”所指城址是否为狮雄山遗址尚未定论，但该文物显然在一定程度上反映了南越国早期地域名称信息。

目前，对“定楬”一词的解释主要有三种：其一将其解释为秦汉时期的城址名[①]，认为“定楬”的命名来自“平定揭岭”，而揭岭为秦汉时期的地名，约在狮雄山顺五华河水而下的下游地区；其二将有“定楬”字样的封泥和戳印解释为“揭阳县令史定送给赵佗在龙川长乐行宫使用的礼品箱或公文上的加封标记”[②]，是为了强调物品的来源信息的；其三认为“定楬”一词很可能是岭南地区模仿“古越语语音而来的纯音译单纯词”，是以汉语记古越语语音，以古越语解读，应解为“有防御工事的山顶”，因此“定楬”是一处由古越语音译而来的地名[③]。这三种解释中，其一认为“定楬”即指狮雄山遗址，其二认为封泥非单纯的地名，且其中的地名“楬”指的是秦汉时期的揭岭（在今广东揭阳），而第三种解释虽未言明“定楬”为何地，但该解释却和狮雄山遗址的高台宫殿式建筑结构相合。对地名的解释虽未有定论，但“定楬”二字却是南越国在历史上真实存在过的实证之一。

第三节　华南地区其他遗址美术

北流型铜鼓

北流型铜鼓是我国古代铜鼓几大类型中重要的一种，主要分布于广西和广东地区，在广西的东南和广东的西部都有发现，其名称是以我国广西壮族自治区北流市水桶庵发现的大铜鼓命名的。该铜鼓体形硕大，花纹精细，铸造颇为精良，一经发现即受到了学界的重视，因此将该类型的铜鼓统称为北

① 尚杰，广东五华狮雄山秦汉城址的发现与初步研究[J]，东南文化，2013（01）：23-30。

② 广东省文物考古研究所、广东省博物馆、五华县博物馆，广东五华狮雄山汉代建筑遗址[J]，文物，1991（11）：27-37。

③ 刘长，广东狮雄山城址出土封泥研究[J]，西泠艺丛，2018（07）：56-61。

流型铜鼓。

学者们对北流型铜鼓的年代推断有两种，一种为春秋晚期至西晋，另一种为东汉晚期至唐或更晚。目前学界普遍认为更有可能的断代是在东汉至唐。北流型铜鼓到目前为止发现颇多，在广西以广西和广东交界的云开大山区域出土最多，学界认为这一地区应是北流型铜鼓的中心区域。除北流型铜鼓外，我国古代的铜鼓还有三种较为重要的类型，其一为石寨山型铜鼓，其二为灵山型铜鼓，其三为冷水冲型铜鼓。四种铜鼓类型各有自己的特征，又互有关联。其中石寨山型铜鼓是最早的铜鼓类型，其他三种铜鼓类型年代基本一致，并且都是从石寨山型铜鼓发展而来，其中北流型铜鼓和灵山型铜鼓基本出土于赣江以南，而冷水冲型铜鼓则基本出土于赣江以北，它们以赣江为界线，分布在沿江的两个区域，并在部分区域共存。

各类型铜鼓颇有规律的出土，反映了古代广东及广西滇越地区文化发展的脉络，它们是研究我国西南、东南地区古代文化乃至中国文化地域性特征的重要文物。

北流型铜鼓还可以分为颇多细支，其中最主要的一种子类型叫Ⅱ式铜鼓，这种铜鼓的数量最多，占了北流型铜鼓总数的 70% 以上。[①] 它的特征是鼓面颇大，大于鼓身，鼓面边缘向下弯折，并且有裙边。鼓身的胸、腰、足三段，分界较清晰，鼓胸直径最大，且鼓胸部最大径的位置偏下而靠近鼓腰部，在鼓胸和鼓腰之间有一道明显的分界线，一般为凹槽形。在铜鼓的鼓腰和鼓足之间往往凸起折轮，足底有折边。铜鼓身上有 4 个小的环，鼓耳以上往往有纹饰，一般为缠丝纹，有些铜鼓的两组铜耳之间还会加一对单耳。鼓面的中央一般都表现太阳纹，有八个光芒针状的辐射纹样，少数铜鼓有六个光芒针状辐射纹样。铜鼓的鼓身往往有云雷纹和云雷纹填短线纹等，较少出现动物或人物形象。鼓面边缘往往装饰四个蛙纹，少数铜鼓还会装饰六个蛙纹。这些蛙纹多以逆时针方向或顺时针方向环列，部分铜鼓有蛙纹两两相对的情况，但较为少见，个别鼓面还有大蛙背负小蛙的形象。除布局外，北流型铜鼓Ⅱ型的蛙纹表现还有较为写实的特点，所表现的蛙，蛙身瘦长，背面有中脊，

---

① 详见何纪生，北流型铜鼓初探，中国古代铜鼓研究会，古代铜鼓学术讨论会论文集[C]，北京：文物出版社，1982 年，第 127 页。

蛙为尖嘴、鼓颈、方臀、四肢直立，大多数蛙足只有三趾。

虽然北流型铜鼓和灵山型铜鼓的出土均大量位于赣江以南，但二者仍有一些区别。典型的北流型铜鼓和灵山型铜鼓的区别在于：灵山型铜鼓的鼓面、鼓身一般有羽人变鸟纹、骑士纹和鸟、兽纹，鼓面一般有六蛙，六蛙背负小蛙，蛙皆三足，背饰上有长条和圆环形的花纹，这是北流型铜鼓所不具备的，因此这是两种形式不同的铜鼓，它们都以石寨山型铜鼓为原型，后来逐渐因所属地区人们的审美、信仰等文化发展出现的差异而呈现出纹饰的区别。但整体而言，它们都具有西南、华南地区铜鼓的基本特征，即铜鼓的基本造型相似且均和古滇、越地区的太阳崇拜有一定关联。

据研究，北流型、灵山型铜鼓是石寨山型铜鼓在赣江以南的地区受到地方文化影响后演变而成的新类型，其纹饰虽能在石寨山型铜鼓上找到原型，却明显不同于石寨山型铜鼓，而冷水冲型铜鼓和石寨山型铜鼓更为相近，较多地保留了石寨山型铜鼓的特征，是直接从石寨山型铜鼓的形制中继承而来的。它虽然也是由石寨山型铜鼓演变而来，却很少出现在北流型铜鼓和灵山型铜鼓较多出土的赣江南部，反映了赣江北部和赣江南部部落之间的文化差异。以上的情况反映出东汉乃至初唐的600多年的时间里，两种依赣江南北分立的部族文化所具有的统一性和地域性[①]，即赣江以南的能制作出北流型铜鼓和灵山型铜鼓的俚人文化，和赣江以北能制作出直接学习石寨山型铜鼓的冷水冲型铜鼓的僚人文化。

---

① 详见何纪生，北流型铜鼓初探，中国古代铜鼓研究会，古代铜鼓学术讨论会论文集[C]，北京：文物出版社，1982年，第126—138页。

第八章

东北地区遗址美术

第一节　边城葬仪与草原文明：东北地区墓葬遗址美术

东北地区的墓葬遗址以大连营城子汉墓群、大兴安岭的游牧民族墓葬群为代表。这些墓葬遗址使东北成为研究中原与游牧民族文化交流融合的重要区域。

大连营城子汉墓群集中反映了两汉时期辽东半岛的艺术与文化内涵。这里靠近渤海湾，发现的大量贝墓是以贝壳为主要材料搭建，这种墓葬形式的起源很早，在春秋时期就已存在，但营城子汉墓群的贝墓有着新的形制，反映出古老墓葬形式随着汉代丧葬礼仪观念发展而产生的形式变化。

大连市汉墓出土的大量中原风格的器物和壁画也说明了辽东半岛在汉王朝视野中的重要性。这里出土的十龙纹金带扣和我国新疆、安徽，朝鲜平壤发现的龙纹金带扣在风格和技艺上如出一辙，应属于朝廷赐予重要官员或高等级贵族的器物。

东北地区的汉代游牧民族墓葬（如吉林榆树老河深、辽宁西丰西岔沟墓葬群）及其出土的文物是研究汉代鲜卑、乌桓（即乌丸）等民族文化、经济、军事、社会结构的重要遗存，其墓地的“公墓制”反映出北方游牧民族社会结构中带有的部族制度色彩，其出土的大量兵器、饰物也是反映汉时北方游牧民族艺术与文化的典型器物。

（一）大连营城子汉墓群

1. 营城子汉墓群的基本情况

营城子汉墓群位于辽宁省大连市甘井子区营城子街道中部，是东北地区发现的重要汉代遗址，墓群范围广阔，全长约 10 公里，从 20 世纪 30 年代至今，这里共发掘了汉魏时期的墓葬约 300 座，大部分为两汉时期墓葬，并出土了一系列重要的汉代文物，包括 1931 年发现的营城子汉墓壁画“导引升天图”[①]和2003年在编号M76的汉墓发现的金带扣，是研究汉代东北地区历史和文化的重要文物。在这些墓葬中，1954年发掘的营城子贝墓群的墓葬以其独特的用贝壳砌筑的手法引起学界的关注，编号为M76的汉代墓葬则保存较为完好，出土文物最为丰富。现就这两座墓葬遗址的情况进行介绍，以管窥营城子汉墓遗址美术的特点。

营城子贝墓群发掘于1954年，共41座墓葬，这些墓葬总体上出土文物不多，大部分为陶器，且完整的器物较少，也有一些车马器和钱币，从陪葬品的规格可知应属于等级不高的贵族墓葬。这些墓葬的建造时间可以追溯到西汉初到末期[②]，反映出遗址附近应有一个纵贯整个西汉时期的定居地，但目前尚未在合理范围内发现与这些墓葬有关的汉代城址。

贝墓是使用贝壳砌筑墓室的墓葬，这种贝筑的方法虽然独特，但实则由来已久，古人认为贝壳可以起到“御湿”的作用，即为了保护墓室干燥而不腐朽[③]，《左传·成公二年》载“八月，宋文公卒，始厚葬，用蜃、炭”，杨伯峻注“蜃曰肾，大蚌蛤”[④]，可见贝墓在春秋时期即已用作国君的墓室，其建造方法在此时应已非常成熟。滨海地区更是早在新石器时代就利用弃置贝壳为墓地的地方，从考古发现可知，位于辽东半岛滨海地区的营城子汉墓仍保留着这种墓葬传统。据考古报告可知，营城子汉墓皆为竖穴土坑墓，筑造方法是先挖掘出长方形的土坑，并在墓底部铺上蛎壳，再在其上建木椁，然后在椁壁和土坑壁之间填塞贝壳，并在木椁的盖板上铺设一层贝壳，之后填土封墓，因此，在椁室和土坑之间就有一层贝壳隔绝，从而起到和“青膏泥”相似的防潮防腐作用。营城子贝墓还有几种不同的构筑方式，包括贝壳和卵石合用的贝石墓、贝壳与长方形砖合用的贝砖墓，其中贝砖墓是出土文物最为丰富的墓葬，应是等级相对较高的贵族或较为富裕者的墓葬。这些贝墓的存在切实地反映了先民就地取材、善于利用发挥地方物产的智慧。

编号为M76的墓葬也是一座贝墓（图8-1），发掘于2003—2004年，是

---

① 宋艳秋，大连市营城子汉墓北壁画“导引升天图”释说[J]，辽宁师范大学学报（社会科学版），2013，36（02）：296-299。

② 于临祥，营城子贝墓[J]，考古学报，1958（04）：71-89。

③ 同上。

④ 杨伯峻，春秋左传注[M]，北京：中华书局，1981年，第875页。

图 8-1 M76

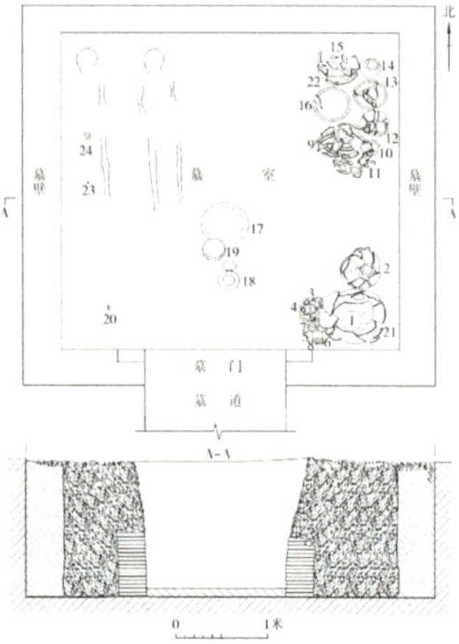

图 8-2 M76 墓室平、剖面图

营城子汉墓群中墓葬等级较高的一座，但和 1954 年发现的贝墓不同的是：该墓室是一座贝、瓦、石混筑的墓葬，并以贝为主要材料。该墓为竖穴土坑木椁墓，平面呈甲字形（图 8-2），由墓室、墓门、墓道组成，墓室坐北朝南，墓道位于墓室南侧正中，据推测是一座夫妻合葬墓。墓室土圹东西长 4.45 米，南北宽 4.05 米，深 2.3 米，墓壁厚 0.4 米，墓底铺贝壳，并夹杂着小鹅卵石，墓顶也铺有贝壳，木椁与土坑的壁间用贝壳、碎瓦、碎砖块、鹅卵石等石块填充。① 该墓未被盗掘，发掘时遗物的方位没有受到扰动，其中铜鼎、铜樽、铜承漩位于墓室地面中央稍偏南，所有陶器分两组位于墓室东北角（这里还有一件铜洗）和东南角地面，墓主人的棺木已朽，位于墓室西北角，墓主人头朝北，男性墓主人位于西北角西侧，女性墓主人位于西北角东侧，男性墓主人身边发现有一方鎏金铜印和一件金带扣，墓室西南角发现有一件玉剑璏。这些器物的摆放反映出西汉时期墓室模拟家园的丧葬理念，它们按照礼器、实用器区分开，玉剑器位于墓室西北角，不知是否象征了兵器，但显然在空间中具有特殊意义，值得注意的是这座墓葬中的铜礼器位于墓室中央，而墓主人位于墓室的西北角，根据墓葬出土的金带扣，考古工作者推测墓主人为高级贵族，西汉时期墓室中空间排布和东汉相比其象征概念较笼统，可能位于这座墓室中

① 大连市文物考古研究所、大连营城子汉代墓地考古工作队，辽宁大连市营城子汉墓群 2003M76 的发掘[J]，考古，2019（10）：53。

央的铜礼器象征了其地下家园中“堂”的所在，其中一件铜承璇有颇为精美的纹饰。

2. 遗址的代表性文物

（1）金带扣

金带扣（图 8-3）出土于营城子汉墓M76墓葬，原位于男性墓主人身侧，应为墓主人生前随身饰物，其器身一端呈马蹄形，另一端为类方形，马蹄形一端较宽，有弧形穿孔，孔内有可活动的扣舌。带扣的表面用浮雕的形式表现了十条龙的形象，其主体是一条几乎贯穿整个带扣表面的大龙，大龙气势逼人，其龙角、须、鼻、眼皆清晰可见，面部五官塑造得精细绝伦，在极为精湛的工艺下表现出鲜活的生命力，为了表现大龙腾云驾雾或在海水中穿梭盘踞的场景，工匠利用浮雕与玉带基面的关系，在带扣中段省略了大龙的身体，而在带扣的另一端再次表现了大龙的另一端身体，其巧妙的手法使画面氛围极富表现力。在大龙的四周盘旋着九条小龙，这些小龙用较抽象的龙纹表现，所有龙的身体结构均依靠金丝勾勒，在龙脊梁最高点至龙的头和尾依次用由大渐小的金珠排列，这种排列方法使龙的身体具有透视感，也标注出了龙的走势，在背景的云纹或水纹中还散布镶嵌了不少绿松石，部分绿松石的基槽里还有朱砂的残留物，可见这件器物原本的色泽应更为丰富。整体看上去，金带扣表面金光熠熠，交相呼应盘旋的龙纹穿梭云水之间，其画面颇具视觉冲击力。这件金带扣是目前发现的汉代同类器物中龙纹数量最多的一件，并且其制作工艺繁复，反映出墓主人可能是一位高等级贵族。

营城子汉墓出土的这件金带扣使用了捶鍱、穿孔、掐丝、珠化等代表金器制作高度成熟化的技术，和目前我国新疆、安徽发现的八龙金带扣，朝鲜平壤发现的七龙金带扣在形制、技术应用等方面颇为相似，学者经过科学技术支撑下的研究认为，这些金器很可能是我国内地本土制作，并且是受汉地某一部门控制，专为

图 8-3　金带扣

特定人群制作的。[①] 因此，这件做工精美的金带扣是反映汉代物质资源丰富、文化影响力广泛的有力佐证。

（2）铜承璇

铜承璇（图 8-4）的发现同样反映了营城子 M76 汉墓墓主人的地位应属于高级贵族，这件铜承璇纹饰内容丰富、装饰复杂而精细，属于高等级器物，在出土时，铜樽斜压在铜承璇上，应是配套使用之物。铜承璇的盘面中心区域是"柿蒂纹"，柿蒂纹的四周是类似四神的图像，但没有四神中的玄武，只有龙、虎和两只朱雀，然后是三圈几何形纹饰带，外区则是占据盘面较大篇幅的表现仙人和瑞兽主题的纹饰带，该区域被类似连枝灯形状的神树分为四段，四段之间的内容相似，表现了众多如羽人、龙、虎、鹿等仙人、瑞兽的形象，内区外围和外区外围皆有几何纹饰带。这种图案的铜器曾在岭南大量出土，如广西合浦汉墓就出土有类似的文物，但在东北地区是首次发现，因此该文物很可能反映了两地之间的贸易往来，也是佐证汉代海上丝绸之路范围的有力依据。[②]

图 8-4　铜承璇线图

（二）西丰西岔沟墓地

1. 西岔沟墓地遗址的基本情况

西岔沟墓地[③] 位于辽宁省西丰县乐善乡执中村西北一里余的一座小山岗上，是一处西汉时期的匈奴墓地。西岔沟墓地所处的小山岗平面呈"人"字形，山岗高出地面 30 余米，正面向南而临河，背向北且连接着一座自北向西

① 谭盼盼、张翠敏、杨军昌，大连营城子汉墓出土龙纹金带扣的科学分析与研究[J]，考古，2019（12）：106-115。

② 大连市文物考古研究所、大连营城子汉代墓地考古工作队，辽宁大连市营城子汉墓群 2003M76 的发掘[J]，考古，2019（10）：52-62。

③ 孙守道，"匈奴西岔沟文化"古墓群的发现[J]，文物，1960（Z1）：25-32。

转而南下的较高山丘的山脊。据考古工作者推算，墓地原应有 450 至 500 余座墓葬，这些墓葬形制相似，多为长 1.7 米、宽 0.8 米的竖穴土坑墓，墓葬的方位多为坐西北朝东南，死者头向西北，成排成列地依山岗的地形呈弧形分布在约 8000 平方米的墓地内，并且墓地内具有明显的分区、分级特征，不同区级的墓葬出土的遗物数量和规格差异也较大。在墓地共出土文物 13850 余件，其中包括大量的兵器、马具、各类装饰品和陶器等，其中以兵器、马具和装饰品数量最丰，并且这些陪葬品在墓葬中均有明确的摆放模式，其中兵器中的大件（如刀、剑、矛）多位于死者的左侧，在死者的上身或下身出土有各种铜、铁的箭镞，有些墓葬还出土有石箭镞，死者头部上方多放置有马具、陶器。此外，死者身体还有不少饰物，许多墓葬中还出土有马牙，东部墓区的山岗尖上还出土了三个排列整齐的马头头骨，这些马的骨骼出土反映了匈奴墓地葬俗中以马殉葬的模式。考古工作者还发现这些墓葬中的死者大部分为青壮年人，老年人非常少见，许多墓葬出土的兵器上都有屡经使用的痕迹，说明这些器物是死者的随身物品，曾随死者参与过战斗，该墓地很可能是一个具有军事组织的匈奴氏族部落的集体墓地，根据其墓地中出土的五铢钱不见汉宣帝以后五铢钱的形制，结合其他迹象，研究者认为这座墓地的断代上限应为在武帝之前，下限在宣帝初期。该墓地和距离其不远的老河深墓地是研究汉代各民族文化交流的重要遗址。

2. 遗址的代表性文物

（1）兵器

在西岔沟墓地出土的文物中，兵器占其中的大部分（图 8-5），可以分为短兵器、长兵器、远程武器三类，其中短兵器又分为刀和剑，其中剑较多，出土 71 把，剑身皆为铁质，而剑柄分为铜质和木质。铜质剑柄有两种类型：一种是柄首左右有曲环，考古报告说其形似“双鸟回首”[①]；一种剑柄为柱状，柄身有七八个铜环，这种铜环会随着武器的挥动而发出声响。铜柄剑的剑身通长 60—80 厘米。剑身有中脊，部分剑身的中脊两侧有凹槽。木质剑柄的柄身皆已腐朽，剑身较长，最长可达 1 米余，有的剑还配有铜镡或铁镡，也发现有

① 孙守道，“匈奴西岔沟文化”古墓群的发现 [J]，文物，1960（Z1）：26。

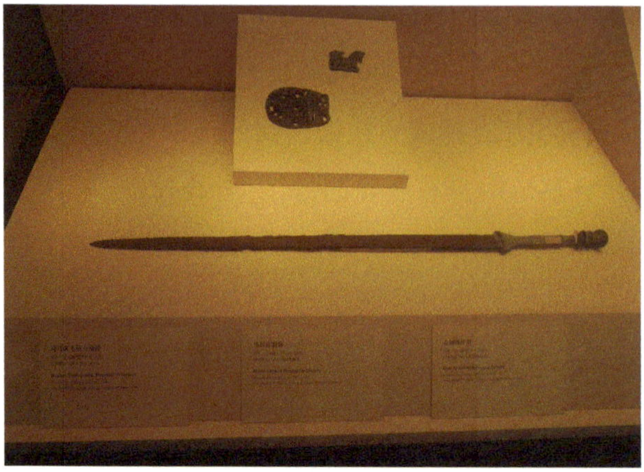

图 8-5 西岔沟出土的青铜牌饰、青铜柄铁剑

玉琫（剑鞘上端的装饰物），但未见剑鞘，这些在木柄长剑上出现的饰物是汉式武器特征。墓地出土的刀不多，皆为环首铁刀，刀身较长。长兵器皆为矛，器身为木质，已朽，只余矛头，分为铜质和铁质两种，其中铜矛的矛头较宽大，铁矛类型较多，但形制均较细长。远程武器以箭镞为主，出土有铜镞、铁镞、骨镞、石镞，其中铜镞为最多，铁镞次之，所有箭镞超千件，可见该部族对弓箭使用之程度，箭镞的形制也较丰富，分为翼式、棱式、扁平式、矛式，箭矢的箭杆多为竹制，但大部分箭杆皆朽，在众多箭镞中还发现了"鸣镝"，即所谓"响箭""号箭"，这种箭矢的镞为球形，中空而有孔，会在箭矢高速飞行时发出响声，故称"响箭"，也是古代一种具有"信号弹"功能的箭矢，可用于发号施令、警报、指定军队的攻击目标等。在兵器中还有一类短小的铜、铁斧。各类类型丰富、长短不同的兵器加上箭矢功能多样的远程武器显然可以互相搭配使用，使使用者能对抗远近距离不同、类型不同的敌人，反映了西岔沟墓地埋葬的是一个高度军事化的部族，兵器的汉式特征也反映了他们对汉文化的吸收。

（2）青铜牌饰

在西岔沟墓地出土文物中有 20 余件青铜牌饰，这些牌饰原是古人皮带上的铰具，是一种背部有扣针的、相对简易的带钩，以精致的做工和华美的纹样引人注目，牌饰表面皆鎏金，装饰纹样以动物和人物的组合为主，动物包括牛、马、羊、骆驼、犬、鹿、虎、鹰等，并且动物多成对出现，有双牛、双马、双驼的组合，也有鹰虎、犬马等组合，鲜明地反映了草原民族对动物的观察，传达出草原民族艺术文化的内容特征。

在这些牌饰中，以一件名为双人骑兽佩剑臂鹰的青铜牌饰（图 8-6）最为著名，可以集中反映西岔沟青铜牌饰的艺术高度。该铜牌长 11.1 厘米，宽 8.4

图 8-6　青铜牌饰

厘米，表现的是两位骑士正在驾兽前行的场景。该作品的装饰风格强烈，内容表现富有抽象美感，人物均未具体描绘表情，坐骑亦未表现具体的动物类型，只能看出两位骑兽的武士一前一后向左侧前行。其前方武士腰间佩剑，一手持缰绳，所骑之兽似马，前肢高后肢低，似做攀爬状，但未见对马的头部五官的表现；后方一骑士的造型同样抽象，只能看到大体的身体结构和动态，所骑之兽更是难以辨别，但在后方骑士的腰部前方，也就是右手臂位置，有一只变形夸张的鹰，这只鹰俯首做啄食状。铜牌饰上全部的形象细节均被高度统一的褶皱状的纹饰所覆盖，使画面具有一种“现代美感”而脱离了对某种具体形象的表达，这种艺术表现形式在汉代的文物中尚属少见，其内容组织紧凑，造型扭曲且富有张力的视觉感受和滇越地区出土的青铜器有一分相似，但其高度的造型抽象性和表现性却是滇越青铜器上所未见的，似乎作者并不希望观者过度观察画面中的情节和场景，而更希望直接向观者展示那些造型和肌理带来的更为直接的视觉冲击性。

（三）榆树老河深墓地

1. 老河深墓地遗址的基本情况

老河深墓地[①] 位于吉林省榆树市老河深村，是一处有着三层文化层的古代鲜卑族墓地。老河深村位于西流松花江北岸，地处松嫩平原，这里地势开阔，土地肥沃，为人类定居提供了农业基础和交通便利等有利要素。老河深墓地就位于老河深村南 0.5 千米一处地势较缓的岗地之上，这片岗地被当地人称为

① 参见吉林省文物考古研究所，榆树老河深[M]，北京：文物出版社，1987 年。亦可参考吉林省文物工作队、长春市文管会、榆树县博物馆，吉林榆树县老河深鲜卑墓群部分墓葬发掘简报[J]，文物，1986（02）：68-82+99-101。榆树县即今榆树市。

"南岗"，其地势西北略高，东南较低，平面呈狭长的长条形，东西长约 1 千米，南北宽 0.15 千米。1980 年夏，当地人在岗地挖沙时意外发现了一处墓葬，随后考古工作者在这里进行了发掘，经过 1980 年和 1981 年的两次发掘后，共发现三层文化层，其中下层为西团山文化遗址 2 处（皆为房屋建筑遗址），中层为东汉初期或略晚的鲜卑族墓葬 129 座，上层为隋唐时期墓葬 37 座，出土各类文物共计 4000 余件，总发掘面积 5790 平方米。从发掘情况可知，老河深墓地是一处人类长期居住地的集体墓地，但三层文化层所属的不同民族，反映出这里的人口在历史长河中屡次迁移，从而形成了不同民族的文化层叠压，总体上，这里的人口和经济在汉代鲜卑族居住期间达到顶峰，隋唐靺鞨族后趋于衰落。

该墓地以中层文化层的汉代鲜卑族墓葬为最多，因此汉代墓葬是这一遗址的主要部分，这一层文化层占地面积大，主要分布在岗地的西部，共发掘墓葬 129 座。墓葬的葬式可分为单人墓、男女合葬墓、男女异穴合葬墓、一男二女异穴合葬墓、儿童墓葬。男女合葬墓男右女左；男女异穴合葬墓为两墓并列，男右女左；一男二女异穴合葬墓三墓基本并列，男居中、女居两侧，三种类型的双人以上合葬墓是反映汉代该地区鲜卑族婚姻制度的重要材料。墓葬中还有些墓实行火葬，发现有未燃烧殆尽的棺木残片，但随葬品未见火烧痕迹，可见该地区葬俗中应是先对墓主人和其棺木进行火葬，再葬入陪葬品填土，一些墓内还发现殉马的现象，在整个墓地的中心区域还发现有一处专门的葬有三个马头的葬坑，这种殉葬马匹的情况与西丰西岔沟墓地大量出现马头骨的现象相仿，反映出东北地区少数民族当时普遍流行的殉马葬制，是证实马匹在这里具有极为重要的价值的实证。墓葬多为长方形土坑竖穴墓，墓坑微微呈斗状，深度在 0.5—0.8 米左右，只有很少量的墓葬较深，达到了 2 米。大部分墓坑的长度为 2.8 米左右，宽度为 1.2 米左右，但最大的墓葬的墓坑可以达到 4 米多长，2 米多宽，而最小的墓葬只有 1.4 米长，0.5 米宽。墓葬的分布集中在中层墓葬群的北部和南部，而中部墓葬较为稀少。墓葬的朝向分为东向和西向两种，墓主人头向东的墓只有 23 座，集中在墓葬群的中部西侧，这些墓排列整齐，整体平面上由南向北呈长条形排列，墓主人头朝西的墓葬分布在墓葬群的各个区域。墓葬群中的大型墓除在墓群北部有较少几座外，大部分集中在墓群西部和南部，这些墓葬多为合葬墓。但最大的墓葬却位于大型墓较少的墓葬群北部，这里有两座男女异穴合葬墓，编号为M1、M11，是最大的男女异穴合葬墓，其东侧有32座墓葬，均头朝此墓，并在平面上呈扇形分布，从这些墓葬在平面上明确的相互关系可以发现，老河深墓地中层墓葬的布局有着明显的秩序感，应是当时部族内部层级关系的体现。

以M1、M11为例，这两座墓葬位于墓葬群北部，为男女异穴合葬墓，1号墓墓主人为女性，11号墓墓主人为男性，两墓为该墓葬群的大型墓，其东侧的32座墓葬为较小的男女异穴合葬墓、单人墓，这些墓葬平面呈扇形分布，以M1、M11为中心做拱卫状。这一组墓葬的葬式以异穴合葬墓为多，其结构为两墓并列，距离近，一些合葬墓的墓圹有相互打破的现象，说明是预先留好墓位，在开凿后埋葬者的墓圹时发生的。男性埋葬在右侧，随葬品多为武器；女性埋葬在左侧，随葬品多为生产工具。1号墓深1.39米，长3.4米，宽2.45米，棺木已朽，随葬品较为丰富，并且摆放位置有秩序感，在墓主人头部上方的填土出土有双耳陶壶1件，应是原置于棺木上方的器物，棺木腐朽后留存于墓土中。随葬品分布在墓内四周，大部分为随身饰物，头部前方有3件铁刀，脚下有铁马镳（马镳即马嚼子，位于马口外的部分），填土中还发现了马牙，这些器物意图再现这位鲜卑族女性的形象，一位穿戴丰富的饰物并驾着马的部族尊贵女性。11号墓为男性墓主人的墓葬，该墓位于1号墓南侧2米，深1.5米，长3.8米，宽1.7米，棺木已严重腐朽，但痕迹清晰，四角呈黑炭状，可见该墓葬是火葬墓，和1号墓采用的不是同样的下葬方法，在棺木的西端有一长方形头厢，由于该墓遭到了严重的盗扰，随葬品几乎不存，仅出土了少量金属器和随身服饰的带具、甲片等。

M56、M57、M58为一男二女异穴合葬墓，男子墓葬居中，编号为56号墓，女子墓葬居男子墓葬两侧，左侧编号为57号墓，右侧编号为58号墓。56号墓深0.54米，长3.28米，宽1.24—1.5米。随葬品为生产工具、武器、生活用品等，死者头部上方同样出土了1件双耳壶，并有1件小陶罐，可见该地区鲜卑族墓葬有一种在棺木位于墓主人头部的盖板上方放置以双耳壶为主的陶器的习惯，这些器物可能是一种具有礼仪功能的礼器。在墓主人的周围有大量的武器，脚下有铜鍑和不少驾马用具。同时墓葬还出土了不少墓主人佩戴的装饰物，包括牌饰、珠、环、钩等，尤其以鎏金的牌饰制作别样而精美。57号墓位于56号墓北，南壁打了56号墓的北壁，深0.65米，长3.1米，宽1.35米，棺木已腐朽、墓主人遗骸仅存几颗牙齿和两段上肢骨，随葬品较少，头部上方同样有双耳陶壶，此外大部分出土文物为随身饰物。58号墓位于56号墓南侧2米处，深0.57米，长2.9米，宽1.57—1.72米，棺木已腐朽，但由存残的头骨和右下肢骨可看出为仰身直肢葬，陪葬品亦有位于头部上方的双耳陶壶，其余皆为生活用品和装饰品，分布有序，装饰品占该墓出土文物的大部分，有39颗玛瑙珠。

综上，老河深墓地的鲜卑族墓葬反映出强烈的地域文化特征，但同时又与辽宁西丰西岔沟、内蒙古新巴尔虎右旗扎赉诺尔古墓群有着紧密联系，如出土大量随身饰物、男子陪葬兵器、女子陪葬生活用具等习俗的高度相似性，尤其和西丰西岔沟的联系反映出集体公墓制度、墓葬按层级布局和划分、墓葬中殉马等葬俗，同时该地区墓葬还有一种在棺木位于墓主人头部上方处放置双耳陶壶、马具位于墓主人脚下的葬俗，这是其他东北地区少数民族墓地少见的，应是汉时该地鲜卑族特有的葬俗，此外，火葬的习俗和一男二女异穴合葬墓的情况也反映出该部族的丧葬特征。

2. 遗址的代表性文物

（1）鎏金铜牌饰

这件鎏金铜牌饰（图8–7）出土于56号墓[①]，出土时背朝下，前端有一镂空的小圆孔，孔前有一支钉，牌饰正面所绘内容高度一致，皆为有翼的如飞马的神兽，该神兽正做奔跑状，前蹄向前屈伸，口微张，做引颈嘶鸣状，最值得注意的是该神兽除去有马的身形、身侧有翼外，头部形如犀牛，鼻上有角如犀牛角，这与汉代武帝时期由于求仙思想的盛行而流行的“天马”形象似乎有关，但在中原地区出土的文物中尚未见有犀牛角的飞马形象，因此其形象显然来自其他地区的影响，是吸收了犀牛作为汉代祥瑞之一的灵兽的概念而形成的“神

图8–7　鎏金铜牌饰

---

① 吉林省文物工作队、长春市文管会、榆树县博物馆，吉林榆树县老河深鲜卑墓群部分墓葬发掘简报[J]，文物，1985（02）：68-82+99-101。

马”形象，结合墓葬出土的大量马骨，可知老河深地区的汉代鲜卑人在生活中与马的紧密联系，马在一定程度上是这些部落的图腾，很可能还受到神化和崇拜。

（2）镂空圈足铜鍑

图 8-8　镂空圈足铜鍑

镂空圈足铜鍑（图8-8）同样出土于56号墓，这种器型的青铜器是北方游牧民族习用的炊煮器，器口沿上有双耳，可以吊起，也可在镂空圈足的下方架火烹煮食物，是一种能契合游牧民族四处迁徙的生活习惯的器物。这件圈足铜鍑有双耳，鼓腹、高圈足，腹部有四组凸起的类三角形图案，圈足镂刻有四孔，是反映该墓葬所属族群生活习惯的典型器物。

（3）武器和马器

除了富有游牧民族风格的用器和装饰物外，老河深墓地出土的武器和马器也反映出这是一支具有强悍的军事力量的部族，和其他东北地区的汉代少数民族墓地的情况类似，这些墓地均反映出强烈的层级秩序和完备的武装程度，以56号墓出土的铁器来看，大部分属于武器和马具，包括铁剑、铁矛（矛杆已朽，只存矛头）、铁箭镞、铁箭囊、铁马衔、铁马镳、铁甲胄片等，其中的铁剑形制类似西丰西岔沟墓地发现的两种铁剑形制之一，即剑柄上有铜饰可随剑身震动而作响的一类，而该墓葬多处出土的铁甲胄片说明该部族已使用重甲，这是西丰西岔沟墓所未见的情况。这些武器和马具类型之丰、功能之全，反映出墓主人很可能是一位部族内高等级的军人，结合该墓地大部分中层男子墓葬均出土有武器的现象，也反映出该部族军事武装的普及度和专业化。

第二节　边墙内的古堡：东北地区古城遗址美术

东北地区的汉代古城以辽东半岛的遗址为主，据考证，张店遗址很可能曾是汉代沧海郡的郡治，沧海郡在西汉时期有着重要的意义，它是武帝安顿当时受到夫余人侵扰而投汉的秽国28万人口的地方，这里出土的马蹄金显然来自朝廷对地方官员或贵族的赏赐。该遗址平面上呈刀把形，城池分为大小城，坐落于两河交汇处，在建筑结构和地理位置上具有明显的军事堡垒特征，反映沧海郡被罢除后仍作为军事堡垒的地方驻军、防御功能。

牧羊城是一座西临渤海、具有海防功能的汉代古城，城池内曾发现“长乐”“未央”文字纹半瓦当，还发现有“武库中丞”印，说明城池内曾有较高级别的官署建筑和官员，这些文物的出现有可能与当时牧羊城在边防军事中的重要作用有关。

东北地区的长城遗址是在燕秦长城的基础上修建而成的，修筑模式是主要沿河伸展，很少利用高山，在只能通过高山继续延伸时，就利用山体的顶部建造烽台，烽台遥相呼应，使长城起到传输军事信号的作用。长城遗址长达250余公里，沿线共发现墩台125个，和汉代边墙附近的古城遗址共同反映出东北在当时重要的军事价值。可以说，它们构成了研究我国古代边疆治理、长城建设的“大遗址”。

（一）普兰店张店汉城

1. 张店遗址的基本情况

张店遗址即张店汉城遗址[①]，位于辽宁省大连市普兰店区张店村北，是一座汉代城池遗址，据学者推测，这里应是西汉沧海郡的郡治。

张店遗址（图8-9）是辽南乃至辽东半岛地区14座汉代古城遗址中规模较大的城址之一，该城城墙为土石夯筑，城墙将城区分为大城和小城，大城南北长约340米、东西宽约240米，小城东西长约140米、南北宽约113米，全城周长约1300米，小城应是官署所在的城区，坐落在城南的高地上，大城居北，二者在平面上组合成一个刀把形。

图8-9 张店汉城大城遗址

1983年，当地农民在遗址发现两块马蹄金，反映出这座城池应是辽东半岛较为重要的汉代古城，此外，城址内及周边地区发现了不少

① 王禹浪，汉·沧海郡地理位置考——以普兰店市张店古城为中心[J]，东北之窗，2017（23）：46-51。

战国至汉代的遗物，说明这里在战国至汉代处于繁荣，其中重要的汉代遗物有“临秽丞印”封泥、“千秋万岁”瓦当，这些出土文物进一步说明这座城池在地方的重要性。

沧海郡在汉代历史上存在的时间颇为短暂，《汉书·武帝纪》载元朔二年“秋，东夷秽郡南闾等口二十八万人降，为苍海郡”，又载“三年春，罢苍海郡”，即公元前127年，秽国的国君由于不堪兴起于嫩江流域的夫余人频繁侵扰，带二十八万人口投汉，武帝将其安置在沧海郡（即《汉书》所言“苍海郡”，“苍”通“沧”）。第二年（公元前126年）即撤去了沧海郡，所以沧海郡应仅仅存在了短短一年的时间即被撤除了。但是“罢”除了郡治，这座城市应仍然作为地区重要的城池而存在，只是其级别不再是郡，而有可能改为了县。学者结合这些文物和相关史料、文献推测，这里很可能就是汉代苍海郡，原因有很多方面，主要的有：一、苍海之苍意为深青色，苍海即为深青色的海，而文献中关于苍海的记载很多，基本可以确定为现在的渤海，而汉代的苍海应该还包括了黄海海域的北部，所以沧海郡应位于辽东半岛的滨海区域；二、张店汉城遗址所处的地理环境优沃，有两条大河环绕，既可作为边疆城市防御的天然水障，同时两河入海形成的冲积平原也带来了肥沃的土地和各种资源，显然周长近1300米的城池内无法居住如此多的人口，在城址外围发现的大量汉代遗物也说明了其区域内有大量人口，广袤而肥沃的平地是安置数目巨大的二十八万人口的理想区域；三、遗址内发现的“临秽丞印”封泥显然直指秽国，临有临时和管理之意，“临秽丞”很可能是撤销苍海郡后将郡改为县后的县丞的称谓，苍海郡撤除后有可能改名“临秽县”；四、“千秋万岁”瓦当一般出现在级别较高的建筑装饰中，侧面反映了该城址的级别，而马蹄金的出土也有同样的价值，作为汉武帝为了“协瑞”而特制的上币，一般都用于赏赐给高级贵族和官员，马蹄金的出土说明该城址应有级别较高的贵族，有可能就是南闾秽郡受赏之物。[①] 但由于文献支撑少，考古资料尚有限，张店汉城是否确为西汉苍海郡尚需学界进一步讨论，但显然这座城址的出土文物说明其并非一般县城，而应是辽东地区较重要的城市。

---

① 详见王禹浪，汉·沧海郡地理位置考——以普兰店市张店古城为中心[J]，东北之窗，2017（23）：46-51。作者提出了十七条依据来论证该城址为汉代苍海郡，本书只选取其中较重要的依据。

2. 遗址的代表性文物

马蹄金

1983 年 1 月 26 日，在大连市普兰区（当时属新金县）花儿山张店村的滨海区域，公社社员为了在海甸挖碱泥，在地表 2 米深的地下挖出两枚马蹄金，这两件马蹄金距离张店汉城遗址仅 1.5 公里，很可能与汉城有关。[①] 我国目前考古发掘马蹄金最多者即江西南昌海昏侯墓，此外，在不少汉墓也出土了数量不多的马蹄金，马蹄金是武帝时期皇家特制的上币，专用于祝祷，也用于较重要的赏赐，因此马蹄金的出土反映了该区域贵族应受到过汉朝廷的嘉奖。这两件马蹄金和海昏侯墓出土的马蹄金形制颇为相似，底部近圆形，底部中心凿有"上"字样，编号为 1、2 号，1 号直径 5.6—5.9 厘米，2 号 5.6—6.1 厘米，1 号重 259.45 克，2 号重 260.45 克，这两件马蹄金现藏于大连旅顺博物馆，是反映大连历史、揭示普兰店张店汉城遗址历史身份的重要文物。

（二）旅顺牧羊城

牧羊城亦称"木羊城"，位于大连市旅顺口区铁山镇刁家村西南、刘家村东南的丘陵上。[②] 城址平面呈长方形，东西宽 98 米，南北长 133 米，总面积约 1842 平方米，尚有残墙存在，但大部分城墙只留有墙基，地上可见的残墙长约 10 余米，高 2—3 米，墙为夯筑，墙基砌有石块。

据研究，该城从战国即已建立，至西汉时发展成为一座人口稠密、经济繁荣、文化发达的城市，东汉初期衰落，一度是山东半岛至辽东半岛的交通枢纽，也是汉代北上辽东郡郡治襄平县的交通要道，它东依老铁山，西临渤海，是一座具有海防功能的城堡。有学者认为牧羊城可能是汉代的沓氏县城[③]，但由于城址面积不大，所以尚无定论[④]。牧羊城曾出土有"长乐""未央"文字纹半瓦当，反映出该地区与中原文化的紧密关系，还曾发现有"河阳令印""武库中丞"封泥[⑤]，河阳在汉武帝元封五年（公元前 106 年）时设县，地

① 许明纲，辽宁新金县花儿山张店出土马蹄金 [J]，考古，1984（02）：190-191。

② 刘美晶，辽东半岛第一城——旅顺牧羊城城址 [J]，东北史地，2007（03）：59-60。

③ 详见王禹浪，汉 · 沧海郡地理位置考——以普兰店市张店古城为中心 [J]，东北之窗，2017（23）：46-51。

④ 一说汉代沓氏县城为普兰店张店花儿山遗址。

⑤ 同②。

处今河南省孟州市，可见“河阳令”应是朝廷调派往牧羊城的官员曾经担任的职务。汉代时对地方长官的任命往往不举用当地官员，这一印章的发现应是汉代这一制度的侧面反映。武库是贮备武器的官署名称，武库中丞是该官署的官员，牧羊城还出土了不少的战国至汉代的青铜和铁质兵器，作为边疆区域的堡垒形城市，武库的存在是反映牧羊城城防的佐证。

（三）碣石宫

碣石宫即石碑地宫城遗址①，位于辽宁省锦州市绥中县万家镇南“姜女石”附近的沿海地区，它是“姜女石”秦汉建筑遗址群的主体建筑，该遗址群是秦汉时期的宫殿建筑群遗址，由于“姜女石”秦汉建筑遗址群在发现时伴随着学界对秦始皇东巡、汉武帝登之的“碣石”的考证，所以遗址群的主体建筑石碑地宫城遗址也被称为“碣石宫”遗址。该宫殿建筑群是秦汉时期的行宫。

据考古报告，碣石宫遗址文化层可分为两期：第一期为秦代建筑，发现有大量的秦代圆瓦当和半瓦当；第二期为汉代建筑，发现有汉瓦中习见的“千秋万岁”文字纹瓦当。总体而言，第一期遗址占地面积大，而第二期遗址占地面积较小，可见汉代的碣石宫应大量沿用了秦代碣石宫建筑。第一期城址总体布局呈曲尺形，体量较大，结构繁复而又富有规律，城址的外墙由连续的夯土台基构成，城址南北长 496 米，东西宽 170—256 米不等，墙基规整，可以推断出第一期宫殿经过了仔细的设计后一次完成。城址内部形成了东高西低、北高南低的三级台地，以中南部的大夯土台最高。一期城址探明有城门 4 处，其中北城墙 1 处、南城墙 2 处、西城墙 1 处，城门与内城的大门相通，形成了穿越不同层级的宫城的通道。可以想见当时其临海而立的壮观景象。第二期汉代遗址主要分布于一期秦代遗址南部的第Ⅰ区，占建筑群总面积很小的一部分，汉长安城的第一座皇宫长乐宫即以秦离宫兴乐宫改建而成，碣石宫遗址亦类似，充分反映了汉代宫殿对秦宫殿的利用。汉代宫殿遗址的夯土墙要宽于秦代建筑，利用了秦代墙体，并叠压其上，建筑布局较秦代变化不大，从墙体建筑的叠压情况可知，当时的汉宫主要是对秦宫的翻新和加固，此

---

① 数据信息依据辽宁省文物考古研究所姜女石工作站，辽宁绥中县“姜女石”秦汉建筑群址石碑地遗址的勘探与试掘[J]，考古，1997（10）：36-46。辽宁省文物考古研究所姜女石工作站，辽宁绥中县石碑地秦汉宫城遗址 1993—1995 年发掘简报[J]，考古，1997（10）：47-57。

图 8-10　1995 年发掘区全貌（西北→东南）

外，汉宫利用秦宫的I区2号夯土台兴建了一组大型建筑，该建筑和该夯土台上原有的秦代建筑差别明显，但其具体功能不详。

碣石宫遗址（图 8-10）及其所属的姜女石秦汉建筑遗址群南朝渤海，宫殿区海景美丽而壮观，是观景的绝佳之处，在碣石宫南端稍偏东的海域正好是著名的姜女石，而姜女石一度被认为是秦始皇于公元前 215 年、汉武帝于公元前 110 年巡行时所说的碣石，但历史上也素有碣石实指碣石山（位于山东省无棣县）一说，时隔几千年，历史上真正的碣石到底位于何处尚颇具争议[①]，然而这座大型的秦汉宫殿却诉说着秦汉时期帝王行宫东临沧海的史实。

（四）汉长城

东北地区的汉代长城，是学界所说的燕秦汉长城的一部分。燕秦汉长城东西跨越内蒙古东部、辽宁西部、辽河平原、辽东北部、吉林通化地区，东西绵延曲折，跨地近 1000 公里，行经路线的地理位置基本沿北纬 42° 南北摆动。[②] 燕秦汉长城遗存至今，跨越了漫长的历史时期，其沿线时断时续的残墙、城塞、墩台等成为考察长城遗址的重要线索和实证。经多年的调查研究，学界已对东北的燕秦汉长城遗址的地理位置有较为清晰的结论，燕秦汉长城可以分为西段、中段和东段，其中西段又分为北部、中部、南部三段，其建造分属燕、秦、汉三个时期[③]；而东段长城发现有汉代烽燧70余座[④]，还发现有残墙

① 关于碣石宫的探讨可参看华冰玉，试论秦始皇东巡的“碣石”与“碣石宫”[J]，考古，1997（10）：81-86；董宝瑞，“碣石宫”质疑——兼与苏秉琦先生商榷[J]，河北学刊，1987（06）：77-80。

② 本段主要依据李庆发、张克举，辽宁西部汉代长城调查报告[J]，北方文物，1987（02）：2-11；李庆发，辽西地区秦燕长城调查报告[J]，辽海文物学刊，1991（02）：40-50。

③ 李健才、刘素云，东北地区燕秦长城和郡县城的调查研究[M]，长春：吉林文史出版社，1997 年，第 69—81 页；李庆发、张克举，辽宁西部汉代长城调查报告[J]，北方文物，1987（02）：2-11。

④ 70 余座为先后发现的烽燧总数，该段长城遗址首次发现汉代烽燧 60 余座，后又发现 12 座，详见朱永刚，汉以前东北考古研究[M]，北京：科学出版社，2017 年，第 421 页。

和汉代遗物，学界普遍认为这里是汉代修建的长城；中段长城由于其地处的辽河平原地区人口稠密、地势开阔平坦、地貌变化大，所以走向尚不明确，但这里发现有大量的战国至汉代的遗物，也发现过一些同时期的遗址。综上，汉代长城处于东北地区燕秦汉长城的西段南部和东段地区，并部分利用了秦以前留下的长城遗址进行了增筑。

位于东北地区燕秦汉长城西段南部的汉代长城全长250余公里①，从河北省承德市西北部的滦平起，先后经过多个城市，并途经内蒙古地区，最终进入辽宁省建平县，其整体走向平面呈倒写的“V”字形。这段长城的修筑模式是基本沿着河流两岸延伸，很少利用高山，在无河流地带就将工事修筑在山谷和平地上，在只能通过高山继续延伸时，就利用山体的顶部建造烽台，这些烽台在山顶间遥相呼应，连成一线。该长城遗址沿线共发现有墩台 125 个，这些墩台是这条汉长城的主体，墩台之间相互以防御工事联系就形成了封闭的长城，平均每隔 1.5 公里即有一座墩台，但实际两座墩台的距离依实地情况而差异较大，目的是墩台之间可以无障碍地相互观望，因此有时两墩台间不足 1 公里，有时视线开阔，两墩台间距可达 2 公里以上。墩台皆为夯筑，现存遗址残存的夯层仍有 28 层，每层厚 8—10 厘米，可见其工程之巨大，墩台原为上小下大的梯形，经千年的风雨现在多为圆丘形，高 2—4 米，直径 15—30 米，墩与墩之间原有城墙相连，从残墙看，城墙分为土墙和土石混筑墙，土石墙在宁城大营子西南部的山区尚有遗存，位于烽台所在的山脊上，从山脊可以看到明显的土石墙痕，残墙高 1.5 米，宽 3 米，墙外还有宽 3 米、深 1 米的壕沟。土墙的墙外亦有沟，在喀喇沁柳罐沟村东梁顶上，残留有土墙和壕沟，墙残高不到 1 米，宽 3 米，壕沟宽 2 米，深 1 米。烽燧是汉代长城习用的建筑，在甘肃等地的汉长城遗址也发现有很多土墩烽燧。有学者认为汉代的烽燧结构为平面四方形，主体为一座望楼，用以瞭望报警，望楼下是方形土台，边长 7—8 米，土台为梯形，即是现在看到的烽燧。但汉长城也沿用燕秦长城的筑法，即筑起城墙并在沿线设置城堡，这种模式的长城在内蒙古地区就有发现，这种类型的长城应有不少是直接利用了汉以前的长城，在长城沿线设置烽燧

① 李庆发、张克举，辽宁西部汉代长城调查报告[J]，北方文物，1987（02）：2-11。

并将烽燧相连才是汉代长城的典型特征。有些地区的汉长城只有烽燧而没有连墙，仅用于报警，如甘肃墩墩山烽燧遗址即是此类。东北汉代长城还有西起沈阳东郊高坎，经过抚顺东至辽宁新宾县的东段长城，这里先后共发现有汉代烽燧 70 余座，并发现障塞和残墙，与位于东北地区燕秦汉长城西段南部的汉长城遗址结构类似，被认为是“汉代辽东长城的列燧遗迹”[①]。

据研究，汉长城修筑的高峰是汉武帝时期，武帝时期的汉匈战争促使汉王朝的边关防御措施逐步加强，除利用秦以前的长城外，更加筑了长城复线，新建了边城、烽台、亭障等设施，即所谓“外城”，最早的相关史料见于《史记·匈奴列传》“汉使光禄徐自为出五原塞数百里，远者千余里，筑城障列亭至庐朐”，史料对汉代致力于边防的记载颇多，可见汉代长城修筑之广泛和频繁。东北地区汉长城作为汉长城遗址的一部，和其他省份发现的汉长城共同见证着华夏文明强大和繁荣的史实。

第三节　东北地区其他遗址美术

导引图

“导引图”（图 8-11）也称“导引升天图”，发现于 1931 年大连市营城子发掘的一座东汉壁画墓，这座东汉壁画墓也是辽南地区已发现的唯一一座汉代壁画墓，由此该墓也称为“营城子壁画墓”。该墓葬壁画丰富，壁画的主旨仍是东汉已形成成熟的表现系统的死后升仙图像，其中最为著名的是一幅位于墓室主室北壁的“导引升天图”，该图像表现了墓主人羽化升仙的场景，是整个墓室壁画中表现升仙观念的中心场景。壁画可以分为两部分，其下层表现的是墓主人死去后受祭奠的场景，画面中央画一小几，几上放一圆形器物，应是代表对死者的祭奠的主体祭器，对于这件器物的解释较多，有解释为“奁”的，也有解释为“尊”的[②]，结合画面中几案周围放置的三个“耳杯”，应是某种盛酒用的青铜礼器，具体画中所绘器物为何尚待考证。在摆设祭器的

---

① 孙守道，孙守道考古文集[M]，沈阳：辽宁人民出版社，2017 年，第 269 页。

② 宋艳秋，大连市营城子汉墓北壁画“导引升天图”释说[J]，辽宁师范大学学报（社会科学版），2013，36（03）：296-299。

几案前，即画面右侧，有三人，有学者发现三人的祭奠姿势各不相同①，分别为伏地跪拜、跪拜、立拜三种，象征了不同的社会群体②，反映了三种和死者不同关系的祭奠者的祭拜动作，从而反映祭祀场景的隆重和规范。画面上段表现墓主人进入仙界的场景，这里出现了墓主人的形象，为一位头戴冠、穿长袍、佩剑的高大男性形象，其身后绘一侍童形象人物，身形明显小于墓主人，手持一物，形似卷起来的木简，可能是"遣策"一类的文书。在墓主人的左侧，有一侧身面对墓主人的男性形象，一位迎接墓主人的仙人形象，在画面的右上角有一龙，只可见半身，画面左上方绘有一面朝墓主人而来的羽人，羽人手捧一物，应是灵芝，灵芝在汉代是象征"长生不死"的神药，这种"羽人捧芝"的形象在东汉的墓室壁画中颇为流行，陕北诸多东汉画像石墓中就有不少羽人捧芝的形象。在羽人和龙的周身都有云气图像，这些"祥瑞"是形成汉代天界场景的常见图像符号。

壁画的表现手法简洁而明了，用线粗犷流畅，可能反映出这样的壁画题材在当时已成固定图示的式样绘画。

综上，壁画下层的祭祀场景和上层的天界场景共同构成了壁画"导引升天"的主旨。值得注意的是，营城子壁画墓"导引图"上层墓主人、迎接者、侍从三者的组合和西汉马王堆汉墓 1 号汉墓出土的T 形帛画中段所绘的墓主人和天界使者相见的图像颇为相似，而其下层祭祀死者的场景又和T 形帛画下段的祭祀场景相似，只是出现的器物不同，可能反映了两种不同的祭祀环节，但马王堆汉墓是西汉中前期墓葬，而该壁画墓为东汉墓，二者图像的相似性或可进一步佐证汉代丧葬礼仪美术的功能和内涵，也在一定程度上反映了一种礼仪美术的母题在两汉的传承和发展。

图 8-11　导引升天图

① 陶莎，论大连营城子汉墓壁画与"羽化升仙"思想观念的传播[J]，大连民族学院学报，2010（02）：173-175。

② 宋艳秋，大连市营城子汉墓北壁画"导引升天图"释说[J]，辽宁师范大学学报（社会科学版），2013，36（03）：296-299。

参考文献

一、专著

［1］ 安徽省文物考古研究所、巢湖市文物管理所，巢湖汉墓[M]，北京：文物出版社，2007 年。

［2］ 北京大葆台西汉墓博物馆，北京地区汉代城址调查与研究[M]，北京：北京燕山出版社，2009 年。

［3］ 北京历史博物馆、河北省文物管理委员会，望都汉墓壁画[M]，北京：中国古典艺术出版社，1955 年。

［4］（北魏）郦道元，水经注[M]，北京：中华书局，2013 年。

［5］ 曹世玉，绥德文库・汉画像石卷[M]，北京：中国文史出版社，2004 年

［6］ 鄂尔多斯博物馆，鄂尔多斯青铜器[M]，北京：文物出版社，2006 年。

［7］（法）谢和耐，中国社会史[M]，南京：江苏人民出版社，2010 年。

［8］ 盖山林，和林格尔汉墓壁画[M]，呼和浩特：内蒙古人民出版社，1977 年。

［9］ 高明，汉唐之际丝绸之路上的遗址美术[M]，西安：陕西师范大学出版总社，2022 年。

［10］ 广西壮族自治区文物工作队、合浦县博物馆，合浦风门岭汉墓——2003～2005 年发掘报告[M]，北京：科学出版社，2006 年。

［11］ 广州市文物管理委员会、中国社会科学院考古研究所、广东省博物馆，西汉南越王墓（上）[M]，北京：文物出版社，1991 年。

[12] 韩天衡，中国篆刻大辞典[M]，上海：上海辞书出版社，2003年。
[13]（汉）班固，汉书[M]，台湾：台湾商务印书馆，景印文渊阁四库全书，1986年。
[14]（汉）司马迁，史记[M]，北京：中华书局，1982年。
[15]（汉）王逸，楚辞章句[M]，台湾：台湾商务印书馆，景印文渊阁四库全书，1986年。
[16] 河南省商丘市文物管理委员会、河南省文物考古研究所、河南省永城市文物管理委员会，芒砀山西汉梁王墓地[M]，北京：文物出版社，2001年。
[17] 河南省文物研究所，密县打虎亭汉墓[M]，北京：文物出版社，1993年。
[18] 何清谷，三辅黄图校释[M]，北京：中华书局，2005年。
[19] 贺西林，古墓丹青：汉代墓室壁画的发现与研究[M]，西安：陕西人民美术出版社，2001年。
[20] 贺云翱，中华国宝图典[M]，济南：山东画报出版社，2014年。
[21] 黄晖，论衡校释[M]，北京：中华书局，1990年。
[22] 黄雅峰、陈长山，南阳麒麟岗汉画像石墓[M]，西安：三秦出版社，2008年。
[23] 吉林省文物考古研究所，榆树老河深[M]，北京：文物出版社，1987年。
[24] 蒋英炬、杨爱国，汉代画像石与画像砖[M]，北京：文物出版社，2001年。
[25] 蒋英炬、杨爱国、蒋群，朱鲔石室[M]，北京：文物出版社，2015年。
[26] 金其桢，中国碑文化[M]，重庆：重庆出版社，2002年。
[27]（晋）郭璞，山海经[M]，台湾：台湾商务印书馆，景印文渊阁四库全书，1986年。
[28]（晋）司马彪，续汉书[M]，北京：中华书局，1965年。
[29] 劳思光，新编中国哲学史（增订本）卷二[M]，北京：生活·读书·新知三联书店，2019年。
[30] 李健才、刘素云，东北地区燕秦汉长城和郡县城的调查研究[M]，长春：吉林文史出版社，1997年。
[31] 李零，入山与出塞[M]，北京：文物出版社，2004年。
[32] 李凇，神圣图像：李凇中国美术史文集[M]，北京：人民出版社，2016年。
[33] 辽宁省地方志编纂委员会办公室，辽宁省志·文物志[M]，沈阳：辽宁人民出版社，2001年。
[34] 林剑鸣、吴永琪，秦汉文化史大辞典[M]，上海：汉语大词典出版社，2002年。
[35] 刘庆柱、李毓芳，西汉十一陵[M]，西安：陕西人民出版社，1987年。
[36] 马先醒，汉简与汉代城市[M]，台北：简牍社，1976年。
[37]（美）杜朴、（美）文以诚，中国艺术与文化[M]，长沙：湖南美术出版社，2019年。
[38]（美）高居翰，图说中国绘画史[M]，北京：生活·读书·新知三联书店，2014年。

[39] (美)巫鸿,“空间”的美术史[M],上海:上海人民出版社,2018年。
[40] (美)巫鸿,黄泉下的美术:宏观中国墓葬[M],北京:生活·读书·新知三联书店,2016年。
[41] (美)巫鸿,礼仪中的美术:巫鸿中国古代美术史文编[M],北京:生活·读书·新知三联书店,2016年。
[42] (美)巫鸿,武梁祠:中国古代画像艺术的思想性[M],北京:生活·读书·新知三联书店,2015年。
[43] (美)巫鸿,中国古代艺术与建筑中的“纪念碑性”[M],上海:上海人民出版社,2017年。
[44] (南朝宋)范晔,后汉书[M],台湾:台湾商务印书馆,景印文渊阁四库全书,1986年。
[45] 南京博物院,梁白泉文集·博物馆卷[M],北京:文物出版社,2013年。
[46] 南京博物院、山东省文物管理处,沂南古画像石墓发掘报告[M],北京:文化部文物管理局,1956年。
[47] 潘善助、杨嘉麟,书法鉴赏(第二版)[M],上海:上海人民美术出版社,2014年。
[48] 祁小山,西域国宝录[M],乌鲁木齐:新疆人民出版社,1999年。
[49] 启功,古代字体论稿[M],北京:文物出版社,1999年。
[50] (清)阮元,十三经注疏·春秋左传正义[M],北京:中华书局,1980年。
[51] (日)林巳奈夫,神与兽的纹样学——中国古代诸神[M],北京:生活·读书·新知三联书店,2016年。
[52] 宋杰,中国古代战争的地理枢纽[M],北京:北京科学技术出版社,2022年。
[53] (宋)司马光,资治通鉴[M],北京:中华书局,1956年。
[54] 孙机,汉代物质文化资料图说(修定本)[M],北京:中华书局,2020年。
[55] 孙守道,孙守道考古文集[M],沈阳:辽宁人民出版社,2017年。
[56] 王伯敏,中国绘画通史(上下册)[M],北京:生活·读书·新知三联书店,2018年。
[57] 王洪震、王爱民,汉家胜迹[M],北京:中国文联出版社,2003年。
[58] 王力,中国古代文化常识(插图修订第4版)[M],北京:北京联合出版公司,2014年。
[59] 王仲殊,汉代考古学概说:汉英对照[M],北京:外语教学与研究出版社,2014年。
[60] 吴礽骧,河西汉塞调查与研究[M],北京:文物出版社,2005年。
[61] 吴山,中国历代装饰纹样 第二册[M],北京:人民美术出版社,1988年。
[62] 徐州博物馆、南京大学历史学系考古专业,徐州北洞山西汉楚王墓[M],北京:文物出版社,2003年。

[63] 闫霞，美石美刻：北京石刻艺术博物馆导赏[M]，北京：华文出版社，2018年。
[64] 杨伯峻，春秋左传注[M]，北京：中华书局，1981年。
[65] 姚生民，甘泉宫志[M]，西安：三秦出版社，2003年。
[66] 张孜江、高文，中国汉阙全集[M]，北京：中国建筑工业出版社，2017年。
[67] 中共石景山区委宣传部等，北京市石景山区历代碑志选[M]，北京：同心出版社，2003年。
[68] 庄天明、吴为山，泗水王陵出土西汉木雕[M]，天津：天津人民美术出版社，2003年。

二、期刊

[1] 安志敏，青海的古代文化[J]，考古，1959（07）。
[2] 北京市古墓发掘办公室，大葆台西汉木椁墓发掘简报[J]，文物，1977（06）。
[3] 本刊编辑部，关于西汉卜千秋墓壁画中一些问题[J]，文物，1979（11）。
[4] 卜琳、白海峰、田旭东、梁文婷，张骞墓考古记述[J]，考古与文物2013（02）。
[5] 曹忠德，曹操与"衮雪"[J]，陕西水利，1994（03）。
[6] 长江流域第二期文物考古工作人员训练班，湖北江陵凤凰山西汉墓发掘简报[J]，文物，1974（06）。
[7] 陈长虹，汉代铜镜上的"九子母"图像——对"三段式神仙镜"的再认识[J]，四川文物，2014（04）。
[8] 陈少丰、宫大中，洛阳西汉卜千秋墓壁画艺术[J]，文物，1977（06）。
[9] 陈同滨，"丝绸之路：起始段和天山廊道的路网"遗产解读[J]，中国文化遗产，2014（03）。
[10] 陈卫平、周科华，宕渠与賨城——渠县城坝遗址的考古发现与研究[J]，四川文物，2021（03）。
[11] 成都文物考古研究所，成都天府广场东御街汉代石碑发掘简报[J]，南方民族考古（第八辑），2012（00）。
[12] 程存洁，广州西汉南越王墓研究综述[J]，中国史研究动态，1994（07）。
[13] 大连市文物考古研究所、大连营城子汉代墓地考古工作队，辽宁大连市营城子汉墓群2003M76的发掘[J]，考古，2019（10）。
[14] 定县博物馆，河北定县43号汉墓发掘简报[J]，文物，1973（11）。
[15] 董宝瑞，"碣石宫"质疑——兼与苏秉琦先生商榷[J]，河北学刊，1987（06）。
[16] 杜少虎，洛阳汉墓壁画风格辨析[J]，美术观察，2003（09）。
[17] 方北辰，"裴君"当为东汉度辽将军裴晔——成都市区新近出土汉碑碑主考证[J]，南方民族考古（第八辑），2012（00）。

[18] 冯一下，四川汉阙的价值[J]，四川文物，1984（04）。
[19] 甘肃省文物考古研究所，甘肃敦煌汉代悬泉置遗址发掘简报[J]，文物，2000（05）。
[20] 高小路、徐卫民，广州象岗西汉南越王墓形制试析[J]，文博，2022（02）。
[21] 耿庆刚，海昏侯墓“金板”小考[J]，考古与文物，2017（3）。
[22] 广东省文物考古研究所、广东省博物馆、五华县博物馆，广东五华狮雄山汉代建筑遗址[J]，文物，1991（11）。
[23] 郭宝钧、马得志、张云鹏、周永珍，一九五四年春洛阳西郊发掘报告[J]，考古学报，1956（02）。
[24] 郭青林、王旭东、李最雄、张鲁，敦煌阳关烽燧现状调查与保护研究[J]，敦煌研究，2007（05）。
[25] 河北省文物管理委员会，河北磁县讲武城调查简报[J]，考古，1959（07）。
[26] 河北省文物研究所，安平东汉壁画墓发掘简报[J]，文物春秋，1989（Z1）。
[27] 贺西林，漫谈汉代造型艺术中的“熊”[J]，美术，1994（12）。
[28] 湖北省文物考古研究所，江陵凤凰山一六八号汉墓[J]，考古学报，1993（04）。
[29] 胡蔚，说“曼衍”——四川博物院藏郫县汉代石棺“曼衍角抵”图辨别正[J]，四川文物，2012（06）。
[30] 华冰玉，试论秦始皇东巡的“碣石”与“碣石宫”[J]，考古，1997（10）。
[31] 黄今言，西汉海昏侯墓出土黄金的几个问题[J]，史学月刊，2017（6）。
[32] 黄盛璋，盱眙新出铜器、金器及相关问题考辨[J]，文物，1984（10）。
[33] 黄展岳，一九五五年春洛阳汉河南县城东区发掘报告[J]，考古学报，1956（04）。
[34] 吉林省文物工作队、长春市文管会、榆树县博物馆，吉林榆树县老河深鲜卑墓群部分墓葬发掘简报[J]，文物，1985（02）。
[35] 江苏省大青墩汉墓联合考古队，泗阳大青墩泗水王陵[J]，东南文化，2003（04）。
[36] 江苏泗阳三庄联合考古队，江苏泗阳陈墩汉墓[J]，文物，2007（07）。
[37] 江西省文物考古研究所、南昌市博物馆、南昌市新建区博物馆，南昌市西汉海昏侯墓[J]，考古，2016（07）。
[38] 蒋志龙，发现滇国：晋宁石寨山的惊人发现[J]，中国文化遗产，2008（06）。
[39] 焦南峰、杨武站、曹龙，神道、徼道、司马门道——西汉帝陵道路初探[J]，文物，2008（12）。
[40] 焦南峰，宗庙道、游道、衣冠道——西汉帝陵道路再探[J]，文物，2010（01）。
[41] 靳宝，关于北京大葆台汉墓墓葬布局的重新考察[J]，北方文物，2016（03）。
[42] 考古研究所洛阳发掘队，一九五四年秋季洛阳西郊发掘简报[J]，考古通讯，

1955（05）。
［43］乐山市文化局，四川乐山麻浩一号崖墓[J]，考古，1990（02）。
［44］雷健全，简阳县鬼头山发现榜题画像石棺[J]，四川文物，1988（06）。
［45］雷黎明，敦煌马圈湾汉简的字体特征及其书法价值[J]，中国书法，2019（03）。
［46］李东红、陈丽媛，从“滇国三印”看西汉时期的西南边疆治理[J]，中国边疆史地研究，2021，31（03）。
［47］李复华、郭子游，郫县出土东汉画象石棺图象略说[J]，文物，1975（08）
［48］李继鹏，洛阳邙山东汉帝陵再探[J]，中国国家博物馆馆刊，2020（05）。
［49］李庆发，辽西地区燕秦长城调查报告[J]，辽海文物学刊，1991（02）。
［50］李庆发、张克举，辽宁西部汉代长城调查报告[J]，北方文物，1987（02）。
［51］李淞，走回图像——从两个汉代实例看读图的误区[J]，南京艺术学院学报，2010（05）。
［52］李雅梅、陈天娇，汉墓壁画四神云气图的艺术特征探析[J]，艺术研究，2020（03）。
［53］李岩云、傅立诚，汉代玉门关址考[J]，敦煌研究，2006（04）。
［54］李毓芳，汉长安城未央宫的考古发掘与研究：汉英对照[J]，文博，1995（03）。
［55］李则斌、陈刚、余伟，揭开江都王陵——盱眙大云山汉墓发掘纪实[J]，中国文化遗产，2012（01）。
［56］连云港市博物馆，江苏东海县尹湾汉墓群发掘简报[J]，文物，1996（08）。
［57］连云港市博物馆，连云港市孔望山摩崖造像调查报告[J]，文物，1981（07）。
［58］梁英旭、李达仁、付昊、董晓京，古滇国贮贝器纹饰蠡测[J]，文物鉴定与鉴赏，2019（13）。
［59］梁云，汉甘泉宫形制探讨[J]，考古与文物，2015（03）。
［60］辽宁省文物考古研究所姜女石工作站，辽宁绥中县“姜女石”秦汉建筑群址石碑地遗址的勘探与试掘[J]，考古，1997（10）。
［61］辽宁省文物考古研究所姜女石工作站，辽宁绥中县石碑地秦汉宫城遗址1993—1995年发掘简报[J]，考古，1997（10）。
［62］林向，我国西南地区出土的汉魏青铜树——“柱铢”[J]，考古与文物，2008（02）。
［63］刘美晶，辽东半岛第一城——旅顺牧羊城城址[J]，东北史地，2007（03）。
［64］刘鹏，关于凤凰山十号汉墓出土简牍的若干问题浅析[J]，荆楚学刊第18集，2015，16（06）。
［65］刘瑞，海昏侯刘贺墓中多黄金的原因探析[J]，唐都学刊，2016，32（03）。
［66］刘瑞，河南永城保安山柿园汉墓墓主考[J]，考古学集刊第18集，2010（02）。
［67］刘瑞，徐州北洞山楚王墓墓主考[J]，考古，2008（10）。
［68］刘骁，渐沐汉风：南越王墓形制与壁画来源考释[J]，贵州大学学报（艺术

版），2022，36（03）。
［69］刘晓东，咸阳杨家湾兵马俑及相关问题初探[J]，文博，2009（02）。
［70］刘云辉、刘思哲，汉代圆雕人物和动物玉器艺术成就试析[J]，河南博物院院刊，2020（02）。
［71］刘长，广东狮雄山城址出土封泥研究[J]，西泠艺丛，2018（07）。
［72］刘振东，汉长安城综论——纪念汉长安城遗址考古六十年[J]，考古，2017（01）。
［73］刘振东、张建锋，西汉长乐宫遗址的发现与初步研究[J]，考古，2006（10）。
［74］鲁琪，试谈大葆台西汉墓的"梓宫"、"便房"、"黄肠题凑"[J]，文物，1977（06）。
［75］路懿菡、郭梅，定州三盘山汉墓错金银青铜伞挺纹饰涵义考察[J]，文博，2016（02）。
［76］罗哲文，孝堂山郭氏墓石祠[J]，文物，1961（Z1）。
［77］洛阳市第二文物工作队，洛阳邙山陵墓群的文物普查[J]，文物，2007（10）。
［78］洛阳市第二文物工作队，洛阳孟津朱仓东汉帝陵陵园遗址[J]，文物，2011（09）。
［79］洛阳市文物考古研究院，洛阳孟津后沟玉冢调查勘探报告[J]，洛阳考古，2014（03）。
［80］洛阳市文物考古研究院、新安县文物管理局，河南新安县汉函谷关遗址2012～2013年考古调查与发掘[J]，考古，2014（11）。
［81］雒启坤，西安交通大学西汉墓葬壁画二十八宿星图考释[J]，自然科学史研究，1991（03）。
［82］吕智荣、邵安定，陕西定边县郝滩壁画墓星宿考[J]，西部考古（第18辑），2019（02）。
［83］马晓亮，"柱铢"及"离利"辨误[J]，考古，2013（01）。
［84］（美）艾素珊，东汉时期的钱树（上）[J]，民族艺术，2006（02）。
［85］母心，神秘石像揭秘[J]，西部论丛，2005（07）。
［86］南京博物院，铜山小龟山西汉崖洞墓[J]，文物，1973（04）。
［87］南京博物院、铜山县文化馆，铜山龟山二号西汉崖洞墓[J]，1985（01）。
［88］南京博物院、盱眙县文广新局，江苏盱眙县大云山汉墓[J]，考古，2012（07）。
［89］南京博物院、盱眙县文广新局，江苏盱眙县大云山西汉江都王陵一号墓[J]，考古，2013（10）。
［90］南阳地区文物队、南阳博物馆，唐河汉郁平大尹冯君孺人画象石墓[J]，考古学报，1980（02）。
［91］彭长林，石寨山型铜鼓研究[J]，南方民族考古（第十三辑），2016（02）。
［92］钱国祥，由阊阖门谈汉魏洛阳城宫城形制[J]，考古，2003（07）。

[93] 秦汉遗存[J]，文博，1997（03）。
[94] 秦建明，盖天图仪考[J]，文博，2008（01）。
[95] 青海省文物管理处考古队，青海大通上孙家寨的匈奴墓[J]，文物，1979（04）。
[96] 青海省文物考古工作队，青海大通县上孙家寨一一五号汉墓[J]，文物，1981（02）。
[97] 邱立诚，《五华狮雄山》考古报告之我见[J]，客家文博，2019（04）。
[98] 仇文华，徐州博物馆藏汉代铭文铜镜选介及研究[J]，文物天地，2022（11）。
[99] 冉万里、李明、赵占锐，咸阳成任墓地出土东汉金铜佛像研究[J]，考古与文物，2022（01）。
[100]（日）林巳奈夫，对洛阳卜千秋墓壁画的注释[J]，华夏考古，1999（04）。
[101] 山东省文物考古研究院、北京大学考古文博学院、济南市考古研究所，济南市章丘区东平陵城遗址铸造区 2009 年发掘简报[J]，考古，2019（11）。
[102] 山东省淄博市博物馆，西汉齐王墓随葬器物坑[J]，考古学报，1985（02）。
[103] 陕西省考古研究所、榆林市文物管理委员会，陕西定边县郝滩发现东汉壁画墓[J]，考古与文物，2004（05）。
[104] 陕西省考古研究院、中国社会科学院考古研究所、西安市文物保护考古研究院，汉宣帝杜陵考古调查勘探简报[J]，考古与文物，2021（01）。
[105] 闪修山，汉郁平大尹冯君孺人画像石墓研究补遗[J]，中原文物，1991（03）。
[106] 尚杰，广东五华狮雄山秦汉城址的发现与初步研究[J]，东南文化，2013（01）。
[107] 狮子山楚王陵考古发掘队，徐州狮子山西汉楚王陵发掘简报[J]，文物，1998（08）。
[108] 石岩，地平线下的风景——从洛阳烧沟 61 号汉墓探析早期山水画的观念与形态[J]，文化月刊，2018（04）。
[109] 史树青，我国古代的金错工艺[J]，文物，1973（06）。
[110] 史为，长沙马王堆一号汉墓的棺椁制度[J]，考古，1972（06）。
[111] 四川省文物考古研究院、乐山大佛风景名胜区管理委员会，四川乐山市麻浩崖墓 A 区 M8 调查简报[J]，2017（04）。
[112] 四川省文物考古研究院、渠县历史博物馆，四川渠县城坝遗址[J]，考古，2019（07）。
[113] 泗阳大青墩汉墓论证会纪要[J]，东南文化，2003（04）。
[114] 宋艳萍，四川简阳三号石棺“先人”考——兼谈汉代的先人观[J]，四川文物，2017（05）。
[115] 宋艳秋，大连市营城子汉墓北壁画“导引升天图”释说[J]，辽宁师范大学学报（社会科学版），2013，36（02）。
[116] 孙守道，“匈奴西岔沟文化”古墓群的发现[J]，文物，1960（Z1）。

[117] 孙守道，汉代辽东长城列燧遗迹考——兼论辽东郡三部都尉治及若干近塞县的定点问题[J]，辽海文物学刊，1992（02）。
[118] 谭春林，齐王墓青铜方镜[J]，环球人文地理，2017（05）。
[119] 谭盼盼、张翠敏、杨军昌，大连营城子汉墓出土龙纹金带扣的科学分析与研究[J]，考古，2019（12）。
[120] 王灿炽，大葆台西汉墓墓主考[J]，文物，1986（02）。
[121] 王刚，海昏侯墓“大刘记印”研究二题[J]，江西师范大学学报（哲学社会科学版），2016，49（02）。
[122] 王皓铭，东汉遗风，第一陶俑——击鼓说唱俑的嬉娱人生[J]，艺术评鉴，2020（01）。
[123] 王建纬，渠县汉阙[J]，四川文物，1987（03）。
[124] 王蕾，汉唐时期的玉门关与东迁[J]，西域研究，2020（02）。
[125] 王良田，柿园汉墓墓室壁画[J]，商丘师范学院学报，2017（01）。
[126] 王名峰，西汉霍去病墓及“马踏匈奴”石刻研究[J]，中国美术学院学报，2021（06）。
[127] 王社教，西汉上林苑的范围及相关问题[J]，中国历史地理论丛，1995（03）。
[128] 王维一，汉玉大观——南越王墓玉器略考[J]，收藏家，2018（03）。
[129] 王咸秋，邙山东汉五陵考[J]，考古与文物，2021（01）。
[130] 王禹浪，汉·沧海郡地理位置考——以普兰店市张店古城为中心[J]，东北之窗，2017（23）。
[131] 王志强，古滇青铜贮贝器考——以中国国家博物馆藏品为例[J]，收藏家，2020（07）。
[132] 王子今，霸陵薄葬辩疑[J]，考古与文物，2002（02）。
[133] 王子今，西汉南越的犀象——以广州南越王墓出土资料为中心[J]，广东社会科学，2004（05）。
[134] 韦正、李虎仁、邹厚本，江苏徐州市狮子山西汉墓的发掘与收获[J]，考古，1998（08）。
[135] 吴方浪，南昌海昏侯墓出土“海”字铜印考释[J]，文博，2019 (01)。
[136] 吴蒙，盱眙南窑铜壶小议[J]，文物，1982（11）。
[137] 西安市文物保护考古所，西安理工大学西汉壁画墓发掘简报[J]，文物，2006（05）。
[138] 肖蕴，满城汉墓出土的错金银鸟虫书铜壶[J]，考古，1972（05）。
[139] 新疆楼兰考古队，楼兰古城址调查与试掘简报[J]，文物，1988（07）。
[140] 新疆维吾尔自治区文物考古研究所，新疆古楼兰交通与古代人类村落遗迹调查2015年度调查报告[J]，西部考古（第13辑），2017（02）。
[141] 新疆文物考古研究所，新疆民丰县尼雅遗址95MNI号墓地M8发掘简报

[J], 2000（01）。
[142] 熊长云，海昏侯墓“大刘记印”小考[J]，读者欣赏，2016（06）。
[143] 徐琳，河北中山王刘畅墓出土玉座屏及“西王母”图像考[J]，中原文物，2008（01）。
[144] 徐勇，阳关墩墩山烽燧遗址[J]，历史教学，1992（01）。
[145] 徐州博物馆，江苏铜山县龟山二号西汉崖洞墓材料的再补充[J]，考古，1997（02）。
[146] 徐州博物馆，徐州狮子山兵马俑第一次发掘简报[J]，文物，1986（12）。
[147] 许明纲，辽宁新金县花儿山张店出土马蹄金[J]，考古，1984（02）。
[148] 许新国，大通上孙家寨出土“汉匈奴归义亲汉长”铜印考说[J]，青海社会科学，1989（04）。
[149] 阎安，洛阳卜千秋墓西山墙壁画试说[J]，新美术，2020，41（03）。
[150] 严怀勤，揭开泗阳三庄大青墩汉墓的墓主人的面纱——关于《史记》、《汉书》中的泗水国史料问题的研究[J]，剧影月报，2010（06）。
[151] 严辉，再谈孟津大汉冢为东汉光武帝原陵[J]，中原文物，2022（06）。
[152] 严辉、张鸿亮、卢青峰，洛阳孟津朱仓东汉帝陵陵园遗址相关问题的思考[J]，文物，2011（09）。
[153] 晏新志、刘宇生、闫华军，汉景帝阳陵研究的回顾与展望[J]，文博，2009（01）。
[154] 杨武站、曹龙，汉霸陵帝陵的墓葬形制探讨[J]，考古，2015（08）。
[155] 杨懿，高邮天山汉墓与海昏侯墓的比较[J]，秦汉研究（第十三辑），2019（00）。
[156] 杨勇，石寨山考古的新成果和再认识——读《晋宁石寨山——第五次发掘报告》[J]，文物，2011（08）。
[157] 姚成、吴国源，汉建章宫布局研究[J]，古建园林技术，2020（04）。
[158] 姚崇新，关于咸阳成任东汉墓出土金铜佛像的几个问题[J]，文博学刊，2022（02）。
[159] 姚鉴，河北望都县汉墓的墓室结构和壁画[J]，文物参考资料，1954（12）。
[160] 姚迁，江苏盱眙南窑庄楚汉文物窖藏[J]，文物，1982（11）。
[161] 伊克昭盟文物工作站、内蒙古文物工作队，西沟畔匈奴墓[J]，文物，1980（07）。
[162] 尤振尧，《铜山龟山二号西汉崖洞墓》一文的重要补充[J]，考古学报，1985（03）。
[163] 于临祥，营城子贝墓[J]，考古学报，1958（04）。
[164] 于志勇，1995年尼雅考古的新发现[J]，西域研究，1996（01）。
[165] 俞伟超，应当慎重引用古代文献[J]，考古通讯，1957（02）。
[166] 岳升阳，清河汉城与两汉昌平城[J]，北京史学，2020（01）。
[167] 云南省博物馆，云南江川李家山古墓群发掘报告[J]，考古学报，1975（02）。

[168] 云南省博物馆考古发掘工作组,云南晋宁石寨山古遗址及墓葬[J],考古学报,1956(01)。
[169] 云南省文物考古研究所、玉溪市文物管理所、江川县文化局,云南江川县李家山古墓群第二次发掘[J],考古,2001(12)。
[170] 张露胜,山东苍山城前村汉墓题记与画像石考[J],大众考古,2020(03)。
[171] 张绍华,汉广陵王墓与“黄肠题凑”[J],中国工会财会,2006(09)。
[172] 张世杰,青海新莽西海郡虎符石匮铭刻[J],中国书法,2013(07)。
[173] 张文玲,茂陵博物馆藏西汉铜镜[J],文博,2020(03)。
[174] 张新宁,江川李家山墓地:再现滇国贵族生活[J],中国文化遗产,2008(06)。
[175] 张媛媛,试论河北望都一号汉墓壁画布局及其意义[J],中国国家博物馆馆刊,2016(12)。
[176] 郑洪春、姚生民,汉甘泉宫遗址调查[J],人文杂志,1980(01)。
[177] 郑岩,关于墓葬壁画起源问题的思考——以河南永城柿园汉墓为中心[J],故宫博物院院刊,2005(03)。
[178] 中国科学院考古研究所满城发掘队,满城汉墓发掘纪要[J],考古,1972(01)。
[179] 中国社会科学院考古研究所汉城工作队,汉长安城未央宫第二号遗址发掘简报[J],考古,1992(08)。
[180] 中国社会科学院考古研究所汉城工作队,汉长安城武库遗址发掘的初步收获[J],考古,1978(04)。
[181] 中国社会科学院考古研究所汉城工作队,汉长安城长乐宫二号建筑遗址发掘报告[J],考古学报,2004(01)。
[182] 中国社会科学院考古研究所汉长安城工作队,西安市汉长安城长乐宫四号建筑遗址[J],考古,2006(10)。
[183] 钟志成,江陵凤凰山一六八号汉墓出土一套文书工具[J],文物,1975(09)。
[184] 周九香,都江堰李冰石像题铭浅释[J],四川文物,2002(05)。
[185] 周南泉,北京丰台区大葆台西汉墓出土玉器——古代玉器系列讲座之六[J],收藏家,2001(08)。
[186] 周南泉,满城西汉中山靖王刘胜夫妇墓出土玉器——古代玉器系列讲座之五[J],收藏家,2001(05)。
[187] 周倩,浅析徐州博物馆馆藏铜镜[J],文物鉴定与鉴赏,2019(10)。
[188] 周晓陆,盱眙所出重金络鑐。陈章圆壶读考[J],考古,1988(03)。
[189] 邹乐、彭赞宾,从“汉代击鼓说唱俑”管窥汉代民俗与历史价值[J],兰台世界,2014(11)。

三、文集

[1] 何纪生，北流型铜鼓初探，中国古代铜鼓研究会，古代铜鼓学术讨论会论文集[C]，北京：文物出版社，1982年。

[2] 姬翔月，陕西米脂官庄二号画像石墓发掘简报，中国汉画学会、河南博物馆，中国汉画学会第十三届年会论文集[C]，郑州：中州古籍出版社，2011年。

[3] 山东省文物考古研究所，山东章丘市汉东平陵故城遗址调查，考古学集刊11[C]，北京：中国大百科全书出版社，1997年。

[4] 王恺，徐州狮子山兵马俑研究，秦始皇兵马俑博物馆，秦俑博物馆开馆三十周年秦俑学第七届年会国际学术研讨会论文集[C]，西安：三秦出版社，2010年。

[5] 夏鼐，新获之敦煌汉简，历史语言研究所集刊（第十九本）[C]，北京：中华书局，1987年。

[6] 余波，石寨山型铜鼓的装饰艺术，中国古代铜鼓研究会，中国古代铜鼓研究通讯（第24期）[C]，南宁：中国古代铜鼓研究会编印，2022年。

四、学位论文

[1] 谷健辉，曲阜古城营建形态演变研究[D]，济南：山东大学博士学位论文，2013年。

[2] 牛晓春，榆林汉代画像石探究[D]，西安：陕西师范大学硕士学位论文，2008年。

[3] 吴佩英，陕北东汉画像石研究[D]，上海：上海大学博士学位论文，2013年。

五、报纸

[1] 严辉，邙山东汉帝陵地望的探索之路[N]，中国文物报，2006-11-03。

图片来源

图 2-1 长陵遗址平面图 陕西省考古研究所，西汉长陵、阳陵GPS 测量简报[J]，考古与文物，2006（06）：24。

图 2-2 刘邦墓 高明摄

图 2-3 皇后之玺 高明摄

图 2-4 “长陵东当”瓦当 汉景帝阳陵博物院，治世之光：西汉帝陵考古成果暨致敬考古百年展[M]，北京：文物出版社，2024 年，第 46 页。

图 2-5 三千彩绘兵马俑 高明摄

图 2-6 三千彩绘兵马俑——骑兵俑 高明摄

图 2-7 “齐园宫当”瓦当 高明摄

图 2-8 凤凰嘴 高明摄

图 2-9 江村大墓遗址 高明摄

图 2-10 霸陵铜漏壶 郭川摄

图 2-11 霸陵半塑衣式刑徒俑 高明摄

图 2-12 汉代铜升 郭川摄

图 2-13 阳陵 高明摄

图 2-14 阳陵陵区遗址平面图 晏新志、刘宇生、闫华军，汉景帝阳陵研究的回顾与展望[J]，文博，2009（01）：25。

图 2-15 帝陵 16 号外藏坑俯瞰图 高明摄

图 2-16 塑衣式陶俑 高明摄

图 2-17 着衣式陶俑复原 汉景帝阳陵博物院官方网站

图 2-18　铠甲武士俑　高明摄
图 2-19　成组的女骑兵俑和铠甲武士俑　高明摄，郭川制作
图 2-20　塑衣彩绘拱手跽坐女俑　高明摄
图 2-21　文吏俑　高明摄
图 2-22　动物俑　高明摄
图 2-23　“阳陵泾置”瓦当及拓片　雷依群、徐卫民，秦汉研究：第三辑[M]，西安：陕西人民出版社，2009 年，第 3 页。
图 2-24　茂陵　高明摄
图 2-25　茂陵陵园平面布局图　陕西省考古研究院、咸阳市文物考古研究所、茂陵博物馆，汉武帝茂陵考古调查、勘探简报[J]，考古与文物，2011（02）：5。
图 2-26　霍光墓　高明摄
图 2-27　从霍去病墓向西南望去的茂陵遗址　高明摄，郭川制作
图 2-28　鎏金银竹节熏炉　高明摄
图 2-29　鎏金马　谭德睿，鎏金马——延续至今的铜器表面金涂工艺——《中国古代艺术铸造系列图说》之八十一[J]，特种铸造及有色合金，2013，33（09）：886。
图 2-30　错金银云纹铜犀尊　高明摄
图 2-31　错金银云纹铜犀尊（局部）　高明摄
图 2-32　四神纹玉铺首　高明摄
图 2-33　西汉四神纹铜染炉　高明摄
图 2-34　西汉四神纹鎏金铜铺首　高明摄
图 2-35　霍去病墓　高明摄
图 2-36　马踏匈奴　高明摄
图 2-37　野人抱熊　高明摄
图 2-38　卧马　高明摄
图 2-39　杜陵　高明摄
图 2-40　杜陵陵区平面图　陕西省考古研究院、中国社会科学院考古研究所、西安市文物保护考古研究院，汉宣帝杜陵考古调查勘探简报[J]，文物与考古，2021（01）：43。
图 2-41　圆雕玉舞人　刘云辉、刘思哲，汉杜陵陵区新出土的玉杯和玉舞人[J]，文物，2012（12）：76。
图 2-42　玉杯　刘云辉、刘思哲，汉杜陵陵区新出土的玉杯和玉舞人[J]，文物，2012（12）：73。
图 2-43　张骞墓　白海峰、梁文婷、张新颖，张骞墓发掘中断原因之我见[J]，文博，2014（01）：94。
图 2-44　石虎　高明摄
图 2-45　博望侯封泥印字陶片　卜琳、白海峰、田旭东、梁文婷，张骞墓考古记述

[J]，考古与文物，2013（02）：87。

图 2-46　墓葬平、剖面及墓门正视图　甘肃省博物馆，武威雷台汉墓[J]，考古学报，1974（02）：88。

图 2-47　铜奔马　高明摄

图 2-48　铜车马仪仗队　高明摄

图 2-49　从骑　高明摄

图 2-50　铜轺车　高明摄

图 2-51　画像石配置部位及墓室结构示意图　曹世玉，绥德文库·汉画像石卷[M]，北京：中国文史出版社，2004 年，第 11 页。

图 2-52　狩猎图　曹世玉，绥德文库·汉画像石卷[M]，北京：中国文史出版社，2004 年，第 26 页。

图 2-53　牧牛图　高明摄

图 2-54　双鹿图　高明摄

图 2-55　石灶　高明摄

图 2-56　墓室平面示意图　姬翔月，陕西米脂官庄二号画像石墓发掘简报，中国汉画学会、河南博物馆，中国汉画学会第十三届年会论文集[C]，郑州：中州古籍出版社，2011 年，第 372 页。

图 2-57　米脂官庄二号墓墓门画像石　郭川摄

图 2-58　民丰尼雅遗址　祁小山，西域国宝录：英汉对照[M]，乌鲁木齐：新疆人民出版社，1999 年，第 58 页。

图 2-59　M3 与 M8 平面及剖面图　新疆文物考古研究所，新疆民丰县尼雅遗址 95MNI 号墓地 M8 发掘简报[J]，文物，2000（01）：6。

图 2-60　“五星出东方利中国”织锦护臂　祁小山，西域国宝录：英汉对照[M]，乌鲁木齐：新疆人民出版社，1999 年，第 65 页。

图 2-61　木杯　新疆文物考古研究所，新疆民丰县尼雅遗址 95MNI 号墓地 M8 发掘简报[J]，文物，2000（01）：13。

图 2-62　一一五号墓墓室平面图　青海省文物考古工作队，青海大通县上孙家寨一一五号汉墓[J]，文物，1981（02）：17。

图 2-63　一号墓（乙区 M1）墓室平面图　青海省文物管理处考古队，青海大通上孙家寨的匈奴墓[J]，文物，1979（04）：50。

图 2-64　一一五号墓出土的木简　青海省文物考古工作队，青海大通县上孙家寨一一五号汉墓[J]，文物，1981（02）：图版壹。

图 2-65　“汉匈奴归义亲汉长”铜印（印面）　高明摄

图 2-66　西汉长安城平面示意图　何清谷，三辅黄图校释[M]，北京：中华书局，2005 年，第 432 页。

图 2-67　汉高祖时期的长安　（美）巫鸿，中国古代艺术与建筑中的“纪念碑

性”[M]，上海：上海人民出版社，2017 年，第 260 页。

图 2-68　西汉长安城西南角夯土墙遗址　何清谷，三辅黄图校释[M]，北京：中华书局，2005 年，第 451 页。

图 2-69　渭河上的木船遗迹——被称作“丝路一号”的汉代木船　高明摄

图 2-70　汉长安城城门遗址　刘敦桢，中国古代建筑史（第二版）[M]，北京：中国建筑工业出版社，1984 年，第 44 页。

图 2-71　北京北海公园铜仙承露盘　北海公园官方网站

图 2-72　毕沅的西汉长安城复原图　（美）巫鸿，中国古代艺术与建筑中的“纪念碑性”[M]，上海：上海人民出版社，2017 年，第 250 页。

图 2-73　长乐宫四号建筑遗址位置图　中国社会科学院考古研究所汉长安城工作队，西安市汉长安城长乐宫四号建筑遗址[J]，考古，2006（10）：31。

图 2-74　长乐宫四号建筑遗址平面图　中国社会科学院考古研究所汉长安城工作队，西安市汉长安城长乐宫四号建筑遗址[J]，考古，2006（10）：32。

图 2-75　长乐宫四号遗址出土的壁画残块　中国社会科学院考古研究所汉长安城工作队，西安市汉长安城长乐宫四号建筑遗址[J]，考古，2006（10）：图版捌。

图 2-76　西汉长安城未央宫平面图　何清谷，三辅黄图校释[M]，北京：中华书局，2005 年，第 434 页。

图 2-77　未央宫前殿遗址东侧面　何清谷（校释），三辅黄图校释[M]，北京：中华书局，2005 年，第 453 页。

图 2-78　未央宫二号遗址平面图　李遇春、张连喜、杨灵山，汉长安城未央宫第二号遗址发掘简报[J]，考古，1992（08）：725。

图 2-79　秦至汉初宫殿流行的花纹空心砖　高明摄

图 2-80　陈列在博物馆中的各式汉代云纹瓦当　高明摄

图 2-81　“长生无极”瓦当　高明摄

图 2-82　花纹空心砖拓片　中国社会科学院考古研究所汉长安城工作队，汉长安城长乐宫二号建筑遗址发掘报告[J]，考古学报，2004（01）：69。

图 2-83　“长乐未央”瓦当　高明摄

图 2-84　汉建章宫平面布局复原图　姚成、吴国源，汉建章宫布局研究[J]，古建园林技术，2020（04）：38。

图 2-85　四川出土的“凤阙”画像砖　高明摄

图 2-86　清代绘制的汉建章宫　姚成、吴国源，汉建章宫布局研究[J]，古建园林技术，2020（04）：37。

图 2-87　太液池“一池三山”平面布局复原图（局部）　姚成、吴国源，汉建章宫布局研究[J]，古建园林技术，2020（04）：38。

图 2-88　甘泉宫遗址示意图　梁云，汉甘泉宫形制探讨[J]，考古与文物，2015

（03）：68。

图 2-89　甘泉宫出土的“卫”字纹瓦当　钟镝，瓦当艺术欣赏（五十五）[J]，书法，2022(02)：164。

图 2-90　“甘林”文字瓦当　高明摄

图 2-91　蟾蜍玉兔纹瓦当　高明摄

图 2-92　甘泉宫遗址的石熊　贺西林，读图观史：考古发现与汉唐视觉文化研究[M]，北京：北京大学出版社，2022 年，第 170 页。

图 2-93　小方盘城　高明摄

图 2-94　小方盘城北墙夯土层（从城内拍摄）　高明摄

图 2-95　戈壁上的汉长城遗址　高明摄

图 2-96　小方盘城北面的疏勒河及草场　高明摄

图 2-97　小方盘城周围地形图 图片来源：李岩云、傅立诚，汉代玉门关址考[J]，敦煌研究，2006（04）：69。

图 2-98　阳关墩墩山汉代烽燧遗址　高明摄

图 2-99　戈壁滩上的红柳（左图）和汉代烽燧附近的积薪遗迹（右图）　高明摄

图 2-100　小方盘城出土的汉简　李岩云、傅立诚，汉代玉门关址考[J]，敦煌研究，2006(04)：图版 17。

图 2-101　马圈湾汉简　雷黎明，敦煌马圈湾汉简的字体特征及其书法价值[J]，中国书法，2019（03）：81。

图 2-102　遗址航拍图（由东向西摄）　甘肃省文物考古研究所，甘肃敦煌汉代悬泉置遗址发掘简报[J]，文物，2000（05）：6。

图 2-103　从悬泉置遗址东侧向西拍摄到的坞院、戍守区和东大门遗址　高明摄

图 2-104　悬泉置遗址南侧的火焰山余脉　高明摄

图 2-105　悬泉置遗址南侧火焰山脚下的吊吊泉　高明摄

图 2-106　写有“悬泉置”字样的悬泉汉简　高明摄

图 2-107　楼兰古城遗址　祁小山，西域国宝录：汉英对照[M]，乌鲁木齐：新疆人民出版社，1999 年，第 53 页。

图 2-108　古楼兰遗址出土的彩绣云纹香囊（前）和无极锦香囊（后）　高明摄

图 2-109　牛郎织女石人像　（美）巫鸿，中国古代艺术与建筑中的“纪念碑性”[M]，上海：上海人民出版社，2017 年，第 293 页。

图 2-110　星空中的牵牛和织女　徐卫民、裴蓓，西汉昆明池的前世今生[J]，秦汉研究，2020（00）：137。

图 2-111　金铜立佛像　李雯雯、朱浒，咸阳成任墓地出土金铜佛像风格研究[J]，中国美术研究，2022（03）：2。

图 2-112　五尊佛金铜组合造像　李雯雯、朱浒，咸阳成任墓地出土金铜佛像风格研究[J]，中国美术研究，2022（03）：2。

图 2-113 绥德延家岔汉墓画像石（前室西壁） 曹世玉，绥德文库·汉画像石卷[M]，北京：中国文史出版社，2004 年，第 192—193 页。

图 2-114 延家岔汉墓墓室实景复原（画面正中为墓前室北壁） 高明摄

图 2-115 宴乐图 西安市文物保护考古所，西安理工大学西汉壁画墓发掘简报[J]，文物，2006（05）：27。

图 2-116 宴乐图（线图） 西安市文物保护考古所，西安理工大学西汉壁画墓发掘简报[J]，文物，2006（05）：38。

图 2-117 骑马出行图 西安市文物保护考古所，西安理工大学西汉壁画墓发掘简报[J]，文物，2006（05）：22。

图 2-118 星象图（线图） 雒启坤，西安交通大学西汉墓葬壁画二十八宿星图考释[J]，自然科学史研究，1991，10（03）：237。

图 2-119 墓顶星象图中的日、月 雒启坤，西安交通大学西汉墓葬壁画二十八宿星图考释[J]，自然科学史研究，1991（03）：图版壹。

图 2-120 墓顶星象图中的青龙宫亢、氐、房宿（左）和心、尾宿（右） 雒启坤，西安交通大学西汉墓葬壁画二十八宿星图考释[J]，自然科学史研究，1991（03）：图版壹。

图 2-121 墓顶星象图中的白虎宫毕宿 雒启坤，西安交通大学西汉墓葬壁画二十八宿星图考释[J]，自然科学史研究，1991（03）：图版贰。

图 2-122 岁星图 陕西省考古研究所、榆林市文物管理委员会，陕西定边县郝滩发现东汉壁画墓[J]，考古与文物，2004（05）：97。

图 2-123 “衮雪”拓片 曹忠德，曹操与“衮雪”[J]，陕西水利，1994（03）：44。

图 2-124 曹全碑拓片 江西美术出版社，曹全碑[M]，南昌：江西美术出版社，2015 年，第 1 页。

图 2-125 羽人骑天马玉雕 刘云辉、刘思哲，汉代圆雕人物和动物玉器艺术成就试析[J]，河南博物院院刊，2020（02）：38。

图 2-126 三星式星云纹镜 图片来源：张文玲，茂陵博物馆藏西汉铜镜[J]，文博，2020（03）：77。

图 2-127 五星式星云纹镜 张文玲，茂陵博物馆藏西汉铜镜[J]，文博，2020（03）：77。

图 2-128 八星式星云纹镜 张文玲，茂陵博物馆藏西汉铜镜[J]，文博，2020（03）：77。

图 2-129 多星式星云纹镜 张文玲，茂陵博物馆藏西汉铜镜[J]，文博，2020（03）：77。

图 2-130 虎符石匮全貌（左）及上下两部分正面图（右上、右下） 高明摄

图 3-1 大汉冢 洛阳市第二文物工作队，洛阳邙山陵墓群的文物普查[J]，文物，2007（10）：47。

图 3-2　二汉冢　洛阳市第二文物工作队，洛阳邙山陵墓群的文物普查[J]，文物，2007（10）：47。

图 3-3　三汉冢　洛阳市第二文物工作队，洛阳邙山陵墓群的文物普查[J]，文物，2007（10）：47。

图 3-4　石辟邪　郭川摄

图 3-5　洛阳孙旗屯出土的一对石兽之一　高明摄

图 3-6　墓顶石板结构仰视图　黄雅峰、陈长山，南阳麒麟岗汉画像石墓[M]，西安：三秦出版社，2008 年，第 4 页。

图 3-7　天象图　黄雅峰、陈长山，南阳麒麟岗汉画像石墓[M]，西安：三秦出版社，2008 年，第 163 页。

图 3-8　打虎亭汉墓 2 号墓平面示意图　河南省文物研究所，密县打虎亭汉墓[M]，北京：文物出版社，1993 年，第 194 页。

图 3-9　宴饮百戏图　河南省文物研究所，密县打虎亭汉墓[M]，北京：文物出版社，1993 年，第 419 页。

图 3-10　相扑图　王力，中国古代文化常识（插图修订第 4 版）[M]，北京：北京联合出版公司，2014 年，第 223 页。

图 3-11　马王堆一、二、三号墓位置图　湖南省博物馆、中国科学院考古研究所，长沙马王堆二、三号汉墓发掘简报[J]，文物，1974（07）：40。

图 3-12　马王堆一号墓棺椁　郭川摄

图 3-13　马王堆一号汉墓 T 形帛画　郭川摄

图 3-14　马王堆一号汉墓 T 形帛画线图　韦正、谢安琪，马王堆一号汉墓帛画三题[J]，故宫博物院院刊，2021（12）：5。

图 3-15　马王堆一号汉墓 T 形帛画下段上层（局部）　郭川摄

图 3-16　黑漆彩绘棺　郭川摄

图 3-17　黑漆彩绘棺装饰图案细节图　郭川摄

图 3-18　黑漆彩绘棺装饰图案细节图　郭川摄

图 3-19　马王堆一号汉墓朱地漆棺头挡装饰图案　郭川摄

图 3-20　墓葬地层图和平面图　长江流域第二期文物考古工作人员训练班，湖北江陵凤凰山西汉墓发掘简报[J]，文物，1974（06）：42。

图 3-21　三鱼纹漆耳杯　陈振裕，江陵凤凰山一六八号汉墓[J]，考古学报，1993（04）：图版陆。

图 3-22　漆龟盾　李家浩，江陵凤凰山八号汉墓“龟盾”漆画试探[J]，文物，1974（06）：图版叁。

图 3-23　江陵凤凰山汉墓出土的书写工具　高明摄

图 3-24　竹牍　陈振裕，江陵凤凰山一六八号汉墓[J]，考古学报，1993（04）：图版拾壹。

图 3-25 梁王陵外景 河南省商丘市文物管理委员会、河南省文物考古研究所、河南省永城市文物管理委员会，芒砀山西汉梁王墓地[M]，北京：文物出版社，2001 年，封面。

图 3-26 墓室透视图 河南省商丘市文物管理委员会、河南省文物考古研究所、河南省永城市文物管理委员会，芒砀山西汉梁王墓地[M]，北京：文物出版社，2001 年，第 85 页。

图 3-27 柿园汉墓墓道发现的大量钱币 河南省商丘市文物管理委员会、河南省文物考古研究所、河南省永城市文物管理委员会，芒砀山西汉梁王墓地[M]，北京：文物出版社，2001 年，图版三六。

图 3-28 四神云气图 王良田，柿园汉墓墓室壁画[J]，商丘师范学院学报，2017（01）：2。

图 3-29 车马器——兽面饰 河南省商丘市文物管理委员会、河南省文物考古研究所、河南省永城市文物管理委员会，芒砀山西汉梁王墓地[M]，北京：文物出版社，2001 年，图版五四。

图 3-30 中大门南柱题记 南阳地区文物队、南阳博物馆，唐河汉郁平大尹冯君孺人画象石墓[J]，考古学报，1980（02）：245。

图 3-31 墓葬平、剖面图 南阳地区文物队、南阳博物馆，唐河汉郁平大尹冯君孺人画象石墓[J]，考古学报，1980（02）：240。

图 3-32 北阁室北壁（上）、南阁室南壁（中）、南阁室北壁（下） 南阳地区文物队、南阳博物馆，唐河汉郁平大尹冯君孺人画象石墓[J]，考古学报，1980（02）：246。

图 3-33 东汉洛阳城平面图 钱国祥，由阊阖门谈汉魏洛阳城宫城形制[J]，考古，2003（07）：55。

图 3-34 熹平石经 高明摄

图 3-35 汉函谷关关城遗址 洛阳市文物考古研究所、新安县文物管理局，河南新安县汉函谷关遗址 2012 ～ 2013 年考古调查与发掘[J]，考古，2014（11）：5。

图 3-36 A 型“关”字纹瓦当 洛阳市文物考古研究所、新安县文物管理局，河南新安县汉函谷关遗址 2012 ～ 2013 年考古调查与发掘[J]，考古，2014（11）：19。

图 3-37 各类型“关”字纹瓦当拓片 洛阳市文物考古研究所、新安县文物管理局，河南新安县汉函谷关遗址 2012 ～ 2013 年考古调查与发掘[J]，考古，2014（11）：18。

图 3-38 汉函谷关遗址出土残砖（编号 T36 ③：9） 洛阳市文物考古研究所、新安县文物管理局，河南新安县汉函谷关遗址 2012 ～ 2013 年考古调查与发掘[J]，考古，2014（11）：20。

图 3-39 汉函谷关遗址出土残砖（编号T41②：1） 洛阳市文物考古研究所、新安县文物管理局，河南新安县汉函谷关遗址 2012 ～ 2013 年考古调查与发掘[J]，考古，2014（11）：20。

图 3-40 汉河南县城位置图 郭宝钧、马得志、张云鹏、周永珍，一九五四年春洛阳西郊发掘报告[J]，考古学报，1956（02）：图版壹。

图 3-41 解注瓶摹绘图 郭宝钧、马得志、张云鹏、周永珍，一九五四年春洛阳西郊发掘报告[J]，考古学报，1956（02）：24。

图 3-42 花纹空心砖拓片 黄展岳，一九五五年春洛阳汉河南县城东区发掘报告[J]，考古学报，1956（04）：40。

图 3-43 墓顶壁画线图 （日）林巳奈夫，对洛阳卜千秋墓壁画的注释[J]，华夏考古，1999（04）：91。

图 3-44 墓顶壁画局部——白虎 贺西林，洛阳卜千秋墓墓室壁画的再探讨[J]，故宫博物院院刊，2000（06）：图版四。

图 3-45 西山墙壁画——猪头神 阎安，洛阳卜千秋墓西山墙壁画试说[J]，中国美术学院学报，2020（03）：34。

图 3-46 二桃杀三士壁画与线稿 （美）巫鸿，中国绘画：远古至唐[M]，上海：上海人民出版社，2022 年，第 59 页。

图 3-47 迎宾拜谒图（局部） （美）高居翰，图说中国绘画史[M]，北京：生活·读书·新知三联书店，2014 年，第 5 页。

图 3-48 袁安碑拓片 上海书画出版社，中国碑帖名品［七］：袁安碑 袁敞碑[M]，上海：上海书画出版社，2013 年，第 2 页。

图 3-49 开母庙石阙 刘梦溪、黄克剑，画说中华文化形象：中华名楼[M]，南宁：广西教育出版社，1997 年，第 52 页。

图 4-1 墓室透视图 张露胜，山东苍山城前村汉墓题记与画像石考[J]，大众考古，2020（03）：19。

图 4-2 宴饮图拓片 （美）巫鸿，中国古代艺术与建筑中的“纪念碑性”[M]，上海：上海人民出版社，2017 年，第 394 页。

图 4-3 过渭桥图拓片 （美）巫鸿，中国古代艺术与建筑中的“纪念碑性”[M]，上海：上海人民出版社，2017 年，第 394 页。

图 4-4 送葬图拓片 （美）巫鸿，中国古代艺术与建筑中的“纪念碑性”[M]，上海：上海人民出版社，2017 年，第 394 页。

图 4-5 双龙盘结拓片 张露胜，山东苍山城前村汉墓题记与画像石考[J]，大众考古，2020（03）：20。

图 4-6 海昏侯墓园遗迹分布图 江西省文物考古研究所、南昌市博物馆、南昌市新建区博物馆，南昌市西汉海昏侯墓[J]，考古，2016（07）：47。

图 4-7 海昏侯墓椁室正射影射图 江西省文物考古研究所、南昌市博物馆、南昌

市新建区博物馆，南昌市西汉海昏侯墓[J]，考古，2016（07）：50。
图 4-8　马蹄金　南昌汉代海昏侯国遗址博物馆官方网站
图 4-9　麟趾金　南昌汉代海昏侯国遗址博物馆官方网站
图 4-10　“大刘记印”龟纽玉印——印面　南昌汉代海昏侯国遗址博物馆官方网站
图 4-11　“大刘记印”龟纽玉印——印纽　南昌汉代海昏侯国遗址博物馆官方网站
图 4-12　“海”字青铜印　南昌汉代海昏侯国遗址博物馆官方网站
图 4-13　行灯　南昌汉代海昏侯国遗址博物馆官方网站
图 4-14　多枝灯　南昌汉代海昏侯国遗址博物馆官方网站
图 4-15　俳优铜镇　南昌汉代海昏侯国遗址博物馆官方网站
图 4-16　凫形铜镇　南昌汉代海昏侯国遗址博物馆官方网站
图 4-17　汉广陵王墓黄肠题凑　王慧芬，江苏博物馆指南[M]，南京：南京出版社，2005 年，第 116 页。
图 4-18　大青墩汉墓　江苏省大青墩汉墓联合考古队，泗阳大青墩泗水王陵[J]，东南文化，2003（04）：26。
图 4-19　木俑人物　庄天明、吴为山，泗水王陵出土西汉木雕[M]，天津：天津人民美术出版社，2003 年，第 53 页。
图 4-20　木马俑　庄天明、吴为山，泗水王陵出土西汉木雕[M]，天津：天津人民美术出版社，2003 年，第 75 页。
图 4-21　鎏金错金铜弩机　泗阳大青墩汉墓论证会纪要[J]，东南文化，2003（04）：30。
图 4-22　墓室透视图　徐州博物馆、南京大学历史学系考古专业，徐州北洞山西汉楚王墓[M]，北京：文物出版社，2003 年，第 8 页。
图 4-23　彩绘箭镞　徐州博物馆、南京大学历史学系考古专业，徐州北洞山西汉楚王墓[M]，北京：文物出版社，2003 年，第 300 页。
图 4-24　彩绘箭镞　徐州博物馆、南京大学历史学系考古专业，徐州北洞山西汉楚王墓[M]，北京：文物出版社，2003 年，第 300 页。
图 4-25　彩绘箭镞　徐州博物馆、南京大学历史学系考古专业，徐州北洞山西汉楚王墓[M]，北京：文物出版社，2003 年，第 300 页。
图 4-26　彩绘背箭镞俑　徐州博物馆、南京大学历史学系考古专业，徐州北洞山西汉楚王墓[M]，北京：文物出版社，2003 年，第 300 页。
图 4-27　彩绘俑背上的箭镞　徐州博物馆、南京大学历史学系考古专业，徐州北洞山西汉楚王墓[M]，北京：文物出版社，2003 年，第 300 页。
图 4-28　墓室平、剖面图　韦正、李虎仁、邹厚本，江苏徐州市狮子山西汉墓的发掘与收获[J]，考古，1998（08）：2。
图 4-29　一号兵马俑坑东段　徐州博物馆，徐州狮子山兵马俑坑第一次发掘简报[J]，文物，1986（12）：17。

图 4-30 龟山二号西汉崖洞墓平面图 徐州博物馆，江苏铜山县龟山二号西汉崖洞墓材料的再补充[J]，考古，1997（02）：37。

图 4-31 塞石刻铭拓本 徐州博物馆，江苏铜山县龟山二号西汉崖洞墓材料的再补充[J]，考古，1997（02）：40。

图 4-32 M1 全景 南京博物院、盱眙县文广新局，江苏盱眙县大云山汉墓[J]，考古，2012（07）：图版玖。

图 4-33 鎏金铜象及驯象俑 鎏金铜犀牛及驯犀俑 南京博物院、盱眙县文广新局，江苏盱眙县大云山汉墓[J]，考古，2012（07）：56。

图 4-34 水晶带钩 南京博物院、盱眙县文广新局，江苏盱眙县大云山汉墓[J]，考古，2012（07）：图版拾壹。

图 4-35 编钟复原图 南京博物院、盱眙县文广新局，江苏盱眙县大云山西汉江都王陵一号墓[J]，考古，2013（10）：19。

图 4-36 矩形青铜镜 高明摄

图 4-37 墓室平、剖面图 连云港博物馆，江苏东海县尹湾汉墓群发掘简报[J]，文物，1996（08）：5。

图 4-38 八乳神兽规矩纹铜镜拓片 连云港博物馆，江苏东海县尹湾汉墓群发掘简报[J]，文物，1996（08）：8。

图 4-39 墓室透视图 南京博物院、山东省文物管理处，沂南古画像石墓发掘报告[M]，北京：文化部文物管理局，1956 年，第 4 页。

图 4-40 墓室前室及石柱 张敏，沂南北寨——大型画像石汉墓[J]，艺术品鉴，2020（16）：148。

图 4-41 前室藻井拓片 南京博物院、山东省文物管理处，沂南古画像石墓发掘报告[M]，北京：文化部文物管理局，1956 年，第 115 页。

图 4-42 前室藻井拓片 南京博物院、山东省文物管理处，沂南古画像石墓发掘报告[M]，北京：文化部文物管理局，1956 年，第 116 页。

图 4-43 战争场景画像石拓片 南京博物院、山东省文物管理处，沂南古画像石墓发掘报告[M]，北京：文化部文物管理局，1956 年，第 93 页。

图 4-44 放王岗一号墓棺椁透视示意图 安徽省文物考古研究所、巢湖市文物管理所，巢湖汉墓[M]，北京：文物出版社，2007 年，第 14 页。

图 4-45 朱雀饰件 安徽省文物考古研究所、巢湖市文物管理所，巢湖汉墓[M]，北京：文物出版社，2007 年，第 203 页。

图 4-46 漆罐 安徽省文物考古研究所、巢湖市文物管理所，巢湖汉墓[M]，北京：文物出版社，2007 年，第 241 页。

图 4-47 东平陵城遗址平面图 山东省文物考古研究院、北京大学考古文博学院、济南市考古研究所，济南市章丘区东平陵城遗址铸造区 2009 年发掘简报[J]，考古，2019（11）：50。

图 4-48　东平陵城出土的汉代铸范　山东省文物考古研究院、北京大学考古文博学院、济南市考古研究所，济南市章丘区东平陵城遗址铸造区 2009 年发掘简报[J]，考古，2019（11）：65。

图 4-49　展览中的武梁祠画像石拓片　高明摄

图 4-50　神鼎拓片　（美）巫鸿，武梁祠：中国古代画像艺术的思想性[M]，北京：生活·读书·新知三联书店，2015 年，第 256 页。

图 4-51　西山墙拓片　（美）巫鸿，武梁祠：中国古代画像艺术的思想性[M]，北京：生活·读书·新知三联书店，2015 年，第 127 页。

图 4-52　伏羲女娲拓片　高明摄

图 4-53　祝融拓片　高明摄

图 4-54　神农拓片　高明摄

图 4-55　梁高行拓片　高明摄

图 4-56　博物馆展览中富有创意的武梁祠图像动画展示　高明摄

图 4-57　石祠测绘图　罗哲文，孝堂山郭氏墓石祠[J]，文物，1961（Z1）：45。

图 4-58　费慰梅绘石室与墓室关系图　蒋英炬、杨爱国、蒋群，朱鲔石室[M]，北京：文物出版社，2015 年，第 11 页。

图 4-59　西壁画像石下方（拓片）　蒋英炬、杨爱国、蒋群，朱鲔石室[M]，北京：文物出版社，2015 年，第 107 页。

图 4-60　西壁画像分布图　蒋英炬、杨爱国、蒋群，朱鲔石室[M]，北京：文物出版社，2015 年，折页插图——朱鲔石室画像分布图——页左图。

图 4-61　乐舞杂技陶俑群　王力，中国古代文化常识（插图修订第 4 版）[M]，北京：北京联合出版公司，2014 年，第 222 页。

图 4-62　绿釉陶楼　高明摄

图 4-63　摩崖造像实测图　连云港市博物馆，连云港市孔望山摩崖造像调查报告[J]，文物，1981（07）：2。

图 4-64　X2 石刻（左）和 X71 石刻（右）拓片　（美）巫鸿，礼仪中的美术：巫鸿中国古代美术史文编[M]，北京：生活·读书·新知三联书店，2016 年，第 333 页。

图 4-65　X73—X75 石刻拓片　连云港市博物馆，连云港市孔望山摩崖造像调查报告[J]，文物，1981（07）：4。

图 4-66　石象　李凇，神圣图像：李凇中国美术史文集[M]，北京：人民出版社，2016 年，第 34 页。

图 4-67　石蟾蜍　李凇，神圣图像：李凇中国美术史文集[M]，北京：人民出版社，2016 年，第 45 页。

图 4-68　礼器碑拓片　《历代碑帖法书选》编辑组，汉礼器碑[M]，北京：文物出版社，1983 年，第 1 页。

图 4-69　张迁碑拓片　高明摄

图 4-70　连弧纹日光镜　周倩，浅析徐州博物馆馆藏铜镜[J]，文物鉴定与鉴赏，2019（10）：30。

图 4-71　蟠螭纹铜镜　仇文华，徐州博物馆藏汉代铭文铜镜选介及研究[J]，文物天地，2022（11）：48。

图 4-72　龙虎人物画像镜　仇文华，徐州博物馆藏汉代铭文铜镜选介及研究[J]，文物天地，2022（11）：49。

图 4-73　西汉金兽　高明摄

图 5-1　陵山地形及墓葬坑位图　中国社会科学院考古研究所、河北省文物管理处，满城汉墓发掘报告（上）[M]，北京：文物出版社，1980 年，第 8 页。

图 5-2　窦绾金缕玉衣　中国社会科学院考古研究所、河北省文物管理处，满城汉墓发掘报告（下）[M]，北京：文物出版社，1980 年，彩板十九–二十。

图 5-3　玉人圆雕　周南泉，满城西汉中山靖王刘胜夫妇墓出土玉器——古代玉器系列讲座之五[J]，收藏家，2001（05）：8。

图 5-4　长信宫灯（下）和卧羊尊灯（上）　刘蕴泽，华灯灿灿耀千年——以满城汉墓为例赏鉴汉代铜灯[J]，东方收藏，2020（05）：16。

图 5-5　错金银青铜博山炉　王晓阳，玲珑慧智 汉韵生香——满城汉墓出土博山炉[J]，收藏家，2020（09）：69。

图 5-6　错金银鸟篆文铜壶　高明摄

图 5-7　一号墓平面图　靳宝，关于北京大葆台汉墓墓葬布局的重新考察[J]，北方文物，2016（08）：32。

图 5-8　玉雕象纹环　周南泉，北京丰台区大葆台西汉墓出土玉器——古代玉器系列讲座之六[J]，收藏家，2001（08）：19。

图 5-9　玉舞人佩　周南泉，北京丰台区大葆台西汉墓出土玉器——古代玉器系列讲座之六[J]，收藏家，2001（08）：22。

图 5-10　和林格尔汉墓及壁画分布平面位置示意图　盖山林，和林格尔汉墓壁画[M]，呼和浩特：内蒙古人民出版社，1977 年，第 2 页。

图 5-11　宁城图　盖山林，和林格尔汉墓壁画[M]，呼和浩特：内蒙古人民出版社，1977 年，附录第 6 页。

图 5-12　墓室平面图　北京历史博物馆、河北省文物管理委员会，望都汉墓壁画[M]，北京：中国古典艺术出版社，1955 年，第 2 页。

图 5-13　西壁线图　北京历史博物馆、河北省文物管理委员会，望都汉墓壁画[M]，北京：中国古典艺术出版社，1955 年，第 3 页。

图 5-14　东壁线图　北京历史博物馆、河北省文物管理委员会，望都汉墓壁画[M]，北京：中国古典艺术出版社，1955 年，第 3 页。

图 5-15　墓主人及男女近侍　河北省文物研究所，河北古代墓葬壁画[M]，北京：

文物出版社，2000 年，第 21 页。

图 5-16 建筑图——望楼 河北省文物研究所，河北古代墓葬壁画[M]，北京：文物出版社，2000 年，第 38 页。

图 5-17 建筑图——城镇 河北省文物研究所，河北古代墓葬壁画[M]，北京：文物出版社，2000 年，第 37 页。

图 5-18 错金银青铜伞挺 路懿菡、郭梅，定州三盘山汉墓错金银青铜伞挺纹饰涵义考察[J]，文博，2016（02）：60。

图 5-19 汉代石人像 郭川摄

图 5-20 秦君墓表 高明摄

图 5-21 秦君墓表柱额 高明摄

图 5-22 组石佩拓片 鄂尔多斯博物馆，鄂尔多斯青铜器[M]，北京：文物出版社，2006 年，第 384 页。

图5-23 玉座屏 定县博物馆，河北定县43号汉墓发掘简报[J]，文物，1973（11）：图版壹。

图 6-1 麻浩崖墓A 区M8 示意图 四川省文物考古研究院、乐山大佛风景名胜区管理委员会，四川乐山市麻浩崖墓A 区M8 调查简报[J]，四川文物，2017（04）：6。

图 6-2 墓葬平、剖面图 乐山市文化局，四川乐山麻浩一号崖墓[J]，考古，1990（02）：112。

图 6-3 墓门 乐山市文化局，四川乐山麻浩一号崖墓[J]，考古，1990（02）：图版贰。

图 6-4 前室 乐山市文化局，四川乐山麻浩一号崖墓[J]，考古，1990（02）：图版贰。

图 6-5 坐佛像拓片 李文，麻浩一号崖墓画像石[J]，南京大学学报，2017（04）:2。

图 6-6 荆轲刺秦王 乐山市文化局，四川乐山麻浩一号崖墓[J]，考古，1990（02）：图版贰。

图 6-7 挽马图 乐山市文化局，四川乐山麻浩一号崖墓[J]，考古，1990（02）：图版贰。

图 6-8 高颐阙右阙（西阙） 张孜江、高文，中国汉阙全集[M]，北京：中国建筑工业出版社，2017 年，第 260 页。

图 6-9 高颐阙高祖斩蛇图 张孜江、高文，中国汉阙全集[M]，北京：中国建筑工业出版社，2017 年，第 260 页。

图 6-10 高颐阙师旷鼓琴图 张孜江、高文，中国汉阙全集[M]，北京：中国建筑工业出版社，2017 年，第 260 页。

图 6-11 考古报告中的石寨山外貌（东面）手绘图 孙太初，云南晋宁石寨山古遗址及墓葬[J]，考古学报，1956（01）：45。

图 6-12 贡纳场面贮贝器 高明摄
图 6-13 祭祀贮贝器 高明摄
图 6-14 祭祀贮贝器(局部) 高明摄
图 6-15 滇王金印 高明摄
图 6-16 石寨山型铜鼓 余波，石寨山型铜鼓的装饰艺术，中国古代铜鼓研究通讯[C](第 24 期)，南宁：中国古代铜鼓研究会编印，2022 年，第 25 页。
图 6-17 纺织场面贮贝器 张新宁，江川李家山墓地：再现滇国贵族生活[J]，中国文化遗产，2008（06）：21。
图 6-18 牛虎案 张新宁，江川李家山墓地：再现滇国贵族生活[J]，中国文化遗产，2008（06）：18。
图 6-19 遗址功能分区图 陈卫平、周科华，宕渠与賨城——渠县城坝遗址的考古发现与研究[J]，四川文物，2021（03）：25。
图 6-20 “宕渠”瓦当拓片 陈卫平、周科华，宕渠与賨城——渠县城坝遗址的考古发现与研究[J]，四川文物，2021（03）：27。
图 6-21 式盘 四川省文物考古研究院、渠县历史博物馆，四川渠县城坝遗址[J]，考古，2019（07）：75。
图 6-22 击鼓说唱俑 高明摄
图 6-23 “荷塘渔猎”画像砖 高明摄
图 6-24 “弋射收获”画像砖 高明摄
图 6-25 西王母画像砖 高明摄
图 6-26 李冰像及石像刻铭拓片 图片来源：王名峰，西汉霍去病墓及“马踏匈奴”石刻研究[J]，中国美术学院学报，2021（06）：87。
图 6-27 四川渠县沈府君双阙现状图 张孜江、高文，中国汉阙全集[M]，北京：中国建筑工业出版社，2017 年，第 318 页。
图 6-28 冯焕阙现状图 张孜江、高文，中国汉阙全集[M]，北京：中国建筑工业出版社，2017 年，第 318 页。
图 6-29 曼衍角抵和水嬉两组图像拓片 胡蔚，说“曼衍”——四川博物院藏郫县汉代石棺“曼衍角抵”图辨正[J]，四川文物，2012（06）：40。
图 6-30 石棺画像局部拓片 赵殿增、袁曙光，“天门”考——兼论四川汉画像砖(石)的组合与主题[J]，四川文物，1990（06）：12。
图 6-31 广汉三星堆博物馆藏的钱树 高明摄
图 6-32 陶制钱树座 高明摄
图 6-33 石熊钱树座 高明摄
图 6-34 表现龙虎座的钱树座 高明摄
图 6-35 表现昆仑仙山的钱树座 高明摄
图 6-36 绵阳市何家山崖墓出土的三段式神仙镜 陈长虹，汉代铜镜上的“九子

母”图像——对“三段式神仙镜”的再认识[J]，四川文物，2014（04）：63。

图 6-37　李君碑碑阳　高明摄

图 6-38　裴君碑碑阴　高明摄

图 6-39　“蜀郡太守”封泥　高明摄

图 7-1　南越王墓平面图　高小路、徐卫民，广州象岗西汉南越王墓形制试析[J]，文博，2022（02）：62。

图 7-2　南越王墓墓葬结构透视图　高小路、徐卫民，广州象岗西汉南越王墓形制试析[J]，文博，2022（02）：61。

图 7-3　丝缕玉衣　王维一，汉玉大观——南越王墓玉器略考[J]，收藏家，2018（03）：20。

图 7-4　角形玉杯　王维一，汉玉大观——南越王墓玉器略考[J]，收藏家，2018（03）：22。

图 7-5　铜承盘玉高足杯　王维一，汉玉大观——南越王墓玉器略考[J]，收藏家，2018（03）：22。

图 7-6　墓主组玉佩　王维一，汉玉大观——南越王墓玉器略考[J]，收藏家，2018（03）：21。

图 7-7　玉剑饰一组　王维一，汉玉大观——南越王墓玉器略考[J]，收藏家，2018（03）：21。

图 7-8　南越王墓银盒　霍雨丰，南越王墓的银盒及国内其他裂瓣纹器物[J]，文物天地，2017（10）：20。

图 7-9　船纹铜提筒　何少伟，古越雄风——西汉南越王博物馆藏武备赏析[J]，收藏家，2020（05）：49。

图 7-10　船纹线图　何少伟，古越雄风——西汉南越王博物馆藏武备赏析[J]，收藏家，2020（05）：49。

图 7-11　错金铭文铜虎节　何少伟，古越雄风——西汉南越王博物馆藏武备赏析[J]，收藏家，2020（05）：49。

图 7-12　“文帝行玺”龙纽金印　何少伟，方寸天地——广州南越王墓出土金印赏析[J]，文物鉴定与鉴赏，2020（11）：20。

图 7-13　M26 墓葬全景　广西壮族自治区文物工作队、合浦县博物馆，合浦风门岭汉墓——2003～2005 年发掘报告[M]，北京：科学出版社，2006 年，彩版二零。

图 7-14　铜马　广西壮族自治区文物工作队、合浦县博物馆，合浦风门岭汉墓——2003～2005 年发掘报告[M]，北京：科学出版社，2006 年，彩版二七。

图 7-15　五联罐　广西壮族自治区文物工作队、合浦县博物馆，合浦风门岭汉

墓—— 2003 ～ 2005 年发掘报告[M]，北京：科学出版社，2006 年，彩版二五。

图 7-16　保存较完好的四联罐　高明摄

图 7-17　铜池塘线图　广西壮族自治区文物工作队、合浦县博物馆，合浦风门岭汉墓—— 2003 ～ 2005 年发掘报告[M]，北京：科学出版社，2006 年，第 79 页。

图 7-18　滑石器——杵（左）灯（右）　广西壮族自治区文物工作队、合浦县博物馆，合浦风门岭汉墓—— 2003 ～ 2005 年发掘报告[M]，北京：科学出版社，2006 年，彩版一七。

图 7-19　狮雄山航拍俯视全景　刘长，广东狮雄山城址出土封泥研究[J]，西泠艺丛，2018（07）：56。

图 7-20　“定楬之印”封泥　邱立诚，五华狮雄山遗址的考古收获及其性质[J]，广州文博，2021（00）：39。

图 7-21　戳印“定楬”的陶器口沿　邱立诚，五华狮雄山遗址的考古收获及其性质[J]，广州文博，2021（00）：36。

图 8-1　M76　大连市文物考古研究所、大连营城子汉代墓地考古工作队，辽宁大连市营城子汉墓群 2003M76 的发掘[J]，2019（10）：54。

图 8-2　M76 墓室平、剖面图　大连市文物考古研究所、大连营城子汉代墓地考古工作队，辽宁大连市营城子汉墓群 2003M76 的发掘[J]，考古，2019（10）：54。

图 8-3　金带扣　谭盼盼、张翠敏、杨军昌，大连营城子汉墓出土龙纹金带扣的科学分析与研究[J]，考古，2019（12）：107。

图 8-4　铜承璇线图　大连市文物考古研究所、大连营城子汉代墓地考古工作队，辽宁大连市营城子汉墓群 2003M76 的发掘[J]，考古，2019（10）：59。

图 8-5　西岔沟出土的青铜牌饰、青铜柄铁剑　高明摄

图 8-6　青铜牌饰　孙守道，“匈奴西岔沟文化”古墓群的发现[J]，文物，1960（Z1）：33。

图 8-7　鎏金铜牌饰　高明摄

图 8-8　镂空圈足铜鍑　吉林省文物工作队、长春市文管会、榆树县博物馆，吉林榆树县老河深鲜卑墓群部分墓葬发掘简报[J]，文物，1985（02）：图版叁。

图 8-9　张店汉城大城遗址　王禹浪，汉 · 沧海郡地理位置考——以普兰店市张店古城为中心[J]，东北之窗，2017（23）：49。

图 8-10　1995 年发掘区全貌（西北→东南）　辽宁省文物考古研究所姜女石工作站，辽宁绥中县“姜女石”秦汉建筑群址石碑地遗址的勘探与试掘[J]，考古，1997（10）：图版壹。

图 8-11　导引升天图　宋艳秋，大连市营城子汉墓北壁画“导引升天图”释说[J]，辽宁师范大学学报（社会科学版），2013，36（02）：296。

后　记

2001年我考入西安美术学院，成为李凇老师的硕士研究生，有幸获赠老师所著《论汉代艺术中的西王母图像》一书，甚为开心，一口气读完，对汉代及其艺术有了初步的认识。在校期间，我系统学习了李老师的“中国美术史”课程，并跟随老师先后考察了陕西历史博物馆、西安碑林博物馆、西安博物院、咸阳汉茂陵霍去病墓遗址、咸阳汉阳陵遗址、绥德汉画像石馆、米脂李自成行宫、榆林汉画像石博物馆、连云港孔望山遗址、徐州狮子山汉墓遗址、甘肃武威雷台汉墓遗址、滕州汉画像石馆等。

此后，在工作期间，我持续讲授“中国美术史”“中国工艺美术史”等课程，陆续考察韩城司马迁祠，河北满城汉墓遗址，南昌西汉海昏侯墓遗址，河西走廊诸多汉墓遗址，长沙马王堆汉墓遗址，汉中拜将台、古汉台、张骞墓遗址，洛阳古墓博物馆等，并拜读李老师著《中国道教美术史》（第一卷）、《神圣图像：李凇中国美术史文集》，逐渐对汉代美术加深了理解。

在中国历史上，先秦时期的文化艺术发展基本上是以各文化区域为中心，相互影响和融合的范围与程度较为有限，与外域文明相互交流也不明显。秦汉时期，随着国家的统一，文化艺术开始了大交汇，呈现出前所未有的活力。汉代正处于这样一个历史大转折的关口，一方面，它是中国历史上第一个疆域广阔、统治持久、内部文明充分融合，并首先呈现出明确、成熟且较为一致的中国文化艺术特征的时代；另一方面，它又是中国人有能力大规模远涉西部并主动开始与异域文明沟通、交流的时代。应该说，内部融合和对外交流使汉代出现了中国文化艺术史上的第一次高峰。

汉代文明除了文献记载以外，还留存众多的美术遗址。我所供职的陕西师范大学长安校区就位于上林苑遗址，北面有见证盛世的长安城遗址，西面有名噪一时的昆明池遗址，东面有一代贤君汉宣帝杜陵遗址，南面有通往秦岭南麓的子午道和子午关遗址。耳濡目染诸多汉代遗址与文化艺术，久而久之便产生出整理这一时期遗址美术的想法。

2023 年，青年学者郭川来陕西师范大学做访问学者，后跟我攻读博士学位。他的家乡在陕西省汉画像石重镇绥德县，结合之前相关积累，他就把博士研究选题定在汉代，随即参与到书稿的整理和撰写工作中来。西汉刘向《说苑 · 政理》："夫耳闻之，不如目见之；目见之，不如足践之。"我们在查阅大量史籍和文献的基础上，尽可能做到实地考察，搜集众多图像资料，终于完成书稿。

西汉戴圣《礼记 · 儒行》："博学而不穷，笃行而不倦。"虽然书稿形成，但仍有一些遗憾，比如从汉代宏观背景下对地域遗址进行整体的分析与类比还不够，建筑学及相关艺术理论的介入还略显不足，这也为我们后续的研究提供了思考方向。

本书的形成源自李淞老师的启蒙、教诲和指导，这是冥冥注定的天时；源自我就读和工作的宝地汉时都城，这是风调雨顺的地利；源自工作单位的认可和资助，这是风清气正的人和。感谢李淞老师百忙之中为本书赐序！感谢郭彤彤学兄为本书出版精心策划！感谢陕西师范大学提供出版资助！

诸君惠泽，若春风化雨；片纸难陈，唯以墨香寄意。

在此，谨以拙作，虔呈恩师、母校暨诸方挚友。

高　明

2025 年 4 月 25 日